2021年期货从业人员考试通关辅导丛书

期货及衍生品基础通关题库

期货从业人员考试通关辅导丛书编写组 | 编

中国财经出版传媒集团
中国财政经济出版社

图书在版编目（CIP）数据

期货及衍生品基础通关题库／期货从业人员考试通关辅导丛书编写组编．--北京：中国财政经济出版社，2021.5

（2021 年期货从业人员考试通关辅导丛书）

ISBN 978-7-5223-0497-7

Ⅰ.①期… Ⅱ.①期… Ⅲ.①期货交易-资格考试-习题集 Ⅳ.①F830.9-44

中国版本图书馆 CIP 数据核字（2021）第 068115 号

责任编辑：贾延平　　　　责任校对：徐艳丽

封面设计：田　晗　　　　责任印制：刘春年

期货及衍生品基础通关题库

QIHUO JI YANSHENGPIN JICHU TONGGUAN TIKU

中国财政经济出版社 出版

URL：http：//www.cfeph.cn

E-mail：cfeph@cfeph.cn

社址：北京市海淀区阜成路甲 28 号　邮政编码：100142

营销中心电话：010-88191522

天猫网店：中国财政经济出版社旗舰店

网址：https：//zgczjjcbs.tmall.com

北京密兴印刷有限公司印刷　各地新华书店经销

成品尺寸：170mm×240mm　16 开　25 印张　508 000 字

2021 年 6 月第 1 版　2021 年 6 月北京第 1 次印刷

定价：64.00 元

ISBN 978-7-5223-0497-7

（图书出现印装问题，本社负责调换，电话：010-88190548）

本社质量投诉电话：010-88190744

打击盗版举报热线：010-88191661　QQ：2242791300

目　录

第一章

期货及衍生品概述通关练习

一、单项选择题（在以下各小题所给出的四个选项中，只有一个选项符合题目要求，请将正确选项的代码填入括号中）

1. 期货合约是（　　）统一制定的、规定在将来某一特定的时间和地点交割一定数量标的物的标准化合约。

A. 期货交易所　　B. 中国证监会

C. 中国期货业协会　　D. 财政部

【参考答案】A

【答案解析】期货合约是期货交易所统一制定的、规定在将来某一特定的时间和地点交割一定数量标的物的标准化合约。

2. 关于远期交易与期货交易的区别，下列描述错误的是（　　）。

A. 期货交易和远期交易都是交易所统一制定的标准化期货合约

B. 远期交易通常是在场外交易市场（OTC）由买卖双方通过谈判或是协商达成的合约

C. 期货是在远期的基础上衍生出来的更为高级的市场

D. 远期交易最早是作为一种锁定未来价格的工具

【参考答案】A

【答案解析】远期合约是指交易双方约定在未来的某一确定时间，以确定的价格买卖一定数量的某种标的资产的合约。远期交易最早是作为一种锁定未来价格的工具，满足买卖双方的特殊要求，一般通过场外交易市场（OTC）达成。

3. 下列关于期权说法错误的是（　　）。

A. 期权的买方既可以行使该权利，也可以放弃该权利

B. 期权的卖方在买方要履约时，卖方既可以履行其义务，也可以放弃履行其义务

C. 期权在交易所交易的是标准化的合约

D. 期权也有在场外交易市场（OTC）交易的，它是由交易双方协商确定合同要素，满足交易双方的特殊需求而签订的非标准化合约

【参考答案】B

【答案解析】期权是给予买方（或持有者）购买或出售标的资产的权利，既可以行使该权利，也可以放弃该权利。而期权的卖出者则负有相应的义务，即当期权买方行使权利时，期权卖方必须按照指定的价格买入或者卖出。期权在交易所交易的是标准化的合约，也有在场外交易市场（OTC）交易的，它是由交易双方协商确定合同的要素，满足交易双方的特殊需求而签订的非标准化合约。

4. 期货交易最早萌芽于（　　）。

A. 美洲　　B. 欧洲

C. 亚洲　　D. 大洋洲

【参考答案】B

【答案解析】期货交易最早萌芽于欧洲。

5. 现代期货市场在 19 世纪中期产生于（　　）。

A. 美国芝加哥　　B. 美国纽约

C. 英国伦敦　　D. 德国法兰克福

【参考答案】A

【答案解析】现代期货市场在 19 世纪中期产生于美国芝加哥。

6. 世界上第一家较为规范的期货交易所是（　　）。

A. 芝加哥期货交易所　　B. 伦敦金属交易所

C. 纽约商品交易所　　D. 纽约商业交易所

【参考答案】A

【答案解析】1848 年，82 位粮食商人在芝加哥发起组建了世界上第一家较为规范的期货交易所——芝加哥期货交易所。

7.（　　）年，82 位粮食商人在美国芝加哥发起组建了世界上第一家较为规范的期货交易所。

A. 1848　　B. 1865

C. 1876　　D. 1899

【参考答案】A

【答案解析】考试一般不会出专门考查时间或日期的题，但少数特殊意义的日期最好还是记住。

8. 世界上第一家较为规范的期货交易所是（　　）。

A. LME　　B. COMEX

C. CBOT　　D. NYMEX

【参考答案】C

【答案解析】CBOT 和 LME 等交易所的英文简称要求熟知。

9. 芝加哥期货交易所于（　　）年推出了标准化合约，同时实行了保证金制度，向签约双方收取不超过合约价值 10% 的保证金，作为履约保证。

A. 1848　　B. 1865

C. 1876　　D. 1899

【参考答案】B

【答案解析】芝加哥期货交易所于 1865 年推出了标准化合约，同时实行了保证金制度，向签约双方收取不超过合约价值 10% 的保证金，作为履约保证。

10. 1883 年，CBOT 成立了（　　），向芝加哥期货交易所的会员提供对冲工具。但当时该组织还算不上规范严密的组织，直到 1925 年现代意义上的结算机构才算形成。

A. 保证金监控中心　　B. 结算协会

C. 期货业协会　　D. 芝加哥期货交易所结算公司

【参考答案】B

【答案解析】1883 年，CBOT 成立了结算协会，向芝加哥期货交易所的会员提供对冲工具。但直到 1925 年芝加哥期货交易所结算公司（BOTCC）成立以后，现代意义上的结算机构才算形成。

11. 1882 年，交易所允许以（　　）免除履约责任，这更加促进了投机者的加入，使期货市场流动性加大。

A. 对冲方式　　B. 统一结算方式

C. 保证金制度　　D. 实物交割

【参考答案】A

【答案解析】只有在不一定非要进行实物交割不可的情况下，才会吸引投资者加入市场。

12. 最早的金属期货交易诞生于（　　）。

A. 英国　　B. 美国

C. 中国　　D. 法国

【参考答案】A

【答案解析】最早的金属期货交易诞生于英国伦敦 LME。

13. 1876 年成立的（　　），开金属期货交易之先河。

A. 伦敦金属交易所（LME）　B. 纽约商品交易所（COMEX）
C. 纽约商业交易所（NYMEX）　D. 芝加哥商业交易所（CME）
【参考答案】A
【答案解析】伦敦金属交易所（LME）是最早开展金属期货交易的交易所。

14. （　　）自创建以来一直交易活跃，至今其价格依然是国际有色金属市场的晴雨表。
A. 伦敦金属交易所（LME）　B. 纽约商品交易所（COMEX）
C. 纽约商业交易所（NYMEX）　D. 芝加哥商业交易所（CME）
【参考答案】A
【答案解析】伦敦金属交易所的价格在国际有色金属市场上最具权威性。

15. 1972 年 5 月，芝加哥商业交易所（CME）设立了国际货币市场分部（IMM），首次推出（　　）。
A. 外汇期货合约　B. 美国国民抵押协会债券
C. 美国长期国债　D. 美国短期国债
【参考答案】A
【答案解析】芝加哥商业交易所（CME）设立 IMM 的目的就是为了推出外汇期货合约。

16. 世界上第一个利率期货合约是（　　）。
A. 外汇期货合约　B. 美国长期国债期货合约
C. 美国短期国债期货合约　D. 美国国民抵押协会债券期货合约
【参考答案】D
【答案解析】1975 年 10 月，芝加哥期货交易所上市的国民抵押协会债券（GNMA）期货合约是世界上第一个利率期货合约。

17. 1977 年 8 月，（　　）期货合约在芝加哥期货交易所上市，是国际期货市场上交易量较大的金融期货合约。
A. 外汇　B. 美国长期国债
C. 美国短期国债　D. 美国国民抵押协会债券
【参考答案】B
【答案解析】美国长期国债期货合约是国际期货市场上交易量较大的金融期货合约。

18. 1982 年 2 月，（　　）开发了价值线综合指数期货合约，股票价格指数也成为期货交易的对象。
A. 纽约商品交易所（COMEX）　B. 芝加哥商业交易所（CME）
C. 美国堪萨斯期货交易所（KCBT）　D. 纽约商业交易所（NYMEX）

【参考答案】C

【答案解析】KCBT 开发的价值线综合指数期货合约是全球第一个股票价格指数期货合约。

19. 金融期货最早产生于（　　）年。

A. 1968　　B. 1972

C. 1975　　D. 1977

【参考答案】B

【答案解析】1972 年 5 月，芝加哥商业交易所（CME）设立了国际货币市场分部（IMM），首次推出外汇期货合约。

20. （　　）的商品期货市场发展迅猛，自 2010 年起已经成为全球交易量最大的商品期货市场。

A. 中国　　B. 美国

C. 英国　　D. 法国

【参考答案】A

【答案解析】中国的商品期货市场，自 2010 年起已经成为全球交易量最大的商品期货市场。

21. 1993 年，（　　）改制成为全球第一家股份制的交易所。

A. 香港证券交易所　　B. 瑞典斯德哥尔摩证券交易所

C. 芝加哥商业交易所　　D. 伦敦金属交易所

【参考答案】B

【答案解析】瑞典斯德哥尔摩证券交易所是全球第一家股份制的交易所。以前的交易所基本上都是会员制。

22. 1990 年 10 月 12 日，经国务院批准，（　　），我国第一个商品期货市场开始起步。

A. 深圳有色金属交易所宣告成立

B. 上海金属交易所开业

C. 郑州粮食批发市场以现货交易为基础，引入期货交易机制

D. 广东万通期货经纪公司成立

【参考答案】C

【答案解析】1990 年 10 月 12 日，经国务院批准，郑州粮食批发市场以现货交易为基础，引入期货交易机制，我国第一个商品期货市场开始起步。

23. 1999 年期货交易所数量精简合并为（　　）家。

A. 3　　B. 15

C. 32　　D. 50

【参考答案】A

【答案解析】当时对期货市场整顿力度很大。

24. 1999 年期货交易品种由 35 个降至（　　）个。

A. 10　　B. 12

C. 15　　D. 18

【参考答案】B

【答案解析】1999 年期货交易所数量精简合并为 3 家，期货品种也由 35 个降至 12 个。

25. 1999 年，期货经纪公司最低注册资本金提高到（　　）万元人民币。

A. 1500　　B. 2000

C. 2500　　D. 3000

【参考答案】D

【答案解析】1999 年，期货经纪公司最低注册资本金被大幅提高。

26. 2000 年 12 月，（　　）成立，标志着中国期货行业自律管理组织的诞生，从而将新的自律机制引入监管体系。

A. 中国期货业协会　　B. 中国证券业协会

C. 中国期货保证金监控中心　　D. 中国金融期货交易所

【参考答案】A

【答案解析】中国期货业协会是中国期货行业自律管理组织。

27. 2006 年 9 月，（　　）成立，标志着中国期货市场进入商品期货与金融期货共同发展的新阶段。

A. 中国期货保证金监控中心　　B. 中国金融期货交易所

C. 中国期货业协会　　D. 中国期货投资者保障基金

【参考答案】B

【答案解析】中国金融期货交易所成立才出现了商品期货与金融期货共同发展的机遇，因为其他期货交易所都没有金融期货产品，因此无须死记中金所成立的日期。

28. 按名义本金金额排名，全球最大的远期市场是（　　）远期市场。

A. 商品　　B. 外汇

C. 利率　　D. 股票

【参考答案】C

【答案解析】外汇远期市场的名义本金金额已居远期市场第二位，居于第一位的是 1983 年诞生于伦敦银行间同业拆借市场的远期利率协议。

29. 2007 年，（　　）正式推出。

A. 人民币无本金交割远期　　B. 远期结售汇试点
C. 股指期货　　D. 人民币远期利率协议
【参考答案】D
【答案解析】人民币远期利率协议于 2007 年正式推出。
30. 2005 年我国货币互换市场起步，最先进行的是（　　）业务操作。
A. 无本金交换人民币外汇货币掉期
B. 美元与人民币 1 年期的货币掉期
C. 欧元兑人民币掉期
D. 6 种货币对人民币的货币掉期
【参考答案】B
【答案解析】中国人民银行一般称货币互换为货币掉期。
31. 2015 年，（　　）正式在上海证券交易所挂牌上市，掀开了中国衍生品市场产品创新新的一页。
A. 上证 50ETF 期权　　B. 中证 500 指数期货
C. 国债期货　　D. 上证 50 股指期货
【参考答案】A
【答案解析】上证 50ETF 期权是国内第一个金融期权。
32. 期货合约是由（　　）的标准化合约。
A. 交易所统一制定　　B. 期货公司统一制定
C. 买卖双方协商制定　　D. 中国期货业协会统一制定
【参考答案】A
【答案解析】期货合约是由交易所统一制定的标准化合约。
33. 只有交易所的会员方能进场交易，其他交易者只能委托交易所会员，由其代理进行期货交易，体现了期货交易的（　　）特征。
A. 合约标准化　　B. 场外交易
C. 场内集中竞价交易　　D. 双向交易
【参考答案】C
【答案解析】非交易所会员只能委托交易所会员，由其代理进行期货交易，体现了期货交易的场内集中竞价交易特征。
34. 期货的（　　）特征使期货交易具有高收益和高风险的特点。
A. 保证金交易　　B. 双向交易
C. T+0 交易　　D. 对冲交易
【参考答案】A
【答案解析】以小博大的保证金交易，也被称为“杠杆交易”，使期货交易具有高收益和高风险的特点。

35. 期货交易与远期交易有许多相似之处，其中最突出的一点是两者均为买卖双方约定（　　）以约定价格买入或卖出一定数量的商品。

A. 特定时间　　B. 未来某一特定时间

C. 任意时间　　D. 未来任意时间

【参考答案】B

【答案解析】期货交易与远期交易在交割方式上类似。

36. 期货交易中绝大多数期货合约都是通过（　　）方式了结的。

A. 实物交割　　B. 对冲平仓

C. 现金交收　　D. 背书转让

【参考答案】B

【答案解析】期货交易有实物交割与对冲平仓两种履约方式，其中绝大多数期货合约都是通过对冲平仓的方式了结的。

37.（　　）的主要功能是规避风险和发现价格。

A. 现货交易　　B. 远期交易

C. 期货交易　　D. 期权交易

【参考答案】C

【答案解析】远期交易的主要功能只是规避风险和期货交易。

38. 期货交易和期权交易的相同点有（　　）。

A. 交易对象相同　　B. 权利与义务的对称性相同

C. 结算方式相同　　D. 保证金制度相同

【参考答案】C

【答案解析】期货合约和场内期权合约均是场内交易的标准化合约，均可以进行双向操作，均通过结算所统一结算。

39. 下列说法错误的是（　　）。

A. 期货合约和场内期权合约均是场内交易的标准化合约

B. 期货合约和场内期权合约均可以进行双向操作

C. 期货合约和场内期权合约认为结算所统一结算

D. 期货合约和场内期权合约盈亏特点相同

【参考答案】D

【答案解析】期货合约和场内期权合约盈亏特点不相同。

40. 期货市场规避风险的功能是通过（　　）实现的。

A. 保证金制度　　B. 套期保值

C. 标准化合约　　D. 杠杆机制

【参考答案】B

【答案解析】期货市场规避风险的功能是通过套期保值实现的。

41. 套期保值是通过建立（　　）机制，以规避价格风险的一种交易方式。

A. 杠杆

B. 保证金

C. 期货市场与现货市场盈亏冲抵

D. 以小博大

【参考答案】C

【答案解析】套期保值是通过建立期货市场与现货市场盈亏冲抵机制，以规避价格风险的一种交易方式。

42. 一般情况下，同一种商品在期货市场和现货市场上的价格变动趋势（　　）。

A. 相同　　B. 相反

C. 没有规律　　D. 相同且价格一致

【参考答案】A

【答案解析】一般情况下，同一种商品在期货市场和现货市场上的价格变动趋势相同。

43. （　　）的参与是套期保值实现的条件。

A. 经营者　　B. 交易所

C. 投机者　　D. 套期保值者

【参考答案】C

【答案解析】没有投机者的参与，套期保值难以实现。

44. 套期保值是在期货和现货两个市场上建立一种相互（　　）的机制，无论价格怎样变动，都能取得在一个市场亏损的同时在另一个市场盈利的结果。

A. 制约　　B. 平衡

C. 竞争　　D. 冲抵

【参考答案】D

【答案解析】套期保值是在期货和现货在两个市场上建立一种相互冲抵的机制，无论价格怎样变动，都能取得在一个市场亏损的同时在另一个市场盈利的结果。

45. 投资者将期货作为资产配置的组成部分，借助期货能够（　　）。

A. 为其他资产进行风险对冲　　B. 以小博大

C. 套利　　D. 投机

【参考答案】A

【答案解析】投资者将期货作为资产配置的组成部分，借助期货能够为其他资产进行风险对冲。

46. 以下不适合做期货合约标的物的是（　　）。

A. 天气指数　　B. 个股

C. 西瓜　　D. 鸡蛋

【参考答案】C

【答案解析】西瓜由于无法标准化且不易储藏不适合做期货合约标的物，曾经在国内试点失败。其他三个品种均已有期货合约上市。

47.（　　）属于金融期货合约。

A. 国债期货　　B. 上证 50ETF

C. 原油期货　　D. 黄金期货

【参考答案】A

【答案解析】黄金、原油均属于商品期货，而上证 50ETF 是一种基金，属于证券范畴。

48. 关于期货交易与远期交易，以下说法正确的是（　　）。

A. 都具有较好的流动性　　B. 两者信用风险都较小

C. 交易均是在交易所场内进行　　D. 前者是在后者的基础上发展起来的

【参考答案】D

【答案解析】因为远期合同的流动性不足，所以限制了其价格的权威性和分散风险的作用。远期交易在交割前各种不利于履约的行为都有可能出现，因此信用风险较大；远期交易是由交易双方通过一对一谈判达成的，通常在交易所场外交易，而期货交易的是标准化期货合约，在交易所场内通过集中竞价方式实现。

49. 一家美国科技公司在美国向当地银行借贷 500 万美元的年利率为 0.25%，但这家公司想到中国投资，在美国向当地银行借贷 3500 万元人民币的年利率为 6.5%。而一家中国科技公司在中国向当地银行借贷 3500 万元人民币的年利率为 3.5%，但这家公司想到美国投资而在中国向当地银行借贷 500 万美元的年利率为 1.25%。于是美国科技公司把借贷的美元与中国科技公司所借贷的人民币互相交换一年，这样双方都能节省可观的利息支出，这种行为属于（　　）。

A. 货币互换　　B. 利率互换

C. 远期互换　　D. 股权类互换

【参考答案】A

【答案解析】利率互换交易标的是固定利率和浮动利率，规避的是同一种货币的利率波动风险；货币互换交易标的是两种不同的货币，规避的是两种货币的汇率和利率波动风险。

50. 对于利率互换和货币互换，以下说法错误的是（ ）。

A. 它们都是银行常用的金融衍生品，都属于互换

B. 利率互换只涉及一种货币，而货币互换通常涉及两种货币

C. 当利率看涨时，可将固定利率金融工具转换成浮动利率债务类金融工具

D. 最常见的利率互换是在固定利率与浮动利率之间进行转换

【参考答案】C

【答案解析】当利率看涨时，可将浮动利率债务类金融工具转换成固定利率金融工具，所以 C 说法有误。

51.（ ）是指两笔货币相同、债务额相同（本金相同）、期限相同的资金，但交易双方分别以固定利率和浮动利率借款，为了降低资金成本和利率风险，双方做固定利率与浮动利率的调换。

A. 货币互换　　B. 利率互换

C. 远期互换　　D. 股权类互换

【参考答案】B

【答案解析】只要是相同货币做固定利率与浮动利率的调换就是利率互换。

52.（ ）是指两笔金额相同、期限相同、计算利率方法相同，但货币不同的债务资金之间的调换，同时也进行不同利息额的货币调换。

A. 货币互换　　B. 利率互换

C. 远期互换　　D. 股权类互换

【参考答案】A

【答案解析】只要是两种不同货币的互换就是货币互换。

53. 下列关于利率互换与货币互换的说法，正确的是（ ）。

A. 在不同货币市场具有借款比较优势的双方进行利率互换可以取得双赢的结果

B. 货币互换双方在每一个支付日只有一方支付现金给另一方

C. 货币互换双方在期初和期末分别交换本金

D. 互换双方的互换交易是零和博弈

【参考答案】C

【答案解析】在不同货币市场具有借款比较优势的双方应进行货币互换。由于货币互换涉及不同币种的现金流，结算时并不是净额结算。互换交易不是零和博弈，而是可以发挥双方的比较优势，互利共赢。

54. 关于远期交易和期货交易的区别，下列描述错误的是（ ）。

A. 期货交易的对象是交易所统一制定的标准化期货合同

B. 远期交易是否或者收取多少保证金由交易双方商定

C. 远期交易最终的履约方式是实物交收

D. 远期交易的信用风险与期货交易相差无几，因为期货交易就是从远期交易衍生而来的

【参考答案】D

【答案解析】远期交易最终能否履约主要依赖对方的信誉，而对对方信誉状况做全面细致的调查，费时费力，成本较高，难以进行，使交易中的风险增大。期货由于采用当日无负债结算制度，信用风险较小。

55. 期货合约与远期合约的不同点主要表现在（　　）方面。

A. 标的资产　　B. 结算方式

C. 流动性　　D. 信用风险

【参考答案】D

【答案解析】期货合约与远期合约的不同点主要表现在以下几个方面：①交易对象不同；②功能不同；③履约方式不同；④信用风险不同；⑤保证金制度不同。其中，信用风险方面，由于期货采用当日无负债结算制度，信用风险较小。

56. 期货合约的条款由（　　）确定。

A. 买方和卖方　　B. 仅由买方

C. 交易所　　D. 中间人和交易商

【参考答案】C

【答案解析】期货合约是由交易所统一制定的标准化合约。

57. 1882 年，CBOT 允许（　　），大大增加了期货市场的流动性。

A. 会员入场交易　　B. 全权会员代理非会员交易

C. 结算公司介入　　D. 以对冲合约的方式了结持仓

【参考答案】D

【答案解析】1882 年，CBOT 允许以对冲方式免除履约责任，这更加促进了投机者的加入，使期货市场流动性加大。

58.（　　）方式在交易过程中，在商品品质、等级、价格、交货时间、交货地点等方面，由于是根据双方的具体情况一对一达成的，当双方情况或市场价格发生变化时需要转让已签订的合同往往非常困难。

A. 远期交易　　B. 现货交易

C. 期货交易　　D. 中间介绍商

【参考答案】A

【答案解析】一对一达成的合同交易只能是远期交易，而现货交易是一手交钱一手交货，期货交易是集中交易，非一对一的交易模式。

59. 直到 1925 年，芝加哥期货交易所所有交易（　　），现代意义上的结算

机构才正式形成。

A. 都要由期货公司自己结算　　B. 都要由期货交易所结算公司结算

C. 都要由客户自己找结算公司结算　D. 都要由客户自己结算

【参考答案】B

【答案解析】直到1925年芝加哥期货交易所结算公司（BOTCC）成立以后，芝加哥期货交易所所有交易都要进入结算公司结算，现代意义上的结算机构形成。

60. 2019年9月，全球首个不锈钢期货合约在（　　）挂牌上市。

A. 中国　　B. 美国

C. 英国　　D. 新加坡

【参考答案】A

【答案解析】中国是目前全世界最大的不锈钢生产和消费国。

61.（　）是全球最早的黄金期货市场。

A. NYMEX　　B. LME

C. CBOT　　D. ICE

【参考答案】A

【答案解析】目前全球主要黄金期货交易集中于芝加哥、纽约及东京三大交易所，其中，纽约商业交易所（NYMEX）是全球最早的黄金期货市场。

62. 2006年6月，全球第一家横跨大西洋的（　　）集团宣告成立。

A. 纽约证券交易所－泛欧交易所

B. 纽约商品交易所－泛欧交易所

C. 芝加哥期货交易所－伦敦金属交易所

D. 芝加哥商业交易所－洲际交易所

【参考答案】A

【答案解析】2006年6月，纽约证券交易所集团和总部位于巴黎的泛欧交易所达成总价约100亿美元的合并协议，组成全球第一家横跨大西洋的纽交所—泛欧交易所集团。

63. 2012年，（　　）以13.88亿英镑的价格收购伦敦金属交易所（LME）。

A. 美国CME集团　　B. 法国泛欧交易所

C. 美国洲际交易所　　D. 中国香港交易及结算所有限公司

【参考答案】D

【答案解析】2012年，香港交易及结算所有限公司（HKEx）以13.88亿英镑的价格收购了英国伦敦金属交易所（LME）。

64. 进入21世纪，美国期货市场的主导产品正逐渐从农产品转变为（　　）品种。

A. 利率　　　　B. 股指

C. 原油　　　　D. 黄金

【参考答案】A

【答案解析】利率期货目前是世界第一大期货品种。

65. 目前，各国交易所纷纷上市以外国金融工具为标的的期货合约。在这方面成绩最为突出的交易所是（　）。

A. 美国 CME 集团　　　　B. 新加坡交易所

C. 美国洲际交易所　　　　D. 中国香港交易及结算所有限公司

【参考答案】B

【答案解析】新加坡交易所共上市 15 个指数期货品种，但新加坡本地仅 1 只，其余均为境外股指的期货合约，包括日经 225 指数期货、新华富时中国 A50 指数期货、台湾地区指数期货、印度 Nifty 指数期货等。其中最活跃的是日经 225 指数期货，年成交量最高曾占比整个市场的 39.27%，其次是新华富时中国 A50 指数期货和印度 Nifty 指数期货。

66. 在国内期货交易试点初期，全国各类期货交易所曾多达（　）多家，期货经纪机构数百家。

A. 30　　　　B. 50

C. 70　　　　D. 100

【参考答案】B

【答案解析】到 1993 年下半年，全国各类期货交易所达 50 多家，期货经纪机构数百家。

67. 1999 年 6 月，国务院颁布（　），这是期货业的根本性法律法规。

A.《期货法》　　　　B.《期货交易管理暂行条例》

C.《期货交易所管理办法》　　　　D.《期货经纪公司管理办法》

【参考答案】B

【答案解析】目前《期货交易管理暂行条例》已经修改完善为《期货交易管理条例》，而《期货法》仍有待出台。

68. 下列关于中国期货保证金监控中心说法错误的是：中国期货保证金监控中心（　）。

A. 负责对期货公司违法违规行为进行处罚

B. 是期货保证金安全存管机构

C. 有效降低了客户保证金被挪用的风险

D. 负责全国期货市场统一开户工作

【参考答案】A

【答案解析】中国期货保证金监控中心于2006年5月成立，作为期货保证金安全存管机构，监控中心为有效降低保证金被挪用的风险，保证期货交易资金安全以及维护投资者利益发挥了重要作用。

69. 国内推出的首个商品期货期权品种是（　　）期货期权。

A. 玉米　　B. 豆粕

C. 白糖　　D. 上证50ETF

【参考答案】B

【答案解析】2017年，大连商品交易所和郑州商品交易所分别于3月31日和4月19日推出豆粕和白糖期货期权交易。上证50ETF期权属于金融期权。

70. 全球最早诞生的现代远期市场是（　　）远期市场。

A. 商品　　B. 外汇

C. 利率　　D. 股票

【参考答案】B

【答案解析】第一个外汇远期市场于19世纪70年代诞生于维也纳。

71. 我国最早推出的现代化的远期市场是（　　）。

A. 远期结售汇业务　　B. 人民币无本金交割远期（NDF）

C. 人民币远期市场　　D. 人民币远期利率协议

【参考答案】A

【答案解析】我国现代化的远期协议合约是1997年中国银行开始进行的远期结售汇试点，2003年四大国有商业银行全面展开远期结售汇业务。

72. 世界上第一份利率互换协议发生在（　　）。

A. 美国　　B. 英国

C. 中国　　D. 瑞士

【参考答案】B

【答案解析】1981年IBM与世界银行在伦敦签署的利率互换协议是世界上第一份利率互换协议，并于1982年引入美国。

73. 在金融衍生品市场引入做市商制度的主要目的是（　　）。

A. 为市场提供充足的流动性　　B. 引诱投机者参与

C. 为客户寻找交易对手　　D. 赚取佣金

【参考答案】A

【答案解析】做市商作为交易双方的对手方，为互换市场提供了充足的流动性。

74. 1982年，芝加哥期货交易所推出了以（　　）为标的物的期权交易，第一张标准化期权合约出现。

A. 长期国债期货　　B. S&P500 股价指数

C. 大豆　　D. 玉米

【参考答案】A

【答案解析】世界上最早推出的是利率期权，其次是股指期权，最后才是商品期权。

75. 2002 年 12 月，中国银行上海分行推出个人外汇期权交易“两得宝”，该外汇期权业务初期交易的品种为普通（　　）。

A. 欧式期权　　B. 美式期权

C. 百慕大期权　　D. 场外期权

【参考答案】A

【答案解析】欧式期权是最简单的期权。

76. 理论上，商品期权（　　）收益有限而承担的亏损风险无限。

A. 看涨期权的买方　　B. 看涨期权的卖方

C. 看跌期权的买方　　D. 看跌期权的卖方

【参考答案】B

【答案解析】期权卖方收益有限，但须承担巨大的风险。不过商品价值最低不会小于 0，故理论上看涨期权的卖方所承担的风险比看跌期权的卖方所承担的风险更大。

77. 套期保值是通过（　　）的机制以规避价格风险的一种交易方式。

A. 期货市场取代现货市场　　B. 期货市场与现货市场盈亏冲抵

C. 以小博大　　D. 买空卖空的双向交易

【参考答案】B

【答案解析】套期保值是在期货市场和现货市场之间建立一种盈亏冲抵的机制，最终实现期货市场和现货市场盈亏大致相抵。

78. 套期保值将风险转移给（　　）。

A. 套期保值者　　B. 企业生产者

C. 期货交易所　　D. 期货投机者

【参考答案】D

【答案解析】期货投机者是期货市场的风险承担者。

79. 期货交易的对象是（　　）。

A. 交割库标准仓单　　B. 现货合同

C. 远期协议　　D. 标准化合约

【参考答案】D

【答案解析】期货交易的是标准化远期合同——期货合约。C 选项不严谨。

80. 期货套期保值的原理是：对于同一种商品来说，(　　)。

A. 期货与现货的价格变动趋势相同，在临近交割日，现货价格与期货价格趋于一致

B. 期货与现货的价格变动趋势不同，在临近交割日，现货价格与期货价格波动没有规律

C. 期货与现货的价格变动趋势相同，但在临近交割日，现货价格与期货价格的价差会扩大

D. 期货与现货的价格变动趋势不同，但在临近交割日，现货价格与期货价格趋于一致

【参考答案】A

【答案解析】在现货市场和期货市场同时存在的情况下，同一种商品在同一时空内会受到相同的经济因素的影响和制约，因而一般情况下两个市场的价格变动趋势相同，并且随着期货合约临近交割，现货价格与期货价格趋于一致。

81. 生产经营者通过期货套期保值来(　　)风险。

A. 消灭　　B. 转移

C. 跟踪　　D. 藏匿

【参考答案】B

【答案解析】风险只能转移，不能消灭。

82. 期货交易中的“杠杆效应”缘于期货市场中的(　　)制度。

A. 无负债结算　　B. 到期交割

C. 持仓限额　　D. 保证金

【参考答案】D

【答案解析】交易者在买卖期货合约时按合约价值的一定比率（一般为合约价值的5%～15%）缴纳保证金作为履约保证，即可进行数倍于保证金的交易。这种以小博大的保证金交易，也被称为“杠杆交易”。保证金比率越低，杠杆效应就越大，高收益和高风险的特点就越明显。

83. 某沪深300股指期货合约交易保证金率为15%，则该合约的杠杆率为(　　)倍。

A. 0.15　　B. 6.67

C. 15　　D. 66.7

【参考答案】D

【答案解析】杠杆率＝1÷保证金率＝1÷15%＝6.67（倍）。

84. 上海期货交易所的铜、铝、锌等期货报价已经为国家和行业所认可，成为资源定价的依据，并在国际上产生了影响，充分体现了期货市场的(　　)

功能。

A. 套期保值　　B. 价格发现

C. 资产配置　　D. 投机套利

【参考答案】B

【答案解析】价格发现是资产定价的依据。

85. “期货不是货”的主要含义是指（　　）。

A. 期货只是一种投机工具

B. 期货交易的不是实物而是标准化远期合同

C. 期货只是一种套期保值工具

D. 期货最终可以交割也可以不交割

【参考答案】B

【答案解析】期货不是货，通常是指以某种大宗商品或金融资产为标的可交易的标准化远期合同——期货合约。

二、多项选择题（在以下各小题所给出的四个选项中，至少有两个选项符合题目要求，请将正确选项的代码填入括号中）

1. 下列关于期货说法正确的有（　　）。

A. 期货与现货相对应，并由现货衍生而来

B. 期货不是货

C. 期货是指以某种大宗商品或金融资产为标的可交易的标准化合约

D. 期货合约可以是标准化合约，也可以是非标准化合约

【参考答案】ABC

【答案解析】期货与现货相对应，并由现货衍生而来。期货不是货，通常是指以某种大宗商品或金融资产为标的可交易的标准化合约。

2. 期货合约包括（　　）合约。

A. 商品期货

B. 金融期货

C. 既非商品又非金融属性的指数性期货

D. 凭证式期货

【参考答案】ABCD

【答案解析】期货合约包括商品期货合约、金融期货合约及其他期货合约。

3. 以下可以设计成期货合约的有（　　）。

A. 大豆　　B. 玉米

C. 中证 500 指数　　D. 天气指数

【参考答案】ABCD

【答案解析】期货合约包括商品期货合约、金融期货合约及其他期货合约。

4. 下列关于远期合约说法正确的有（　　）。

A. 远期合约都是标准化合约

B. 远期交易最早是作为一种锁定未来价格的工具

C. 远期合约一般通过场外交易市场（OTC）达成

D. 远期合同或远期合约属于非标准化合约

【参考答案】BCD

【答案解析】远期合约是指交易双方约定在未来的某一确定时间，以确定的价格买卖一定数量的某种标的资产的合约。远期交易最早是作为一种锁定未来价格的工具，其合约条件是为买卖双方量身定制的，一般通过场外交易市场（OTC）达成。

5. 远期交易包括（　　）。

A. 外汇远期交易　　B. 无本金交割外汇远期交易

C. 商品远期交易　　D. 远期股票合约

【参考答案】ABCD

【答案解析】常见的远期交易包括商品远期交易、远期利率协议（FRA）、外汇远期交易、无本金交割外汇远期交易（NDF）以及远期股票合约等。

6. 下列关于互换说法正确的有（　　）。

A. 互换是指两个或两个以上当事人按照商定条件，在约定时间内交换一系列现金流的合约

B. 远期合约可以看成仅交换一次现金流的互换

C. 由于互换双方会约定在未来多次交换现金流，因此互换可以看作一系列远期的组合

D. 互换本质上仍属于现货或现金交易的范畴

【参考答案】ABCD

【答案解析】互换是指两个或两个以上当事人按照商定条件，在约定时间内交换一系列现金流的合约。远期合约可以看成仅交换一次现金流的互换。在大多数情况下，由于互换双方会约定在未来多次交换现金流，互换可以看作一系列远期的组合。

7. 最常见也最重要的两种互换是（　　），此外还有商品互换等。

A. 利率互换　　B. 股权类互换

C. 远期互换　　D. 货币互换

【参考答案】AD

【答案解析】最常见也最重要的是利率互换和货币互换，此外还有商品互换、股权类互换、远期互换等。

8. 互换的标的可以来自（　　）市场。

A. 利率　　B. 货币

C. 债券　　D. 股权

【参考答案】ABCD

【答案解析】最常见也最重要的是利率互换和货币互换，此外还有商品互换、股权类互换、远期互换等。

9. 期权是给予买方可以在规定的时间内根据市场状况选择（　　）的权利。

A. 买　　B. 不买

C. 卖　　D. 不卖

【参考答案】ABCD

【答案解析】期权是给予买方（或持有者）购买或出售标的资产的权利，可以在规定的时间内根据市场状况选择买或者不买、卖或者不卖，既可以行使该权利，也可以放弃该权利。

10. 按照标的资产划分，常见的期权包括（　　）等。

A. 利率期权　　B. 外汇期权

C. 商品期权　　D. 股权类期权

【参考答案】ABCD

【答案解析】按照标的资产划分，常见的期权包括利率期权、外汇期权、股权类期权和商品期权等。

11. 下列关于期权交易说法正确的有（　　）。

A. 期权买方既可以行使该权利，也可以放弃该权利

B. 期权交易中买卖双方权利和义务对等

C. 期权在交易所交易的是标准化的合约

D. 期权在场外交易市场（OTC）交易的，由交易双方协商确定合同的要素，满足交易双方的特殊需求而签订的非标准化合约

【参考答案】ACD

【答案解析】期权买卖双方权利和义务是不对等的，买方有权利无义务，卖方有义务无权利。

12. 下列说法正确的有（　　）。

A. 春秋时期中国商人就曾开展远期交易

B. 期货交易萌芽于远期交易

C. 远期现货交易的集中化和组织化，为期货交易的产生和期货市场的形成

奠定了基础

D. 期货交易最早萌芽于中国

【参考答案】ABC

【答案解析】期货交易萌芽于远期交易。交易方式的长期演进，尤其是远期现货交易的集中化和组织化，为期货交易的产生和期货市场的形成奠定了基础。期货交易最早萌芽于欧洲。春秋时期，中国商人的鼻祖陶朱公范蠡就曾开展远期交易。

13. 远期现货交易的（　　），为期货交易的产生和期货市场的形成奠定了基础。

A. 集中化　　B. 公正性

C. 流动性　　D. 组织化

【参考答案】AD

【答案解析】远期现货交易的集中化和组织化，为期货交易的产生和期货市场的形成奠定了基础。

14. （　　）的实施，标志着现代期货市场的确立。

A. 标准化合约　　B. 保证金制度

C. 对冲机制　　D. 统一结算

【参考答案】ABCD

【答案解析】标准化合约、保证金制度、对冲机制和统一结算的实施，标志着现代期货市场的确立。

15. 商品期货主要包括（　　）。

A. 农产品期货　　B. 金属期货

C. 能源化工期货　　D. 股票期货

【参考答案】ABC

【答案解析】商品期货主要包括农产品期货、金属期货、能源化工期货。

16. 下列属于农业品期货的有（　　）。

A. 活牛　　B. 小麦

C. 木材　　D. 汽油

【参考答案】ABC

【答案解析】汽油属于能源化工期货。

17. 下列属于能源化工期货的有（　　）。

A. LLDPE　　B. 乙醇

C. 棕榈油　　D. 取暖油

【参考答案】ABD

【答案解析】棕榈油属于农产品范畴。

18. 1876 年成立的伦敦金属交易所（LME），开金属期货交易之先河，最早主要从事（　　）的期货交易。

A. 铜　　B. 铝

C. 铅　　D. 锡

【参考答案】AD

【答案解析】1876 年伦敦金属交易所（LME）成立之初，开设的是铜和锡的期货交易。

19. 目前，伦敦金属交易所已推出的金属期货品种包括（　　）。

A. 锌　　B. 铅

C. 白银　　D. 镍和铝合金

【参考答案】ABCD

【答案解析】伦敦金属交易所已推出了铜、铝、铅、锌、镍和铝合金、白银等金属品种。

20. 目前，（　　）是世界上最具影响力的能源期货交易所。

A. 纽约商品交易所（COMEX）　　B. 芝加哥商业交易所（CME）

C. 纽约商业交易所（NYMEX）　　D. 洲际交易所（ICE）

【参考答案】CD

【答案解析】纽约商业交易所（NYMEX）和位于伦敦的洲际交易所（ICE）是世界上最具影响力的能源期货交易所。

21. 当前，国际期货市场发展的特点有（　　）。

A. 交易中心日益集中　　B. 交易所由公司制向会员制发展

C. 交易所兼并重组趋势明显　　D. 金融期货发展后来居上

【参考答案】ACD

【答案解析】当前，国际期货市场发展的特点是：（1）交易中心日益集中；（2）交易所由会员制向公司制发展；（3）交易所兼并重组趋势明显；（4）金融期货发展后来居上；（5）交易所竞争加剧，服务质量不断提高。

22. 交易所合并的原因主要有（　　）。

A. 交易所内部竞争加剧

B. 经济全球化的影响

C. 交易所之间的竞争更为激烈

D. 场外交易发展迅速，对交易所构成威胁

【参考答案】BCD

【答案解析】交易所合并的原因主要有：（1）经济全球化的影响；（2）交易

所之间的竞争更为激烈；（3）场外交易发展迅速，对交易所构成威胁。

23. 1999 年我国期货交易所数量精简合并为 3 家，分别是（ ）。

A. 郑州商品交易所　　B. 大连商品交易所

C. 深圳期货交易所　　D. 上海期货交易所

【参考答案】ABD

【答案解析】1999 年我国期货交易所数量再次精简合并为 3 家，分别是郑州商品交易所、大连商品交易所和上海期货交易所。

24. 中国期货市场监控中心的主要职能包括（ ）。

A. 期货市场统一开户

B. 期货保证金安全监控

C. 为期货投资者提供交易结算信息查询

D. 期货市场运行监测监控

【参考答案】ABCD

【答案解析】作为期货保证金安全存管机构，监控中心为有效降低保证金被挪用的风险，确保保证期货交易资金安全以及维护投资者利益发挥了重要作用。

25. 中国金融期货交易所于 2010 年 4 月推出了沪深 300 股票指数期货，对于丰富金融产品（ ）具有重要意义。

A. 完善资本市场体系　　B. 为投资者开辟更多的投资渠道

C. 发挥资本市场功能　　D. 深化金融体制改革

【参考答案】ABCD

【答案解析】中国金融期货交易所于 2010 年 4 月推出了沪深 300 股票指数期货，对于丰富金融产品、为投资者开辟更多的投资渠道、完善资本市场体系、发挥资本市场功能以及深化金融体制改革具有重要意义。

26. 我国期货市场在过去 20 多年发展过程中，经历了（ ）等阶段。

A. 初创　　B. 治理整顿

C. 稳步发展　　D. 创新发展

【参考答案】ABCD

【答案解析】我国期货市场在过去 20 多年发展过程中，经历了初创阶段、治理整顿阶段、稳步发展阶段、创新发展阶段。

27. ISDA 主协议具有特殊的三项制度基础，即单一协议、瑕疵资产与终止净额结算，包括（ ）三部分。

A. 协议主文　　B. 附件

C. 资产确认书　　D. 交易确认书

【参考答案】ABD

【答案解析】ISDA 主协议具有特殊的三项制度基础，即单一协议、瑕疵资产与终止净额结算，包括协议主文、附件和交易确认书三部分，有效维系了国际金融衍生产品市场的平稳发展，并为越来越多国家和地区的立法机关所认可。

28. 下列说法正确的有（　　）。

A. 2002 年 12 月 12 日，中国银行上海分行在中国人民银行的批准下，宣布推出个人外汇期权交易“两得宝”，打响了中国期权交易的第一枪

B. 2015 年 2 月 9 日，中证 500 股指期货正式在上海证券交易所挂牌上市

C. 中国银行在外汇期权的创新方面走在前列

D. 2011 年 11 月外汇管理局规定客户可以同时买入或卖出期权形成外汇看跌期权风险逆转期权组合和外汇看涨风险逆转期权组合

【参考答案】ACD

【答案解析】2015 年 2 月 9 日，上证 50ETF 期权正式在上海证券交易所挂牌上市。股指期货在中金所挂牌，不在证券交易所挂牌。

29. 衍生品市场包括（　　）等子市场。

A. 远期　　　　B. 互换

C. 期货　　　　D. 期权

【参考答案】ABCD

【答案解析】远期、互换、期货、期权完整的衍生品体系，为广大投资者提供了良好的资产组合工具。

30. 期货交易的基本特征包括（　　）。

A. 合约标准化　　　　B. 当日无负债结算和对冲了结

C. 保证金交易和双向交易　　　　D. 场外竞价交易

【参考答案】ABC

【答案解析】期货交易的基本特征包括合约标准化、场内集中竞价交易、保证金交易、双向交易、对冲了结、当日无负债结算。

31. 标准化合约中的标的物的（　　）等都是既定的。

A. 数量　　　　B. 规格

C. 地点　　　　D. 交割时间

【参考答案】ABCD

【答案解析】标准化合约中的标的物的数量、规格、交割时间和地点等都是既定的。

32. 标准化合约的优点有（　　）。

A. 为期货交易带来极大的便利　　　　B. 节约了交易成本

C. 提高了交易效率　　　　D. 提高市场流动性

【参考答案】ABCD

【答案解析】标准化合约给期货交易带来极大的便利，交易双方不需要事先对交易的具体条款进行协商，从而节约了交易成本，提高了交易效率和市场流动性。

33. 下列关于期货交易说法正确的有（　　）。

A. “杠杆交易”是以小博大的保证金交易

B. 只有交易所的会员方能进场交易

C. 保证金比率越高，杠杆效应就越大，高收益和高风险的特点就越明显

D. 期货合约是由交易所统一制定的标准化合约

【参考答案】ABD

【答案解析】保证金比率越低，杠杆效应就越大，高收益和高风险的特点就越明显。

34. 下列说法正确的有（　　）。

A. 期货交易采用双向交易方式

B. 交易者既可以买入建仓也可以卖出建仓

C. 双向交易给予投资者双向的投资机会

D. 买入期货合约建仓交易称为“卖空”

【参考答案】ABC

【答案解析】期货交易采用双向交易方式。交易者既可以买入建仓，即通过买入期货合约开始交易，也可以卖出建仓，即通过卖出期货合约开始交易。前者也称为“买空”，后者也称为“卖空”。双向交易给予投资者双向的投资机会，也就是在期货价格上升时，可通过低买高卖来获利；在期货价格下降时，可通过高卖低买来获利。

35. 下列关于期货交易与远期交易的说法正确的有（　　）。

A. 期货交易的对象是交易所统一制定的标准化期货合约

B. 期货交易中（除实物交割外）并不涉及具体的实物商品买卖

C. 期货交易的品种是无限的

D. 远期交易所涉及的商品没有任何限制

【参考答案】ABD

【答案解析】期货交易的对象是交易所统一制定的标准化期货合约。在期货交易中（除实物交割外）并不涉及具体的实物商品买卖，因此适合期货交易的品种是有限的。远期交易所涉及的商品没有任何限制。

36. 期货交易是众多的买主和卖主根据期货市场的规则，通过（　　）的方式进行的期货合约的买卖。

A. 公开　　B. 公平
C. 公正　　D. 集中竞价

【参考答案】ABCD

【答案解析】期货交易是众多的买主和卖主根据期货市场的规则，通过公开、公平、公正、集中竞价的方式进行的期货合约的买卖。

37. 期货交易的履约方式有（　　）。

A. 实物交割　　B. 对冲平仓
C. 现金交收　　D. 背书转让

【参考答案】ABC

【答案解析】一般商品期货交易的履约方式有实物交割与对冲平仓两种，而金融期货除了上述两种履约方式外，也有现金交收的履约方式。

38. 造成远期交易具有较高的信用风险的原因包括（　　）。

A. 如买方资金不足，不能如期付款
B. 卖方生产不足，不能保证供应
C. 市场价格趋涨，卖方不愿按原定价格交货
D. 市场价格趋跌，买方不愿按原定价格付款

【参考答案】ABCD

【答案解析】上述因素都会使远期交易不能最终完成，加之远期合同不易转让，所以，远期交易具有较高的信用风险。

39. 期货交易与远期交易的区别包括（　　）和保证金制度不同。

A. 交易对象不同　　B. 功能作用不同
C. 履约方式不同　　D. 信用风险不同

【参考答案】ABCD

【答案解析】期货交易与远期交易的区别包括交易对象不同、功能作用不同、履约方式不同、信用风险不同、保证金制度不同。

40. 下列说法正确的有（　　）。

A. 期权和期货的权利与义务的对称性不同
B. 期货合约是双向合约
C. 期权是单向合约
D. 期权的买方在支付权利金后即获得了选择权，可以选择执行期权，也可以放弃执行，而不必承担义务

【参考答案】ABCD

【答案解析】权利与义务的对称性不同。期货合约是双向合约，交易双方都要承担期货合约到期交割的义务，如果不愿实际交割，则必须在有效期内对冲，

期权是单向合约，期权的买方在支付权利金后即获得了选择权，可以选择执行期权，也可以放弃执行，而不必承担义务。而期权的卖方则有义务在买方行使权利时按约定向买方买入或卖出标的资产。

41. 下列说法正确的有（ ）。

A. 期货交易中，买卖双方都要缴纳期货保证金

B. 期货交易期间还要根据价格变动对亏损方收取追加保证金，盈利方则可提取多余保证金

C. 期权交易中卖方向买方支付权利金后，其最大风险就是权利金的亏损

D. 对期权买方来讲，他在收取对方权利金的同时要随时应对卖方要求履约

【参考答案】AB

【答案解析】作为履约的保证，在期货交易期间要根据价格变动对亏损方收取追加保证金，盈利方则可提取多余保证金；期权交易中，买方向卖方支付权利金后，其最大风险就是权利金的亏损，因此期权买方不需要再缴纳保证金。但对期权卖方来讲，他在收取对方权利金的同时要随时应对买方要求履约，因此，需要缴纳一定的保证金，以表明其有能力履行期权合约。

42. 期货与期权的区别包括（ ）。

A. 交易对象不同　　B. 权利与义务的对称性不同

C. 保证金制度不同　　D. 盈亏特点和了结方式不同

【参考答案】ABCD

【答案解析】期货与期权的区别包括交易对象不同、权利与义务的对称性不同、保证金制度不同、盈亏特点不同、了结方式不同。

43. 下列说法正确的有（ ）。

A. 互换交易是一系列期权交易的组合

B. 远期合约是期货和互换的基础

C. 期货和互换是对远期合约在不同方面创新后的衍生工具

D. 远期协议可以被用来给期货定价，但不可以被用来给互换定价

【参考答案】BC

【答案解析】互换交易是一系列远期交易的组合。远期协议可以被用来给期货定价，也可以被用来给互换定价。

44. 期权与互换的区别包括（ ）。

A. 功能作用不同　　B. 合约双方关系不同

C. 成交方式不同　　D. 标准化程度不同

【参考答案】ABCD

【答案解析】期权与互换的区别包括标准化程度不同、成交方式不同、合约

双方关系不同。

45. 期货交易的参与者包括（　　）。

A. 会员　　B. 非会员

C. 投机者　　D. 商品生产者

【参考答案】ABCD

【答案解析】期货交易的参与者众多，除了会员以外，还有他们所代表的众多的商品生产者、销售者、加工者、进出口商以及投机者等。

46. 期货交易的（　　）有助于形成公正的价格。

A. 透明度高　　B. 竞争公开化

C. 竞争公平化　　D. 一对一的交易方式

【参考答案】ABC

【答案解析】期货交易的透明度高，竞争公开化、公平化，有助于形成公正的价格。

47. 期货交易形成的价格具有（　　）。

A. 预期性　　B. 连续性

C. 公开性　　D. 权威性

【参考答案】ABCD

【答案解析】期货交易形成的价格具有预期性、连续性、公开性、权威性。

48. 下列关于期货市场价格说法正确的有（　　）。

A. 期货交易发现的价格具有较高的权威性

B. 由于期货合约是标准化的，转手极为便利，买卖非常频繁，这样，就能不断地产生期货价格

C. 期货价格是买卖双方协商达成的

D. 在期货交易发达的国家，期货价格被视为一种权威价格，成为现货交易的重要参考依据

【参考答案】ABD

【答案解析】期货价格是集中在交易所内通过公开竞争达成的。

49. 下列说法正确的有（　　）。

A. 借助期货能够为其他资产进行风险对冲

B. 期货市场的杠杆机制、保证金制度使得投资期货更加便捷和灵活

C. 投资者利用期货对投资组合的风险进行对冲，主要是利用期货的双向交易机制以及当日结算制度

D. 期货能够以套期保值的方式为现货资产或投资组合对冲风险，从而起到稳定收益、降低风险的作用

【参考答案】ABD

【答案解析】投资者利用期货对投资组合的风险进行对冲，主要利用期货的双向交易机制以及杠杆效应的特性。

50. 期货市场在宏观经济中的作用包括（　　）。

A. 提供分散、转移价格风险的工具

B. 为政府制定宏观经济政策提供参考依据

C. 促进本国经济的国际化

D. 合理投机，赚取价差利润

【参考答案】ABC

【答案解析】以上都涉及国家和政府层面如何应用期货市场的问题，因此属于期货市场在宏观经济中的作用。

51. 期货市场在微观经济中的作用有（　　）。

A. 锁定生产成本，实现预期利润

B. 提供分散、转移价格风险的工具

C. 期货市场拓展现货销售和采购渠道

D. 利用期货价格信号，组织安排现货生产

【参考答案】ACD

【答案解析】以上都涉及企业如何应用期货的问题，属于期货市场在微观经济中的作用。

52. 企业通过期货市场销售和采购现货，最大的好处是（　　），节约采购费用。

A. 严格履约　　B. 资金安全

C. 质量保证　　D. 库存降低

【参考答案】ABCD

【答案解析】企业通过期货市场销售和采购现货，最大的好处是严格履约、资金安全、质量保证，库存可被降低，同时可节约采购费用。

53. 以下属于金融期货合约的有（　　）。

A. 国债期货　　B. 股指期货

C. 比特币期货　　D. 黄金期货

【参考答案】ABC

【答案解析】黄金与白银均属于商品贵金属期货标的物。

54. 根据期货合约标的物的不同，期货合约分为（　　）。

A. 商品期货合约　　B. 金融期货合约

C. 其他期货合约　　D. 非标准化合约

【参考答案】ABC

【答案解析】根据期货合约标的物的不同，期货合约分为商品期货合约和金融期货合约及其他期货合约。期货合约都必须是标准化合约。

55. 以下（　　）属于能源化工期货。

A. LLDPE　　B. 甲醇

C. 棕榈油　　D. 天然橡胶

【参考答案】AB

【答案解析】LLDPE 是线性低密度聚乙烯塑料的英文缩写。棕榈油和天然橡胶都属于农产品期货范畴。

56. 以下属于金融期货的有（　　）。

A. 白银期货　　B. 黄金期货

C. 股指期货　　D. 国债期货

【参考答案】CD

【答案解析】白银和黄金尽管有金融属性，但它们均属于贵金属期货种类范畴。

57. 以下有关货币互换与利率互换的区别和对比，正确的叙述有（　　）。

A. 货币互换一般要交换本金，利率互换不交换本金

B. 利率互换必须承担交易风险，而货币互换无须承担交易风险

C. 货币互换涉及不同币种的交换，利率互换一般只涉及一种币种

D. 货币互换一般采用差额结算，而利率互换却无法采用差额结算

【参考答案】AC

【答案解析】利率互换和货币互换均要承担交易风险，所以 B 不正确；利率互换一般采用差额结算，而货币互换却较少采用差额结算，所以 D 不正确。

58. 期货合约具有的特征包括（　　）。

A. 履约由期货交易所或结算公司提供担保

B. 履约大部分通过对冲方式

C. 合约的价格有最小变动单位和浮动限额

D. 交易方式通常采用柜台式交易

【参考答案】ABC

【答案解析】柜台式交易属于场外交易模式。

59. 以下属于能源期货的有（　　）期货。

A. 动力煤　　B. 原油

C. 棕榈油　　D. 燃料油

【参考答案】ABD

【答案解析】棕榈油期货属于农产品期货范畴。

60. 目前，我国境内已经上市挂牌交易的农产品期货种类包括（　　）品种。

A. 谷物类　　B. 经济作物

C. 畜禽产品　　D. 林产品

【参考答案】ABCD

【答案解析】国内期货市场上，玉米等谷物类品种、棉花等经济作物类品种、鸡蛋等畜禽产品品种以及胶合板等林产品品种均已挂牌上市交易。

61. 目前，纽约商业交易所（NYMEX）上市的能源品种有（　　）等。

A. 原油　　B. 汽油

C. 取暖油　　D. 燃料油

【参考答案】ABC

【答案解析】目前，纽约商业交易所（NYMEX）和位于伦敦的洲际交易所（ICE）是世界上最具影响力的能源期货交易所，上市品种有原油、汽油、取暖油、乙醇等。燃料油是在新加坡交易所和中国上海期货交易所挂牌上市的期货品种。

62. 1972 年 5 月，芝加哥商业交易所（CME）设立了国际货币市场分部（IMM），首次推出包括（　　）等 6 种货币在内的外汇期货合约。

A. 英镑　　B. 西德马克

C. 法国法郎　　D. 卢布

【参考答案】ABC

【答案解析】这 6 种货币分别是英镑、加元、西德马克、法国法郎、日元和瑞士法郎。

63. 近年来，公司制改革和公开发行上市成为全球交易所发展的一个新方向，其主要原因在于（　　）。

A. 会员制体制造成交易所的决策效率较低，不能适应激烈竞争的需要

B. 会员制在分红等利益分配上面临诸多制度障碍，而改制上市能给交易所会员带来利益

C. 发行上市可以扩大交易所自身规模并提升市场影响力

D. 改制上市可以免去会员投票的复杂程序，提高交易所运行效率

【参考答案】ABCD

【答案解析】出现这一趋势的根本原因是竞争加剧，而会员制体制造成交易所的决策效率较低，不能适应激烈竞争的需要，改制上市则可以免去会员投票的复杂程序，提高交易所运行效率。同时，改制上市也能给交易所会员带来利益。

64. 成立于2000年的美国洲际交易所（ICE）在收购（　　）后，就成为全球最大的金融和商品期货的交易所和结算中心集团之一。

A. 伦敦国际石油交易所　　B. 纽约期货交易所

C. 气候交易所　　D. 纽交所－泛欧交易所集团

【参考答案】ABCD

【答案解析】2001年ICE在伦敦收购国际石油交易所（IPE）之后，于2007年与纽约期货交易所合并，随后在2010年又与气候交易所合并，并在2013年11月，完成对纽交所－泛欧交易所集团（NYSE－Euronext）的收购。

65. 目前的芝加哥商业交易所集团是（　　）等合并后的全球最具影响力的衍生品交易所集团之一。

A. 芝加哥商业交易所（CME）　　B. 芝加哥期货交易所（CBOT）

C. 纽约商业交易所（NYMEX）　　D. 纽约商品交易所（COMEX）

【参考答案】ABCD

【答案解析】CME集团是上述四家期货交易所合并后的集团公司，尽管芝加哥商业交易所与芝加哥期货交易所曾经是业务上的死对头。

66. 我国期货市场的产生起因于20世纪80年代，主要是为了尝试解决当时存在的（　　）等问题。

A. 现货价格失真　　B. 市场本身缺乏保值机制

C. 热钱缺乏投机工具　　D. 市场体系不完善、不配套

【参考答案】ABD

【答案解析】现货价格失真和市场本身缺乏保值机制这两点最终又归结到市场体系不完善、不配套的问题上。

67. 1988年初，由（　　）等部门根据中央领导的指示，组织力量开始进行期货市场研究。

A. 国务院发展研究中心　　B. 国家体改委

C. 商业部　　D. 中国证监会

【参考答案】ABC

【答案解析】中国证监会是1992年10月成立的。

68. 目前，期货公司业务包括（　　）。

A. 期货投资咨询业务　　B. 资产管理业务

C. 期货经纪业务　　D. 风险管理业务

【参考答案】ABCD

【答案解析】上述四大业务是期货公司的主营业务。

69. 目前，国际衍生品市场包括（　　）等产品。

A. 远期　　B. 期货

C. 互换　　D. 资产支持证券

【参考答案】ABCD

【答案解析】经过长期的发展，国际衍生品市场形成了远期、期货、互换、期权、资产支持证券和信用衍生工具六大类产品相互补充的完整架构。

70. 远期的（　　）等特质使某些商品远期仍十分活跃。

A. 连续交易　　B. 单次大量交易

C. 可选择交易伙伴　　D. 合约的非标准化个性

【参考答案】ABCD

【答案解析】现代远期市场也能进行连续交易。

71. 目前，上海清算所已推出了（　　）等远期合约。

A. 外汇远期　　B. 人民币远期运费协议

C. 利率远期协议　　D. 利率互换

【参考答案】ABC

【答案解析】利率互换不属于远期合约。

72. 现阶段国内银行间远期外汇市场已开展了（　　）兑人民币等 6 个货币对的货币掉期业务。

A. 美元　　B. 欧元

C. 英镑　　D. 法郎

【参考答案】ABC

【答案解析】现阶段银行间远期外汇市场已开展了美元、欧元、日元、港币、英镑、澳元兑人民币 6 个货币对的货币掉期业务。法郎分为法国法郎和瑞士法郎，可见这道题 D 选项有问题。

73. 截至 2020 年，国内互换业务包括（　　）等业务。

A. 货币互换　　B. 利率互换

C. 股票互换　　D. 商品互换

【参考答案】ABCD

【答案解析】2006 年，国内银行间开展了利率互换试点；2013 年 1 月，股票互换也获得了较大突破；2018 年底，大商所率先开展了商品互换业务。

74. 2002 年 12 月，中国银行上海分行推出个人外汇期权交易“两得宝”，该外汇期权业务初期，客户只能办理（　　）。

A. 买入外汇看涨期权　　B. 买入外汇看跌期权

C. 卖出外汇看涨期权　　D. 卖出外汇看跌期权

【参考答案】AB

【答案解析】卖出期权风险较大，故最早该项业务只允许客户办理买入期权业务。

75. 期权交易中，投资者了结的方式包括（　　）。

A. 对冲　　B. 行使权利

C. 到期不行权　　D. 申请延期

【参考答案】ABC

【答案解析】期权交易中，投资者了结的方式包括三种：对冲、行使权利或到期放弃权利。

76. 互换交易主要（　　）。

A. 在柜台市场进行　　B. 在银行间市场进行

C. 通过人工询价的方式撮合成交　　D. 通过电子交易系统撮合成交

【参考答案】ABC

【答案解析】互换交易一般不是通过电子交易系统撮合成交的，需要双方多次谈判协商合同。

77. 期货合约与远期现货合约的根本区别在于期货合约（　　）。

A. 具有保值功能　　B. 是标准化合约

C. 集中竞价交易　　D. 到期交割

【参考答案】BC

【答案解析】期货交易的对象是交易所统一制定的标准化期货合约，在交易所内进行集中竞价交易；而远期交易的对象是交易双方私下协商达成的非标准化合同，所涉及的商品没有任何限制。远期合同交易代表两个交易主体的意愿，交易双方通过一对一的谈判，就交易条件达成一致意见而签订远期合同。

78. 期货市场在一定程度上满足了投资者（　　）需求。

A. 个性化资产配置　　B. 规避价格波动风险

C. 获得稳定投资收益　　D. 多元化资产配置

【参考答案】ABD

【答案解析】金融期货的迅猛发展以及大宗商品交易金融化程度的提高，为越来越多的机构和个人提供了资产配置的平台，期货市场也相应地具备了资产配置的功能，从而在一定程度上满足了投资者对于规避风险以及个性化、分散化、多元化的资产配置的需求。

79. 以下说法错误的有（　　）。

A. 期货价格作为一种权威价格，已经被作为现货交易的定价基准

B. 价格发现不是期货市场所特有的，只是期货市场比其他市场具有更高的价格发现效率

C. 研究表明信息不完全和不对称并不会导致价格扭曲和市场失灵，关键是价格要有连续性

D. 期货价格体现了现时的现货价格

【参考答案】CD

【答案解析】相关研究表明，信息不完全和不对称会导致价格扭曲和市场失灵。期货市场能够预期未来现货价格的变动，发现未来的现货价格。

80. 投资者将期货作为资产配置的组成部分主要基于（　　）等原因。

A. 借助期货套期保值功能为其他资产进行风险对冲

B. 借助期货市场的杠杆机制、保证金制度获取高额收益

C. 借助期货市场的双向交易机制、T+0 制度规避现货风险

D. 借助期货市场的价格发现功能衡量现货资产价格的合理性

【参考答案】AB

【答案解析】投资者将期货作为资产配置的组成部分主要基于 A、B 两个原因。

81. 将期货纳入投资组合能够实现更好的风险—收益组合，这是利用了期货市场的（　　）功能。

A. 套期保值　　B. 实物交割

C. 资产配置　　D. 投机套利

【参考答案】ACD

【答案解析】这实际上是利用了期货市场的资产配置功能，但资产配置功能具体由套期保值和投机套利等手段来实现。

82. 通过现时的市场价格指导未来的生产或者进行产业结构调整，其弊端包括（　　）。

A. 经常造成下一阶段市场供求失衡

B. 容易产生社会生产盲目扩张或收缩

C. 造成社会资源的极大浪费

D. 制定的政策具有滞后性

【参考答案】ABCD

【答案解析】用现时价格指导未来经营风险很大。

83. 政府依据期货市场的价格信号确定和调整宏观经济政策，是因为期货市场形成的未来价格信号（　　）。

A. 能反映多种生产要素在未来一定时期的变化趋势

B. 具有超前性

C. 准确性高

D. 客观性强

【参考答案】AB

【答案解析】期货价格的主观性强，谈不上什么准确性，但却体现市场人士对未来价格的共同看法和预测。

84. 期货市场的发展之所以能够促进本国经济的国际化，主要原因在于(　　)。

A. 期货合约标准化

B. 期货市场透明度高

C. 期货价格可作为国际贸易中的基准价格

D. 期货市场把国际、国内两个市场联系了起来

【参考答案】ABCD

【答案解析】标准化的期货合约交易为期货交易成为全球无差别性的交易方式提供了条件。同时，期货交易具有公开、公平、公正的特点，市场透明度高，形成的价格是国际贸易中的基准价格，使期货市场成为各个国家合理配置资源的基础。利用期货市场能够把国际、国内两个市场联系起来，促进本国经济的国际化发展。

三、判断题（请判断以下各小题的正误，正确的填写 A，错误的填写 B）

1. 期货合约是期货业协会统一制定的，规定在将来某一特定的时间和地点交割一定数量标的物的标准化合约。(　　)

【参考答案】B

【答案解析】期货合约是期货交易所统一制定的，规定在将来某一特定的时间和地点交割一定数量标的物的标准化合约。

2. 期货不是货，通常是指以某种大宗商品或金融资产为标的的可交易的非标准化合约。(　　)

【参考答案】B

【答案解析】期货不是货，通常是指以某种大宗商品或金融资产为标的的可交易的标准化合约。

3. 期货合约包括商品期货合约、金融期货合约及其他期货合约。(　　)

【参考答案】A

【答案解析】期货合约包括商品期货合约、金融期货合约及其他期货合约。

4. 期货合约中的标的物即为期货品种，期货品种既可以是实物商品，也可以是金融产品。(　　)

【参考答案】A

【答案解析】期货合约中的标的物即为期货品种，期货品种既可以是实物商品，也可以是金融产品。标的物为实物商品的期货合约称作商品期货，标的物为金融产品的期货合约称作金融期货。

5. 远期交易是在期货交易的基础上衍生出来的。（ ）

【参考答案】B

【答案解析】期货是在远期的基础上衍生出来的。

6. 期货交易和远期交易都是交易所统一制定的标准化期货合约。（ ）

【参考答案】B

【答案解析】期货合约必须是标准化的，而远期合约绝大多数都是非标准化合约。

7. 远期交易通常是在场外交易市场（OTC）由买卖双方通过谈判或是协商达成的合约。（ ）

【参考答案】A

【答案解析】一般说来，双方协议确定合约的各项条款，其合约条件是为买卖双方量身定制的，满足了买卖双方的特殊要求，一般通过场外交易市场（OTC）达成。

8. 常见的远期交易包括商品远期交易、远期利率协议（FRA）、外汇远期交易、无本金交割外汇远期交易（NDF）以及远期股票合约等。（ ）

【参考答案】A

【答案解析】常见的远期交易包括商品远期交易、远期利率协议（FRA）、外汇远期交易、无本金交割外汇远期交易（NDF）以及远期股票合约等。

9. 远期合约可以看成仅交换一次现金流的互换。（ ）

【参考答案】A

【答案解析】远期合约可以看成仅交换一次现金流的互换。

10. 最常见同时最重要的是商品互换和股权类互换。（ ）

【参考答案】B

【答案解析】最常见同时最重要的是利率互换和货币互换，此外还有商品互换、股权类互换、远期互换等。

11. 期权交易中买卖双方权利和义务对等。（ ）

【参考答案】B

【答案解析】期权是给予买方（或持有者）购买或出售标的资产的权利，可以在规定的时间内根据市场状况选择买或者不买、卖或者不卖，既可以行使该权利，也可以放弃该权利。而期权的卖出者则负有相应的义务，即当期权买方行使权利时，期权卖方必须按照指定的价格买入或者卖出期权。

12. 期权交易必须是标准化合约。（ ）

【参考答案】B

【答案解析】期权在交易所交易的是标准化的合约，也有在场外交易市场（OTC）交易的，它是由交易双方协商确定合同要素，满足交易双方的特殊需求而签订的非标准化合约。

13. 春秋时期中国商人就曾开展远期交易，所以期货交易最早萌芽于中国。（ ）

【参考答案】B

【答案解析】期货交易最早萌芽于欧洲。

14. 远期现货交易的流动性和公正性，为期货交易的产生和期货市场的形成奠定了基础。（ ）

【参考答案】B

【答案解析】远期现货交易的集中化和组织化，为期货交易的产生和期货市场的形成奠定了基础。

15. 芝加哥期货交易所于 1865 年推出了标准化合约，同时实行了保证金制度，向签约双方收取不超过合约价值 15% 的保证金，作为履约保证。（ ）

【参考答案】B

【答案解析】芝加哥期货交易所于 1865 年推出了标准化合约，同时实行了保证金制度，向签约双方收取不超过合约价值 10% 的保证金，作为履约保证。

16. 规范的现代期货市场在 19 世纪中期产生于美国纽约。（ ）

【参考答案】B

【答案解析】规范的现代期货市场在 19 世纪中期产生于美国芝加哥。

17. 1883 年芝加哥期货交易所结算公司（BOTCC）成立。（ ）

【参考答案】B

【答案解析】1925 年芝加哥期货交易所结算公司（BOTCC）成立以后，芝加哥期货交易所所有交易都要进入结算公司结算，现代意义上的结算机构形成。

18. 商品期货主要包括农产品期货、金融期货、能源化工期货。（ ）

【参考答案】B

【答案解析】商品期货主要包括农产品期货、金属期货、能源化工期货。

19. 1876 年成立的纽约商品交易所（COMEX），开金属期货交易之先河。（ ）

【参考答案】B

【答案解析】1876 年成立的伦敦金属交易所（LME），开金属期货交易之先河。

20. 英国金属期货的出现晚于美国。（ ）

【参考答案】B

【答案解析】美国金属期货的出现晚于英国。

21. 1972年5月，芝加哥商业交易所（CME）首次推出外汇期货合约是世界上第一个利率期货合约。（ ）

【参考答案】B

【答案解析】1975年10月，芝加哥期货交易所上市的国民抵押协会债券（GNMA）期货合约是世界上第一个利率期货合约。

22. 1977年8月，美国短期国债期货合约在芝加哥期货交易所上市，是国际期货市场上交易量较大的金融期货合约。（ ）

【参考答案】B

【答案解析】1977年8月，美国长期国债期货合约在芝加哥期货交易所上市，是国际期货市场上交易量较大的金融期货合约。

23. 1982年2月，美国堪萨斯期货交易所（KCBT）开发了价值线综合指数期货合约，股票价格指数成为期货交易的对象。（ ）

【参考答案】A

【答案解析】1982年2月，美国堪萨斯期货交易所（KCBT）开发了价值线综合指数期货合约，股票价格指数成为期货交易的对象。

24. 中国香港在1998年开始个股期货的试点，个股期货登上历史舞台。（ ）

【参考答案】B

【答案解析】中国香港在1995年开始个股期货的试点，个股期货登上历史舞台。

25. 英国的商品期货市场发展迅猛，自2010年起已经成为全球交易量最大的商品期货市场。（ ）

【参考答案】B

【答案解析】中国的商品期货市场发展迅猛，自2010年起已经成为全球交易量最大的商品期货市场。

26. 期货市场是一个通过现代化通信手段联结起来的公开市场，因此，市场规模越集中，市场流动性越小，形成的价格越公平、越权威。（ ）

【参考答案】B

【答案解析】期货市场是一个通过现代化通信手段联结起来的公开市场，因此，市场规模越集中，市场流动性越大，形成的价格越公平、越权威。

27. 目前，全球商品期货交易量占总交易量的份额呈上升趋势。（ ）

【参考答案】B

【答案解析】从全球近10年期货交易统计数字中可以看出，商品期货交易量占总交易量的份额呈下降趋势，而金融期货交易量占总交易量的份额则呈明显上升趋势。

28. 1991 年 6 月 10 日，深圳有色金属交易所宣告成立，作为我国第一个商品期货市场开始起步。（ ）

【参考答案】B

【答案解析】1990 年 10 月 12 日，经国务院批准，郑州粮食批发市场以现货交易为基础，引入期货交易机制，作为我国第一个商品期货市场开始起步。

29. 1999 年，期货经纪公司最低注册资本金提高到 2000 万元人民币。（ ）

【参考答案】B

【答案解析】1999 年，期货经纪公司最低注册资本金提高到 3000 万元人民币。

30. 中国金融期货交易所于 2006 年 9 月推出了上证 50 股票指数期货。（ ）

【参考答案】B

【答案解析】中国金融期货交易所于 2010 年 4 月推出了沪深 300 股票指数期货。

31. 目前，远期利率协议和远期外汇协议占到远期市场名义本金金额的 80% 以上，商品远期协议市场规模相对狭小。（ ）

【参考答案】B

【答案解析】目前，远期利率协议和远期外汇协议占到远期市场名义本金金额的 90% 以上，商品远期协议市场规模相对狭小。

32. 商品互换已成为所有互换交易乃至所有金融衍生品中最为活跃、交易量最大、影响最深远的品种之一。（ ）

【参考答案】B

【答案解析】利率互换已成为所有互换交易乃至所有金融衍生品中最为活跃、交易量最大、影响最深远的品种之一。

33. 货币交易商为了逃避美国的外汇管制而开发了货币互换。（ ）

【参考答案】B

【答案解析】货币交易商为了逃避英国的外汇管制而开发了货币互换。

34. 17 世纪 30 年代的“荷兰郁金香”时期出现了最早的期权交易。（ ）

【参考答案】A

【答案解析】17 世纪 30 年代的“荷兰郁金香”时期出现了最早的期权交易。

35. 2015 年 2 月 9 日，中证 500 股指期货正式在上海证券交易所挂牌上市，掀开了中国衍生品市场产品创新的新的一页。（ ）

【参考答案】B

【答案解析】2015 年 2 月 9 日，上证 50ETF 期权正式在上海证券交易所挂牌上市，掀开了中国衍生品市场产品创新的新的一页。

36. 随着股票期权和股指期权、商品期权的陆续推出，将形成远期、互换、期货、期权完整的衍生品体系，为广大投资者提供良好的资产组合工具。（ ）

【参考答案】A

【答案解析】随着股票期权和股指期权、商品期权的陆续推出，将形成远期、互换、期货、期权完整的衍生品体系，为广大投资者提供良好的资产组合工具。

37. 远期交易是在现货交易、期货交易的基础上发展起来的。（ ）

【参考答案】B

【答案解析】期货交易是在现货交易、远期交易的基础上发展起来的。

38. 期货合约是由期货公司统一制定的标准化合约。（ ）

【参考答案】B

【答案解析】期货合约是由交易所统一制定的标准化合约。

39. 期货交易实行场外交易。（ ）

【参考答案】B

【答案解析】期货交易实行场内交易，所有买卖指令必须在交易所内进行集中竞价成交。

40. 以小博大的保证金交易，被称为“杠杆交易”。这一特征使期货交易具有高收益和低风险的特点。（ ）

【参考答案】B

【答案解析】期货以小博大的保证金交易，被称为“杠杆交易”。这一特征使期货交易具有高收益和高风险的特点。

41. 保证金比率越高，杠杆效应就越大，高收益和高风险的特点就越明显。（ ）

【参考答案】B

【答案解析】保证金比率越低，杠杆效应就越大，高收益和高风险的特点就越明显。

42. 远期交易在本质上属于期货交易，是期货交易在时间上的延伸。（ ）

【参考答案】B

【答案解析】远期交易在本质上属于现货交易，是现货交易在时间上的延伸。

43. 期货交易与远期交易有许多相似之处，其中最突出的一点是两者均为买卖双方约定于未来某一任意时间以约定价格买入或卖出一定数量的商品。（ ）

【参考答案】B

【答案解析】期货交易与远期交易有许多相似之处，其中最突出的一点是两者均为买卖双方约定于未来某一特定时间以约定价格买入或卖出一定数量的商品。

44. 期货交易是远期交易的雏形，远期交易是在期货交易的基础上发展起来的。（　　）

【参考答案】B

【答案解析】远期交易是期货交易的雏形，期货交易是在远期交易的基础上发展起来的。

45. 远期交易是众多的买主和卖主根据期货市场的规则，通过公开、公平、公正、集中竞价的方式进行的期货合约的买卖。（　　）

【参考答案】B

【答案解析】期货交易是众多的买主和卖主根据期货市场的规则，通过公开、公平、公正、集中竞价的方式进行的期货合约的买卖。

46. 期货交易有实物交割与对冲平仓两种履约方式，其中绝大多数期货合约都是通过实物交割的方式了结的。（　　）

【参考答案】B

【答案解析】期货交易有实物交割与对冲平仓两种履约方式，其中绝大多数期货合约都是通过对冲平仓的方式了结的。

47. 期货交易具有较高的信用风险。（　　）

【参考答案】B

【答案解析】远期交易具有较高的信用风险。

48. 期货交易是否收取或收取多少保证金由交易双方商定。（　　）

【参考答案】B

【答案解析】期货交易有特定的保证金制度，按照成交合约价值的一定比例向买卖双方收取保证金，通常是合约价值的5%～15%。

49. 期货期权是期权和期货合约的有机结合。（　　）

【参考答案】A

【答案解析】期货期权是期权和期货合约的有机结合。

50. 期货期权交易是期货交易的基础，期货交易确定的未来商品价格决定了期货期权的执行价格和权利金水平。（　　）

【参考答案】B

【答案解析】期货交易是期货期权交易的基础，期货交易确定的未来商品价格决定了期货期权的执行价格和权利金水平。

51. 期货的标的物不仅限于商品和金融工具，还可以是其他衍生品合约。（　　）

【参考答案】B

【答案解析】期权的标的物不仅限于商品和金融工具，而且有其他衍生品合约。

52. 期权买方的收益是固定的。（ ）

【参考答案】B

【答案解析】期权买方的收益随市场价格的变化而波动，是不固定的。

53. 期权交易中，投资者了结的方式包括三种，即对冲、行使权利或到期放弃权利。（ ）

【参考答案】A

【答案解析】期权交易中，投资者了结的方式包括三种，即对冲、行使权利或到期放弃权利。

54. 期货与期权的区别包括交易对象不同、权利与义务的对称性不同、保证金制度不同、盈亏特点不同、了结方式不同。（ ）

【参考答案】A

【答案解析】期货与期权的区别包括交易对象不同、权利与义务的对称性不同、保证金制度不同、盈亏特点不同、了结方式不同。

55. 远期合约是期货和互换的基础，期货和互换是对远期合约在不同方面创新后的衍生工具。（ ）

【参考答案】A

【答案解析】远期合约是期货和互换的基础，期货和互换是对远期合约在不同方面创新后的衍生工具。

56. 远期协议可以被用来给期货定价，不可以被用来给互换定价。（ ）

【参考答案】B

【答案解析】远期协议可以被用来给期货定价，也可以被用来给互换定价。

57. 期货市场规避风险的功能是通过杠杆机制实现的。（ ）

【参考答案】B

【答案解析】期货市场规避风险的功能是通过套期保值实现的。

58. 一般情况下，同一种商品在期货市场和现货市场上的价格变动趋势并不相同。（ ）

【参考答案】B

【答案解析】一般情况下，同一种商品在期货市场和现货市场上的价格变动趋势相同。

59. 投机者的参与是套期保值实现的条件。（ ）

【参考答案】A

【答案解析】投机者的参与是套期保值实现的条件。

60. 投机者通过套期保值来规避风险。（ ）

【参考答案】B

【答案解析】生产经营者通过套期保值来规避风险。

61. 套期保值的最终目的是消灭风险。 （ ）

【参考答案】B

【答案解析】套期保值并不是消灭风险，只是将风险转移，转移出去的风险需要有相应的承担者，期货投机者正是期货市场的风险承担者。

62. 价格发现特点是期货市场所特有的。 （ ）

【参考答案】B

【答案解析】价格发现不是期货市场所特有的，只是期货市场比其他市场具有更高的价格发现效率。

63. 期货交易之所以具有发现价格的功能，主要是因为期货交易的参与者众多。 （ ）

【参考答案】A

【答案解析】期货交易之所以具有发现价格的功能，主要是因为期货交易的参与者众多。

64. 在期货交易发达的国家，期货价格被视为一种权威价格，成为现货交易的重要参考依据。 （ ）

【参考答案】A

【答案解析】在期货交易发达的国家，期货价格被视为一种权威价格，成为现货交易的重要参考依据。

65. 期货市场的套期保值机制、保证金制度使投资期货更加便捷和灵活。 （ ）

【参考答案】B

【答案解析】期货市场的杠杆机制、保证金制度使投资期货更加便捷和灵活。

66. 企业通过期货市场销售和采购现货，最大好处是严格履约、资金安全、质量保证，库存可被降低，同时可节约采购费用。 （ ）

【参考答案】A

【答案解析】企业通过期货市场销售和采购现货，最大好处是严格履约、资金安全、质量保证，库存可被降低，同时可节约采购费用。

67. 随着20世纪70年代初布雷顿森林体系解体，国际上浮动汇率制被固定汇率制取代，汇率、利率频繁剧烈波动，促使人们向期货市场寻求避险工具，金融期货应运而生。 （ ）

【参考答案】B

【答案解析】随着第二次世界大战后布雷顿森林体系解体，20世纪70年代初国际经济形势发生急剧变化，固定汇率制被浮动汇率制取代，利率管制等金融管制政策逐渐取消。

68. 近20年来，由于商品期货品种繁多，且仍在不断上市，其交易量已远超金融期货品种。（　　）

【参考答案】B

【答案解析】近20年来，金融期货品种的交易量已远超商品期货的交易量，上市品种呈现金融化趋势。

69. 2010年4月，中国金融期货交易所推出首个金融期货品种——5年期国债期货品种，标志着国内期货市场进入了商品期货、金融期货共同发展的新阶段。（　　）

【参考答案】B

【答案解析】中国金融期货交易所推出的首个金融期货品种是沪深300股指期货。

70. 期货公司2012年推出的资产管理业务实际上既可以帮助客户理财，也可以进行期货自营。（　　）

【参考答案】B

【答案解析】期货公司资产管理业务有明确的业务范围，严禁开展自营业务。

71. “保险+期货”业务实际上是期货公司场外期权业务的一种模式。（　　）

【参考答案】A

【答案解析】期货公司场外期权业务除了“保险+期货”业务外，还有其他灵活多样的服务实体经济的风险管理模式。

72. 2015年2月9日，上海证券交易所推出上证50ETF期货交易。（　　）

【参考答案】B

【答案解析】上海证券交易所推出的是上证50ETF期权交易。

73. 目前，商品远期协议市场规模相对狭小，考虑到商品期货与商品远期各自的交易特点，预计未来不久，远期市场将在商品领域被期货市场所替代。（　　）

【参考答案】B

【答案解析】虽然商品远期协议市场规模相对狭小，但并不意味着远期将在商品领域被期货替代。相反，远期的连续交易、单次大量交易、可选择交易伙伴等特质使某些商品远期交易仍十分活跃。

74. 在互换业务开展初期，中国人民银行一般称货币互换为货币掉期，尽管严格说来互换业务与掉期业务属于不同的业务。（　　）

【参考答案】A

【答案解析】货币互换是指协议双方同意在一系列未来日期根据不同币种的

本金向对方支付利息，两种利息的币种不同，计息方式也可以不同，期末双方交换两种不同货币的本金。外汇掉期（也称为外汇换汇）交易是指将货币相同、金额相同而方向相反、交割期限不同的两笔或两笔以上的外汇交易结合起来进行，交易双方约定以货币 A 交换一定数量的货币 B，并以约定价格在未来的约定日期用货币 A 反向交换同样数量的货币 B。

75. 在期货合约中，标的物的数量、价格、规格、交割时间和地点等都是既定的，这种标准化合约给期货交易带来极大的便利。（　）

【参考答案】B

【答案解析】价格不能固定。

76. 在期货交易中，所谓“买空”，指的是投资者先卖出期货合约，然后再寻机买入平仓了结期货合约的交易方式。（　）

【参考答案】B

【答案解析】先卖后买是“卖空”行为。

77. 期货交易实行当日无负债结算，也称为逐日盯市。结算部门在每日交易结束后，按当日收盘价对交易者进行结算，对应收应付的款项实行净额一次划转，相应增加或减少保证金。（　）

【参考答案】B

【答案解析】不是按当日收盘价进行结算，是按当日结算价进行结算。

78. 如果期货交易者的保证金余额低于期货公司规定的标准，则须强行平仓，从而做到当日无负债。（　）

【参考答案】B

【答案解析】先追加保证金，只有在保证金追加不到位的情况下才会被强行平仓。

79. 远期交易履约方式就是采用实物交收这一方式，否则就是违约。（　）

【参考答案】B

【答案解析】远期交易也可采用背书转让方式，但最终的主要履约方式是实物交收。

80. 远期交易采取的是保证金交易方式。（　）

【参考答案】B

【答案解析】远期交易是否收取或收取多少保证金由交易双方商定。

81. 期权的买卖双方都要缴纳一定的保证金，以保证履行期权合约。（　）

【参考答案】B

【答案解析】期权买方无义务履约，故无须缴纳保证金。

82. 期权交易双方的盈亏是对称的，即期权买方的亏损就是卖方的盈利，而

卖方的亏损就是买方的盈利。（ ）

【参考答案】B

【答案解析】期权买方的收益随市场价格的变化而波动，波动幅度可能很大，其亏损则只限于购买期权的权利金，而卖方的收益最高不超过出售期权的权利金，其亏损也可能很大。期权交易双方的盈亏曲线是非线性的。

83. 期货与期权交易的双方盈亏都是对称的，其盈亏曲线均为线性。（ ）

【参考答案】B

【答案解析】期权交易双方的盈亏是非对称的，其盈亏曲线是非线性的。期货交易的盈亏是对称的，其盈亏曲线是线性的。

84. 可以说互换是远期合约和期货的基础，期货和远期合约是对互换在不同方面进行创新后而产生的衍生工具。（ ）

【参考答案】B

【答案解析】远期合约是期货和互换的基础，期货和互换是对远期合约在不同方面进行创新后而产生的衍生工具。

85. 互换可以被用来给期货定价，也可以被用来给远期协议定价。（ ）

【参考答案】B

【答案解析】远期协议可以被用来给期货定价，也可以被用来给互换定价。

86. 就合约的标准化程度而言，与期货相比，互换与远期更为相似。（ ）

【参考答案】A

【答案解析】互换交易的对象是交易双方私下协商达成的非标准化合同，合同的标的物及其数量、质量、等级等均由交易双方自行协商决定，是个性化的，不同互换在标的物的数量、质量上均有差异。

87. ISDA 成立以来做了很多推进互换协议标准化的工作。当前，国际互换市场的标准化程度在不断提高，已经出现了场内互换交易产品。（ ）

【参考答案】B

【答案解析】互换仍是 OTC 产品。

88. 远期、期货、互换的违约风险都主要取决于交易对手的信用，因此，在交易前，交易双方都会对对方的信用和实力等方面做一些了解。（ ）

【参考答案】B

【答案解析】期货合约的履行不取决于交易对手，而取决于期货结算机构在期货交易中充当中央对手的角色，成为所有买方的卖方、所有卖方的买方，因此，交易者无须关心交易对手是谁，信用如何，只需与交易所完成交易即可。

89. 套期保值效果主要视期货交易对现货价格的补偿情况来定，只有期货市场的盈利弥补了现货市场亏损才能算得上是有较好的套期保值效果。（ ）

【参考答案】B

【答案解析】套期保值是在期货市场和现货市场之间建立起一种盈亏冲抵的机制（可能是用期货市场的盈利来弥补现货市场亏损，也可能是用现货市场盈利来弥补期货市场亏损），最终实现期货市场和现货市场盈亏大致相抵。

90. 期货市场上的投机者是导致价格大幅波动的罪魁祸首，主要起消极的作用。（　　）

【参考答案】B

【答案解析】从客观上看，投机者的存在为生产经营者参与套期保值提供了很大便利。如果没有投机者的参与，而完全依赖其他套期保值者的参与来保证每笔交易的达成，那么成交的可能性是微乎其微的，因此投机者不可或缺。

91. 持有商品期货合约能够在一定程度上抵消通货膨胀的影响。（　　）

【参考答案】A

【答案解析】这种做法带有套期保值的意味。特别是如果持有贵金属期货，那么投资者能够以比投资现货低得多的成本来实现资产保值。

四、综合题（以下各小题给出的四个选项中，至少有一项符合题目要求，请将符合题目要求选项的代码填入括号内）

阅读材料，回答以下 1～4 题。

甲公司和乙公司若要在金融市场上借入 5 年期本金为 2000 万元的贷款，需支付的年利率分别为甲公司：固定利率 9%，浮动利率 LIBOR +0.25%；乙公司：固定利率 10%，浮动利率 LIBOR +0.75%。甲公司需要的是浮动利率贷款，乙公司需要的是固定利率贷款。假设乙公司将在市场上以 LIBOR +0.75% 的利率借入2000万元后又借给甲公司，乙公司再从甲公司借入 2000 万元的固定利率贷款。

1. 甲、乙两公司的行为属于（　　）。

A. 远期交易　　B. 期货交易

C. 利率互换　　D. 货币互换

2. 最终甲公司的票面年利率成本为（　　）。

A. LIBOR +0.25%　　B. LIBOR +0.75%

C. 9%　　D. 10%

3. 最终乙公司的票面年利率成本为（　　）。

A. LIBOR +0.25%　　B. LIBOR +0.75%

C. 9%　　D. 10%

4. 结果是（　　）。

A. 甲乙公司合计降低融资成本 0.5%

B. 甲公司单独降低融资成本 0.5%

C. 甲公司单独提升融资成本 0.5%

D. 乙公司单独降低融资成本 1%

【参考答案】1. C 2. B 3. C 4. A

【答案解析】甲公司的固定利率比乙公司低 1%，乙公司在浮动利率比甲公司高 0.5%，双方可以通过互换来降低平均成本。本来甲公司需要浮动利率，成本为 LIBOR +0.25%，乙公司需要固定利率，成本为 10%。现在通过互换，甲公司成本变为 LIBOR +0.75%，乙公司变为 9%。所以合计降低融资成本 0.5%。也可以这样理解，甲从乙公司借入浮动利率的贷款，比其直接从银行借款的成本要高 0.5%，所以甲公司要从乙公司取回这部分费用，甲公司借给乙公司的钱的利率要比银行高至少 0.5%，为 9.5%，这是下限，如果比这个低的话，甲公司就直接从银行借款了。而上限就是乙直接从银行借入其所需的固定利率的成本，就是 10%。比这个高的话，乙公司就直接从银行借款了。可见，二者可以共同节省的费用加起来就是 0.5%，他们的协商条件也只能在这个范围内。

阅读材料，回答以下 5 ~8 题。

1995 年 2 月发生了国债期货“327”事件，同年 5 月又发生了“319”事件，使国务院证券委及中国证监会于 1995 年 5 月暂停了国债期货交易。

5. 这两起事件发生在我国期货市场的（ ）。

A. 初创阶段 B. 治理整顿阶段

C. 稳步发展阶段 D. 创新发展阶段

6. 随后，到了 1999 年，期货交易所由最初的 50 家左右精简到只剩（ ）家。

A. 3 B. 4

C. 5 D. 15

7. 在 1999 年，期货经纪公司最低注册资本金提高到了（ ）。

A. 2000 万元 B. 3000 万元

C. 5000 万元 D. 1 亿元

8. 在（ ），随着中国期货业协会和中国期货保证金监控中心等机构的陆续成立，中国期货市场走向法制化和规范化，监管体制和法规体系不断完善，新的期货品种不断被推出，期货交易量实现恢复性增长后连创新高，积累了服务产业及国民经济发展的初步经验，具备了在更高层次服务国民经济发展的能力。

A. 初创阶段 B. 治理整顿阶段

C. 稳步发展阶段 D. 创新发展阶段

【参考答案】5. B　6. A　7. B　8. C

【答案解析】在我国期货市场的治理整顿阶段发生了一些风险事件，随后期货交易所缩减到了 3 家，且期货公司的最低注册资本金也提高到了 3000 万元。经过治理整顿后的稳步发展阶段，中国期货业协会和中国期货保证金监控中心等机构陆续成立。

阅读材料，回答以下 9 ~ 12 题。

在我国东北，大豆每年 4 月份开始播种，到 10 月份收获，有半年多的生长期。大豆价格受市场供求变化影响，经常发生波动，价格下跌给生产者带来损失的可能性是客观存在的。

9. 如果大豆生产者预计大豆价格在收获期可能会下降，为了规避价格风险，他可以在播种时采取的最佳方法是（　　）。

A. 在期货市场做卖出套期保值

B. 在期货市场做买入套期保值

C. 不种大豆，直接到期货市场去买 11 月大豆期货合约，到时交割获得大豆

D. 找到油脂加工厂，双方签订以当下现货价为收购价的远期订单销售合同，不过厂家是否同意难说

10. 采取期货套期保值与采取和油脂加工厂签订远期订单销售合同相比，以下说法错误的是（　　）。

A. 期货套期保值比签订远期合同毁约的风险大

B. 期货套期保值比签订远期合同毁约的风险小

C. 期货合约条款没有远期合约条款灵活

D. 期货套期保值比签订远期合同在操作上更灵活

11. 如果大豆生产者在期货市场进行了套期保值，大豆在 10 月份收获时价格果然出现大幅下跌，则（　　）。

A. 期货市场的收益可以弥补现货市场的亏损

B. 期货市场大豆买方毁约的可能性较大

C. 大豆种植者的价格下跌风险就被规避了

D. 大豆种植者的价格下跌风险仍需自己承担

12. 如果大豆生产者与油脂加工厂签订了远期订单销售合同，大豆在 10 月份收获时价格果然出现大幅下跌，但油脂加工厂却在收购大豆时透露并无价格上的亏损，则（　）。

A. 油脂加工厂可能在签订采购订单合同时买入了大豆看涨期权

B. 油脂加工厂可能在签订采购订单合同时买入了大豆看跌期权

C. 油脂加工厂可能在签订采购订单合同时进行了期货买入套期保值

D. 油脂加工厂可能在说假话

【参考答案】9. A 10. B 11. A 12. B

【答案解析】为防止商品价格下跌，投资者应在期货市场上做卖出套期保值；期货交易的履约信誉要比远期合同履约信誉好；期货套期保值比签订远期合同在操作上更灵活，例如，一旦发现大豆价格因灾害出现上涨，可以很方便地在期货市场上平仓掉期货头寸；此外，一般油脂加工厂在与客户签订收购订单的同时会采取套期保值的手段，规避收购价格风险。

阅读材料，回答以下13～16题。

某日，上证50ETF基金现价为2.700元/份，同期，1个月后到期的行权价为2.700元/份的50ETF看涨期权合约价格为600元/张，而相同期限行权价为2.750元/份的50ETF看涨期权合约价格为420元/张。

13. 若期权到期时，50ETF基金价格上涨10%至2.970元/份，同期的行权价为2.700元/份的50ETF看涨期权价格上涨至2700元/张，涨幅为450%，则该期权的杠杆率为（　　）。

A. 10%　　B. 450%

C. 10倍　　D. 45倍

14. 同样，期权到期时，相同期限行权价为2.750元/份的50ETF看涨期权合约价格上涨至2200元/张，涨幅达523%，则杠杆率为（　　）倍。

A. 10%　　B. 523%

C. 10倍　　D. 52.3倍

15. 以下说法错误的是（　　）。

A. 同样涨幅和到期时间，但不同价格的期权合约，它们的杠杆率是不一样的

B. 上证50ETF期权合约的杠杆率就是期权价格与50ETF基金现货价格的比值

C. 一般情况下，50ETF期权越是深度实值，其杠杆率就越大，越是深度虚值，其杠杆率就越小

D. 买入期权虚值合约的最终结果大部分都是亏钱的，投资者对市场形势没有十足的把握，尽量不要买入虚值合约

16. 对于期权（　　）来说，期权的杠杆率越高，意味着风险越大。

A. 买方　　B. 卖方

C. 买卖双方　　D. 挂牌方

【参考答案】13. D　　14. D　　15. B　　16. B

【答案解析】50ET 期权杠杆率 = 50ETF 期权价格变化幅度/现货价格变化幅度 = （50ETF 期权价格变化/50ETF 期权价格）/（现货价格变化/现货价格） = 现货价格/50ETF 期权价格 × Delta。

根据 50ETF 期权杠杆率的计算可以发现，越是深度实值的期权，其杠杆率越小，越是深度虚值的期权，其杠杆率越大，这就是许多投机者更愿意去买深度虚值期权的原因，就是想一夜暴富。由于期权买方最大损失就是权利金，而理论上收益却是无限的，因此其对手方——期权卖方收益有限，理论上风险无限。期权的杠杆率越高，期权卖方承担的风险就越大。

第二章

期货市场组织结构与投资者通关练习

一、单项选择题（在以下各小题所给出的四个选项中，只有一个选项符合题目要求，请将正确选项的代码填入括号中）

1.《期货交易管理条例》由（　　）颁布。

A. 国务院　　B. 中国证监会

C. 中国期货业协会　　D. 期货交易所

【参考答案】A

【答案解析】《期货交易管理条例》是目前期货市场的根本法律法规。

2.《期货交易所管理办法》由（　　）发布。

A. 国务院　　B. 中国证监会

C. 中国期货业协会　　D. 期货交易所

【参考答案】B

【答案解析】《期货交易所管理办法》由中国证监会发布。

3. 会员大会由会员制期货交易所的（　　）会员组成。

A. 1/2　　B. 1/3

C. 3/4　　D. 全体

【参考答案】D

【答案解析】会员大会由会员制期货交易所的全体会员组成。

4.（　　）是会员制期货交易所的最高权力机构。

A. 理事会　　B. 会员大会

C. 业务管理部门　　D. 专业委员会

【参考答案】B

【答案解析】会员大会是会员制期货交易所的最高权力机构。

5. 按照国际惯例，理事会由交易所（　　）会员通过会员大会选举产生。

A. 1/2　　B. 1/3

C. 3/4　　D. 全体

【参考答案】D

【答案解析】按照国际惯例，理事会由交易所全体会员通过会员大会选举产生。

6.（　　）是会员大会的常设机构，对会员大会负责，执行会员大会决议。

A. 董事会　　B. 理事会

C. 会员大会　　D. 监事会

【参考答案】B

【答案解析】理事会是会员大会的常设机构，对会员大会负责，执行会员大会决议。

7.（　　）是负责期货交易所日常经营管理工作的高级管理人员。

A. 总经理　　B. 董事长

C. 理事长　　D. 监事长

【参考答案】A

【答案解析】总经理是负责期货交易所日常经营管理工作的高级管理人员。

会员制期货交易所会员资格的获取方式有多种，主要是：以交易所创办发起人的身份加入，接受发起人的资格转让加入，接受期货交易所其他会员的资格转让加入和依据期货交易所的规则加入。

8. 公司制期货交易所的最高权力机构是（　　）。

A. 股东大会　　B. 董事会

C. 理事会　　D. 高级管理人员

【参考答案】A

【答案解析】股东大会由全体股东共同组成，是公司制期货交易所的最高权力机构。

9. 总经理是负责期货交易所日常经营管理工作的高级管理人员，由（　　）聘任或解聘。

A. 股东大会　　B. 董事会

C. 理事会　　D. 高级管理人员

【参考答案】B

【答案解析】总经理是负责期货交易所日常经营管理工作的高级管理人员。他对董事会负责，由董事会聘任或解聘。

10. 监事会（或监事）对（　　）负责。

A. 股东大会　　B. 董事会

C. 理事会　　D. 高级管理人员

【参考答案】A

【答案解析】监事会（或监事）对股东大会负责，对公司财务以及公司董事、经理等高级管理人员履行职责的合法性进行监督，维护公司及股东的合法权益。

11. 会员大会是会员制期货交易所的（　　）。

A. 常设机构　　B. 管理机构

C. 权力机构　　D. 监管机构

【参考答案】C

【答案解析】会员大会由会员制期货交易所的全体会员组成，它是会员制期货交易所的最高权力机构。

12.（　　）不是会员制期货交易所。

A. 上海期货交易所　　B. 大连商品交易所

C. 郑州商品交易所　　D. 中国金融期货交易所

【参考答案】D

【答案解析】在我国境内期货交易所中，上海期货交易所、大连商品交易所和郑州商品交易所是会员制期货交易所；中国金融期货交易所是公司制期货交易所。

13. 期货交易所按照其章程规定实行（　　）。

A. 分级管理　　B. 统一管理

C. 委托管理　　D. 自律管理

【参考答案】D

【答案解析】《期货交易管理条例》规定，我国期货交易所不以营利为目的，按照其章程的规定实行自律管理。

14. 欧美国家交易所会员以（　　）为主。

A. 法人　　B. 全权会员

C. 自然人　　D. 专业会员

【参考答案】C

【答案解析】在国际上，交易所会员往往有自然人会员与法人会员之分、全权会员与专业会员之分、结算会员与非结算会员之分等。欧美国家交易所会员以自然人为主。

15. 境内期货交易所会员应当是在中国境内登记注册的企业法人或者其他经

济组织。取得期货交易所会员资格，应当经（　　）批准。

A. 中国证券业协会　　B. 中国期货业协会

C. 期货交易所　　D. 中国证监会派出机构

【参考答案】C

【答案解析】取得期货交易所会员资格，只需要期货交易所批准。

16.（　　）对会员实行总数控制。只有成为交易所的会员，才能取得场内交易席位，在期货交易所进行交易。

A. 期货交易所　　B. 期货公司

C. 中国证监会　　D. 中国期货业协会

【参考答案】A

【答案解析】只有成为交易所的会员，才能取得场内交易席位。

17.（　　）于1993年5月28日正式推出标准化期货合约，最早实现由现货远期到期货的转变。

A. 郑州商品交易所　　B. 大连商品交易所

C. 上海期货交易　　D. 中国金融期货交易所

【参考答案】A

【答案解析】郑州商品交易所是国内最早开展期货交易的交易所。

18. 公司制期货交易所首先适用（　　）的规定。

A. 公司法　　B. 民法

C. 证券法　　D. 期货法

【参考答案】A

【答案解析】公司制期货交易所首先适用公司法的规定，只有在公司法未作规定的情况下，才适用民法的一般规定。

19. 境内四家期货交易所在组织形式上有公司制和会员制之分，但（　　）为目的。

A. 均不以营利

B. 均以营利

C. 中国金融期货交易所（公司制）以营利

D. 只有三家期货交易所（会员制）不以营利

【参考答案】A

【答案解析】《期货交易管理条例》规定，我国期货交易所不以营利为目的。因此，尽管境内期货交易所在组织形式上有公司制和会员制之分，但均不以营利为目的。

20. 境内期货交易所会员应当是在中国境内登记注册的（　　）。

A. 企业法人和其他经济组织　　B. 各类协会

C. 个体户　　D. 人民团体

【参考答案】A

【答案解析】境内期货交易所会员应当是在中华人民共和国境内登记注册的企业法人或者其他经济组织。

21.（　　）是负责交易所期货交易的统一结算、保证金管理和结算风险控制的机构。

A. 期货结算机构　　B. 期货监管机构

C. 中国期货业协会　　D. 中国证券业协会

【参考答案】A

【答案解析】期货结算机构是负责交易所期货交易的统一结算、保证金管理和结算风险控制的机构。

22. 由于结算机构代替了原始对手，使期货交易的（　　）方式得以实施。

A. 对冲平仓　　B. 套利

C. 实物交割　　D. 现金结算

【参考答案】A

【答案解析】由于结算机构代替了原始对手，结算会员及其客户才可以随时对冲合约而不必征得原始对手的同意，使得期货交易的对冲平仓方式得以实施。

23. 会员收到通知后必须在（　　）内缴齐保证金，否则结算机构有权对会员持仓进行强行平仓。

A. 当日交易结束前　　B. 下一交易日规定时间

C. 三日内　　D. 七日内

【参考答案】B

【答案解析】会员收到通知后必须在下一交易日规定时间内将保证金缴齐，否则结算机构有权对会员持仓进行强行平仓。

24. 郑州商品交易所的期货结算部门是（　　）。

A. 交易所内部机构

B. 独立结算公司

C. 交易所内部机构和独立结算公司均可

D. 中国期货业协会

【参考答案】A

【答案解析】我国境内四家期货交易所的结算机构均是交易所的内部机构。

25.（　　）不属于结算会员。

A. 交易结算会员　　B. 全面结算会员

C. 特别结算会员　　　　D. 交易会员

【参考答案】D

【答案解析】交易结算会员、全面结算会员和特别结算会员均属于结算会员。

26. 在我国，期货公司业务实行（　　）。

A. 许可制度　　　　B. 注册制度

C. 备案制度　　　　D. 审批制度

【参考答案】A

【答案解析】在我国，期货公司业务实行许可制度，由国务院期货监督管理机构按照其商品期货、金融期货业务种类颁发许可证。

27. 在我国，期货公司业务实行许可制度，由（　　）按照商品期货、金融期货业务种类颁发许可证。

A. 国务院期货监督管理机构　　　　B. 中国期货业协会

C. 期货保证金监管中心　　　　D. 期货交易所

【参考答案】A

【答案解析】在我国，期货公司业务实行许可制度，由国务院期货监督管理机构按照商品期货、金融期货业务种类颁发许可证。

28. 按照期货监督管理办法设立的期货公司，可以依法从事（　　）业务。

A. 商品期货经纪　　　　B. 金融期货经纪

C. 境外期货经纪　　　　D. 期货投资咨询

【参考答案】A

【答案解析】按照期货监督管理办法设立的期货公司，可以依法从事商品期货经纪业务；从事金融期货经纪、境外期货经纪、期货投资咨询的，应当取得相应业务资格。

29. 下列关于资产管理说法错误的是（　　）。

A. 资产管理业务的投资收益由客户享有，损失由客户承担

B. 期货公司从事资产管理业务，应当与客户签订资产管理合同，通过专门账户提供服务

C. 期货公司只可以依法为单一客户办理资产管理业务

D. 资产管理业务是指期货公司可以接受客户委托，运用客户资产进行投资，并按照合同约定收取费用或者报酬的业务活动

【参考答案】C

【答案解析】资产管理业务，是指期货公司可以接受客户委托，根据《期货公司监督管理办法》《私募投资基金监督管理暂行办法》规定和合同约定，运用客户资产进行投资，并按照合同约定收取费用或者报酬的业务活动。资产管理业

务的投资收益由客户享有，损失由客户承担。期货公司从事资产管理业务，应当与客户签订资产管理合同，通过专门账户提供服务。期货公司可以依法为单一客户办理资产管理业务，也可依法为特定多个客户办理资产管理业务。

30. 期货公司从事（　　）业务的，应当依法登记备案。

A. 商品期货业务　　B. 金融期货业务

C. 期货咨询业务　　D. 资产管理业务

【参考答案】D

【答案解析】期货公司及其子公司开展资产管理业务应依法登记备案，向中国期货业协会履行登记手续。

31. 期货公司开展“一对多”资产管理业务时，资产管理计划应当通过（　）进行备案。

A. 中国期货业协会

B. 中国证券业协会

C. 期货交易所

D. 中国证券投资基金业协会私募基金登记备案系统

【参考答案】D

【答案解析】期货公司开展“一对多”资产管理业务时，资产管理计划应当通过中国证券投资基金业协会私募基金登记备案系统进行备案。

32. （　　）是期货公司法人治理结构建立的立足点和出发点。

A. 风险防范　　B. 成本控制

C. 业务创新　　D. 会员人数

【参考答案】A

【答案解析】风险防范是期货公司法人治理结构建立的立足点和出发点。

33. 当期货公司出现重大事项时，应当立即（　　）通知全体股东。

A. 电话　　B. 邮件

C. 书面　　D. 任何形式

【参考答案】C

【答案解析】当期货公司出现重大事项时，应当立即书面通知全体股东，并向期货公司住所地的中国证监会派出机构报告。

34. 当期货公司出现重大事项时，应当立即书面通知全体股东，并向（　　）报告。

A. 中国期货业协会

B. 中国证监会

C. 中国证监会派出机构

D. 期货公司住所地的中国证监会派出机构

【参考答案】D

【答案解析】当期货公司出现重大事项时，应当立即书面通知全体股东，并向期货公司住所地的中国证监会派出机构报告。

35. 期货公司拟解聘首席风险官的，应当有正当理由，并向（　　）报告。

A. 中国期货业协会　　B. 中国证监会

C. 中国证监会派出机构　　D. 住所地的中国证监会派出机构

【参考答案】D

【答案解析】期货公司拟解聘首席风险官的，应当有正当理由，并向住所地的中国证监会派出机构报告。

36. 期货公司应当按照明晰职责、强化制衡、加强风险管理的原则，建立并完善（　　）。

A. 监督管理　　B. 公司治理

C. 财务制度　　D. 人事制度

【参考答案】B

【答案解析】期货公司应当按照明晰职责、强化制衡、加强风险管理的原则，建立并完善公司治理。

37. 期货公司应当设（　　），对期货公司经营管理行为的合法合规性、风险管理进行监督、检查。

A. 董事　　B. 监事

C. 理事　　D. 首席风险官

【参考答案】D

【答案解析】期货公司应当设首席风险官，对期货公司经营管理行为的合法合规性、风险管理进行监督、检查。

38. 期货公司应当设立董事会，并按照《公司法》的规定设立监事会或监事，切实保障监事会和监事对公司经营情况的（　　）。

A. 知情权　　B. 决策权

C. 收益权　　D. 表决权

【参考答案】A

【答案解析】期货公司应当设立董事会，并按照《公司法》的规定设立监事会或监事，切实保障监事会和监事对公司经营情况的知情权。

39. 介绍经纪商这一称谓源于（　　），在国际上既可以是机构，也可以是个人，但一般都以机构的形式存在。

A. 中国　　B. 美国

C. 英国　　D. 日本

【参考答案】B

【答案解析】介绍经纪商这一称谓源于美国，在国际上既可以是机构，也可以是个人，但一般都以机构的形式存在。

40. 我国证券公司为期货公司提供中间介绍业务实行（　　）。

A. 依法备案制　　B. 审批制

C. 注册制　　D. 许可制

【参考答案】A

【答案解析】2012 年 10 月，我国已取消了券商 IB 业务资格的行政审批，证券公司为期货公司提供中间介绍业务实行依法备案。

41. 期货保证金存管银行属于期货服务机构，是由（　　）指定、协助交易所办理期货交易结算业务的银行。

A. 期货交易所　　B. 中国期货业协会

C. 中国证券业协会　　D. 期货公司

【参考答案】A

【答案解析】期货保证金存管银行属于期货服务机构，是由交易所指定、协助交易所办理期货交易结算业务的银行。

42. 期货交易的交割，由（　　）统一组织进行。

A. 中国期货业协会　　B. 中国证券业协会

C. 期货交易所　　D. 期货公司

【参考答案】C

【答案解析】期货交易的交割，由期货交易所统一组织进行。

43. 个人投资者申请开立金融期货账户时，保证金账户可用资金余额不低于人民币（　　）万元。

A. 10　　B. 20

C. 30　　D. 50

【参考答案】D

【答案解析】个人投资者申请开立金融期货账户时，保证金账户可用资金余额不低于人民币 50 万元。

44. 个人投资者参与期权交易，申请开户时托管在其委托的期货公司的上一交易日日终的证券市值与资金可用余额，合计不低于人民币（　　）万元。

A. 20　　B. 30

C. 50　　D. 100

【参考答案】C

【答案解析】个人投资者参与期权交易，申请开户时托管在其委托的期货公司的上一交易日日终的证券市值与资金可用余额，合计不低于人民币 50 万元。

45. (　　) 是基金的主要管理人，是基金的设计者和运作的决策者。

A. CPO　　B. CTA

C. TM　　D. FCM

【参考答案】A

【答案解析】商品基金经理（CPO）是基金的主要管理人，是基金的设计者和运作的决策者。

46. (　　) 是可以向他人提供买卖期货、期权合约指导或建议，或以客户名义进行操作的自然人或法人。

A. CPO　　B. CTA

C. TM　　D. FCM

【参考答案】B

【答案解析】商品交易顾问（CTA）是可以向他人提供买卖期货、期权合约指导或建议，或以客户名义进行操作的自然人或法人。

47. 交易经理主要负责控制风险，监视（　　）的交易活动。

A. CPO　　B. CTA

C. TM　　D. FCM

【参考答案】B

【答案解析】交易经理主要负责控制风险，监视商品交易顾问（CTA）的交易活动。

48. 期货佣金商负责执行（　　）发出的交易指令，管理期货头寸的保证金。

A. CPO　　B. CTA

C. TM　　D. FCM

【参考答案】B

【答案解析】期货佣金商（FCM）负责执行商品交易顾问（CTA）发出的交易指令，管理期货头寸的保证金。

49. 交易经理受聘于（　　）。

A. CPO　　B. CTA

C. TM　　D. FCM

【参考答案】A

【答案解析】交易经理受聘于商品基金经理（CPO），主要负责帮助 CPO 挑选 CTA。

50. 我国“五位一体”的期货监管协调机构不包括（　　）。

A. 期货交易所　　B. 中国期货市场监控中心

C. 中国证监会地方派出机构　　D. 期货公司

【参考答案】D

【答案解析】期货市场建立了中国证监会、中国证监会地方派出机构、期货交易所、中国期货市场监控中心和中国期货业协会“五位一体”的期货监管协调工作机制。

51. 目前，我国的期货结算机构（　　）。

A. 均是某一交易所的内部机构

B. 均是独立于交易所之外的结算公司

C. 属于交易所的内部机构，期货结算由独立于交易所之外的结算公司负责

D. 不属于交易所的内部机构，期货结算由独立于交易所之外的结算公司负责

【参考答案】A

【答案解析】我国的证券和期货结算均由交易所负责。

52. 国际上，结算机构通常采用分级结算制度。分级结算指的是（　　）。

A. 只有结算机构的会员才能直接得到结算机构提供的结算服务，非结算会员只能由结算会员提供结算服务

B. 只要是做期货交易所品种的投资者均由交易所结算机构提供结算服务

C. 只有结算机构的会员才能直接得到结算机构提供的结算服务，非结算会员无法获得结算服务

D. 期货结算由独立于交易所之外的结算公司负责

【参考答案】A

【答案解析】结算机构的非会员不能直接得到结算机构提供的结算服务，只能由结算会员为其提供结算服务。

53. 分级结算制度第一个层次是（　　）。

A. 结算机构对结算会员进行结算

B. 结算会员为非结算会员提供结算服务

C. 结算会员对其所代理客户的结算

D. 非结算会员对其所代理客户的结算

【参考答案】A

【答案解析】结算从高层向基层分层次进行。

54. 分级结算制度第三个层次是（　　）。

A. 结算机构对结算会员进行结算

B. 结算会员为非结算会员提供结算服务

C. 结算会员对其所代理客户的结算

D. 非结算会员对其所代理客户的结算

【参考答案】D

【答案解析】结算从高层向基层分层次进行。

55. 我国境内实行会员分级结算制度的交易所有（　　）。

A. 大连商品交易所　　B. 郑州商品交易所

C. 上海期货交易所　　D. 中国金融期货交易所

【参考答案】D

【答案解析】我国境内公司制交易所实行的是分级结算制度。

56. 在会员分级结算制度下，特别结算会员只能为（　　）办理结算、交割业务。

A. 与其签订结算协议的交易会员

B. 非交易会员

C. 非结算会员

D. 自己代理的交易者

【参考答案】A

【答案解析】特别结算会员只能为与其签订结算协议的交易会员办理结算、交割业务。特别结算会员不能做期货代理业务。

57. 期货公司是（　　）。

A. 类似证券公司的非金融机构　　B. 合法吸收公共储蓄的金融机构

C. 特殊形式的商品贸易公司　　D. 提供市场风险管理服务的金融机构

【参考答案】D

【答案解析】期货公司是依托从商品、资本、货币市场等衍生出来的提供风险管理服务的中介机构。

58. 期货经纪业务是指期货公司通过自己的交易通道代理客户（　　）的中介业务。

A. 进行期货交易，并收取交易佣金

B. 进行期货交易操作，并与客户盈亏共担

C. 购买原材料，并收取中介费

D. 销售产品，并收取中介费

【参考答案】A

【答案解析】期货公司经纪业务只是为投资者提供期货交易通道。

59. 期货资产管理业务是运用期货公司（　　）资产进行投资，并按照合同

约定收取费用或者报酬的业务活动。

A. 客户　　B. 自有

C. 借贷　　D. 与客户的合伙

【参考答案】A

【答案解析】资产管理业务是指期货公司可以接受客户委托，根据《期货公司监督管理办法》《私募投资基金监督管理暂行办法》的规定和合同约定，运用客户资产进行投资，并按照合同约定收取费用或者报酬的业务活动，不得变相发展成自营业务。

60. 期货资产管理业务的投资范围不包括（　　）。

A. 集合资产管理计划　　B. 央行票据

C. 资产支持证券　　D. 不动产

【参考答案】D

【答案解析】期货资产管理业务的投资范围包括：一是期货、期权及其他金融衍生品；二是股票、债券、证券投资基金、集合资产管理计划、央行票据、短期融资券、资产支持证券等。

61. 期货公司及其子公司开展资产管理业务应依法登记备案，向（　　）履行登记手续。

A. 中国证监会　　B. 中国证监会地方派驻机构

C. 中国期货业协会　　D. 当地政府金融办

【参考答案】C

【答案解析】期货公司及其子公司开展资产管理业务应向中国期货业协会履行登记手续。

62. 期货公司“一对多”资产管理业务指的是单只资产管理计划的投资者（　　）。

A. 只能有单一客户，但可发行多个这样的产品

B. 可以有多个客户，但只能发行一个这样的产品

C. 可以有多个客户，没有人数限制

D. 可以有多个客户，但人数不得超过 200 人

【参考答案】D

【答案解析】期货公司可以依法为单一客户办理资产管理业务（称为“一对一”），也可依法为特定多个客户办理资产管理业务（称为“一对多”）。单只资产管理计划的投资者人数不得超过 200 人。

63. 期货公司应建立与风险监管指标相适应的内控制度，建立以（　　）为核心的动态风险监控和资本补足机制，确保净资本等风险监管指标持续符合

标准。

A. 净资本　　B. 净资产

C. 总资产　　D. 总负债

【参考答案】A

【答案解析】净资产＝所有者权益＝资产－负债。净资产由两大部分组成：一部分是企业开办当初投入的资本，包括溢价部分；另一部分是企业在经营之中创造的，也包括接受捐赠的资产。

净资本＝净资产－金融产品投资的风险调整－应收项目的风险调整－其他流动资产项目的风险调整－长期资产的风险调整－或有负债的风险调整＋/－中国证监认定或核准的其他调整项目。净资本指标反映了净资产中的高流动性部分，表明期货公司可变现以满足支付需要和应对风险的资金数。通俗地讲，净资本是假设期货公司的所有负债都同时到期，现有资产全部变现偿付所有负债后的金额。

64. 个人投资者在申请开立金融期货交易前，以下说法正确的是（　　）。

A. 申请开户时保证金账户可用资金余额不低于人民币 30 万元

B. 具备金融期货基础知识，通过相关测试

C. 必须要有金融期货仿真交易经历

D. 必须要有从事过期货交易的经历

【参考答案】B

【答案解析】有金融期货仿真交易经历和有从事过期货交易的经历，二者选其一就行。

65. 申请开立金融期货账户时，如果开户者三年内没有实际做过期货，那他就必须具有累计（　　）以上（含）的金融期货仿真交易成交记录。

A. 10 个交易日、20 笔　　B. 20 个交易日、10 笔

C. 10 个交易日、10 笔　　D. 20 个交易日、20 笔

【参考答案】A

【答案解析】20 个交易日，时间太长了。

66. 申请开立金融期货账户时，如果开户者不想做金融期货仿真交易，那他必须提供（　　）年内的期货成交记录。

A. 1　　B. 2

C. 3　　D. 5

【参考答案】C

【答案解析】提供最近三年内具有 10 笔以上（含）的期货交易成交记录。

67. 申请开立金融期货账户时，如果开户者不想做金融期货仿真交易，那他则必须提供三年内做过（　　）笔以上（含）的期货成交记录。

A. 10　　B. 20

C. 30　　D. 50

【参考答案】A

【答案解析】提供最近三年内具有10笔以上（含）的期货交易成交记录。

68. 个人投资者参与期权交易，需在期货公司开立期货保证金账户（　　）个月以上，并具备金融期货交易经历。

A. 1　　B. 3

C. 6　　D. 12

【参考答案】C

【答案解析】需要开户半年以上。

69. 个人投资者参与期权交易，需在期货公司开立期货保证金账户半年以上，并具备（　　）交易经历。

A. 期权　　B. 股票

C. 期货　　D. 金融期货

【参考答案】D

【答案解析】必须做过股指期货或国债期货等金融期货交易。

70. 客户在金融市场开立交易账户前，也需根据投资者适当性制度的规定，由期货公司会员对其的基本情况、相关投资经历、财务状况、诚信状况和相关制度等进行综合评估，但（　　）客户除外。

A. 一般单位　　B. 特殊单位

C. 个人　　D. 法人

【参考答案】B

【答案解析】特殊单位客户只要符合投资者适当性制度的有关规定，不用进行综合评估就可为其交易申请开立交易编码。

71. 商品投资基金与（　　）最为相似。

A. “一对一”期货资管产品　　B. “一对多”期货资管产品

C. 银行集合理财计划　　D. 股票私募基金

【参考答案】B

【答案解析】商品投资基金是指广大投资者将资金集中起来委托给专业的投资机构，并通过商品交易顾问（CTA）进行期货和期权交易，投资者承担风险并享受投资收益的一种集合投资方式。

72. 在国外，（　　）是期货投资方面的专家。

A. CPO　　B. CTA

C. TM　　D. FCM

【参考答案】B

【答案解析】商品交易顾问（CTA）专业从事期货及期权交易。

73. 在美国，（　　）和我国期货公司类似，是美国主要的期货中介机构。

A. CPO　　B. CTA

C. TM　　D. FCM

【参考答案】D

【答案解析】在美国，期货佣金商（FCM）为 CTA 提供进入各交易所进行期货交易的通道业务。

74. （　　）建立和完善期货保证金监控机制，及时发现并报告期货保证金风险状况，配合期货监管部门处置风险事件。

A. 中国证监会　　B. 中国证监会地方派出机构

C. 期货交易所　　D. 中国期货市场监控中心

【参考答案】D

【答案解析】题目中主要提及的是保证金监控事宜。

75. 期货公司资产管理业务的投资收益由（　　）享有。

A. 客户　　B. 期货公司

C. 客户与期货公司共同　　D. 客户与期货公司操盘手共同

【参考答案】A

【答案解析】期货资产管理业务的投资收益由客户享有，损失由客户承担。

76. 期货公司资产管理业务的投资损失由（　　）承担。

A. 客户　　B. 期货公司

C. 客户与期货公司共同　　D. 客户与期货公司操盘手共同

【参考答案】A

【答案解析】期货资产管理业务的投资收益由客户享有，损失由客户承担。

二、多项选择题（在以下各小题所给出的四个选项中，至少有两个选项符合题目要求，请将正确选项的代码填入括号中）

1. 期货市场由期货投资者和（　　）组成。

A. 期货交易所　　B. 期货结算机构

C. 期货中介与服务机构　　D. 期货监督管理机构与行业自律机构

【参考答案】ABCD

【答案解析】以上均是与期货市场有关联的组织和个人。

2. 期货中介与服务机构包括（　　）等。

A. 期货公司　　B. 期货交易所

C. 保证金安全存管银行　　D. 交割仓库

【参考答案】ACD

【答案解析】期货交易所不属于中介服务机构，属于期货交易的组织机构。

3. 期货交易所是为期货交易提供（　　）的机构。

A. 场所　　B. 设施

C. 相关服务　　D. 交易规则

【参考答案】ABCD

【答案解析】期货交易所是为期货交易提供场所、设施、相关服务和交易规则的机构。

4. 在现代市场经济条件下，期货交易所已成为具有（　　）的交易服务组织。

A. 高度系统性　　B. 高度集中化

C. 高度组织化　　D. 高度规范化

【参考答案】ACD

【答案解析】在现代市场经济条件下，期货交易所已成为具有高度系统性和严密性、高度组织化和规范化的交易服务组织。

5. 期货交易所的基本宗旨是（　　）。

A. 创造安全、有序、高效的市场机制

B. 营造公开、公平、公正的市场环境

C. 营造诚信透明的市场环境

D. 维护投资者的合法权益

【参考答案】ABCD

【答案解析】期货交易所致力于创造安全、有序、高效的市场机制，以营造公开、公平、公正和诚信透明的市场环境与维护投资者的合法权益为基本宗旨。

6. 期货交易所必须为期货交易提供（　　）等一整套硬件设施，再辅以完备、周到的配套服务，以保证集中公开的期货交易能够有序运行。

A. 交易场所　　B. 必要的设施

C. 先进的通信设备　　D. 现代化的信息传递和显示设备

【参考答案】ABCD

【答案解析】以上都是期货交易必备的基础设施。

7. （　　）是期货交易所的主要职能之一。

A. 安排合约的市场推广　　B. 制定标准化合约

C. 安排合约上市　　D. 参与期货合约交易

【参考答案】ABC

【答案解析】设计合约、安排合约上市、制定标准化合约、及时安排合约上市是期货交易所的主要职能之一。

8. 期货交易所组织并监督期货交易，通过（　　）等措施，动态监控市场的风险状况，并及时化解与防范市场风险。

A. 实时监控　　B. 违规处理

C. 市场异常情况处理　　D. 法律审判

【参考答案】ABC

【答案解析】期货交易所组织并监督期货交易，是期货交易的组织者和管理者，所以选项 D 不对。

9. 下列说法正确的有（　　）。

A. 期货交易所的组织形式一般分为会员制和公司制两种

B. 会员制和公司制期货交易所的职能基本不同

C. 进入交易所场内交易，都必须获得会员资格

D. 会员制和公司制期货交易所都要接受期货监督管理机构的管理和监督

【参考答案】ABCD

【答案解析】期货交易所的组织形式一般分为会员制和公司制两种。无论是会员制还是公司制期货交易所，它们的职能基本相同，都是为期货合约集中竞价交易提供场所、设施、服务、交易规则的机构。另外，进入交易所场内交易，都须获得会员资格，即只有会员有权在交易所进行交易，期货交易所内设有各种业务部门，且交易所都要接受期货监督管理机构的管理和监督。

10. 会员制期货交易所一般设有（　　）。

A. 会员大会　　B. 业务管理部门

C. 专业委员会　　D. 董事会

【参考答案】ABC

【答案解析】会员制期货交易所一般设有会员大会、理事会、专业委员会和业务管理部门。公司制期货交易所才设董事会。

11. 会员制期货交易所根据工作职能需要设置相关业务部门，一般包括交易、（　　）等部门。

A. 研究发展　　B. 市场开发

C. 财务　　D. 交割

【参考答案】ABCD

【答案解析】期货交易所根据工作职能需要设置相关业务部门，一般包括交易、交割、研究发展、市场开发、财务等部门。

12. 会员制期货交易所会员资格的获取方式包括（　　）。

A. 以交易所创办发起人的身份加入

B. 接受发起人的资格转让加入

C. 接受期货交易所其他会员的资格转让加入

D. 以交易所高级管理人员的身份加入

【参考答案】ABC

【答案解析】会员制期货交易所会员资格的获取方式有多种，主要是以交易所创办发起人的身份加入，接受发起人的资格转让加入，接受期货交易所其他会员的资格转让加入和依据期货交易所的规则加入。

13. 交易所会员的基本权利包括（　　）。

A. 行使表决权、申诉权

B. 使用交易所提供的交易设施获得期货交易的信息和服务

C. 在期货交易所内进行期货交易

D. 参与管理交易所日常事务

【参考答案】ABC

【答案解析】交易所会员的基本权利包括：参加会员大会，行使表决权、申诉权；在期货交易所内进行期货交易，使用交易所提供的交易设施获得期货交易的信息和服务；按规定转让会员资格，联名提议召开临时会员大会。会员应当履行的主要义务包括：遵守国家有关法律、法规、规章和政策；遵守期货交易所的章程、业务规则及有关决定；按规定缴纳各种费用；执行会员大会、理事会的决议；接受期货交易所的业务监管。

14. 会员应当履行的主要义务包括（　　）。

A. 遵守期货交易所的章程　　B. 按规定缴纳各种费用

C. 接受期货交易所的业务监管　　D. 经常进行期货交易

【参考答案】ABC

【答案解析】会员应当履行的主要义务包括：遵守国家有关法律、法规、规章和政策；遵守期货交易所的章程、业务规则及有关决定；按规定缴纳各种费用；执行会员大会、理事会的决议；接受期货交易所的业务监管。

15. 下列关于公司制期货交易所的说法正确的有（　　）。

A. 由若干股东共同出资组建

B. 股份可以按照有关规定转让

C. 盈利来自在交易所进行期货交易的过程中收取的各种费用

D. 不以营利为目的

【参考答案】ABC

【答案解析】公司制期货交易所通常由若干股东共同出资组建，以营利为目的，股份可以按照有关规定转让，其盈利来自在交易所进行期货交易的过程中收取的各种费用。

16. 公司制期货交易所一般下设（　　），他们各负其责，相互制约。

A. 股东大会　　B. 董事会

C. 理事会　　D. 高级管理人员

【参考答案】ABD

【答案解析】会员制期货交易所才设理事会。

17. 公司制和会员制期货交易所的主要区别有（　　）。

A. 目标不同　　B. 适用法律不同

C. 决策机构不同　　D. 监管单位不同

【参考答案】ABC

【答案解析】会员制和公司制期货交易所的主要区别有：（1）是否以营利为目标；（2）适用法律不同；（3）决策机构不同。

18.（　　）均属于我国境内现有的交易所。

A. 深圳商品交易所　　B. 大连商品交易所

C. 上海期货交易　　D. 中国金融期货交易所

【参考答案】BCD

【答案解析】我国境内现有郑州商品交易所、大连商品交易所、上海期货交易所、中国金融期货交易所和广州期货交易所。

19. 下列关于期货交易所说法正确的有（　　）。

A. 会员制期货交易所的注册资本划分为均等份额，由会员出资认缴

B. 公司制期货交易所采用股份有限公司的组织形式

C.《期货交易管理条例》规定，我国期货交易所不以营利为目的，按照其章程的规定实行自律管理

D. 期货交易所以其部分财产承担民事责任

【参考答案】ABC

【答案解析】期货交易所以其全部财产承担民事责任。

20. 国际上，交易所会员往往分为（　　）。

A. 长期会员与短期会员　　B. 自然人会员与法人会员

C. 全权会员与专业会员　　D. 结算会员与非结算会员

【参考答案】BCD

【答案解析】国际上，交易所会员往往有自然人会员与法人会员之分、全权会员与专业会员之分、结算会员与非结算会员之分等。

21. 上海期货交易所上市交易的主要品种有（　　）期货等。

A. 石油沥青　　B. 燃料油

C. 天然橡胶　　D. 菜籽油

【参考答案】ABC

【答案解析】上海期货交易所上市交易的主要品种有铜、铝、锌、铅、螺纹钢、线材、热轧卷板、天然橡胶、黄金、白银、燃料油、石油沥青、锡、镍期货等。

22. 郑州商品交易所上市交易的主要品种包括（　　）期货等。

A. 菜籽油　　B. 油菜籽

C. 菜籽粕　　D. 燃料油

【参考答案】ABC

【答案解析】郑州商品交易所上市交易的主要品种包括苹果、棉花、白糖、精对苯二甲酸（PTA）、菜籽油、小麦、早籼稻、甲醇、动力煤、玻璃、油菜籽、菜籽粕、粳稻、晚籼稻、铁合金期货等。

23. 大连商品交易所上市交易的主要品种有（　　）期货等。

A. 铁合金　　B. 铁矿石

C. 天然橡胶　　D. 棕榈油

【参考答案】BD

【答案解析】大连商品交易所上市交易的主要品种有玉米、黄大豆、豆粕、豆油、棕榈油、线型低密度聚乙烯（LLDPE）、聚氯乙烯（PVC）、聚丙烯、焦炭、焦煤、铁矿石、鸡蛋、胶合板、玉米淀粉期货等。

24. 中国金融期货交易所是经国务院同意、中国证监会批准，由（　　）共同发起设立的金融期货交易所。

A. 上海期货交易所

B. 大连商品交易所

C. 上海证券交易所和深圳证券交易所

D. 郑州商品交易所

【参考答案】ABCD

【答案解析】中国金融期货交易所是经国务院同意、中国证监会批准，由上海期货交易所、郑州商品交易所、大连商品交易所、上海证券交易所和深圳证券交易所共同发起设立的金融期货交易所。

25. 中国金融期货交易所上市交易的是金融期货品种，目前主要品种有（　　）。

A. 沪深 300 股指期货　　B. 中证 500 股指期货

C. 10 年期国债期货　　D. 上证 50ETF 期权

【参考答案】ABC

【答案解析】中国金融期货交易所上市交易的是金融期货品种，目前主要品种是沪深300股指期货、5年期国债期货、10年期国债期货、上证50股指期货和中证500股指期货等。

26. 期货结算机构主要职能包括（　　）。

A. 担保交易履约　　B. 结算交易盈亏

C. 控制市场风险　　D. 交易所财务管理

【参考答案】ABC

【答案解析】期货结算机构主要职能包括担保交易履约、结算交易盈亏和控制市场风险。

27. 下列说法正确的有（　　）。

A. 结算机构是某一交易所的内部机构，仅为该交易所提供结算服务

B. 结算机构是独立的结算公司，可为一家或多家期货交易所提供结算服务

C. 目前我国结算机构形式是交易所的内部机构和独立的结算公司并存

D. 结算机构是某一交易所内部机构的，风险承担能力是有限的

【参考答案】ABD

【答案解析】结算机构是某一交易所的内部机构，仅为该交易所提供结算服务，我国采取的是这种形式。

28. 分级结算制度的优点有（　　）。

A. 逐级承担化解期货交易风险的作用

B. 形成多层次的风险控制体系

C. 提高了结算机构整体的抗风险能力

D. 有利于建立期货市场风险防范的防火墙

【参考答案】ABCD

【答案解析】分级结算制度通过建立多层次的会员结构，逐级承担化解期货交易风险的作用，形成多层次的风险控制体系，提高了结算机构整体的抗风险能力。因此，这种分级结算制度有利于建立期货市场风险防范的防火墙。

29. 我国境内期货交易所除了具有组织和监督期货交易的职能外，还具有（　　）职能。

A. 组织并监督结算和交割　　B. 保证合约履行

C. 监督会员的交易行为　　D. 监管指定交割仓库

【参考答案】ABCD

【答案解析】我国境内期货交易所除了具有组织和监督期货交易的职能外，还具有下列职能：组织并监督结算和交割，保证合约履行；监督会员的交易行为；监管指定交割仓库。从这个意义上讲，我国境内期货交易所兼具期货结算职能。

30. 下列关于全员结算说法正确的有（　）。

A. 期货交易所会员均具有与期货交易所进行结算的资格

B. 期货交易所会员既是交易会员也是结算会员

C. 没有结算会员与非结算会员之分

D. 中国金融期货交易所采取全员结算

【参考答案】ABC

【答案解析】郑州商品交易所、大连商品交易所和上海期货交易所实行全员结算制度。

31. 按照业务范围，中国金融期货交易所会员分为（　　）类型。

A. 交易会员　　B. 交易结算会员

C. 全面结算会员　　D. 特别结算会员

【参考答案】ABCD

【答案解析】中国金融期货交易所采取会员分级结算制度。按照业务范围，中国金融期货交易所会员分为交易会员、交易结算会员、全面结算会员和特别结算会员四种类型。

32. 下列说法正确的有（　）。

A. 结算会员与非结算会员是根据会员能否直接与期货交易所进行结算来划分的

B. 期货交易所对结算会员结算

C. 结算会员对非结算会员结算

D. 非结算会员对其受托的客户结算

【参考答案】ABCD

【答案解析】在会员分级结算制度下，期货交易所将交易所会员区分为结算会员与非结算会员。结算会员与非结算会员是根据会员能否直接与期货交易所进行结算来划分的。结算会员具有与交易所进行结算的资格；非结算会员不具有与期货交易所进行结算的资格。在会员分级结算制度下，期货交易所对结算会员结算，结算会员对非结算会员结算，非结算会员对其受托的客户结算。

33. 下列说法正确的有（　）。

A. 结算会员通过缴纳结算担保金实行风险共担

B. 结算担保金属于交易所所有，用于应对结算会员违约风险

C. 当市场出现重大风险时，所有结算会员都有义务共同承担市场风险，确保市场能够正常运行

D. 结算担保金应当以现金形式缴纳

【参考答案】ACD

【答案解析】结算担保金由结算会员以自有资金向期货交易所缴纳，属于结算会员所有，用于应对结算会员违约风险。

34. 结算担保金包括（　　）。

A. 基础结算担保金　　B. 变动结算担保金

C. 违约结算担保金　　D. 透支结算担保金

【参考答案】AB

【答案解析】结算担保金包括基础结算担保金和变动结算担保金。

35. 非银行金融机构包括（　　）。

A. 保险公司　　B. 期货公司

C. 信托投资公司　　D. 消费信用机构

【参考答案】ABCD

【答案解析】非银行金融机构是指银行以外的各种经营金融业务的信用机构，主要包括保险公司、期货公司、信用合作社、消费信用机构、信托投资公司（有些国家也称为金融公司）等机构。

36. 下列说法正确的有（　　）。

A. 客户的保证金风险往往成为期货公司的重要风险源

B. 期货公司通过当日无负债结算来确保客户履约

C. 出现保证金不足而客户无法履约时，期货公司必须以自有资金弥补保证金的不足

D. 期货公司应在充分保障客户利润最大化的前提下，争取为公司股东创造最大价值

【参考答案】ABCD

【答案解析】期货公司具有独特的风险特征，客户的保证金风险往往成为期货公司的重要风险源。期货市场实行保证金制度，客户资产面临较大的风险，而期货公司通过当日无负债结算来确保客户履约，一旦出现保证金不足而客户无法履约时，期货公司必须以自有资金弥补保证金的不足，此时客户的风险就成为期货公司的风险。期货公司高度重视客户利益，面临双重代理关系，即公司股东与经理层的委托代理问题以及客户与公司的委托代理问题。期货公司应在充分保障客户利润最大化的前提下，争取为公司股东创造最大价值。

37. 期货公司作为场外期货交易者与期货交易所之间的桥梁和纽带，其主要职能包括（　　）。

A. 根据客户指令代理买卖期货合约

B. 对客户账户进行管理

C. 为客户提供期货市场信息

D. 设计合约，安排合约上市

【参考答案】ABC

【答案解析】期货公司作为场外期货交易者与期货交易所之间的桥梁和纽带，其主要职能包括：根据客户指令代理买卖期货合约、办理结算和交割手续；对客户账户进行管理，控制客户交易风险；为客户提供期货市场信息，进行期货交易咨询，充当客户的交易顾问；为客户管理资产，实现财富管理。

38. 我国期货公司除了可以从事传统的境内期货经纪业务外，符合条件的公司还可从事（　　）。

A. 境外期货经纪业务　　B. 期货投资咨询业务

C. 资产管理　　D. 风险管理等创新业务

【参考答案】ABCD

【答案解析】我国期货公司除了可以从事传统的境内期货经纪业务外，符合条件的公司还可从事境外期货经纪业务，以及期货投资咨询业务、资产管理、风险管理等创新业务。

39. 期货投资咨询业务是指基于客户委托，期货公司及其从业人员向客户提供（　　）等服务并获得合理报酬。

A. 风险管理顾问　　B. 研究分析

C. 交易咨询　　D. 代理客户进行期货交易

【参考答案】ABC

【答案解析】期货投资咨询业务是指基于客户委托，期货公司及其从业人员向客户提供风险管理顾问、研究分析、交易咨询等服务并获得合理报酬。

40. 商品投资基金与对冲基金比较类似，但也存在明显区别，主要体现在（　　）。

A. 商品投资基金的投资领域比对冲基金小得多

B. 商品投资基金运作比对冲基金规范

C. 商品投资基金运作比对冲基金规范，风险相对较小

D. 商品投资基金业绩表现与股票和债券市场的相关度更低

【参考答案】ABCD

【答案解析】商品投资基金的投资对象主要是在交易所交易的期货和期权，因而其业绩表现与股票和债券市场的相关度更低，风险相对较小，透明度更高。

41. 风险管理顾问包括（　　）。

A. 协助客户建立风险管理制度　　B. 提供风险管理咨询

C. 专项培训　　D. 制作提供研究分析报告或者资讯信息

【参考答案】ABC

【答案解析】风险管理顾问包括协助客户建立风险管理制度、操作流程，提供风险管理咨询、专项培训等。

42. 期货研究分析包括（　）。

A. 制作提供研究分析报告

B. 协助客户建立风险管理制度

C. 收集整理期货市场及各类经济信息

D. 资讯信息

【参考答案】ACD

【答案解析】期货研究分析包括收集整理期货市场及各类经济信息，研究分析期货市场及相关现货市场的价格及其相关影响因素，制作提供研究分析报告或者资讯信息。

43. 期货交易咨询包括（　）。

A. 为客户设计套期保值方案　　B. 为客户设计套利等投资方案

C. 协助客户建立风险管理制度　　D. 拟定期货交易操作策略

【参考答案】ABD

【答案解析】期货交易咨询包括为客户设计套期保值、套利等投资方案，拟定期货交易操作策略等。

44. 期货公司及其从业人员从事期货投资咨询业务，不允许的行为有（　）。

A. 向客户作获利保证

B. 对价格涨跌或者市场走势做出确定性的判断

C. 以个人名义收取服务报酬

D. 利用期货投资咨询活动传播虚假、误导性信息

【参考答案】ABCD

【答案解析】期货公司及其从业人员从事期货投资咨询业务，不得向客户做获利保证，不得以虚假信息、市场传言或者内幕信息为依据向客户提供期货投资咨询服务，不得对价格涨跌或者市场走势做出确定性的判断，不得利用向客户提供投资建议的机会谋取不正当利益，不得利用期货投资咨询活动传播虚假、误导性信息，不得以个人名义收取服务报酬，不得从事法律、行政法规和中国证监会规定禁止的其他行为。

45. 资产管理业务的投资范围包括（　）。

A. 期货　　B. 股票

C. 证券投资基金　　D. 央行票据

【参考答案】ABCD

【答案解析】资产管理业务的投资范围包括：一是期货、期权及其他金融衍生品；二是股票、债券、证券投资基金、集合资产管理计划、央行票据、短期融资券、资产支持证券等；三是中国证监会认可的其他投资品种。

46. 期货公司及其从业人员从事资产管理业务时，禁止行为有（　　）。

A. 不得向客户做出保证其资产本金不受损失或者取得最低收益的承诺

B. 接受客户委托的初始资产不得低于中国证监会规定的最低限额

C. 不得以获取佣金或者其他利益为目的，使用客户资产进行不必要的交易

D. 不得以转移资产管理账户收益或者亏损为目的，在不同账户之间进行买卖

【参考答案】ABCD

【答案解析】期货公司及其从业人员从事资产管理业务时，不得以欺诈手段或者其他不当方式误导、诱导客户；不得向客户做出保证其资产本金不受损失或者取得最低收益的承诺；接受客户委托的初始资产不得低于中国证监会规定的最低限额；不得占用、挪用客户委托资产；不得以转移资产管理账户收益或者亏损为目的，在不同账户之间进行买卖，损害客户利益；不得以获取佣金或者其他利益为目的，使用客户资产进行不必要的交易；不得利用管理的客户资产为第三方谋取不正当利益，进行利益输送；不得从事法律、行政法规以及中国证监会规定禁止的其他行为。

47. 期货风险管理子公司提供的风险管理服务和产品包括（　　）。

A. 仓单服务　　B. 基差交易

C. 定价服务　　D. 分仓交易

【参考答案】ABC

【答案解析】期货风险管理子公司试点业务类型包括基差交易、仓单服务、合作套保、定价服务、做市业务、其他与风险管理服务相关的业务，并对不同类型业务实施分类管理。

48. 期货公司的功能主要体现为（　　）。

A. 降低期货市场的交易成本

B. 期货公司可以降低期货交易中的信息不对称程度

C. 期货公司可以高效率地实现转移风险的职能，并通过结算环节防范系统性风险的发生

D. 期货公司可以通过专业服务实现资产管理的职能

【参考答案】ABCD

【答案解析】期货公司的功能主要体现为：（1）期货公司作为衔接场外期货交易者与期货交易所之间的桥梁和纽带，降低了期货市场的交易成本。（2）期

货公司可以降低期货交易中的信息不对称程度。（3）期货公司可以高效率地实现转移风险的职能，并通过结算环节防范系统性风险的发生。（4）期货公司可以通过专业服务实现资产管理的职能。

49. 期货市场实行保证金制度，具有（　　）的特点。

A. 高风险　　B. 高收益

C. 低风险　　D. 低收益

【参考答案】AB

【答案解析】期货市场实行保证金制度，具有高风险高收益的特点。

50. 期货公司应当按照（　　）的原则，建立并完善公司治理。

A. 明晰职责　　B. 强化制衡

C. 加强风险　　D. 追求股东利益最大化

【参考答案】ABC

【答案解析】期货公司应当按照明晰职责、强化制衡、加强风险管理的原则，建立并完善公司治理。

51. 期货公司风险控制体系的核心内容有（　　）。

A. 期货公司独立性的要求

B. 设定股东及实际控制人与期货公司之间出现重大事项时的通知义务

C. 设立董事会和监事会（或监事）

D. 设立首席风险官

【参考答案】ABCD

【答案解析】风险控制体系成为公司法人治理结构的核心内容。（1）期货公司独立性的要求。（2）设定股东及实际控制人与期货公司之间出现重大事项时的通知义务。（3）设立董事会和监事会（或监事）。（4）设立首席风险官。

52. 经营独立是指期货公司与其控股股东、实际控制人在（　　）等方面应当严格分开，独立经营，独立核算。

A. 业务　　B. 资产

C. 人员　　D. 财务

【参考答案】ABCD

【答案解析】期货公司与控股股东、实际控制人之间保持经营独立、管理独立和服务独立。经营独立是指期货公司与其控股股东、实际控制人在业务、人员、资产、财务等方面应当严格分开，独立经营，独立核算。

53. 服务独立是指期货公司向股东、实际控制人及其关联人提供服务，不能有下列（　　）行为。

A. 降低风险管理要求　　B. 滥用权利

C. 占用期货公司资产　　D. 侵害期货公司、客户的合法权益

【参考答案】ABCD

【答案解析】服务独立是指期货公司向股东、实际控制人及其关联人提供服务，不得降低风险管理要求。期货公司的股东、实际控制人和其他关联人不得滥用权力，不得占用期货公司资产或者挪用客户资产，不得侵害期货公司、客户的合法权益。

54. 期货公司应当设首席风险官，对期货公司（　　）进行监督、检查。

A. 人员管理　　B. 经营管理行为的合法性

C. 经营管理行为的合规性　　D. 风险管理

【参考答案】BCD

【答案解析】期货公司应当设首席风险官，对期货公司经营管理行为的合法合规性、风险管理进行监督、检查。

55. 首席风险官发现涉嫌占用、挪用客户保证金等违法违规行为或者可能发生风险的，应当立即向（　　）报告。

A. 中国期货业协会　　B. 中国证监会

C. 公司董事会　　D. 住所地的中国证监会派出机构报告

【参考答案】CD

【答案解析】首席风险官发现涉嫌占用、挪用客户保证金等违法违规行为或者可能发生风险的，应当立即向住所地中国证监会派出机构和公司董事会报告。

56.（　　）体现了期货公司对风险的控制能力和管理能力。

A. 建立以净资本为核心的动态风险监控和资本补足机制，确保净资本等风险监管指标持续符合标准

B. 客户保证金全额存放在期货保证金账户和期货交易所专用结算账户内，并按照保证金存管监控的规定，及时向保证金存管监控中心报送真实的信息

C. 交易、结算、财务业务应当由不同部门和人员分开办理

D. 期货公司应设立合规审查部门或者岗位，审查和稽核期货公司经营管理的合法合规性

【参考答案】ABCD

【答案解析】期货公司风险管理制度主要体现为：（1）期货公司应建立与风险监管指标相适应的内控制度，建立以净资本为核心的动态风险监控和资本补足机制，确保净资本等风险监管指标持续符合标准。（2）期货公司应严格执行保证金制度，客户保证金全额存放在期货保证金账户和期货交易所专用结算账户内，并按照保证金存管监控的规定，及时向保证金存管监控中心报送真实的信

息。（3）期货公司应当建立独立的风险管理系统，规范、完善的业务操作流程和风险管理制度。交易、结算、财务业务应当由不同部门和人员分开办理。期货公司应当设立风险管理部门或者岗位，管理和控制期货公司的经营风险。期货公司应设立合规审查部门或者岗位，审查和稽核期货公司经营管理的合法合规性。

57. 所谓“四统一”，是指期货公司应当对营业部实行（　　）。

A. 统一结算　　　　B. 统一风险管理

C. 统一资金调拨　　　　D. 统一财务管理和会计核算

【参考答案】ABCD

【答案解析】所谓“四统一”，是指期货公司应当对营业部实行统一结算、统一风险管理、统一资金调拨、统一财务管理和会计核算。期货公司可根据需要设置不同规模的营业部。

58. 根据《证券公司为期货公司提供中间介绍业务试行办法》，证券公司受期货公司委托从事中间介绍业务，应当提供的服务包括（　　）。

A. 协助办理开户手续

B. 提供期货行情信息和交易设施

C. 代期货公司、客户收付期货保证金

D. 利用证券资金账户为客户存取、划转期货保证金

【参考答案】AB

【答案解析】根据《证券公司为期货公司提供中间介绍业务试行办法》，证券公司受期货公司委托从事中间介绍业务，应当提供下列服务：（1）协助办理开户手续。（2）提供期货行情信息和交易设施。（3）中国证监会规定的其他服务。证券公司不得代理客户进行期货交易、结算或交割，不得代期货公司、客户收付期货保证金，不得利用证券资金账户为客户存取、划转期货保证金。

59. 证券公司从事介绍业务，应当与期货公司签订书面委托协议。委托协议应当载明的事项包括（　　）等。

A. 介绍业务的范围　　　　B. 违约责任

C. 介绍业务对接规则　　　　D. 报酬支付及相关费用的分担方式

【参考答案】ABCD

【答案解析】证券公司从事介绍业务，应当与期货公司签订书面委托协议。委托协议应当载明的事项包括：介绍业务的范围；执行期货保证金安全存管制度的措施；介绍业务对接规则；客户投诉的接待处理方式；报酬支付及相关费用的分担方式；违约责任；中国证监会规定的其他事项。

60. 下列选项中期货居间人无权从事的业务包括（　　）。

A. 代理签订期货经纪合同

B. 代理客户委托下达交易指令

C. 从事投资咨询和代理交易等期货交易活动

D. 代理客户委托调拨资金

【参考答案】ABCD

【答案解析】居间人无权代理签订期货经纪合同，无权代签交易账单，无权代理客户委托下达交易指令，无权代理客户委托调拨资金，不能从事投资咨询和代理交易等期货交易活动。

61. 为保障交割环节的有序运行，成为期货交易所的指定交割仓库，需要进行（　）。

A. 备案　　B. 申请

C. 审批　　D. 登记

【参考答案】BC

【答案解析】为保障交割环节的有序运行，成为期货交易所的指定交割仓库，需要进行申请和审批。

62. 交割仓库可以从事的业务有（　）。

A. 期货交易　　B. 商品入库

C. 商品保管　　D. 商品出库

【参考答案】BCD

【答案解析】指定交割仓库的日常业务分为三个阶段：商品入库、商品保管和商品出库。

63. 商品期货的套期保值者通常是（　）。

A. 商品的生产商　　B. 商品的加工商

C. 商品的经营商　　D. 贸易商

【参考答案】ABCD

【答案解析】商品期货的套期保值者通常是该商品的生产商、加工商、经营商或贸易商等。

64. 金融期货的套期保值者通常是金融市场的（　）等金融机构或者进出口商。

A. 投资者　　B. 证券公司

C. 保险公司　　D. 银行

【参考答案】ABCD

【答案解析】金融期货的套期保值者通常是金融市场的投资者、证券公司、银行、保险公司等金融机构或者进出口商等。

65. 个人投资者参与期权交易，需要符合的条件包括（　）。

A. 在期货公司开立期货保证金账户6个月以上，并具备金融期货交易经历

B. 申请开户时托管在其委托的期货公司的上一交易日日终的证券市值与资金可用余额，合计不低于人民币30万元

C. 具有交易所认可的期权模拟交易经历

D. 具备期权基础知识，通过交易所认可的相关测试

【参考答案】ACD

【答案解析】个人投资者参与期权交易，应满足资金、交易经历、风险承受能力、诚信状况等条件。具体应当符合下列条件：（1）申请开户时托管在其委托的期货公司的上一交易日日终的证券市值与资金可用余额，合计不低于人民币50万元；（2）在期货公司开立期货保证金账户6个月以上，并具备金融期货交易经历；（3）具备期权基础知识，通过交易所认可的相关测试；（4）具有交易所认可的期权模拟交易经历；（5）具有相应的风险承受能力；（6）不存在严重不良诚信记录，不存在法律、法规、规章和交易所业务规则禁止或者限制从事期权交易的情形；（7）上海证券交易所规定的其他条件。

66.（　　）属于投资者适当性制度中的特殊单位客户。

A. 社会保障类公司　　B. 信托公司

C. 基金管理公司　　D. 银行

【参考答案】ABCD

【答案解析】特殊单位客户是指证券公司、基金管理公司、信托公司、银行和其他金融机构，以及社会保障类公司、合格境外机构投资者等法律、行政法规和规章规定的需要资产分户管理的单位客户，以及交易所认定的其他单位客户。

67. 下列属于专业机构投资者的有（　　）。

A. 商业银行　　B. 信托公司

C. 企业年金　　D. 社保基金

【参考答案】ABCD

【答案解析】专业机构投资者包括：一是商业银行、期权经营机构、保险机构、信托公司、基金管理公司、财务公司、合格境外机构投资者等专业机构及其分支机构；二是证券投资基金、社保基金、养老基金、企业年金、信托计划、资产管理计划、银行及保险理财产品，以及由第一项所列专业机构担任管理人的其他基金或者委托投资资产；三是监管机构及交易所规定的其他专业机构投资者。

68. 下列说法正确的有（　　）。

A. 对冲基金通常是不受监管的组合投资

B. 对冲基金是私募基金

C. 对冲基金是指风险对冲过的基金

D. 期货和期权市场等衍生品市场实际上是对冲基金资产组合配置中的重要组成部分

【参考答案】ABCD

【答案解析】对冲基金又称避险基金，是指“风险对冲过的基金”。对冲基金通常是不受监管的组合投资。对冲基金是私募基金。期货和期权市场等衍生品市场实际上是对冲基金资产组合配置中的重要组成部分。

69. 下列属于托管人主要职责的有（　　）。

A. 记录、报告并监督基金在证券市场和期货市场上的所有交易

B. 保管基金资产

C. 催缴现金证券的利息

D. 计算财产本息

【参考答案】ABCD

【答案解析】托管人的主要职责是：记录、报告并监督基金在证券市场和期货市场上的所有交易；保管基金资产，计算财产本息，催缴现金证券的利息；办理有关交易的交割事项；签署基金决算报告等。

70. 我国期货市场建立了（　　）“五位一体”的期货监管协调工作机制。

A. 中国证监会地方派出机构

B. 中国证券监督管理委员会

C. 中国期货市场监控中心和中国期货业协会

D. 期货交易所

【参考答案】ABCD

【答案解析】我国期货市场建立了中国证券监督管理委员会、中国证监会地方派出机构、期货交易所、中国期货市场监控中心和中国期货业协会“五位一体”的期货监管协调工作机制。

71. 期货交易所通过制定（　　）等一系列制度，从市场的各个环节控制市场风险，保障期货市场的平稳、有序运行。

A. 保证金制度　　B. 强行平仓制度

C. 当日无负债结算制度　　D. 期货从业人员自律制度

【参考答案】ABC

【答案解析】期货交易所不是期货自律组织。

72. 在制定各项风控制度的基础上，交易所进一步建立健全统一的期货交易规则，包括（　　）等管理细则，以保证买卖双方交易行为的规范化，保证期货交易顺畅运行。

A. 交易　　B. 结算

C. 交割　　D. 违约情况管理

【参考答案】ABCD

【答案解析】上述均属于制定的交易细则。

73. 目前，国内期货交易所的组织形式有（　　）等形式。

A. 会员制　　B. 公司制

C. 合伙制　　D. 个体制

【参考答案】AB

【答案解析】世界上各国期货交易所的组织形式也只有会员制和公司制两种。

74. 公司制期货交易所的盈利来自在交易所进行的期货交易的（　　）。

A. 交易手续费　　B. 会员席位转让费

C. 交割费　　D. 结算费

【参考答案】ACD

【答案解析】公司制期货交易所没有会员，且席位之间的转让跟交易所没有关系。

75. 公司制期货交易所会员享有的权利包括（　　）。

A. 在期货交易所从事规定的交易、结算和交割等业务

B. 使用期货交易所提供的交易设施，获得有关期货交易的信息和服务

C. 按照交易规则行使申诉权

D. 联名提议召开临时股东大会

【参考答案】ABC

【答案解析】公司制期货交易所会员不一定是交易所股东。

76. 我国场内衍生品除了可以在已有的四家期货交易所进行交易外，目前还可以在经国务院及其衍生品监督管理部门批准的场所（　　）交易。

A. 上海证券交易所

B. 上海黄金交易所

C. 上海国际能源交易中心股份有限公司

D. 中国外汇交易中心

【参考答案】ABCD

【答案解析】上海证券交易所上市了上证 50ETF 期权；上海黄金交易所可交易黄金远期合约；上海国际能源交易中心股份有限公司上市了原油期货；中国外汇交易中心支持人民币对外币的即期、远期和掉期交易。

77. 根据期货结算机构与期货交易所关系的不同，一般可分为以下（　　）形式。

A. 结算机构是某一交易所的内部机构，仅为该交易所提供结算服务

B. 结算机构是独立的结算公司，可为一家或多家期货交易所提供结算服务

C. 结算机构是某一期货公司的内部机构，可以为期货交易所提供结算服务

D. 结算机构是独立的结算公司，可为一家或多家期货交易所和个人提供结算服务

【参考答案】AB

【答案解析】只有两种形式。

78. 分级结算制度第二个层次是由（　）。

A. 结算机构对结算会员进行结算

B. 结算会员对非结算会员进行结算

C. 结算会员对其所代理客户进行结算

D. 非结算会员对其所代理客户结算

【参考答案】BC

【答案解析】结算从高层向基层分层次进行。

79. 目前，我国境内的上期所、郑商所、大商所、中金所均提供（　）服务。

A. 交易　　B. 结算

C. 交割　　D. 信息

【参考答案】ABCD

【答案解析】我国境内的上期所、郑商所、大商所、中金所的结算机构均是交易所的内部机构，因此期货交易所既提供交易服务，也提供结算服务。这意味着我国境内期货交易所除了具有组织和监督期货交易的职能外，还具有下述职能：组织并监督结算和交割，保证合约履行；监督会员的交易行为；监管指定交割仓库。从这个意义上说，我国境内期货交易所兼具期货结算职能。

80. 我国境内实行全员结算制度的交易所有（　）。

A. 大连商品交易所　　B. 郑州商品交易所

C. 上海期货交易所　　D. 中国金融期货交易所

【参考答案】ABC

【答案解析】我国境内会员制交易所实行的是全员结算制度。

81. 实行全员结算制度的期货交易所会员由（　）会员组成。

A. 期货公司　　B. 非期货公司自营机构

C. 交易者个人　　D. 非期货公司代理机构

【参考答案】AB

【答案解析】非期货公司会员不得从事《期货交易管理条例》规定的期货公

司业务，非期货公司做期货代理是非法的。

82. 在分级结算制度下，全面结算会员可以为其签订结算协议的（　　）办理结算、交割业务。

A. 所属客户　　B. 非结算会员

C. 结算会员　　D. 特别结算会员

【参考答案】ABC

【答案解析】全面结算会员可以为其受托客户和与其签订结算协议的交易会员办理结算、交割业务，而特别结算会员不是交易所的交易会员。

83. 在会员分级结算制度下，以下属于交易所非结算会员的有（　　）。

A. 期货公司　　B. 商业银行

C. 有色金属冶炼厂　　D. 外贸公司

【参考答案】CD

【答案解析】商业银行属于特别结算会员。

84. 期货公司面临（　　）委托代理关系。

A. 公司股东与经理层　　B. 客户与公司

C. 客户与客户　　D. 公司股东与客户

【参考答案】AB

【答案解析】期货公司面临双重代理关系，即公司股东与经理层的委托代理问题以及客户与公司的委托代理问题。期货公司应在充分保障客户利润最大化的前提下，争取为公司股东创造最大价值。

85. 期货公司及其子公司开展资产管理业务应（　　）。

A. 依法向中国期货业协会履行登记手续

B. 应满足《私募投资基金监督管理暂行办法》中关于投资者适当性和托管的有关要求

C. 资产管理计划应当通过中国证券投资基金业协会私募基金登记备案系统进行备案

D. 依法向当地金融办进行备案

【参考答案】AC

【答案解析】期货公司“一对多”资产管理业务应满足《私募投资基金监督管理暂行办法》中关于投资者适当性和托管的有关要求，“一对一”资产管理业务不需要满足此条件。

86. 期货公司风险管理业务类型包括（　　）等业务。

A. 合作套保　　B. 做市业务

C. 资产管理　　D. 仓单串换

【参考答案】ABD

【答案解析】资产管理业务是单独的一大类业务。

87. 期货公司应当设置（　　）业务部门，不相容岗位应当分离。

A. 交易　　B. 结算

C. 财务　　D. 合规

【参考答案】ABCD

【答案解析】期货公司应设立合规审查部门或者岗位，审查和稽核期货公司经营管理的合法合规性。

88. 根据进入期货市场的目的不同，期货投资者可分为（　　）。

A. 个人投资者　　B. 套期保值者

C. 投机者　　D. 机构投资者

【参考答案】BC

【答案解析】根据进入期货市场的目的不同，期货投资者可分为套期保值者与投机者。按照投资者是自然人还是法人划分，可分为个人投资者和机构投资者。

89. 个人投资者在申请开立金融期货交易前，以下说法正确的有（　　）。

A. 申请开户时保证金账户可用资金余额不低于人民币 50 万元

B. 具备金融期货基础知识，通过相关测试

C. 必须要有金融期货仿真交易经历

D. 必须要有从事过期货交易的经历

【参考答案】AB

【答案解析】申请金融期货开户，开户者或者具有金融期货仿真交易经历，或者从事过期货交易，两者二选一即可。

90. 在参与股票期权交易开户前，无须对其进行适当性管理综合评估的公司包括（　　）。

A. 证券公司　　B. 信托公司

C. 社会保障类公司　　D. 合格境外机构投资者

【参考答案】ABCD

【答案解析】上述客户均属于专业机构投资者。

三、判断题（请判断以下各小题的正误，正确的填写 A，错误的填写 B）

1. 期货公司是为期货交易提供场所、设施、相关服务和交易规则的机构。（　　）

【参考答案】B

【答案解析】期货交易所是为期货交易提供场所、设施、相关服务和交易规

则的机构。期货公司只是期货中介服务机构。

2. 期货交易所自身并不参与期货交易。（　）

【参考答案】A

【答案解析】期货交易所自身不参与期货交易。

3.《期货交易管理条例》由中国证监会发布。（　）

【参考答案】B

【答案解析】《期货交易管理条例》由国务院颁布。

4. 期货交易所须及时把本交易所内形成的期货价格和相关信息向会员、投资者及公众公布，以保证信息的公开透明。（　）

【参考答案】A

【答案解析】期货交易所须及时把本交易所内形成的期货价格和相关信息向会员、投资者及公众公布，以保证信息的公开透明。

5. 会员制期货交易所是以其全部财产承担有限责任的营利性法人。（　）

【参考答案】B

【答案解析】会员制期货交易所是以其全部财产承担有限责任的非营利性法人。

6. 理事会是会员制期货交易所的最高权力机构。（　）

【参考答案】B

【答案解析】会员大会是会员制期货交易所的最高权力机构。

7. 董事会是会员大会的常设机构，对会员大会负责，执行会员大会决议。（　）

【参考答案】B

【答案解析】理事会是会员大会的常设机构，对会员大会负责，执行会员大会决议。

8. 理事会可根据需要下设若干专门委员会，一般由理事长提议，经董事会同意设立。（　）

【参考答案】B

【答案解析】理事会可根据需要下设若干专门委员会，一般由理事长提议，经理事会同意设立。

9. 公司制期货交易所的最高权力机构是董事会。（　）

【参考答案】B

【答案解析】股东大会由全体股东共同组成，是公司制期货交易所的最高权力机构。

10. 公司制期货交易所总经理是负责期货交易所日常经营管理工作的高级管理人员，其对股东大会负责，由股东大会聘任或解聘。（　）

【参考答案】B

【答案解析】公司制期货交易所总经理是负责期货交易所日常经营管理工作的高级管理人员，其对董事会负责，由董事会聘任或解聘。

11. 会员大会由会员制期货交易所的全体会员组成，它是会员制期货交易所的最高监管机构。（ ）

【参考答案】B

【答案解析】会员大会由会员制期货交易所的全体会员组成，它是会员制期货交易所的最高权力机构。

12. 公司制期货交易所权力机构的常设机构是股东大会。（ ）

【参考答案】B

【答案解析】公司制期货交易所权力机构的常设机构是董事会。

13. 截至2019年末，我国境内现有郑州商品交易所、大连商品交易所、上海期货交易所和中国金融期货交易所四家期货交易所。（ ）

【参考答案】A

【答案解析】我国境内现有郑州商品交易所、大连商品交易所、上海期货交易所和中国金融期货交易所四家期货交易所。

14. 只要是有钱大户，就可以进入期货交易所从事期货交易。

【参考答案】B

【答案解析】进入交易所场内交易，或者利用交易所交易系统交易，都必须获得会员资格，即只有会员有权在交易所进行交易。

15. 欧美国家交易所会员以法人为主。（ ）

【参考答案】B

【答案解析】欧美国家交易所会员以自然人为主。

16. 境内期货交易所会员应当是在中华人民共和国境内登记注册的企业法人或者其他经济组织。取得期货交易所会员资格，应当经中国期货业协会批准。（ ）

【参考答案】B

【答案解析】境内期货交易所会员应当是在中华人民共和国境内登记注册的企业法人或者其他经济组织。取得期货交易所会员资格，应当经期货交易所批准。

17. 期货公司对会员实行总数控制。只有成为交易所的会员，才能取得场内交易席位，在期货交易所进行交易。（ ）

【参考答案】B

【答案解析】期货交易所对会员实行总数控制。只有成为交易所的会员，才能取得场内交易席位，在期货交易所进行交易。

18. 上海期货交易所上市交易的主要品种有铜、铝、锌、油菜籽、菜籽粕等。（　　）

【参考答案】B

【答案解析】上海期货交易所上市交易的主要品种有铜、铝、锌、铅、螺纹钢、线材、热轧卷板、天然橡胶、黄金、白银、燃料油、石油沥青、锡、镍期货等。

19. 上海期货交易所是会员制期货交易所。（　　）

【参考答案】A

【答案解析】上海期货交易所、大连商品交易所和郑州商品交易所是会员制期货交易所；中国金融期货交易所是公司制期货交易所。

20. 大连商品交易所是会员制期货交易所。（　　）

【参考答案】A

【答案解析】上海期货交易所、大连商品交易所和郑州商品交易所是会员制期货交易所。

21. 郑州商品交易所是会员制期货交易所。（　　）

【参考答案】A

【答案解析】上海期货交易所、大连商品交易所和郑州商品交易所是会员制期货交易所。

22. 中国金融期货交易所是会员制期货交易所。（　　）

【参考答案】B

【答案解析】中国金融期货交易所是公司制期货交易所。

23. 会员制期货交易所的注册资本划分为不等份额，由会员出资认缴，钱多的可以多认缴，钱少的可以少认缴，甚至可以不认缴。（　　）

【参考答案】B

【答案解析】会员制期货交易所的注册资本划分为均等份额，由会员出资认缴。

24. 公司制期货交易所通常由全体会员共同出资组建，以营利为目的。

（　　）

【参考答案】B

【答案解析】公司制期货交易所是由股东出资组建。

25. 2015 年 2 月 9 日，中国金融期货交易所上市了国内第一个金融期权——上证 50ETF 期权。（　　）

【参考答案】B

【答案解析】上证 50ETF 期权是在上海证券交易所上市的。

26. 我国衍生品只可以在郑州商品交易所、大连商品交易所、上海期货交易所和中国金融期货交易所进行交易。（ ）

【参考答案】B

【答案解析】我国衍生品除了可以在郑州商品交易所、大连商品交易所、上海期货交易所和中国金融期货交易所进行交易外，还可以在经国务院及其衍生品监督管理部门批准的场所交易。

27. 期货监管机构是负责交易所期货交易的统一结算、保证金管理和结算风险控制的机构。（ ）

【参考答案】B

【答案解析】期货结算机构是负责交易所期货交易的统一结算、保证金管理和结算风险控制的机构。

28. 期货结算机构是负责交易所期货交易的统一结算、保证金管理和结算风险控制的机构。（ ）

【参考答案】A

【答案解析】期货结算机构是负责交易所期货交易的统一结算、保证金管理和结算风险控制的机构。

29. 结算机构承担保证每笔交易按期履约的责任。（ ）

【参考答案】A

【答案解析】结算机构就承担起保证每笔交易按期履约的责任。

30. 会员收到追加保证金通知后必须在三个交易日内将保证金缴齐，否则结算机构有权对其持仓进行强行平仓。（ ）

【参考答案】B

【答案解析】会员收到追加保证金通知后必须在下一交易日规定时间内将保证金缴齐，否则结算机构有权对其持仓进行强行平仓。

31. 结算机构通过对会员保证金的管理、控制而有效控制市场风险，以保证期货市场平稳运行。（ ）

【参考答案】A

【答案解析】结算机构通过对会员保证金的管理、控制而有效控制市场风险，以保证期货市场平稳运行。

32. 在我国，结算机构是独立的结算公司，可为一家或多家期货交易所提供结算服务。（ ）

【参考答案】B

【答案解析】在我国，结算机构是某一交易所的内部机构，仅为该交易所提供结算服务。

33. 自2008年美国金融危机发生后，交易所为场外衍生品交易提供结算服务，成为发展的新趋势。（　　）

【参考答案】A

【答案解析】各交易所都努力扩大业务范围。

34. 中国金融期货交易所采取全员结算制度。（　　）

【参考答案】B

【答案解析】郑州商品交易所、大连商品交易所和上海期货交易所实行全员结算制度。中金所采取的是分级结算制度。

35. 实行全员结算制度的期货交易所会员必须由期货公司会员组成。（　　）

【参考答案】B

【答案解析】实行全员结算制度的期货交易所会员由期货公司会员和非期货公司会员组成。

36. 期货公司会员按照中国期货业协会批准的业务范围开展相关业务，可以代理客户进行期货交易；非期货公司会员不得从事《期货交易管理条例》规定的期货公司业务。（　　）

【参考答案】B

【答案解析】期货公司会员按照中国证监会批准的业务范围开展相关业务，可以代理客户进行期货交易；非期货公司会员不得从事《期货交易管理条例》规定的期货公司业务。

37. 我国境内期货结算制度只采取全员结算制度。（　　）

【参考答案】B

【答案解析】我国境内期货结算制度分为全员结算制度和会员分级结算制度两种类型。

38. 在分级结算制度下，交易会员具有与交易所进行结算的资格，它属于结算会员。（　　）

【参考答案】B

【答案解析】在分级结算制度下，交易会员不具有与交易所进行结算的资格，它属于非结算会员。

39. 在分级结算制度下，特别结算会员既可以为其受托客户，也可以为与其签订结算协议的交易会员办理结算、交割业务。（　　）

【参考答案】B

【答案解析】在分级结算制度下，特别结算会员只能为与其签订结算协议的交易会员办理结算、交割业务。

40. 在分级结算制度下，结算担保金由结算会员以自有资金向期货交易所缴纳，属于交易所所有，用于应对结算会员违约风险。（ ）

【参考答案】B

【答案解析】在分级结算制度下，结算担保金由结算会员以自有资金向期货交易所缴纳，属于结算会员所有，用于应对结算会员违约风险。

41. 期货公司属于银行金融机构。（ ）

【参考答案】B

【答案解析】期货公司属于非银行金融机构。

42. 期货公司是依托从商品、资本、货币市场等衍生出来的市场提供风险管理服务的中介机构。（ ）

【参考答案】A

【答案解析】期货公司是依托从商品、资本、货币市场等衍生出来的市场提供风险管理服务的中介机构。

43. 期货公司是指代理客户进行期货交易并收取交易佣金的中介组织。（ ）

【参考答案】A

【答案解析】期货公司是指代理客户进行期货交易并收取交易佣金的中介组织。

44. 期货公司从事期货投资咨询业务，应当与客户签订服务合同，明确约定服务内容、收费标准及纠纷处理方式等事项。（ ）

【参考答案】A

【答案解析】期货公司从事期货投资咨询业务，应当与客户签订服务合同，明确约定服务内容、收费标准及纠纷处理方式等事项。

45. 期货公司及其从业人员从事期货投资咨询业务，可以向客户做获利保证。（ ）

【参考答案】B

【答案解析】期货公司及其从业人员从事期货投资咨询业务，不得向客户做获利保证。

46. 期货公司只可以依法为单一客户办理资产管理业务。（ ）

【参考答案】B

【答案解析】期货公司可以依法为单一客户办理资产管理业务，也可依法为特定多个客户办理资产管理业务。

47. 随着期货公司业务范围的拓展，期货公司在衍生品市场开发、企业风险管理、客户资产管理、金融产品创新等方面的作用日益突出。（ ）

【参考答案】A

【答案解析】随着期货公司业务范围的拓展，期货公司在衍生品市场开发、企业风险管理、客户资产管理、金融产品创新等方面的作用日益突出。

48. 期货市场实行保证金制度，具有低风险高收益的特点。（　）

【参考答案】B

【答案解析】期货市场实行保证金制度，具有高风险高收益的特点。

49. 风险控制体系成为公司法人治理结构的核心内容。（　）

【参考答案】A

【答案解析】风险控制体系成为公司法人治理结构的核心内容。

50. 当期货公司出现重大事项时，应当立即电话通知全体股东，并向期货公司住所地的中国证监会派出机构报告。（　）

【参考答案】B

【答案解析】当期货公司出现重大事项时，应当立即书面通知全体股东，并向期货公司住所地的中国证监会派出机构报告。

51. 期货公司不可以设立独立董事。（　）

【参考答案】B

【答案解析】期货公司可以设立独立董事，期货公司的独立董事不得在期货公司担任董事会以外的职务，不得与本期货公司存在可能妨碍其做出独立、客观判断的关系。

52. 期货公司拟解聘首席风险官的，应当有正当理由，并向住所地中国证监会派出机构报告。（　）

【参考答案】A

【答案解析】期货公司拟解聘首席风险官的，应当有正当理由，并向住所地中国证监会派出机构报告。

53. 所谓“四统一”是指期货公司应当对营业部实行统一结算、统一风险管理、统一资金调拨、统一财务管理和会计核算。（　）

【参考答案】A

【答案解析】所谓“四统一”是指期货公司应当对营业部实行统一结算、统一风险管理、统一资金调拨、统一财务管理和会计核算。

54. 介绍经纪商这一称呼源于美国，必须以机构的形式存在。（　）

【参考答案】B

【答案解析】介绍经纪商这一称呼源于美国，在国际上既可以是机构，也可以是个人，但一般都以机构的形式存在。

55. 期货公司的独立董事可以在期货公司担任董事会以外的职务，但不得与本期货公司存在可能妨碍其作出独立、客观判断的关系。（　）

【参考答案】B

【答案解析】期货公司的独立董事不得在期货公司担任董事会以外的职务。

56.《期货公司监督管理办法》允许证券公司成为期货公司的IB，不允许期货公司成为证券公司的IB。（　　）

【参考答案】B

【答案解析】《期货公司监督管理办法》允许证券公司成为期货公司的IB，还允许期货公司成为证券公司的IB。

57. 居间人与期货公司属于隶属关系，是期货公司订立期货经纪合同的当事人。（　　）

【参考答案】B

【答案解析】居间人与期货公司没有隶属关系，不是期货公司订立期货经纪合同的当事人。

58. 期货公司的在职人员可以成为本公司和其他期货公司的居间人。（　　）

【参考答案】B

【答案解析】期货公司的在职人员不得成为本公司和其他期货公司的居间人。

59. 期货公司有权对存管银行的期货结算业务进行监督。（　　）

【参考答案】B

【答案解析】期货交易所有权对存管银行的期货结算业务进行监督。

60. 我国期货交易所有全员结算制度和会员分级结算制度两种制度，两种结算制度中，期货保证金存管银行享有的权利和应履行的义务相同。（　　）

【参考答案】B

【答案解析】我国期货交易所存在全员结算制度和会员分级结算制度两种制度，期货保证金存管银行享有的权利和应履行的义务在两种结算制度下略有差异。

61. 期货交易所可以限制实物交割总量。（　　）

【参考答案】B

【答案解析】期货交易所不得限制实物交割总量，并应当与交割仓库签订协议，明确双方的权利和义务。

62. 个人投资者申请金融开户时，保证金账户可用资金余额不低于人民币30万元。（　　）

【参考答案】B

【答案解析】个人投资者申请开户时保证金账户可用资金余额不低于人民币50万元。

63. 在风险管理子公司提供风险管理服务或产品时，其可以选择的自然人客

户也要符合条件，即可投资资产高于50万元的高净值自然人客户。（　）

【参考答案】B

【答案解析】在风险管理子公司提供风险管理服务或产品时，其可以选择的自然人客户也要符合条件，即可投资资产高于100万元的高净值自然人客户。

64. 期货市场建立了中国证监会、中国证监会地方派出机构、期货交易所、中国期货市场监控中心和中国期货业协会“五位一体”的期货监管协调工作机制。（　）

【参考答案】A

【答案解析】期货市场建立了中国证监会、中国证监会地方派出机构、期货交易所、中国期货市场监控中心和中国期货业协会“五位一体”的期货监管协调工作机制。

65. 中国金融期货交易所于2006年9月8日在北京成立，注册资本为5亿元人民币。（　）

【参考答案】B

【答案解析】中国金融期货交易所在上海。

66. 中国金融期货交易所目前主要上市品种只有股指期货产品，包括沪深300股指期货、上证50股指期货和中证500股指期货。（　）

【参考答案】B

【答案解析】还有国债期货产品。

67. 期货交易所通常不以营利为目标。（　）

【参考答案】B

【答案解析】公司制期货交易所通常以营利为目标，追求交易所利润的最大化。

68. 期货交易所通常以营利为目标，追求交易所利润最大化。（　）

【参考答案】B

【答案解析】会员制期货交易所通常不以营利为目标。

69. 全员结算制度是指期货交易者均具有与期货交易所进行结算的资格。（　）

【参考答案】B

【答案解析】只有交易所会员才具有与期货交易所进行结算的资格。

70. 在会员分级结算制度下，非结算会员不具有结算的资格。（　）

【参考答案】B

【答案解析】在会员分级结算制度下，非结算会员不具有与期货交易所进行结算的资格。但非结算会员可对其受托的客户进行结算。

71. 结算担保金既可以以现金形式缴纳，也可以用有价证券以折扣形式缴纳。 （ ）

【参考答案】B

【答案解析】结算担保金应当以现金形式缴纳。

72. 期货公司不得解聘首席风险官。 （ ）

【参考答案】B

【答案解析】期货公司拟解聘首席风险官的，应当有正当理由，并向住所地中国证监会派出机构报告。

73. 当期货交割仓库库容有限时，可以限制交割商品的入库。 （ ）

【参考答案】B

【答案解析】期货交割仓库不得限制交割商品的入库。

74. 个人投资者参与期权交易，只要在期货公司开立期货保证金账户 6 个月以上，并具备金融期货交易经历，就没必要再具有交易所认可的期权模拟交易经历了。 （ ）

【参考答案】B

【答案解析】两者缺一不可。

75. 个人投资者参与金融期货，只要最近三年内具有 10 笔以上（含）的期货交易成交记录，就没必要再具有交易所认可的金融期货仿真交易经历了。 （ ）

【参考答案】A

【答案解析】两者只要有一项满足条件就行了。

四、综合题（以下各小题给出的四个选项中，至少有一项符合题目要求，请将符合题目要求选项的代码填入括号内）

阅读材料，回答以下 1～3 题。

甲期货公司对外大力开展 IB 业务后，收到了显著的效果。除了自己的母公司——乙证券公司所属营业部向甲期货公司介绍期货客户外，另一家有自己期货全资子公司的证券公司所属的某个营业部丙也向甲提供 IB 业务，当然前提是通过发票报销模式向丙提供优厚的反佣金条件。另外，甲期货公司还决定大量发展居间人队伍，鼓励社会人员以居间人名义为公司提供 IB 业务。根据居间人的表现进行考核，除加大提成比例外，对其中部分客户资金规模大、手续费收入高的居间人每月在公司工资表中发放 3000 元固定工资。另外，甲期货公司还打算将已有的在外地效益不好的两家营业部以承包或租赁方式委托他人经营管理。

1. 以下说法正确的是（ ）。

A. 证券营业部丙接受期货公司甲的委托为其提供 IB 业务是允许的

B. 通过发票报销模式反佣金是一种较为灵活的有效营销方法

C. 居间人也属于IB业务的一种模式

D. 期货公司只能接受自己所属的证券母公司的IB业务

【参考答案】D

【答案解析】期货公司只能接受自己所属的证券母公司的IB业务；居间人并不属于正规的IB业务模式；通过发票报销模式反佣金明显违反国家税务制度。

2. 以下说法正确的是（ ）。

A. 期货公司大力发展居间人队伍的这种市场拓展方式是可以理解的

B. 居间人不能是期货公司员工，因此不能在公司发放固定工资，否则容易引起法律纠纷

C. 所有居间人与客户产生的纠纷案将视为公司行为

D. 给居间人的提成不应高于给期货公司内部员工的提成，否则会影响公司内部员工的积极性

【参考答案】AB

【答案解析】居间人不是期货公司员工，靠提成获取报酬，与客户产生的纠纷后果完全自行承担，期货公司不承担责任。

3. 根据《期货交易管理条例》的有关规定，期货公司（ ）。

A. 应当对分支机构实行集中统一管理，不得与他人合资、合作经营管理分支机构

B. 不得将分支机构承包、租赁或者委托给他人经营管理

C. 对营业部实行“四统一”管理

D. 可根据需要设置不同规模的营业部

【参考答案】ABCD

【答案解析】期货公司出租或承包期货营业部是绝对不允许的。

阅读材料，回答以下4~5题。

12月某一天，某省证监局一位女打字员甲给所在地期货公司的交易部经理乙打电话，要求帮忙以其丈夫的名义开个户做期货。由于其丈夫丙正在国外，鉴于熟人关系，交易经理乙要求其将其丈夫丙的个人身份证复印件传真到期货公司，并通过快递方式将相关开户文件邮寄给甲，由其代为丈夫丙签署相关开户文件。在下单代理人一栏，写的是甲的名字。随后期货公司为该客户申请了交易编码。开户完成后，客户打入20万元资金开始做交易。先买入2手3月铜期货合约，买入价为50000元/吨。过了一天，乙打电话给甲，透露出期货公司的母公司——某证券公司自营部门正在大量做空股指期货进行套期保值交易，于是甲也

想卖空1手股指期货，但当时尚未开通股指期货账户。为了节约时间，由乙代甲进行了股指期货基础知识的测试，并在较短时间内为甲办理好了股指期货开户手续。随后乙悄悄帮助甲用自己的电脑卖出1手3月股指期货合约，卖出价为2300点。到了2月份，3月铜合期货约跌到45000元/吨，甲告诉乙不行的话准备最后交割铜，因为有朋友是做贸易的，愿意以50000元/吨买铜。此时，3月股指涨到了2400点，客户的账户可用资金出现负值。结算部通知客户要求追加保证金，否则第二天开盘将强平部分持仓。但甲打电话给乙，要求缓两天，等发了工资再把欠缺的保证金补上，乙表示同意。

4. 以上整个过程中，不规范的甚至违法违纪的行为有（　　）。

A. 5处　　B. 6处

C. 7处　　D. 8处

【参考答案】C

【答案解析】期货开户必须由客户本人亲自办理；下单代理人必须由客户本人签署委托函；期货公司员工不得透露其他客户信息；不得代客户进行股指期货基础知识的测试；不得代理客户下单；散户也无法参与商品期货的交割；期货公司员工不得违反风控原则，同意客户缓缴追加的保证金。

5. 当期货公司结算部通知客户要求追加保证金时，客户的账户可用资金已经亏损了（　　）万元。

A. 3　　B. 5

C. 8　　D. 11

【参考答案】C

【答案解析】收益 =（45000 - 50000）×5吨/手×2手 +（2300 - 2400）×300元/点×1手 = -8（万元）。

阅读材料，回答以下6~7题。

某期货公司资产管理部管理的A资产管理计划（以下简称“A资管计划”）于某年10月21日设立，共分8期发行，备案为主动管理类的非结构化资产管理计划，每一期均约定按照业绩比较基准支付收益。该期货公司资管发行的多只资产管理计划通过互联网、微信、博客等载体向不特定对象公开宣传，总募集规模4.2亿元，累计投资者数量176名。其中，自然人投资者172名，机构投资者4名。A资管计划投资于B集合资金信托计划（以下简称“B信托计划”）。根据信托计划合同，B信托计划为事务管理类信托，信托计划的单一委托人为该期货公司资管部门。B信托计划用于向C股份有限公司（以下简称“C公司”）发放流动资金信托贷款，贷款利率为11.3%/年。信托贷款规模为5亿元，分笔发放，目前已发行 12 期。固定信托报酬按每期信托资金的 0.24%/年计提。

该期货公司资产管理部负责人实际上由财务部负责人兼顾，代表 A 资管计划作为单一委托人委托 B 信托计划为 C 公司提供流动资金信托贷款，但 B 信托计划的投资决策由该期货公司资管部实际控制。此外，经穿透核查，该期货公司资管部管理的 228 只资产管理计划通过事务管理类信托计划投向银行承兑汇票或从事信托贷款业务。其中 226 只资产管理计划在向期货业协会提交备案申请之前就已将资产管理计划托管账户资金投向信托计划或通过事务管理类信托计划打入融资方。

该期货公司资管部门的 A 资管计划季度管理报告、年度管理报告的合规性声明引用的是证券公司资产管理业务的法律法规和实施细则，并且也未能将 A 资管计划已到期份额发生违约风险的拟处理方案及时向投资者披露。

6. 该期货公司资管业务存在的问题包括（　　）。

A. A 资管计划在资产管理合同中以业绩比较基准的名义约定收益率

B. 资产管理计划通过大众媒体向不特定对象公开宣传

C. 大部分资产管理计划未取得资产管理计划备案证明之前已经开始投资运作

D. 该期货公司发行的资产管理计划过多过滥，超出了规定的发行计划

【参考答案】ABC

【答案解析】该期货公司资管产品违规制定“承诺最低收益条款”；违反期货资管产品应遵守非公开募集的规定；未经期货业协会备案就开始投资运作。

7. 该期货公司资管业务还存在（　　）等问题。

A. 公司治理和内部控制缺失，未能建立健全隔离墙制度

B. A 资管计划投向的 B 信托计划只有期货公司资管部门一个委托人，缺乏合规性

C. 该期货公司资管部管理的 228 只资产管理计划违反了投资范围规定

D. 信息披露不充分

【参考答案】ABCD

【答案解析】资产管理业务在人员、业务等方面未能严格分开，未能做到独立经营；该公司资管代表 A 资管计划作为单一委托人委托 B 信托计划为 C 公司提供流动资金信托贷款，这不符合集合资金信托计划应当有“两个以上（含两个）委托人”的定义；经穿透核查，该期货公司资管部门管理的 228 只资产管理计划通过事务管理类信托计划投向银行承兑汇票或从事信托贷款业务违反了投资范围规定。

第三章

期货合约与期货交易制度通关练习

一、单项选择题（在以下各小题所给出的四个选项中，只有一个选项符合题目要求，请将正确选项的代码填入括号中）

1. 沙石不适宜做期货标的物，主要原因是（　　）。

A. 规格或质量难于量化和评级　　B. 供应量太大，不值钱

C. 价格波动幅度太小　　D. 运输成本高

【参考答案】C

【答案解析】期货标的物需要价格波动幅度大且频繁，企业有避险需求。

2. 在期货交易中，每次报价的最小变动数值必须是最小变动价位的（　　）。

A. 十倍　　B. 三倍

C. 两倍　　D. 整数倍

【参考答案】D

【答案解析】在期货交易中，每次报价的最小变动数值必须是最小变动价位的整数倍。

3. 日盘交易时间一般分上午和下午进行，每周（　　）天。

A. 4　　B. 5

C. 6　　D. 7

【参考答案】B

【答案解析】日盘交易时间一般分上午和下午进行，每周5天。

4. 下列有关交割的说法不正确的是（　　）。

A. 期货交割是促使期货价格和现货价格趋向一致的制度保证

B. 商品期货多采用现金交割方式

C. 标准仓单经交易所注册后可用于交割

D. 沪深 300 股指期货采用现金交割方式

【参考答案】B

【答案解析】期货交易的交割方式分为实物交割和现金交割两种。商品期货、股票期货、外汇期货、中长期利率期货通常采取实物交割方式。

5. 采用现金交割方式的是（　　）。

A. 大豆　　B. 黄金

C. 白糖　　D. 股票指数

【参考答案】D

【答案解析】股票指数期货和短期利率期货通常采用现金交割方式。

6. 我国期货交易所涨跌停板一般是以合约上一交易日的（　　）为基准确定的。

A. 开盘价　　B. 结算价

C. 平均价　　D. 收盘价

【参考答案】B

【答案解析】每日价格最大波动限制一般是以合约上一交易日的结算价为基准确定的。期货合约上一交易日的结算价加上允许的最大涨幅构成当日价格上涨的上限，称为涨停板；而该合约上一交易日的结算价减去允许的最大跌幅则构成当日价格下跌的下限，称为跌停板。

7. 最小变动价位的设置是为了保证市场有适度的（　　）。

A. 投机性　　B. 稳定性

C. 流动性　　D. 安全性

【参考答案】C

【答案解析】一般而言，较小的最小变动价位有利于市场流动性的增加，但过小的最小变动价位将会增加交易协商成本；较大的最小变动价位，一般会减少交易量，影响市场的活跃程度，不利于交易者进行交易。

8. 过了最后一个交易日，未平仓的期货合约，必须（　　）。

A. 强行平仓　　B. 交付违约金

C. 换成下一交割月份合约　　D. 按规定进行实物交割或现金交割

【参考答案】D

【答案解析】最后交易日，是指某种期货合约在合约交割月份中进行交易的最后一个交易日，过了这个期限的未平仓期货合约，必须按规定进行实物交割或现金交割。

9. 下列关于交割等级表述错误的是（　　）。

A. 交割等级，是指由期货交易所统一规定的、准许在交易所上市交易的合约标的物的质量等级

B. 买卖双方协商决定替代品的质量等级和品种

C. 在进行期货交易时，交易双方无须对标的物的质量等级进行协商，发生实物交割时按交易所期货合约规定的质量等级进行交割

D. 用替代品进行实物交割时，价格需要升贴水

【参考答案】B

【答案解析】一般来说，为了保证期货交易顺利进行，许多期货交易所都允许在实物交割时，实际交割的标的物的质量等级与期货合约规定的标准交割等级有所差别，即允许用与标准品有一定等级差别的商品作替代交割品。期货交易所统一规定替代品的质量等级和品种。交货人用期货交易所认可的替代品代替标准品进行实物交割时，收货人不能拒收。

10. 中国金融期货交易所沪深300指数期货的交易代码为（　）。

A. IF　　B. SR

C. Y　　D. CU

【参考答案】A

【答案解析】为便于交易，交易所对每一期货品种都规定了交易代码。例如，中国金融期货交易所沪深300指数期货的交易代码为IF，郑州商品交易所白糖期货为SR，大连商品交易所豆油期货交易代码为Y，上海期货交易所铜期货的交易代码为CU。

11. 除了交易时间、交割等级、交易代码等，期货合约中还规定了（　）这一重要条款。

A. 最高交易保障金　　B. 最低成交价格

C. 最高成交价格　　D. 最低交易保证金

【参考答案】D

【答案解析】期货合约中还规定了最低交易保证金这一重要条款。

12. 关于期货合约最小变动值，以下说法正确的是（　）。

A. 商品期货每手合约的最小变动值 = 最小变动价位 × 交易单位

B. 商品期货每手合约的最小变动值 = 最小变动价位 × 报价单位

C. 股指期货每手合约的最小变动值 = 最小变动价位 × 合约手数

D. 股指期货每手合约的最小变动值 = 最小变动价位 × 合约价值

【参考答案】A

【答案解析】最小变动价位，是指在期货交易所的公开竞价过程中，对合约每计量单位报价的最小变动数值。在期货交易中，每次报价的最小变动数值必须

是最小变动价位的整数倍。最小变动价位乘以交易单位，就是该合约价值的最小变动值。

13. 上海期货交易所黄金期货合约的最小变动价位是 0.02 元/克，交易单位为 1 千克/手，则该合约的最小变动值是（　　）元/手。

A. 1　　B. 0.02

C. 20　　D. 200

【参考答案】C

【答案解析】0.02 元/克 ×1 千克/手 = 20（元/手）。

14. 根据我国商品期货交易规则，随着交割期的临近，保证金比率一般（　　）。

A. 不变　　B. 降低

C. 与交割期无关　　D. 提高

【参考答案】D

【答案解析】我国境内交易所对商品期货交易保证金比率的规定呈现如下特点：对期货合约上市运行的不同阶段，规定不同的交易保证金比率。一般来说，距交割月份越近，交易者面临到期交割的可能性就越大，为了防止实物交割中可能出现的违约风险，促使不愿进行实物交割的交易者尽快平仓了结，交易保证金比率随着交割临近而提高。

15. 期货交易报价时，超过期货交易所规定的涨跌幅度的报价（　　）。

A. 有效，但交易价格应该调整至涨跌幅以内

B. 无效，不能成交

C. 无效，但可申请转移至下一个交易日

D. 有效，但自动转移至下一个交易日

【参考答案】B

【答案解析】涨跌停板制度又称每日价格最大波动限制制度，即期货合约在一个交易日中的交易价格波动不得高于或者低于规定的涨跌幅度，超过该涨跌幅度的报价将被视为无效报价，不能成交。

16. 当某期货合约以涨跌停板价格成交时，成交撮合实行（　　）。

A. 平仓优先和时间优先　　B. 价格优先和平仓优先

C. 价格优先和时间优先　　D. 时间优先和利润优先

【参考答案】A

【答案解析】当某期货合约以涨跌停板价格成交时，成交撮合实行平仓优先和时间优先的原则，但平仓当日新开仓位不适用平仓优先的原则。

17. 当期货公司客户可用资金为负值时，（　　）。

A. 期货公司将首先通知客户追加保证金或要求客户自行平仓

B. 期货公司将第一时间对客户实行强行平仓

C. 期货交易所将首先通知客户追加保证金或要求客户自行平仓

D. 期货交易所将第一时间对客户实行强行平仓

【参考答案】A

【答案解析】期货公司客户的保证金不足时，会被要求及时追加保证金或者自行平仓；否则，其合约将会被强行平仓。

18. 我国期货交易所的大户报告制度规定，当会员或客户的某品种持仓合约的投机头寸达到交易所对其规定的投机头寸持仓限量（　　）以上（含本数）时，会员或客户应向交易所报告其资金情况、头寸情况等，客户须通过期货公司会员报告。

A. 50%　　B. 80%

C. 60%　　D. 90%

【参考答案】B

【答案解析】我国境内大连商品交易所、郑州商品交易所和上海期货交易所对持仓限额及大户报告标准的设定有限量规定。

19. 我国期货交易所对（　　）实行审批制，其持仓不受限制。

A. 期转现　　B. 投机

C. 套期保值　　D. 套利

【参考答案】C

【答案解析】在具体实施中，交易所有如下规定：采用限制会员持仓和限制客户持仓相结合的办法控制市场风险；各交易所对套期保值交易头寸实行审批制，其持仓不受限制，而在中国金融期货交易所，套期保值和套利交易的持仓均不受限制。

20. 目前在我国，某一品种某一月份合约的限仓数额规定，描述正确的是（　　）。

A. 限仓数额根据价格变动情况而定

B. 限仓数额与交割月份远近无关

C. 交割月份越远的合约限仓数额越小

D. 进入交割月份的合约限仓数额最小

【参考答案】D

【答案解析】一般应按照各合约在交易全过程中所处的不同时期来分别确定不同的限仓数额。比如，一般月份合约的持仓限额及持仓报告标准设置得高；临近交割时，持仓限额及持仓报告标准设置得低。

21. 下列关于期货保证金的说法错误的是（　　）。

A. 对交易者的保证金要求与其面临的风险相对应

B. 在美国期货市场，对投机者要求的保证金要大于对套期保值者和套利者要求的保证金

C. 保证金的收取是分级进行的

D. 交易所根据合约特点设定最低保证金标准，但是不能调节保证金水平

【参考答案】D

【答案解析】在国际期货市场上，保证金制度的实施一般有如下特点：第一，对交易者的保证金要求与其面临的风险相对应。一般来说，交易者面临的风险越大，对其要求的保证金也越多。比如，在美国期货市场，对投机者要求的保证金要大于对套期保值者和套利者要求的保证金。第二，交易所根据合约特点设定最低保证金标准，并可根据市场风险状况等调节保证金水平。比如，价格波动越大的合约，其投资者交易面临的风险也越大，设定的最低保证金标准也越高；当投机过度时，交易所可提高保证金，增大交易者入市成本，抑制投机行为，控制市场风险。第三，保证金的收取是分级进行的。

22. 保证金的收取是分级别的，其中交易所向（　　）收取保证金。

A. 交易所会员单位　　B. 结算公司

C. 客户　　D. 个人投资者

【参考答案】A

【答案解析】一般而言，交易所或结算机构只向其会员收取保证金，作为会员的期货公司则向其客户收取保证金，两者分别称为会员保证金和客户保证金。保证金的分级收取与管理，对于期货市场的风险分层次分担与管理具有重要意义。

23. 下列关于我国境内期货交易保证金制度的特点，说法正确的是（　　）。

A. 持仓量越大，交易保证金的比例越小

B. 距离期货合约交割月份越近，交易保证金比例越小

C. 当某期货合约出现连续涨跌停板的情况时，交易保证金比率相应下降

D. 当期货合约交易出现异常时，交易所可按规定的程序调整交易保证金的比例

【参考答案】D

【答案解析】我国境内交易所对商品期货交易保证金比率的规定呈现如下特点：第一，对期货合约上市运行的不同阶段规定不同的交易保证金比率。第二，随着合约持仓量的增大，交易所将逐步提高该合约交易保证金比例。第三，当某期货合约出现连续涨跌停板的情况时，交易保证金比率相应提高。第四，当某品

种某月份合约按结算价计算的价格变化，连续若干个交易日的累积涨跌幅达到一定程度时，交易所有权根据市场情况，对部分或全部会员的单边或双边实施同比例或不同比例提高交易保证金、限制部分会员或全部会员出金、暂停部分会员或全部会员开新仓、调整涨跌停板幅度、限期平仓、强行平仓等一种或多种措施，以控制风险。第五，当某期货合约交易出现异常情况时，交易所可按规定的程序调整交易保证金的比例。在我国，期货交易者缴纳的保证金可以是资金，也可以是价值稳定、流动性强的标准仓单或者国债等有价证券。

24. 当日无负债结算制度，对交易头寸所占用的保证金进行逐（　　）结算。

A. 日　　B. 周

C. 月　　D. 年

【参考答案】A

【答案解析】当日无负债结算制度，是指在每个交易日结束后，由期货结算机构对期货交易保证金账户当天的盈亏状况进行结算，并根据结算结果进行资金划转。对交易头寸所占用的保证金进行逐日结算。

25. 在某合约连续出现涨（跌）停板单边无连续报价时，应实行（　　）。

A. 停止交易　　B. 限制交易

C. 强制减仓　　D. 强制平仓

【参考答案】C

【答案解析】在出现涨跌停板情形时，交易所一般将采取如下措施控制风险。在某合约连续出现涨（跌）停板单边无连续报价时，实行强制减仓。

26. 在国际期货市场，持仓限额通常只针对（　　）。

A. 套利头寸　　B. 一般投机头寸

C. 套期保值头寸　　D. 风险管理头寸

【参考答案】B

【答案解析】在国际期货市场，持仓限额通常只针对一般投机头寸，套期保值头寸、风险管理头寸及套利头寸可以向交易所申请豁免持仓限额。

27. 下列关于我国境内期货强行平仓制度说法正确的是（　　）。

A. 交易所以“强行平仓通知书”的形式向所有会员下达强行平仓要求

B. 开市后，有关会员必须首先自行平仓，直至达到平仓要求，执行结果由期货公司审核

C. 超过会员自行强行平仓时限而未执行完毕的，剩余部分由交易所直接执行强行平仓

D. 强行平仓执行完毕后，由会员记录执行结果并存档

【参考答案】C

【答案解析】强行平仓的执行过程如下：(1) 通知。交易所以“强行平仓通知书”的形式向有关会员下达强行平仓要求。(2) 执行及确认。①开市后，有关会员必须首先自行平仓，直至达到平仓要求，执行结果由交易所审核；②超过会员自行强行平仓时限而未执行完毕的，剩余部分由交易所直接执行强行平仓；③强行平仓执行完毕后，由交易所记录执行结果并存档；④强行平仓结果发送。

28. 期货交易所应当及时公布的上市品种合约信息不包括（　　）。

A. 持仓量　　B. 成交量

C. 成交价　　D. 预测行情

【参考答案】D

【答案解析】我国《期货交易管理条例》规定，期货交易所应当及时公布上市品种合约的成交量、成交价、持仓量、最高价与最低价、开盘价与收盘价和其他应当公布的即时行情，并应保证即时行情真实、准确。期货交易所不得发布价格预测信息。未经期货交易所许可，任何单位和个人不得发布期货交易即时行情。《期货交易所管理办法》规定，期货交易所应当以适当方式发布下列信息：(1) 即时行情。(2) 持仓量、成交量排名情况。(3) 期货交易所交易规则及其实施细则规定的其他信息。

29. 期货交易所对期货交易、结算、交割资料的保存期限应当不少于（　　）年。

A. 5　　B. 10

C. 15　　D. 20

【参考答案】D

【答案解析】期货交易所对期货交易、结算、交割资料的保存期限应当不少于20年。

30. 在我国，个人投资者从事期货交易必须在（　　）办理开户手续。

A. 期货公司　　B. 期货交易所

C. 中国证监会派出机构　　D. 中国期货市场监控中心

【参考答案】A

【答案解析】投资者在经过对比、判断，选定期货公司之后，即可向该期货公司提出委托申请，开立账户，成为该公司的客户。开立账户实质上是确立投资者（委托人）与期货公司（代理人）之间的一种法律关系。

31.（　　）负责客户开户管理的具体实施工作。

A. 中国期货业协会　　B. 期货交易所

C. 期货公司　　D. 中国期货市场监控中心

【参考答案】D

【答案解析】在我国，由中国期货市场监控中心负责客户开户管理的具体实施工作。

32. 开户的流程顺序是（ ）。

①申请交易编码并确认资金账号；②申请开户；③签署“期货经纪合同书”；④阅读并签署“期货交易风险说明书”。

A. ①②③④　　B. ②④③①

C. ①②④③　　D. ②④①③

【参考答案】B

【答案解析】开户流程：（1）申请开户；（2）阅读“期货交易风险说明书”并签字确认；（3）签署“期货经纪合同书”；（4）申请交易编码并确认资金账号。

33. 若某期货交易客户的交易编码为“001201005688”，则客户号为（ ）。

A. 0012　　B. 01005688

C. 5688　　D. 05688

【参考答案】B

【答案解析】交易编码由12位数字构成，前4位为会员号，后8位为客户号。客户在不同的会员处开户的，其交易编码中客户号相同。比如，某客户在中国金融期货交易所0012号会员处开户，假设其获得的交易编码为“001201005688”，其中，前四位“0012”为会员号，后八位“01005688”为客户号。

34. 目前，我国各期货交易所普遍采用了（ ）。

A. 限价指令　　B. 市价指令

C. 止损指令　　D. 停止指令

【参考答案】A

【答案解析】目前，我国各期货交易所普遍采用了限价指令。此外，郑州商品交易所还采用了市价指令、跨期套利指令和跨品种套利指令。大连商品交易所则采用了市价指令、限价指令、止损指令、停止限价指令、跨期套利指令和跨品种套利指令。

35. 期转现交易双方商定的期货平仓须在（ ）限制范围内。

A. 审批日期货价格　　B. 交收日现货价格

C. 交收日期货价格　　D. 审批日现货价格

【参考答案】A

【答案解析】期转现交易的基本流程：（1）寻找交易对手。（2）交易双方商定价格。找到对方后，双方首先商定平仓价（须在审批日期货价格限制范围内）

和现货交收价格。（3）向交易所提出申请。（4）交易所核准。（5）办理手续。（6）纳税。

36. 当市场价格达到客户预先设定的触发价格时，即变为（　　）。

A. 限价指令　　B. 止损指令

C. 限时指令　　D. 取消指令

【参考答案】B

【答案解析】止损指令是指当市场价格达到客户预先设定的触发价格时，即变为市价指令予以执行的一种指令。客户利用止损指令，既可有效地锁定利润，又可以将可能的损失降至最低限度，还可以相对较小的风险建立新的头寸。

37. 下列关于集合竞价的说法正确的是（　　）。

A. 开盘价集合竞价在某品种某月份合约每一交易日开市 10 分钟内进行

B. 收盘价集合竞价在某品种某月份合约每一交易日开市 5 分钟内进行

C. 收盘价集合竞价在某品种某月份合约每一交易日开市 10 分钟内进行

D. 开盘价集合竞价在某品种某月份合约每一交易日开市 5 分钟内进行

【参考答案】D

【答案解析】开盘价集合竞价在某品种某月份合约每一交易日开市前 5 分钟内进行。其中，前 4 分钟为期货合约买卖价格指令申报时间，后 1 分钟为集合竞价撮合时间，开市时产生开盘价。

38. 下列指令中不需要指明具体价位的是（　　）。

A. 触价指令　　B. 止损指令

C. 市价指令　　D. 限价指令

【参考答案】C

【答案解析】市价指令是期货交易中常用的指令之一。它是指按当时市场价格即刻成交的指令。客户在下达这种指令时不须指明具体的价位，而是要求以当时市场上可执行的最好价格达成交易。

39. （　　）是指同时买入和卖出两种或两种以上期货合约的指令。

A. 长效指令　　B. 套利指令

C. 止损指令　　D. 市价指令

【参考答案】B

【答案解析】套利指令是指同时买入和卖出两种或两种以上期货合约的指令。

40. 目前，通过（　　）下单是我国客户最主要的下单方式。

A. 互联网

B. 电话

C. 书面

D. 国务院期货监督管理机构规定的其他方式

【参考答案】A

【答案解析】客户可以通过书面、电话、互联网或者国务院期货监督管理机构规定的其他方式，向期货公司下达交易指令。目前，通过互联网下单是我国客户最主要的下单方式。

41. 客户对交易结算单记载事项有异议的，应当在（　　）前向期货公司提出书面异议。

A. 下一交易日开市　　B. 当日 17：00

C. 下一交易日收市　　D. 下一交易日 17：00

【参考答案】A

【答案解析】客户对交易结算单记载事项有异议的，应当在下一交易日开市前向期货公司提出书面异议。

42. 我国期货交易所目前采取的主要交易方式为（　　）。

A. 场外交易方式　　B. 适合方式

C. 计算机撮合方式　　D. 公开喊价方式

【参考答案】C

【答案解析】国内期货交易所均采用计算机撮合成交，分为连续竞价与集合竞价两种方式。

43. （　　）环节不是交易流程中的必经环节。

A. 下单　　B. 竞价

C. 结算　　D. 交割

【参考答案】D

【答案解析】一般而言，客户进行期货交易可能涉及以下几个环节：开户、下单、竞价、结算、交割。在期货交易的实际操作中，大多数期货交易都是通过对冲平仓的方式了结履约责任的，进入交割环节的比重非常小，所以交割环节并不是交易流程中的必经环节。

44. 采用实物交割方式的有（　　）。

A. 股票指数期货　　B. 短期利率期货

C. 商品期货　　D. 天气期货

【参考答案】C

【答案解析】一般来说，商品期货以实物交割方式为主；股票指数期货、短期利率期货多采用现金交割方式。

45. 大连商品交易所对黄大豆 1 号、黄大豆 2 号、豆粕、豆油、玉米合约采用（　　）的方式交割，对棕榈油、线型低密度聚乙烯和聚氯乙烯合约采用

(　　) 方式交割。

A. 集中；滚动　　B. 滚动交割和集中交割相结合；集中

C. 滚动；集中　　D. 滚动交割和集中交割相结合；滚动

【参考答案】B

【答案解析】大连商品交易所对黄大豆 1 号、黄大豆 2 号、豆粕、豆油、玉米合约采用滚动交割和集中交割相结合的方式，对棕榈油、线型低密度聚乙烯和聚氯乙烯合约采用集中交割方式。

46. 触价指令与止损指令的区别在于 (　　)。

A. 预先设定的价位不同　　B. 持续时间不同

C. 合约数量不同　　D. 下达指令方式不同

【参考答案】A

【答案解析】触价指令与止损指令的区别在于其预先设定的价位不同。就卖出指令而言，卖出止损指令的止损价低于当前市场价格，而卖出触价指令的触发价格高于当前市场价格；买进指令则与此相反。此外，止损指令通常用于平仓，而触价指令一般用于开新仓。

47. 市价指令的特点是 (　　)。

A. 成交速度慢

B. 适合稳健性投资者

C. 一旦指令下达后不可更改或撤销

D. 要求指明具体价位

【参考答案】C

【答案解析】市价指令是期货交易中常用的指令之一。它是指按当时市场价格即刻成交的指令。客户在下达这种指令时不须指明具体的价位，而是要求以当时市场上可执行的最好价格达成交易。这种指令的特点是成交速度快，一旦指令下达后不可更改或撤销。

48. (　　) 是指在交易所交易池内由交易者面对面地公开喊价，表达各自买进或卖出合约的要求。

A. 计算机撮合成交　　B. 连续竞价制

C. 一节一价制　　D. 交易者协商成交

【参考答案】B

【答案解析】连续竞价制，是指在交易所交易池内由交易者面对面地公开喊价，表达各自买进或卖出合约的要求。

49. 关于连续竞价制，下列说法不正确的是 (　　)。

A. 在交易所交易池内由交易者面对面地公开喊价

B. 有利于活跃场内气氛，维护公开、公平、公正的定价原则

C. 曾经在日本期货市场较为流行

D. 交易者在报价时既要发出声音，又要做出手势

【参考答案】C

【答案解析】连续竞价制中的公开喊价是指在交易所交易池内由交易者面对面地公开喊价，表达各自买进或卖出合约的要求。按照规则，交易者在报价时既要发出声音，又要做出手势，以保证报价的准确性。这种公开喊价有利于活跃场内气氛，维护公开、公平、公正的定价原则。这种公开喊价方式曾经在欧美期货市场较为流行。

50. 一节一价制，曾经在（　　）较为普遍。

A. 荷兰　　B. 英国

C. 美国　　D. 日本

【参考答案】D

【答案解析】一节一价制，是指把每个交易日分为若干节，每节交易由主持人最先叫价，所有场内经纪人根据其叫价申报买卖数量，直至在某一价格上买卖双方的交易数量相等时为止。每一节交易中一种合约一个价格，没有连续不断的竞价。这种叫价方式曾经在日本较为普遍。

51. 集合竞价采用（　　）原则。

A. 价格优先　　B. 时间优先

C. 最大成交量　　D. 平均价

【参考答案】C

【答案解析】集合竞价采用最大成交量原则，即以此价格成交能够得到最大成交量。高于集合竞价产生的价格的买入申报全部成交；低于集合竞价产生的价格的卖出申报全部成交；等于集合竞价产生的价格的买入或卖出申报，根据买入申报量和卖出申报量的多少，按少的一方的申报量成交。

52. 会员如对结算结果有异议，应在（　　）以书面形式通知交易所。

A. 下一交易日开市前30分钟内　　B. 当天

C. 第二天开市后两小时内　　D. 第二天收市前

【参考答案】A

【答案解析】会员如对结算结果有异议，应在下一交易日开市前30分钟内以书面形式通知交易所。

53. 股票指数期货交割结算价为最后交易日标的指数（　　）的算术平均价。

A. 最后半小时　　B. 最后一小时

C. 最后五分钟　　　　　　　　　D. 最后两小时

【参考答案】D

【答案解析】股票指数期货交割结算价为最后交易日标的指数最后两小时的算术平均价。

54. 实物交割要求以（　　）名义进行。

A. 客户　　　　　　　　　　　B. 交易所

C. 会员　　　　　　　　　　　D. 交割仓库

【参考答案】C

【答案解析】实物交割要求以会员名义进行。客户的实物交割必须由会员代理，并以会员名义在交易所进行。

55. 在实践中，可以有不同形式的标准仓单，其中最主要的形式是（　　）。

A. 仓库标准仓单　　　　　　　B. 厂库标准仓单

C. 通用标准仓单　　　　　　　D. 非通用标准仓单

【参考答案】A

【答案解析】在实践中，可以有不同形式的标准仓单，其中最主要的形式是仓库标准仓单。

56. 风险度是指（　　）。

A. 可用资金/客户权益 ×100%　　B. 保证金占用/客户权益 ×100%

C. 保证金占用/可用资金 ×100%　D. 客户权益/可用资金 ×100%

【参考答案】B

【答案解析】风险度 = 保证金占用/客户权益 ×100%。该风险度越接近100%，风险越大；等于100%，则表明客户的可用资金为0。由于客户的可用资金不能为负，也就是说，期货公司不允许客户风险度大于100%，当风险度大于100%时，客户则会收到期货公司“追加保证金通知书”。

57. 时装之所以不适宜做期货标的物，主要原因是（　　）。

A. 规格或质量难以量化和评级　　B. 供应量太大，不值钱

C. 价格波动幅度太小　　　　　　D. 运输成本高

【参考答案】A

【答案解析】时装这类产品加工程度高，品质、属性等方面存在诸多差异，不同的人对完全相同的产品可能有完全不同甚至相反的评价，规格或质量难以量化和评级。

58. 20世纪末，国内期货市场绿豆、红小豆、咖啡等品种期货交易疯狂，经常出现“多逼空”或“空逼多”的操作性行情，除当时期货市场不规范外，标的自身的主要缺陷在于（　　）。

A. 规格或质量难以量化和评级　　B. 供应量太小
C. 价格波动幅度太大　　D. 交割仓库设置不合理

【参考答案】B

【答案解析】能够作为期货品种的标的物，在现货市场上必须有较大的供应量；否则，其价格很容易被操纵，即垄断现货市场之后在期货市场进行大量买入该商品对应的期货合约，并一直持仓至交割月，使交易对手无法获得现货进行交割，只能按高价平仓了结，由此会引发违约风险，增加期货市场的不稳定性。

59. 沪深 300 指数期货的合约价值为（　　）。

A. 300 元 × 沪深 300 指数期货的点数
B. 200 元 × 沪深 300 指数期货的点数
C. 300 元 × 沪深 300 指数的点数
D. 200 元 × 沪深 300 指数的点数

【参考答案】A

【答案解析】期货的合约价值当然与期货价格相关。

60. 大连商品交易所鸡蛋期货合约的最小变动价位是 1 元/500 千克，交易单位为 5 吨/手，则该合约的最小变动值是（　　）元/手。

A. 5　　B. 500
C. 10　　D. 250

【参考答案】C

【答案解析】1 元/500 千克 × 5000 千克/手 = 10 元/手。

61. 新上市的品种和新上市的期货合约，其涨跌停板幅度一般为合约规定涨跌停板幅度的（　　）。

A. 一倍或两倍　　B. 两倍或三倍
C. 三倍或四倍　　D. 四倍或五倍

【参考答案】B

【答案解析】新上市的品种和新上市的期货合约，其涨跌停板幅度一般为合约规定涨跌停板幅度的两倍或三倍。

62. 单边市，一般是指某一期货合约在某一交易日收盘前（　　）内封死停板价位的情形。

A. 1 分钟　　B. 3 分钟
C. 5 分钟　　D. 15 分钟

【参考答案】C

【答案解析】单边市，一般是指某一期货合约在某一交易日收盘前 5 分钟内出现只有停板价位的买入（卖出）申报、没有停板价位的卖出（买入）申报，或者一有卖出（买入）申报就成交但未打开停板价位的情形。

63. 实施涨跌停板制度的最大好处在于（　　）。

A. 减小交易当日的价格波动幅度

B. 抑制一些突发性事件和过度投机行为对期货价格的冲击而造成的狂涨暴跌

C. 保证当日无负债结算制度的实施

D. 让市场保持理智

【参考答案】C

【答案解析】由于涨跌停板制度能够锁定会员和客户每一交易日所持有合约的最大盈亏，为保证金制度创造了有利条件，因为向会员和客户收取的保证金数额只要大于在涨跌幅度内可能发生的亏损金额，就能够保证当日期货价格波动达到涨停板或跌停板时也不会出现透支情况。

64. 某客户持有5手沥青期货5月合约空单，当天该期货合约结算价为2978元/吨。期货公司当天结算后发现，该客户账面剩余可用资金为 -5020 元，于是向该客户发出追加保证金通知。但直到第二天开盘时该客户仍未补足资金缺口。于是期货公司以开盘价3000元/吨价格强平了（　　）手期货合约，并及时通知了客户（沥青期货合约10吨/手，假设保证金率为10%）。

A. 1　　　　B. 2

C. 3　　　　D. 5

【参考答案】B

【答案解析】3000×10吨/手×10%×合约手数≥5020元，合约手数≥1.67手，故需要强平2手就行了。

65. 期货公司为客户申请各期货交易所交易编码，应当统一通过（　　）办理。

A. 中国期货业协会　　　　B. 期货交易所

C. 中国证监会　　　　D. 中国期货市场监控中心

【参考答案】D

【答案解析】中国期货市场监控中心对期货公司提交的客户资料进行复核，并将通过复核的客户资料转发给相关期货交易所。期货交易所收到监控中心转发的客户交易编码申请资料后，根据期货交易所业务规则对客户交易编码进行分配、发放和管理，并将各类申请的处理结果通过监控中心反馈给期货公司。

66. 我国境内商品期货当日结算价取某一期货合约当日（　　）。

A. 成交价格按照成交量的加权平均价

B. 成交价格的算术平均价

C. 最后一小时成交价格按照成交量的加权平均价

D. 最后一小时成交价格的算术平均价

【参考答案】A

【答案解析】我国境内商品期货当日结算价取某一期货合约当日成交价格按照成交量的加权平均价。

67. 中国金融期货交易所规定，股指期货当日结算价是指某一期货合约当日（ ）。

A. 成交价格按照成交量的加权平均价

B. 成交价格的算术平均价

C. 最后一小时成交价格按照成交量的加权平均价

D. 最后一小时成交价格的算术平均价

【参考答案】C

【答案解析】我国境内股指期货当日结算价是指某一期货合约最后一小时成交价格按照成交量的加权平均价。

68. 一般来说，商品期货以实物交割方式为主；股票指数期货、短期利率期货多采用现金交割方式。我国国债期货采取的是（ ）交割方式。

A. 实物　　B. 现金

C. 实物与现金均可　　D. 实物与现金混合

【参考答案】A

【答案解析】中国金融期货交易所国债期货采取的是交割国债现券的实物交割方式。

69. （ ）集中交割的交割结算价是期货合约自交割月第一个交易日起至最后交易日所有成交价格的加权平均价。

A. 上海期货交易所　　B. 郑州商品交易所

C. 大连商品交易所　　D. 中国金融期货交易所

【参考答案】C

【答案解析】不同的期货交易所，以及不同的实物交割方式，对交割结算价的规定不尽相同。

70. （ ）集中交割的交割结算价为期货合约最后交易日的结算价。

A. 上海期货交易所　　B. 郑州商品交易所

C. 大连商品交易所　　D. 中国金融期货交易所

【参考答案】A

【答案解析】不同的期货交易所，以及不同的实物交割方式，对交割结算价的规定不尽相同。

71. 大连商品交易所滚动交割的交割结算价为（　　）。

A. 配对日前十个交易日（含配对日）交易结算价的算术平均价

B. 期货合约交割月前最后一个交易日的结算价

C. 自交割月第一个交易日起至配对日所有成交价格的加权平均价

D. 配对日结算价

【参考答案】D

【答案解析】不同的期货交易所，以及不同的实物交割方式，对交割结算价的规定不尽相同。

72. 标准仓单，是指由（　　）开具并经期货交易所认定的标准化提货凭证。

A. 期货交易所　　B. 中国期货保证金监控中心

C. 交割仓库　　D. 期货公司

【参考答案】C

【答案解析】标准仓单由交割仓库开具。

73. 如果想在某一时期获得实物，在尽可能的情况下，应采取（　　）的方式。

A. 期货实物交割　　B. 期转现

C. 远期合同交割　　D. 现货采购

【参考答案】B

【答案解析】期转现比远期合同交易更有利。远期合同交易有违约问题和被迫履约问题，期货实物交割存在交割品级、交割时间和地点的选择等没有灵活性问题，而且成本较高，但是期转现能够有效地解决上述问题。

二、多项选择题（在以下各小题所给出的四个选项中，至少有两个选项符合题目要求，请将正确选项的代码填入括号中）

1. 下列规格或质量易于量化和评级的有（　　）。

A. 小麦　　B. 时装

C. 金属　　D. 大豆

【参考答案】ACD

【答案解析】期货合约的标准化条款之一是交割等级，这要求标的物的规格或质量能够进行量化和评级，以便确定标准品，以及标准品和其他可替代品级之间的价格差距。这一点对金融工具和大宗初级产品如小麦、大豆、金属等很容易做到，但对于工业制成品等来说则很难，因为这类产品加工程度高，品质、属性等方面存在诸多差异，不同的人对完全相同的产品可能有完全不同甚至相反的评价，例如时装这类产品就不适宜作为期货合约的标的（股指期货等进行现金交割的期货是特例，其合约对应的标的具有唯一性）。

2. 商品期货合约最小变动价位的确定，通常取决于该合约标的物的（　　）。

A. 种类　　B. 性质

C. 市场价格波动情况　　D. 交割等级

【参考答案】ABC

【答案解析】商品期货合约最小变动价位的确定，通常取决于该合约标的物的种类、性质、市场价格波动情况和商业规范等。

3. 商品期货合约交割月份的确定一般受该合约标的商品的（　　）等方面的特点影响。

A. 储藏　　B. 使用

C. 流通　　D. 生产

【参考答案】ABCD

【答案解析】商品期货合约交割月份的确定一般受该合约标的商品的生产、使用、储藏、流通等方面的特点影响。

4. 期货合约的名称应注明（　　）。

A. 合约品种的交割地点　　B. 合约上市交易所的名称

C. 合约品种的产地　　D. 合约品种的名称

【参考答案】BD

【答案解析】合约名称注明了该合约的品种名称及其上市交易所名称。以上海期货交易所铜合约为例，合约名称为“上海期货交易所阴极铜期货合约”。

5. 在选择标的时，一般需要考虑以下条件（　　）。

A. 价格波动幅度不太频繁

B. 有稳定市场

C. 规格或质量易于量化和评级

D. 供应量较大，不易为少数人控制和垄断

【参考答案】CD

【答案解析】期货合约标的选择现货市场中的商品和金融工具不计其数，但并非都适合作为期货合约的标的。交易所为了保证期货合约上市后能有效地发挥其功能，在选择标的时，一般需要考虑以下条件：规格或质量易于量化和评级；价格波动幅度大且频繁；供应量较大，不易为少数人控制和垄断。

6. 期货交易所在指定交割仓库时主要考虑的因素是指定交割仓库（　　）。

A. 所在地区的生产或消费集中程度

B. 储存条件

C. 运输条件

D. 质检条件

【参考答案】ABCD

【答案解析】期货交易所在指定交割仓库时主要考虑的因素是：指定交割仓库所在地区的生产或消费集中程度，指定交割仓库的储存条件、运输条件和质检条件等。

7. 确定商品期货合约交易单位的大小，主要应当考虑（　　）。

A. 合约标的物的市场规模　　B. 交易者的资金规模

C. 期货交易所的大小　　D. 该商品的现货交易习惯

【参考答案】ABD

【答案解析】对于商品期货来说，确定期货合约交易单位的大小，主要应当考虑合约标的物的市场规模、交易者的资金规模、期货交易所的会员结构，该商品的现货交易习惯等因素。一般来说，某种商品的市场规模较大，交易者的资金规模较大，期货交易所中愿意参与该期货交易的会员单位较多，则该合约的交易单位就可以设计得大一些；反之则小一些。

8. 每日价格最大波动限制的确定主要取决于该种标的物的（　　）。

A. 交割单位　　B. 交割时间

C. 市场价格波动的频繁程度　　D. 市场价格波动的波幅大小

【参考答案】CD

【答案解析】每日价格最大波动限制的确定主要取决于该种标的物市场价格波动的频繁程度和波幅的大小。

9. 期货交易所在制定合约标的物的质量等级时，常常采用国内或国际贸易中（　　）标准品的质量等级为标准交割等级。

A. 最通用　　B. 质量最优

C. 最广泛　　D. 交易量较大

【参考答案】AD

【答案解析】期货交易所在制定合约标的物的质量等级时，常常采用国内或国际贸易中最通用和交易量较大的标准品的质量等级为标准交割等级。

10. 由期货交易所统一规定交割仓库，目的在于（　　）。

A. 保证买方收到符合期货合约规定的商品

B. 可以保证卖方交付的商品符合期货合约规定的数量与质量等级

C. 方便投资者交易

D. 保证交易市场的安全性

【参考答案】AB

【答案解析】统一指定交割仓库可以保证卖方交付的商品符合期货合约规定的数量与质量等级，保证买方收到符合期货合约规定的商品。

11. 负责金融期货交割的指定银行，必须具有（　）。

A. 良好的金融资信　　B. 先进、高效的结算手段

C. 先进、高效的结算设备　　D. 较强的进行大额资金结算的业务能力

【参考答案】ABCD

【答案解析】负责金融期货交割的指定银行，必须具有良好的金融资信、较强的进行大额资金结算的业务能力，以及先进、高效的结算手段和设备。

12. 交易手续费是期货交易所按（　）收取的费用。

A. 成交价格　　B. 成交合约金额的一定比例

C. 成交合约手数　　D. 合约价值

【参考答案】BC

【答案解析】交易手续费是期货交易所按成交合约金额的一定比例或按成交合约手数收取的费用。

13. 下列关于交易手续费的说法正确的有（　）。

A. 交易手续费的高低对市场流动性有一定影响

B. 交易手续费过高，会扩大无套利区间

C. 交易手续费过高，会降低市场的交易量

D. 交易手续费过高，会利于投机

【参考答案】ABC

【答案解析】交易手续费的高低对市场流动性有一定影响，交易手续费过高会增加期货市场的交易成本，扩大无套利区间，降低市场的交易量，不利于市场的活跃，但也可起到抑制过度投机的作用。

14. 在我国，期货交易者交纳的保证金可以是（　）。

A. 国债　　B. 股票

C. 标准仓单　　D. 资金

【参考答案】ACD

【答案解析】在我国，期货交易者交纳的保证金可以是资金，也可以是价值稳定、流动性强的标准仓单或者国债等有价证券。

15. 我国境内期货交易所规定，当会员出现下列情形之一时，交易所有权对其持仓进行强行平仓（　）。

A. 持仓量超出其限仓标准的80%以上

B. 会员结算准备金余额小于零，并未能在规定时限内补足的

C. 因违规受到交易所强行平仓处罚的

D. 根据交易所的紧急措施应予强行平仓的

【参考答案】BCD

【答案解析】我国境内期货交易所规定，当会员（客户）出现下列情形之一时，交易所有权对其持仓进行强行平仓：(1) 会员结算准备金余额小于零，并未能在规定时限内补足的。(2) 客户、从事自营业务的交易会员的持仓量超出其限仓规定。(3) 因违规受到交易所强行平仓处罚的。(4) 根据交易所的紧急措施应予强行平仓的。(5) 其他应予强行平仓的情形。

16. 单边市，一般是指某一期货合约在某一交易日收盘前 5 分钟内出现（　　）的情况。

A. 一有卖出申报就成交但未打开停板价位

B. 一有买入申报就成交但未打开停板价位

C. 只有跌停板价位的卖出申报，没有跌停板价位的买入申报

D. 只有涨停板价位的买入申报，没有涨停板价位的卖出申报

【参考答案】ABCD

【答案解析】单边市，一般是指某一期货合约在某一交易日收盘前 5 分钟内出现只有停板价位的买入（卖出）申报，没有停板价位的卖出（买入）申报，或者一有卖出（买入）申报就成交但未打开停板价位的情况。

17. 按照大客户报告制度，当持仓达到交易所规定的持仓报告标准时（　　）。

A. 客户直接向交易所报告

B. 客户通过期货公司会员向交易所报告

C. 会员向结算机构报告

D. 会员向交易所报告

【参考答案】BD

【答案解析】大户报告制度，是指当交易所会员或客户对某品种某合约持仓达到交易所规定的持仓报告标准时，会员或客户应向交易所报告其资金情况、头寸情况等，客户须通过期货公司会员报告。

18.《期货交易所管理办法》规定，期货交易所应当以适当方式发布（　　）。

A. 持仓量排名情况

B. 即时行情

C. 成交量排名情况

D. 期货交易所交易规则规定的其他信息

【参考答案】ABCD

【答案解析】《期货交易所管理办法》规定，期货交易所应当以适当方式发布下列信息：(1) 即时行情。(2) 持仓量、成交量排名情况。(3) 期货交易所交易规则及其实施细则规定的其他信息。

19. 下列关于当日无负债结算制度的说法正确的有（　　）。

A. 对于控制期货市场风险，维护期货市场的正常运行具有重要作用

B. 在对交易盈亏进行结算时，不仅对平仓头寸的盈亏进行结算，而且对未平仓合约产生的浮动盈亏也进行结算

C. 期货交易所会员的保证金不足时，会被要求及时追加保证金或者自行平仓；否则，其合约将会被强行平仓

D. 客户的保证金不足时，会被要求及时追加保证金或者自行平仓；否则，其合约将会被强行平仓

【参考答案】ABCD

【答案解析】当日无负债结算制度的实施为及时调整账户资金、控制风险提供了依据，对于控制期货市场风险，维护期货市场的正常运行具有重要作用。当日无负债制度的实施呈现如下特点：第一，对所有账户的交易及头寸按不同品种、不同月份的合约分别进行结算，在此基础上汇总，使每一交易账户的盈亏都能得到及时、具体、真实的反映。第二，在对交易盈亏进行结算时，不仅对平仓头寸的盈亏进行结算，而且对未平仓合约产生的浮动盈亏也进行结算。第三，对交易头寸所占用的保证金进行逐日结算。第四，当日无负债结算制度是通过期货交易分级结算体系实施的。由交易所（结算所）对会员进行结算，期货公司根据期货交易所（结算所）的结算结果对客户进行结算。期货交易所会员（客户）的保证金不足时，会被要求及时追加保证金或者自行平仓；否则，其合约将会被强行平仓。

20. 实施持仓限额及大户报告制度的目的有（　　）。

A. 有效防范操纵市场价格的行为

B. 可以使交易所对持仓量较大的会员或客户进行重点监控

C. 有利于交易所调控资金

D. 可以防范期货市场风险过度集中于少数投资者

【参考答案】ABD

【答案解析】通过实施持仓限额及大户报告制度，可以使交易所对持仓量较大的会员或客户进行重点监控，了解其持仓动向、意图，有效防范操纵市场价格的行为，同时，也可以防范期货市场风险过度集中于少数投资者。

21. 申请开户的客户可以是（　　）。

A. 个人客户　　　　B. 一般单位客户

C. 社会保障类公司　　　　D. 合格境外机构投资者

【参考答案】ABCD

【答案解析】客户可以分为个人客户和单位客户。单位客户中，除了一般单位客户外，还有证券公司、基金管理公司、信托公司和其他金融机构，以及社会保障类公司、合格境外机构投资者等法律、行政法规和规章规定的需要资产分户

管理的特殊单位客户。

22. 下列关于交割的说法正确的是（　　）。

A. 交割是联系期货与现货的纽带

B. 交割是促使期货价格和现货价格趋向一致的制度保证

C. 期货市场的交割量占总成交量的很大比例

D. 交割使期货市场真正发挥价格晴雨表的作用

【参考答案】ABD

【答案解析】交割是联系期货与现货的纽带。尽管期货市场的交割量仅占总成交量的很小比例，但交割环节对期货市场的整体运行起着十分重要的作用。期货交割是促使期货价格和现货价格趋向一致的制度保证。当市场过分投机，发生期货价格严重偏离现货价格时，交易者就会在期货、现货两个市场间进行套利交易。当期货价格过高而现货价格过低时，交易者在期货市场上卖出期货合约，在现货市场上买进商品，这样，现货需求增多，现货价格上升，期货合约供给增多，期货价格下降，期现价差缩小；当期货价格过低而现货价格过高时，交易者在期货市场上买进期货合约，在现货市场卖出商品，这样，期货需求增多，期货价格上升，现货供给增多，现货价格下降，使期现价差趋于正常。通过交割，期货、现货两个市场得以实现相互联动，期货价格最终与现货价格趋于一致，使期货市场真正发挥价格晴雨表的作用。

23. 期转现交易的基本流程有（　　）。

A. 交易双方商定价格　　B. 向交易所提出申请

C. 交易所核准　　D. 纳税

【参考答案】ABCD

【答案解析】期转现交易的基本流程：（1）寻找交易对手。（2）交易双方商定价格。（3）向交易所提出申请。（4）交易所核准。（5）办理手续。（6）纳税。

24. 在我国境内期货交易所，以下由集合竞价产生的价格有（　　）。

A. 同时推出了日盘和夜盘交易的期货合约，其日盘的第一笔成交价

B. 仅推出了日盘交易的期货合约，其第一笔成交价

C. 同时推出了日盘和夜盘交易的期货合约，其夜盘的第一笔成交价

D. 仅推出了日盘交易期货合约，其收盘价

【参考答案】BC

【答案解析】开盘价由集合竞价产生。开盘价集合竞价在某品种某月份合约每一交易日开市前 5 分钟内进行。其中，前 4 分钟为期货合约买、卖价格指令申报时间，后 1 分钟为集合竞价撮合时间，开市时产生开盘价。交易系统自动控制集合竞价申报的开始和结束，并在计算机终端上显示。夜盘交易合约开盘集合竞

价在每一交易日夜盘开市前5分钟内进行，日盘不再集合竞价。

25. 某期货公司采用的风险度计算公式为“风险度=保证金占用/客户权益×100%”，则有（　　）。

A. 风险度等于100%，表示客户的可用资金为0

B. 当客户的风险度大于50%时，则会收到“追加保证金通知书”

C. 当客户的风险度大于100%时，则会收到“追加保证金通知书”

D. 风险度越接近100%，表示风险越大

【参考答案】ACD

【答案解析】业界广泛应用的是金仕达系统。该系统提供的风险度计算公式有好几种，而绝大多数期货公司采取了系统默认的算法，即：风险度=保证金占用/客户权益×100%。该风险度越接近100%，说明风险越大；等于100%，则表明客户的可用资金为0。由于客户的可用资金不能为负，也就是说，期货公司不允许客户风险度大于100%，当风险度大于100%时，客户则会收到期货公司“追加保证金通知书”。

26. 期货公司在接受客户开户申请时，必须向客户提供“期货交易风险说明书”，客户应该仔细阅读并理解。以下说法正确的有（　　）。

A. 单位客户应该在该“期货风险交易说明书”上签字并加盖单位公章，可以由单位法定代表人授权他人签字

B. 单位客户应该在该“期货交易风险说明书”上签字并加盖单位公章，可以由单位法定代表人签字

C. 个人客户可以授权他人在该“期货交易风险说明书”上签字

D. 个人客户应亲自在该“期货交易风险说明书”上签字

【参考答案】ABD

【答案解析】阅读“期货交易风险说明书”并签字确认期货公司在接受客户开户申请时，必须向客户提供“期货交易风险说明书”。个人客户应在仔细阅读并理解后，在该“期货交易风险说明书”上签字；单位客户应在仔细阅读并理解之后，由单位法定代表人或授权他人在该“期货交易风险说明书”上签字并加盖单位公章。

27. 下列选项中，（　　）属于每日结算中要求结算的内容。

A. 盈亏　　B. 交易保证金

C. 交易手续费　　D. 席位费

【参考答案】ABC

【答案解析】每一交易日交易结束后，交易所对每一会员的盈亏、交易手续费、交易保证金等款项进行结算。

28. 期货买卖双方进行期货转现交易的情形包括（　　）。

A. 在期货市场有反向持仓双方，拟定标准仓单或标准仓单以外的货物进行期货转现

B. 建仓时机和价格分别由双方根据市况自行决定

C. 相当于通过期货市场签订一个即期合同

D. 买卖双方为现货市场的贸易伙伴，有远期交货意向，并希望远期交货价格稳定

【参考答案】ABD

【答案解析】期货买卖双方进行期货转现交易相当于通过期货市场签订一个远期合同，一方面实现了套期保值的目的，另一方面避免了合同违约的可能。

29. 关于国内期货公司为客户提供的逐日盯市和逐笔对冲结算相关内容的描述，正确的是（　　）。

A. 逐日盯市结算单依据当日无负债制度计算当日盈亏

B. 逐笔对冲结算单每日计算累计盈亏

C. 两者保证金占用计算不同

D. 两者可用资金计算不同

【参考答案】AB

【答案解析】逐日盯市依据当日无负债结算制度，每日计算当日盈亏；而逐笔对冲则是每日计算自开仓之日起至当日的累计盈亏，得出结果的最终盈亏。两种结算方式的共同点在于：在两种结算方式下，保证金占用、当日出入金、当日手续费、客户权益、质押金、可用资金、追加保证金和风险度等参数的值没有差别；对于当日开仓平仓的合约，盈亏的计算也相同。

30. 期货买卖双方进行期货转现交易的说法正确的有（　　）。

A. 在期货市场上，反向持仓的双方，拟用标准仓单进行期货转现

B. 在期货市场上，反向持仓的双方，拟用标准仓单以外的货物进行期货转现

C. 可以根据一些条件进行非标准仓单的期转现

D. 买卖双方为现货市场的贸易伙伴，有远期交货意向并希望远期交货价格稳定

【参考答案】ABCD

【答案解析】买卖双方进行期转现有两种情况。第一种情况：在期货市场有反向持仓双方，拟用标准仓单或标准仓单以外的货物进行期转现。第二种情况：买卖双方为现货市场的贸易伙伴，有远期交货意向，并希望远期交货价格稳定。双方可以先在期货市场上选择与远期交收货物最近的合约月份建仓，建仓量和远

期货物量相当，建仓时机和价格分别由双方根据市况自行决定，到希望交收货的时候，进行非标准仓单的期转现。

31. 期货交易指令的内容包括（　　）等。

A. 合约交割日期　　B. 平开仓

C. 合约月份　　D. 交易品种、方向、数量

【参考答案】BCD

【答案解析】交易指令的内容一般包括：期货交易的品种及合约月份、交易方向、数量、价格、开平仓等。通常，客户应先熟悉和掌握有关的交易指令，然后选择不同的期货合约进行具体交易。

32. 在我国，客户在期货公司开户时，须签字的文件包括（　　）等。

A. 期货交易风险说明书　　B. 期货经纪合同书

C. 缴纳保证金说明书　　D. 收益承诺书

【参考答案】AB

【答案解析】开户流程：（1）申请开户。（2）阅读“期货交易风险说明书”并签字确认。（3）签署“期货经纪合同书”。（4）申请交易编码并确认资金账号。

33. 目前，我国（　　）推出了期转现交易。

A. 上海期权交易所　　B. 郑州商品交易所

C. 大连商品交易所　　D. 中国金融期权交易所

【参考答案】ABC

【答案解析】我国大连商品交易所、上海期货交易所和郑州商品交易所都推出了期转现交易。

34. 国内期货交易所在进行计算机撮合成交时，遵循（　　）原则。

A. 时间优先　　B. 套保优先

C. 数量优先　　D. 价格优先

【参考答案】AD

【答案解析】国内期货交易所均采用计算机撮合成交，分为连续竞价与集合竞价两种方式。其中，集合竞价原理与一节一价制相同。进行连续竞价时，计算机交易系统一般将买卖申报单以价格优先、时间优先的原则进行排序。

35. 期转现交易的优越性在于（　　）。

A. 期转现比“平仓后购销现货”更便捷

B. 加工企业和生产经营企业利用期转现可以节约期货交割成本

C. 期转现比远期合同交易和期货实物交割更加有利

D. 利用期转现交易可获得盈利

【参考答案】ABC

【答案解析】期转现交易的优越性在于：（1）加工企业和生产经营企业利用期转现可以节约期货交割成本，如搬运、整理和包装等交割费用；可以灵活商定交货品级、地点和方式；可以提高资金的利用效率。（2）期转现比“平仓后购销现货”更便捷。（3）期转现比远期合同交易和期货实物交割更有利。

36. 关于限价指令的说法正确的有（　　）。

A. 必须按限定价格或更好的价格成交

B. 成交速度快

C. 客户必须指明具体的价位

D. 有效锁定利润

【参考答案】AC

【答案解析】限价指令是指执行时必须按限定价格或更好的价格成交的指令。下达限价指令时，客户必须指明具体的价位。它的特点是可以按客户的预期价格成交，但成交速度相对较慢，有时甚至无法成交。

37. 上海期货交易所的（　　）合约允许采用厂库标准仓单交割。

A. 豆粕　　B. 棕榈油

C. 螺纹钢　　D. 线材期货

【参考答案】CD

【答案解析】上海期货交易所的螺纹钢、线材期货合约允许采用厂库标准仓单交割。

38. 交易编码是（　　）进行期货交易的专用代码。

A. 期货公司　　B. 个人客户

C. 从事自营业务的交易会员　　D. 企业客户

【参考答案】BCD

【答案解析】交易编码是客户和从事自营业务的交易会员进行期货交易的专用代码。

39. 期货公司对互联网下单的客户应该（　　）。

A. 对互联网交易风险进行特别提示

B. 对互联网交易风险进行一般提示

C. 将客户的指令以适当方式保存

D. 可以通过口头方式记下指令

【参考答案】AC

【答案解析】期货公司应当对互联网交易风险进行特别提示；须将客户的指令以适当方式保存，以备查证。

40. 期货合约的标准化使得期货交易（　　）。

A. 增强了市场流动性　　B. 减少了市场流动性

C. 降低了交易成本　　D. 简化了交易过程

【参考答案】ACD

【答案解析】期货合约的标准化使期货合约的连续买卖更加便利，并使之具有很强的市场流动性，极大地简化了交易过程，降低了交易成本，提高了交易效率。

41. 选择期货合约标的物需考虑的必要因素包括（　　）。

A. 规格或质量是否易于量化和评级

B. 价格波动幅度是否大且频繁

C. 供应量是否较大，是否会被少数人控制和垄断

D. 是否是实物产品

【参考答案】ABC

【答案解析】实物产品和虚拟产品都可以做期货标的。

42. 大连商品交易所玉米期货合约的交易单位为“10 吨/手”，而焦炭期货合约的交易单位为“100 吨/手”，原因在于（　　）。

A. 焦炭数量比玉米数量大得多

B. 焦炭每吨价值比玉米每吨价值小得多

C. 焦炭交易者的资金规模比玉米交易者的资金规模大

D. 焦炭与玉米现货交易习惯等因素

【参考答案】CD

【答案解析】对于商品期货来说，确定期货合约交易单位的大小，主要应当考虑合约标的物的市场规模、交易者的资金规模、期货交易所的会员结构和该商品的现货交易习惯等因素。一般来说，某种商品的市场规模较大，交易者的资金规模较大，期货交易所中愿意参与该期货交易的会员单位较多，则该合约的交易单位就可以设计得大一些；反之要设计得小一些。

43. 在国际期货市场上，保证金制度的实施一般有（　　）特点。

A. 对交易者的保证金要求与其面临的风险相对应

B. 交易所根据合约特点设定最低保证金标准

C. 交易所可根据市场风险状况等调节保证金水平

D. 保证金的收取分级进行，但交易所并不直接向期货公司客户收取保证金

【参考答案】ABCD

【答案解析】一般而言，交易所或结算机构只向其会员收取保证金，作为会员的期货公司则向其客户收取保证金，两者分别称为会员保证金和客户保证金。

44. 当（　　）时，交易保证金比率将会提高。

A. 期货合约距交割月份越来越近　B. 国内要放长假

C. 出现连续涨跌停板　　D. 新合约挂牌上市

【参考答案】ABC

【答案解析】只有在风险可能会增大的情况下，交易所才会提高保证金率。

45. 在当日无负债结算制度下，期货公司将（　　）。

A. 对所有账户的交易及头寸按不同品种、不同月份的合约分别进行结算并汇总

B. 仅对客户的平仓头寸的盈亏进行结算

C. 对交易头寸所占用的保证金进行逐日结算

D. 不仅对客户的平仓头寸的盈亏进行结算，而且对未平仓合约产生的浮动盈亏进行结算

【参考答案】ACD

【答案解析】当日无负债结算制度就是当天所有的债权债务都要清算。

46. 郑州商品交易所甲醇期货 9 月合约当天收盘价为 2351 元/吨，结算价为 2374 元/吨，若下一交易日涨跌停板幅度为 ±5%，则下一交易日（　　）元/吨属于无效申报价位。

A. 2495　　B. 2256

C. 2470　　D. 2231

【参考答案】AD

【答案解析】当天甲醇涨停板价格 $=2374\times1.05=2493$ 元/吨；当天甲醇跌停板价格 $=2374\times0.95=2255$ 元/吨。超出 2255～2493 元/吨范围之外的申报价格均属无效申报价格。

47. 某一期货合约在某一交易日出现（　　）现象称为单边市。

A. 收盘前 5 分钟内只有停板价位的买入（卖出）申报、没有停板价位的卖出（买入）申报

B. 全天只要有卖出（买入）申报就成交但未打开停板价位

C. 收盘前 5 分钟内出现既没有停板价位的买入（卖出）申报，也没有停板价位的卖出（买入）申报

D. 收盘前 5 分钟内只要有卖出（买入）申报就成交但未打开停板价位

【参考答案】ABD

【答案解析】C 种现象是交易不活跃现象，不能算单边市。

48. （　　）头寸可以向交易所申请豁免持仓限额。

A. 单边投机　　B. 套期保值

C. 风险管理　　　　　　　　　　　D. 套利

【参考答案】BCD

【答案解析】持仓限额通常只针对一般投机头寸。

49. 强行平仓制度适用的情形一般包括以下（　　）。

A. 账户交易保证金不足

B. 会员（客户）违反持仓限额制度

C. 会员（客户）违反大户持仓报告制度

D. 市场出现连续单边市

【参考答案】AB

【答案解析】会员（客户）违反大户持仓报告制度不会实施强行平仓，除非其持仓超过了持仓限额规定。市场出现连续单边市有可能实施现强行减仓制度。

50. 我国境内期货交易所规定，当期货公司出现（　　）情形时，交易所有权对其持仓进行强行平仓。

A. 结算准备金余额小于等于0，并未能在规定时限内补足账户交易保证金，使其大于0

B. 持仓量超出交易所限仓规定

C. 根据交易所的紧急措施应予强行平仓

D. 因违规受到交易所强行平仓处罚

【参考答案】BCD

【答案解析】结算准备金余额等于0时，并不需要追加保证金，此时持仓不应该被强平。

51.《期货交易所管理办法》规定，期货交易所应当以适当方式发布的信息包括（　　）。

A. 即时行情　　　　　　　　　　　B. 会员持仓量和成交量排名情况

C. 会员持仓平均价格情况　　　　　D. 标准仓单数量和可用库容情况

【参考答案】ABD

【答案解析】会员持仓平均价格不会公布。

52. 客户进行期货交易涉及的必经环节包括（　　）等环节。

A. 开户　　　　　　　　　　　　　B. 下单

C. 结算　　　　　　　　　　　　　D. 交割

【参考答案】ABC

【答案解析】在期货交易的实际操作中，大多数期货交易都是通过对冲平仓的方式了结履约责任的，进入交割环节的比重非常小，所以交割环节并不是交易流程的必经环节。

53.（　　）下达后可以更改或撤销。

A. 市价指令　　B. 限价指令

C. 套利指令　　D. 止损指令

【参考答案】BCD

【答案解析】只有市价指令下达后不可更改或撤销。

54. 触价指令与止损指令的区别在于（　　）。

A. 止损指令通常用于平仓

B. 触价指令一般用于开新仓

C. 卖出止损指令的止损价低于当前市场价格

D. 买入触价指令的触发价格低于当前市场价格

【参考答案】ABCD

【答案解析】触价指令与止损指令的区别在于预先设定的价位不同。就卖出指令而言，卖出止损指令的止损价低于当前市场价格，而卖出触价指令的触发价格高于当前市场价格；买进指令则与此相反。此外，止损指令通常用于平仓，而触价指令一般用于开新仓。

55. 目前，我国境内允许采用跨期套利指令和跨品种套利指令的期货交易所有（　　）。

A. 上海期货交易所　　B. 郑州商品交易所

C. 大连商品交易所　　D. 中国金融期货交易所

【参考答案】BC

【答案解析】郑州商品交易所与大连商品交易所在交易规则上往往比较统一。

56. 期货竞价方式主要有（　　）方式。

A. 公开喊价　　B. 计算机撮合成交

C. 买卖双方协商　　D. 交易所定价

【参考答案】AB

【答案解析】公开喊价属于传统的竞价方式。21 世纪以来，随着信息技术的发展，越来越多的交易所采用了计算机撮合成交方式，而原来采用公开喊价方式的交易所也逐步引入了电子交易系统。

57. 结算准备金是（　　）的保证金。

A. 未被合约占用　　B. 结算账户预先准备

C. 已被合约占用　　D. 不可用

【参考答案】AB

【答案解析】结算准备金被称为可用资金，是交易所会员（客户）为了交易结算在交易所（期货公司）专用结算账户预先准备的资金，是未被合约占用的保证金。

58. 逐日盯市是（　　）。

A. 依据当日无负债结算制度，每日计算当日盈亏

B. 每日计算自开仓之日起至当日的累计盈亏，得出的结果是最终盈亏

C. 对当日盈亏计算时，未平仓合约的盈亏作为持仓盯市盈亏，累计计入当日结存

D. 对盈亏计算时，未平仓合约的盈亏作为浮动盈亏，不计入当日结存，一旦该合约平仓，其平仓时的浮动盈亏即转为平仓盈亏，结算时浮动盈亏归零

【参考答案】AC

【答案解析】BD 是逐笔对冲结算方法的算法。

59. 逐日盯市时，（　　）。

A. 平仓盈亏计算采用上日结算价和平仓价

B. 平仓盈亏计算采用开仓价和平仓价

C. 持仓盈亏计算采用开仓价和当日结算价

D. 持仓盈亏计算采用当日结算价和上日结算价

【参考答案】AD

【答案解析】BC 是逐笔对冲结算方法的盈亏计算算法。

60. 我国境内期货实物交割方式包括（　　）方式。

A. 集中交割　　　　B. 滚动交割

C. 现金交割　　　　D. 延期交割

【参考答案】AB

【答案解析】实物交割方式包括集中交割和滚动交割两种。

61. 目前，我国（　　）采用滚动交割和集中交割两种方式。

A. 上海期货交易所　　　　B. 郑州商品交易所

C. 大连商品交易所　　　　D. 中国金融期货交易所

【参考答案】BC

【答案解析】郑州商品交易所与大连商品交易所在交易规则上往往比较统一。

62. 目前，我国（　　）仅采用集中交割一种方式。

A. 上海期货交易所　　　　B. 郑州商品交易所

C. 大连商品交易所　　　　D. 中国金融期货交易所

【参考答案】AD

【答案解析】郑州商品交易所与大连商品交易所采用滚动交割和集中交割两种方式。

63. 标准仓单经交易所注册后生效，可用于（　　）等。

A. 交割　　B. 转让

C. 提货　　D. 质押

【参考答案】ABCD

【答案解析】标准仓单是有价凭证。

三、判断题（请判断以下各小题的正误，正确的填写 A，错误的填写 B）

1. 现货市场中的商品和金融工具不计其数，但并非都适合作为期货合约的标的。（　）

【参考答案】A

【答案解析】期货合约标的选择：现货市场中的商品和金融工具不计其数，但并非都适合作为期货合约的标的。

2. 应该把标的物价格波动频繁、剧烈的商品期货合约允许的每日价格最大波动幅度设置得小一些。（　）

【参考答案】B

【答案解析】每日价格最大波动限制的确定主要取决于该种标的物市场价格波动的频繁程度和波幅的大小。一般来说，标的物价格波动越频繁、越剧烈，该商品期货合约允许的每日价格最大波动幅度就应设置得大一些。

3. 一般来说，如果交易者自己规模较小，则对应的期货合约的交易单位就可以设计得大一些。（　）

【参考答案】B

【答案解析】对于商品期货来说，确定期货合约交易单位的大小，主要应当考虑合约标的物的市场规模、交易者的资金规模、期货交易所的会员结构，该商品的现货交易习惯等因素。一般来说，某种商品的市场规模较大，交易者的资金规模较大，期货交易所中愿意参与该期货交易的会员单位较多，则该合约的交易单位就可以设计得大一些；反之则小一些。

4. 设计商品期货合约月份时，不需要考虑其生产与消费特点。（　）

【参考答案】B

【答案解析】合约交割月份，是指某种期货合约到期交割的月份。商品期货合约交割月份的确定一般受该合约标的商品的生产、使用、储藏、流通等方面的特点影响。

5. 一般而言，价格波动幅度大且频繁的大宗初级商品可以作为期货合约的标的。（　）

【参考答案】A

【答案解析】在选择标的时，一般需要考虑以下条件：规格或质量易于量化和评级；价格波动幅度大且频繁；供应量较大，不易为少数人控制和垄断。

6. 期货合约的交割地点是由双方协商确定的。（ ）

【参考答案】B

【答案解析】交割地点是由期货交易所统一规定的进行实物交割的指定地点。

7. 能够作为期货品种的标的，在现货市场上必须有较大的供应量。（ ）

【参考答案】A

【答案解析】供应量较大，不易为少数人控制和垄断，才能够作为期货品种的标的，在现货市场上必须有较大的供应量，否则，其价格很容易被操纵，即垄断现货市场之后在期货市场进行买空交易，并一直持仓到交割月，使交易对手无法获得现货进行交割，只能按高价平仓了结。

8. 最小变动价位，是指在公开竞价过程中对期货合约报价所使用的单位。（ ）

【参考答案】B

【答案解析】最小变动价位，是指在期货交易所的公开竞价过程中，对合约每计量单位报价的最小变动数值。

9. 国内阴极铜期货合约的报价单位以元（人民币）/吨表示。（ ）

【参考答案】A

【答案解析】国内阴极铜、铝、小麦、大豆等期货合约的报价单位均以元（人民币）/吨表示。

10. 在进行期货交易时，交易双方无须对标的物的质量等级进行协商，发生实物交割时，双方则需要对标的物的质量等级进行协商。（ ）

【参考答案】B

【答案解析】在进行期货交易时，交易双方无须对标的物的质量等级进行协商，发生实物交割时，按交易所期货合约规定的质量等级进行交割即可。

11. 为了保证期货交易顺利进行，许多期货交易所都允许在实物交割时，实际交割的标的物的质量等级与期货合约规定的标准交割等级有所差别。（ ）

【参考答案】A

【答案解析】一般来说，为了保证期货交易顺利进行，许多期货交易所都允许在实物交割时，实际交割的标的物的质量等级与期货合约规定的标准交割等级有所差别，即允许用与标准品有一定等级差别的商品作替代交割品。期货交易所统一规定替代品的质量等级和品种。

12. 交货人用期货交易所认可的替代品代替标准品进行实物交割时，收货人可以拒收。（ ）

【参考答案】B

【答案解析】期货交易所统一规定替代品的质量等级和品种。交货人用期货交易所认可的替代品代替标准品进行实物交割时，收货人不能拒收。

13. 在美国期货市场，对投机者要求的保证金要大于对套期保值者和套利者要求的保证金。（　）

【参考答案】A

【答案解析】在国际期货市场上，保证金制度的实施一般有如下特点：对交易者的保证金要求与其面临的风险相对应。一般来说，交易者面临的风险越大，对其要求的保证金也越多。比如，在美国期货市场，对投机者要求的保证金要大于对套期保值者和套利者要求的保证金。

14. 无负债结算制度下，对客户交易盈亏进行结算时，仅对其平仓头寸的盈亏进行结算。（　）

【参考答案】B

【答案解析】当日无负债制度的实施呈现如下特点：在对交易盈亏进行结算时，不仅对平仓头寸的盈亏进行结算，而且对未平仓合约产生的浮动盈亏也进行结算。

15. 期货交易所会员的保证金不足时，其合约将会被强行平仓。（　）

【参考答案】B

【答案解析】当日无负债结算制度是通过期货交易分级结算体系实施的。由交易所（结算所）对会员进行结算，期货公司根据期货交易所（结算所）的结算结果对客户进行结算。期货交易所会员（客户）的保证金不足时，会被要求及时追加保证金或者自行平仓；否则，其合约将会被强行平仓。

16. 新上市的品种和新上市的期货合约，其涨跌停板幅度大于合约规定的涨跌停板幅度。（　）

【参考答案】A

【答案解析】新上市的品种和新上市的期货合约，其涨跌停板幅度一般为合约规定涨跌停板幅度的两倍或三倍。

17. 涨跌停板制度限定了每一交易日的价格波动，交易所、会员和客户的损失可被控制在相对较小的范围内。（　）

【参考答案】B

【答案解析】涨跌停板制度的实施，能够有效减缓、抑制一些突发性事件和过度投机行为对期货价格的冲击从而造成的狂涨暴跌，减小交易当日的价格波动幅度，会员和客户的当日损失也被控制在相对较小的范围内。

18. 外汇期货保证金比例越小，由于交割波动引起的盈亏就越小，交易者的风险就越小。（　）

【参考答案】B

【答案解析】交易所根据合约特点设定最低保证金标准，并可根据市场风险状况等调节保证金水平。比如，价格波动越大的合约，其投资者交易面临的风险也越大，设定的最低保证金标准也越高；当投机过度时，交易所可提高保证金，增大交易者入市成本，抑制投机行为，控制市场风险。

19. 一般来说，期货价格波动越频繁、越剧烈，该期货合约的每日涨跌停板幅度就应设置得越小。（ ）

【参考答案】B

【答案解析】在我国境内期货市场，每日价格最大波动限制设定为合约上一交易日结算价的一定百分比。一般而言，对期货价格波动幅度较大的品种及合约设定的涨跌停板幅度也相应大些。

20. 未经期货交易所许可，任何单位和个人不得发布期货交易的即时行情。（ ）

【参考答案】A

【答案解析】我国《期货交易管理条例》规定，未经期货交易所许可，任何单位和个人不得发布期货交易的即时行情。

21. 在期货交易中，只有买方必须缴纳一定的保证金，用于结算和保证履约。（ ）

【参考答案】B

【答案解析】在期货交易中，期货买方和卖方必须按照其所买卖期货合约价值的一定比率（通常为5%～15%）缴纳资金，用于结算和保证履约。

22. 在我国境内期货市场，每日价格最大波动限制设定为合约上一交易日收市价的一定百分比。（ ）

【参考答案】B

【答案解析】在我国境内期货市场，每日价格最大波动限制设定为合约上一交易日结算价的一定百分比。一般而言，对期货价格波动幅度较大的品种及合约设定的涨跌停板幅度也相应大些。

23. 各交易所对套期保值交易头寸实行审批制，其持仓不受限制，而在中国金融期货交易所，套期保值和套利交易的持仓均不受限制。（ ）

【参考答案】A

【答案解析】在具体实施中，我国还有如下规定：采用限制会员持仓和限制客户持仓相结合的办法控制市场风险；各交易所对套期保值交易头寸实行审批制，其持仓不受限制，而在中国金融期货交易所，套期保值和套利交易的持仓均不受限制；同一客户在不同期货公司开仓交易，其在某一合约的持仓合计不得超出该客户的持仓限额；会员（客户）持仓达到或者超过持仓限额的，不得同方向开仓交易。

24. 交割环节并不是交易流程中的必经环节。（　）

【参考答案】A

【答案解析】在期货交易的实际操作中，大多数期货交易都是通过对冲平仓的方式了结履约责任的，进入交割环节的比重非常小，所以交割环节并不是交易流程中的必经环节。

25. 个人客户应当由本人亲自办理开户手续，签署开户资料，不得委托代理人代为办理开户手续。（　）

【参考答案】A

【答案解析】个人客户应当由本人亲自办理开户手续，签署开户资料，不得委托代理人代为办理开户手续。

26. 在指令下达后，投资者不可以提出变更和撤销。（　）

【参考答案】B

【答案解析】在指令成交前，投资者可以提出变更和撤销指令。

27. 计算机撮合成交方式相对公开喊价方式来说，具有准确、连续等特点，不会出现交易系统故障。（　）

【参考答案】B

【答案解析】计算机撮合成交方式是根据公开喊价的原理设计而成的一种计算机自动化交易方式，是指期货交易所的计算机交易系统对交易双方的交易指令进行配对的过程。这种交易方式相对公开喊价方式来说，具有准确、连续等特点，但有时会出现交易系统故障等因素造成的风险。

28. 撮合成交价等于买入价（bp）、卖出价（sp）和前一成交价（cp）三者中居中的一个价格。（　）

【参考答案】A

【答案解析】当买入价大于等于卖出价，则自动撮合成交，撮合成交价等于买入价（bp）、卖出价（sp）和前一成交价（cp）三者中居中的一个价格，即：当 $bp \geqslant sp \geqslant cp$，则最新成交价 $= sp$；当 $bp \geqslant cp \geqslant sp$，则最新成交价 $= cp$；当 $cp \geqslant bp \geqslant sp$，则最新成交价 $= bp$，开盘价由集合竞价产生。

29. 中国金融期货交易所只对结算会员结算，向结算会员收取和追收保证金。（　）

【参考答案】A

【答案解析】中国金融期货交易所实行会员分级结算制度，其会员由结算会员和非结算会员组成，期货交易所只对结算会员结算，向结算会员收取和追收保证金；由结算会员对非结算会员进行结算、收取和追收保证金。

30. 期货交易的结算，由交易所直接对客户的账户结算、收取和追收客户保

证金。（　　）

【参考答案】B

【答案解析】期货交易的结算，由期货交易所统一组织进行，但交易所并不直接对客户的账户结算、收取和追收客户保证金，而由期货公司承担该工作。

31. 期货公司对其客户的交易进行结算的方式为逐笔对冲。（　　）

【参考答案】B

【答案解析】按照盈亏计算方式的不同，期货公司对其客户的交易进行结算可以分为逐日盯市和逐笔对冲两种结算方式。

32. 采用集中交割方式时，各期货合约最后交易日的未平仓合约必须进行交割。（　　）

【参考答案】A

【答案解析】采用集中交割方式时，各期货合约最后交易日的未平仓合约必须进行交割。实物交割要求以会员名义进行。客户的实物交割必须由会员代理，并以会员名义在交易所进行。

33. 在期货结算时，未平仓期货合约均以当日收盘价作为计算当日盈亏的依据。（　　）

【参考答案】B

【答案解析】结算价是当天交易结束后，对未平仓合约进行当日交易保证金及当日盈亏结算的基准价。

34. 投资者下达套利市价指令时，需要注明，具体的价位、买入和卖出的期货合约的种类和月份。（　　）

【参考答案】B

【答案解析】市价指令是期货交易中常用的指令之一。它是指按当时市场价格即刻成交的指令。客户在下达这种指令时无须指明具体的价位，而是要求以当时市场上可执行的最好价格达成交易。

35. 公开喊价方式分为连续竞价制和一节一价制，其中连续竞价制主要流行于美国，而一节一价制主要盛行于欧洲。（　　）

【参考答案】B

【答案解析】连续竞价制曾经在欧美期货市场较为流行，一节一价制曾经在日本较为普遍。

36. 标准仓单由指定交割仓库签发后生效。（　　）

【参考答案】B

【答案解析】标准仓单经交易所注册后生效，可用于交割、转让、提货、质押等。

37. 我国目前期货交易的结算，是由独立于交易所的结算公司统一组织进行的。（　　）

【参考答案】B

【答案解析】期货交易的结算，由期货交易所统一组织进行，但交易所并不直接对客户的账户结算、收取和追收客户保证金，而由期货公司承担该工作。期货交易所应当在当日及时将结算结果通知会员。期货公司根据期货交易所的结算结果对客户进行结算，并应当将结算结果按照与客户约定的方式及时通知客户。

38. 标准仓单持有者计划转让仓单时，可由交易双方协商达成交易。（　　）

【参考答案】B

【答案解析】买卖双方通过交易所进行标准仓单与货款的交换。买方通过其会员期货公司、交易所将货款交给卖方，而卖方则通过其会员期货公司、交易所将标准仓单交付给买方。

39. 在我国商品期货交易所，某合约当日结算价是该合约当日成交价格按照成交量的加权平均价。（　　）

【参考答案】A

【答案解析】我国郑州商品交易所、大连商品交易所和上海期货交易所规定，当日结算价取某一期货合约当日成交价格按照成交量的加权平均价；当日无成交价格的，以上一交易日的结算价作为当日结算价。中国金融期货交易所规定，当日结算价是指某一期货合约最后一小时成交价格按照成交量的加权平均价。

40. 集中交割是指所有到期合约在交割月份第一个交易日一次性集中交割的交割方式。（　　）

【参考答案】B

【答案解析】集中交割也叫一次性交割，是指所有到期合约在交割月份最后交易日过后一次性集中交割的交割方式。

41. 止损指令既可以有效地锁定利润，也可以将可能的损失降至最低限度。（　　）

【参考答案】A

【答案解析】止损指令是指当市场价格达到客户预先设定的触发价格时，即变为市价指令予以执行的一种指令。客户利用止损指令，既可有效地锁定利润，又可以将可能的损失降至最低限度，还可以相对较小的风险建立新的头寸。

42. 在我国，期货交易所负责客户开户管理的具体实施工作。（　　）

【参考答案】B

【答案解析】在我国，中国期货保证金监管中心有限责任公司负责客户开户管理的具体实施工作。

43. 期货公司对其客户的交易进行结算，按照盈亏数量的不同，可以分为逐日盯市和逐笔对冲两种结算方式。（ ）

【参考答案】B

【答案解析】期货公司对其客户的交易进行结算，按照盈亏计算方式的不同，可以分为逐日盯市和逐笔对冲两种结算方式。

44. 期货交易编码前8位是会员号，后4位为客户号。（ ）

【参考答案】B

【答案解析】交易编码由12位数字构成，前4位为会员号，后8位为客户号。

45. 在美国期货市场，对投机者要求的保证金要小于对套期保值者和套利者要求的保证金。（ ）

【参考答案】B

【答案解析】投机者承担的风险要比套期保值者和套利者大得多。

46. 实行强制减仓时，交易所以当日涨跌停板价格，将该合约净持仓亏损客户与该合约净持仓盈利客户按照持仓比例自动撮合成交。（ ）

【参考答案】B

【答案解析】实行强制减仓时，交易所将当日以涨跌停板价格申报的未成交平仓报单，以当日涨跌停板价格与该合约净持仓盈利客户按照持仓比例自动撮合成交。

47. 交易所对一般月份合约的持仓限额及持仓报告标准设置得高，对临近交割时的合约持仓限额及持仓报告标准设置得低。（ ）

【参考答案】A

【答案解析】因为临近交割的合约投机性较小了。

48. 交易所的期货公司会员、非期货公司会员和一般客户都适用相同的持仓限额及持仓报告标准。（ ）

【参考答案】B

【答案解析】不同会员分别适用不同的持仓限额及持仓报告标准。

49. 同一客户在不同期货公司开仓交易，其在某一合约的持仓合计可以超出该客户的持仓限额。（ ）

【参考答案】B

【答案解析】同一客户在不同期货公司开仓交易，其在某一合约的持仓合计不能超出该客户的持仓限额。

四、综合题（在以下各小题所给出的四个选项中，至少有一项符合题目要求，请将正确选项的代码填入括号中）

阅读材料，回答以下 1～2 题。

郑州商品交易所是我国第一家成立的期货交易所。上市的期货品种体系覆盖农业、能源、化工、建材和冶金等国民经济重要领域。

1. 郑州商品交易所除了上市菜籽油系列期货品种外，还上市了（　　）等期货品种。

A. 豆油　　B. 棕榈油

C. 玻璃　　D. 棉花

【参考答案】CD

【答案解析】豆油和棕榈油期货在大连商品交易所挂牌。

2. 某日，郑州商品交易所菜籽油期货某合约的收盘价为 9910 元/吨，结算价为 9900 元/吨，若该合约每日价格最大波动限制为 ±3%，最小变动价位为 2 元/吨，则下一交易日菜籽油期货合约允许的报价范围为（　　）元/吨。

A. 9604～10196　　B. 613～10207

C. 9603～10197　　D. 9614～10206

【参考答案】A

【答案解析】每日价格最大波动限制一般是以合约上一交易日的结算价为基准确定的。期货合约上一交易日的结算价加上允许的最大涨幅构成当日价格上涨的上限，称为涨停板；而该合约上一交易日的结算价减去允许的最大跌幅，则构成当日价格下跌的下限，称为跌停板。跌停板价格为：9900 ×（1 − 3%）= 9603（元/吨），涨停板价格为：9900 ×（1 + 3%）= 10197（元/吨），最小变动价位为 2 元/吨，所以下一交易日菜籽油期货合约允许的报价应当在 9604 元/吨和 10196 元/吨之间。

阅读各题，回答以下 3～9 题。

3. 某日，3 月份豆粕期货合约的收盘价为 2968 元/吨，结算价为 2997 元/吨，若该合约每日价格最大波动限制为 ±4%，最小变动价位为 1 元/吨，则下一交易日该期货合约涨停板为（　　）元/吨。

A. 3117　　B. 3116

C. 3087　　D. 3086

【参考答案】B

【答案解析】涨停板价格 = 上一交易日结算价 ×（1 + 涨停板幅度）= 2997 ×

(1+4%)=3116.88(元/吨),最小变动价位为1元/吨,所以涨停板为3116元/吨。

4. 某豆粕期货合约某日的结算价为2422元/吨,收盘价为2430元/吨,若豆粕期货合约的涨跌停板幅度为4%,则下一交易日的跌停板为( )元/吨。

A. 2326　　B. 2325

C. 2324　　D. 2323

【参考答案】B

【答案解析】跌停板价格=2422×(1-4%)=2325.12(元/吨)。

5. 某日,铜期货合约的收盘价是17210元/吨,结算价为17240元/吨,该合约的每日最大波动幅度为3%,最小波动价位为10元/吨,则该期货合约下一个交易日涨停价格是( )元/吨。

A. 17757　　B. 17760

C. 17822　　D. 18020

【参考答案】B

【答案解析】17240×(1+3%)=17757.2≈17760(元/吨)。

6. 某交易者卖出4张欧元期货合约,成交价为EUR/USD=1.3210(即1欧元兑1.3210美元),后又在EUR/USD=1.3250价位上全部平仓(每张合约的金额为12.50万欧元),不考虑手续费的情况下,该笔交易( )美元。

A. 盈利2000　　B. 亏损500

C. 亏损2000　　D. 盈利500

【参考答案】C

【答案解析】平仓盈亏=∑[(卖出成交价-买入成交价)×交易单位×平仓手数]=(1.3210-1.3250)×12.50×4=-0.2(万美元)=-2000(美元),即亏损2000美元。

7. 某日,某公司有甲、乙、丙、丁四个客户,其保证金占用及客户权益数据分别是:

甲:213240元,225560元

乙:5156000元,644000元

丙:4766350元,5779900元

丁:356700元,356600元

则( )客户将收到“追加保证金通知书”。

A. 甲　　B. 乙

C. 丙　　D. 丁

【参考答案】D

【答案解析】:风险度=保证金占用/客户权益×100%。该风险度越接近

100%，风险越大；等于 100%，则表明客户的可用资金为 0。由于客户的可用资金不能为负，也就是说，期货公司不允许客户风险度大于 100%，当风险度大于 100%时，客户则会收到期货公司“追加保证金通知书”。题中，丁的风险度大于 100%。

8. 在我国，大豆期货连续竞价时段，某合约最高买入申报价为 4530 元/吨，前一成交价为 4527 元/吨，若投资者卖出申报价为 4526 元/吨，则其成交价为（　　）元/吨。

A. 4530　　B. 4526

C. 4527　　D. 4528

【参考答案】C

【答案解析】国内期货交易所均采用计算机撮合成交，分为连续竞价与集合竞价两种方式。其中，集合竞价原理与一节一价制相同。进行连续竞价时，计算机交易系统一般将买卖申报单以价格优先、时间优先的原则进行排序。当买入价大于等于卖出价，则自动撮合成交，撮合成交价等于买入价（bp）、卖出价（sp）和前一成交价（cp）三者中居中的一个价格，4530 元/吨 > 4527 元/吨 > 4526 元/吨。

9. 某会员在某日开仓买入大豆期货合约 30 手（每手 10 吨），成交价为 3900 元/吨，同一天该会员平仓卖出 20 手大豆合约，成交价为 3940 元/吨，当日结算价为 3950 元/吨，交易保证金比例为 5%。该会员上一交易日结算准备金余额为 1500000 元，且未持有任何期货合约，则客户的当日盈亏（不含手续费、税金等费用）为（　）元。

A. 145800　　B. 1458500

C. 107560　　D. 1

【参考答案】B

【答案解析】当日盈亏 = ∑[（卖出成交价 - 当日结算价）× 卖出手数 × 合约乘数] + ∑[（当日结算价 - 买入成交价）× 买入手数 × 合约乘数] +（上一交易日结算价 - 当日结算价）×（上一交易日卖出持仓手数 - 上一交易日买入持仓手数）× 合约乘数，即：当日盈亏 =（3940 - 3950）× 20 × 10 +（3950 - 3900）× 30 × 10 + 1500000 - 3950 × 20 × 10 × 5% = 1458500（元）。

阅读材料，回答以下 10～11 题。

某投资者上一交易日未持有期货头寸，且可用资金余额为 20 万元，当日开仓买入 3 月铜期货合约 20 手，成交价为 23100 元/吨，其后卖出平仓 10 手，成交价格为 23300 元/吨。当日收盘价为 23350 元/吨，结算价为 23210 元/吨（铜期货合约每手为5吨）。

10. 该投资者的当日盈亏为（ ）元。

A. 盈利10000　　B. 盈利12500

C. 盈利15500　　D. 盈利22500

【参考答案】C

【答案解析】由于是当日平仓，投资者平仓盈亏情况为：（23300－23100）×5×10＝10000（元），持仓盈亏情况为：（23210－23100）×5×10＝5500（元），则其总盈亏情况为：10000＋5500＝15500（元）。

11. 铜期货合约的最低保证金为其合约价值的5%，当天结算后投资者的可用资金余额为（ ）元（不含手续费、税金等费用）。

A. 164475　　B. 164125

C. 157125　　D. 157475

【参考答案】D

【答案解析】当日结算时该投资者需要的最低保证金为：23210×5×10×5%＝58025（元），则其可用资金余额＝200000＋15500－58025＝157475（元）。

阅读材料，回答以下12～13题。

某投资者开仓卖出10手国内铜期货合约，成交价格为47000元/吨，当日结算价为46950元/吨。期货公司要求的交易保证金比例为5%。（铜期货合约的交易单位为5吨/手，不计手续费等费用）

12. 该投资者的当日盈亏为（ ）元。

A. 2500　　B. 250

C. －2500　　D. －250

【参考答案】A

【答案解析】当日盈亏＝（47000－46950）×5×10＝2500（元）。

13. 该投资者当日交易保证金为（ ）元。

A. 117375　　B. 235000

C. 117500　　D. 234750

【参考答案】A

【答案解析】当日交易保证金＝46950×5×10×5%＝117375（元）。

阅读材料，回答以下14～15题。

14. 某投资者上一交易日结算准备金余额为500000元，上一交易日交易保证金为116050元，当日交易保证金为166000元，当日平仓盈亏为30000元，当日

持仓盈亏为 -12000 元，当日入金为 100000 元，该投资者当日结算准备金余额为（　　）元。（不计手续费等其他费用）

A. 545060　　　　B. 532000

C. 568050　　　　D. 657950

【参考答案】C

【答案解析】当日结算准备金余额 = 500000 + 116050 - 166000 + 30000 - 12000 + 100000 = 568050（元）。

15. 某投资者上一交易日结算准备金余额为 157475 元，上一交易日交易保证金为 11605 元，当日交易保证金为 18390 元，当日平仓盈亏为 8500 元，当日持仓盈亏为 7500 元，手续费等其他费用为 600 元，当日该投资者又在其保证金账户中存入资金 50000 元，该投资者当日结算准备金余额为（　　）元。

A. 166090　　　　B. 216690

C. 216090　　　　D. 204485

【参考答案】C

【答案解析】当日盈亏 = 平仓盈亏 + 持仓盈亏 = 8500 + 7500 = 16000（元）。当日结算准备金余额 = 157475 + 11605 - 18390 + 16000 + 50000 - 0 - 600 = 216090（元）。

阅读材料，回答以下 16～17 题。

某客户通过期货公司开仓卖出 1 月份黄大豆 1 号期货合约 100 手（10 吨/手），成交价为 3535 元/吨，当日结算价为 3530 元/吨，期货公司要求的交易保证金比例为 5%。

16. 该客户的当日盈亏为（　　）元。

A. 5000　　　　B. -5000

C. 2500　　　　D. -2500

【参考答案】A

【答案解析】当日盈亏 = （3535 - 3530）×100×10 = 5000（元）。

17. 该客户当日交易保证金为（　　）元。

A. 176500　　　　B. 88250

C. 176750　　　　D. 88375

【参考答案】A

【答案解析】当日交易保证金 = 3530×100×10×5% = 176500（元）。

阅读材料，回答以下18~20题。

王某存入保证金10万元，在5月1日买入小麦期货合约40手（10吨/手），成交价为2000元/吨，同一天他卖出平仓20手小麦合约，成交价为2050元/吨，当日结算价为2040元/吨，交易保证金比例为5%。

18. 王某的当日盈亏（不含手续费、税金等费用）为（　　）元，结算准备金余额为（　　）元。

A. 17560；82500　　B. 17900；90500

C. 18000；97600　　D. 18250；98200

【参考答案】C

【答案解析】平仓盈亏 =（2050 - 2000）×20×10 = 10000（元）；持仓盈亏 =（2040 - 2000）×（40 - 20）×10 = 800（元）；当日盈亏 = 10000 + 8000 = 18000（元）；当日结算准备金余额 = 100000 - 2040×20×10×5% + 18000 = 97600（元）。

19. 5月2日王某再买入8手小麦合约，成交价为2040元/吨，当日结算价为2060元/吨，则其账户的当日盈亏为（　　）元，当日结算准备金余额为（　　）元。

A. 4800；92100　　B. 5600；94760

C. 5650；97600　　D. 6000；97900

【参考答案】B

【答案解析】当日开仓持仓盈亏 =（2060 - 2040）×8×10 = 1600（元）；历史持仓盈亏 =（2060 - 2040）×20×10 = 4000（元）；当日盈亏 = 1600 + 4000 = 5600（元）；当日结算准备金余额 = 97600 + 2040×20×10×5% - 2060×28×10×5% + 5600 = 94760（元）。

20. 5月3日，王某又将28手小麦合约平仓，成交价为2090元/吨，当日结算价为2050元/吨，则其当日盈亏为（　　）元，当日结算准备金余额为（　　）元。

A. 5800；98900　　B. 6900；103500

C. 7600；130000　　D. 8400；132000

【参考答案】D

【答案解析】平仓盈亏 =（2090 - 2060）×28×10 = 8400（元）；当日结算准备金余额 = 94760 + 2060×28×10×5% + 8400 = 132000（元）。

阅读材料，回答以下21~23题。

某客户存入保证金1200000元，在5月1日开仓买入大豆期货合约60手（每手10吨），成交价为4000元/吨，同一天该客户卖出平仓40手大豆合约，成交价为 4030 元/吨，当日结算价为 4040 元/吨，交易保证金比例为 5%。

21. 该客户的当日结算准备金余额（不含手续费、税金等费用）为（　　）元。

A. 173600　　B. 179600

C. 200000　　D. 161600

【参考答案】B

【答案解析】平仓盈亏 = （4030 - 4000） ×40 ×10 = 12000（元）；持仓盈亏 = （4040 - 4000） × （60 - 40） ×10 = 8000（元）；当日盈亏 = 12000 + 8000 = 20000（元）；当日结算准备金余额 = 200000 - 4040 × 20 × 10 × 5% + 20000 = 179600（元）。

22. 5 月 2 日，该客户再买入 10 手大豆合约，成交价为 4030 元/吨，当日结算价为 4060 元/吨，则其账户情况的开仓持仓盈亏、历史持仓盈亏、当日盈亏、当日结算准备金余额（不含手续费、税金等费用）分别为（　　）。

A. 2400 元、4000 元、7000 元、163560 元

B. 2400 元、3200 元、6400 元、163560 元

C. 3000 元、4000 元、7000 元、166100 元

D. 3000 元、4000 元、6400 元、166100 元

【参考答案】C

【答案解析】当日开仓持仓盈亏 = （4060 - 4030） ×10 ×10 = 3000（元），历史持仓盈亏 = （4060 - 4040） ×20 ×10 = 4000（元），当日盈亏 = 3000 + 4000 = 7000（元）；当日结算准备金余额 = 179600 + 4040 ×20 ×10 ×5% - 4060 ×30 ×10 ×5% + 7000 = 166100（元）。

23. 5 月 3 日，该客户将 30 手大豆合约全部平仓，成交价为 4070 元/吨，当日结算价为 4050 元/吨，则其账户情况的当日结算准备金余额为（　　）元。

A. 230000　　B. 3000

C. 5000　　D. 123200

【参考答案】A

【答案解析】平仓盈亏 = （4070 - 4060） ×30 ×10 = 3000（元）；当日结算准备金余额 = 166100 + 4060 ×30 ×10 ×5% + 3000 = 230000（元）。

阅读材料，回答以下 24 ~ 25 题。

24. 棉花期货多空双方进行期转现交易。多头开仓价格为 10210 元/吨，空头开仓价格为 10630 元/吨，双方协议以 10450 元/吨平仓，以 10400 元/吨进行交收，空头可节约交割成本 200 元/吨，空头进行期转现交易比不进行期转现交易（　　）。

A. 节省 180 元/吨
B. 多支付 50/吨
C. 节省 150 元/吨
D. 多支付 230 元/吨

【参考答案】C

【答案解析】期转现后，多头购买棉花实际价格为 10400 -（10450 - 10210） = 10160（元/吨），空头销售棉花实际价格为 10400 + （10630 - 10450） = 10580（元/吨）。空头实际销售价格比开仓价格少了 50 元/吨，但其节约了成本 200 元/吨，综合起来仍比不进行期转现交易节约了 150 元/吨，所以期转现对其有利。

25. 在小麦期货市场，甲为买方，建仓价格为 1600 元/吨，乙为卖方，建仓价格为 1800 元/ 吨。小麦搬运、储存、利息等交割成本为 60 元/吨，双方商定的平仓价为 1740 元/吨，商定的交收小麦价格比平仓价低 40 元/吨，即 1700 元/吨。期货转现货后节约费用总和是（　　）元/吨，甲方节约了（　　）元/吨，乙方节约了（　　）元/吨。

A. 60；40；20
B. 60；50；25
C. 65；55；30
D. 70；60；40

【参考答案】A

【答案解析】(1) 期货转现货节约费用总和为 60 元/吨（小麦搬运、储存、利息等交割成本）。(2) 期货转现货后，甲实际购入小麦价格 = 1700 - （1740 - 1600） = 1560（元/吨）。如果双方不进行期货转现货而在期货合约到期时交割，则甲实际购入小麦价格 1600 元/吨，所以甲方节约了 40 元/吨。(3) 乙实际销售小麦价格 = 1700 + （1800 - 1740） = 1760（元/吨）。如果双方不进行期货转现货而在期货合约到期时交割，则乙实际销售小麦价格 1800 元/吨。乙实际销售小麦价格比建仓价格少 40 元/吨，但节约了交割和利息等费用 60 元/吨，所以乙方节约了 20 元/吨。

第四章

套期保值通关练习

一、单项选择题（在以下各小题所给出的四个选项中，只有一个选项符合题目要求，请将正确选项的代码填入括号中）

1. 套期保值本质上是一种（　　）的方式。

A. 躲避风险　　B. 预防风险

C. 分散风险　　D. 转移风险

【参考答案】D

【答案解析】套期保值本质上是一种转移风险的方式，是企业通过买卖衍生工具将风险转移到其他交易的方式。

2. 企业中最常见的风险是（　　）。

A. 价格风险　　B. 利率风险

C. 汇率风险　　D. 股票价格风险

【参考答案】A

【答案解析】价格风险主要包括商品价格风险、利率风险、汇率风险和股票价格风险等，是企业经营中最常见的风险。

3. 2020 年 4 月，某玻璃加工企业与贸易商签订了一批两年后交收的销售合同，为规避玻璃价格风险，该企业卖出 FG2104 合约。次年 2 月，该企业将进行展期，合理的操作是（　　）。

A. 平仓 FG2104，开仓卖出 FG2102

B. 平仓 FG2104，开仓卖出 FG2103

C. 平仓 FG2104，开仓卖出 FG2108

D. 平仓买入 FG2102，开仓卖出 FG2103

【参考答案】C

【答案解析】在上面例子中，8 月份的合约在临近到期时可能不够活跃，那么选择活跃的较远期的合约更为有利。有时企业套期保值的时间跨度特别长，例如，石油开采企业可能对未来 5 年甚至更长时间的原油生产进行套期保值，此时市场上还没有对应的远月期货合约挂牌，那么在合约选择上，可以先买入目前挂牌的 1 年后交割的合约，在它到期之前进行平仓，同时在更远期的合约上建仓。这种操作称为展期，即用远月合约调换近月合约，将持仓向后移。

4. 某建筑企业已于某钢材贸易商签订钢材的采购合同，确立了价格，但尚未实现交收，此时该企业属于（　　）情形。

A. 期货多头　　B. 现货多头

C. 期货空头　　D. 现货空头

【参考答案】B

【答案解析】当企业持有实物商品或资产，或者已按固定价格约定在未来购买某商品或资产时，该企业就处于现货多头。

5. 企业的现货头寸属于空头的情形是（　　）。

A. 计划在未来卖出某商品或资产

B. 持有实物商品和资产

C. 按固定价格约定未来出售某商品或资产，但尚未持有实物商品或资产

D. 按固定价格约定未来购买某商品或资产

【参考答案】C

【答案解析】企业已按某固定价格约定未来出售某商品或资产，但尚未持有实物商品或资产时，该企业处于现货空头。

6. 下列不能利用套期保值交易进行规避风险的是（　）。

A. 农作物减产造成的粮食价格上涨

B. 利率上升，使得银行存款利率提高

C. 粮食价格下跌，使得买方拒绝付款

D. 原油供给的减少引起制成品价格上涨

【参考答案】C

【答案解析】套期保值规避的是价格波动风险，C 选项不属于价格波动风险。

7. 先买入目前挂牌的 1 年后交割的合约，在它到期之前进行平仓，同时在更远期的合约上建仓，这种操作属于（　　）。

A. 展期　　B. 套期保值

C. 期转现　　D. 交割

【参考答案】A

【答案解析】有时企业套期保值的时间跨度特别长，例如，石油开采企业可能对未来5年甚至更长时间的原油生产进行套期保值，此时市场上还没有对应的远月期货合约挂牌，那么在合约选择上，可以先买入目前挂牌的1年后交割的合约，在它到期之前进行平仓，同时在更远期的合约上建仓。这种操作称为展期，即用远月合约调换近月合约，将持仓向后移。

8. 如果违反了期货市场套期保值的（　　）原则，则不仅达不到规避价格风险的目的，反而增加了价格风险。

A. 商品种类相同　　B. 商品数量相等

C. 分月相同或相近　　D. 交易方向相反

【参考答案】D

【答案解析】期货头寸应与现货头寸相反，或作为现货市场未来要进行的交易的代替物，只有这样才能够达到规避风险的目的。

9. 交叉套期保值的方法是指套期保值者为其在现货市场上将要买进或卖出的现货商品或资产进行套期保值时，若无相对应的期货合约可用，就可以选择（　　）来做套期保值的交易。

A. 与该现货商品种类不同但到期日与将来在现货市场上买进或卖出商品的时间相同的期货合约

B. 与该现货商品种类不同且价格走势大致相反的期货合约

C. 与该现货商品种类不同且价格走势大致相同的期货合约

D. 与该现货商品种类相同的远期合约

【参考答案】C

【答案解析】如果不存在与被套期保值的商品或资产相同的期货合约，企业可以选择其他的相关期货合约进行套期保值，选择的期货合约头寸的价值变动与实际的、预期的现货头寸的价值变动大体上相当。这种选择与被套期保值商品或资产不相同但相关的期货合约进行的套期保值叫作交叉套期保值（Cross Hedging）。

10. 下列适合进行白糖买入套期保值的情形是（　　）。

A. 某白糖生产企业预计两个月后将生产一批白糖

B. 某食品厂已签合同按某价格在两个月后买入一批白糖

C. 某白糖生产企业有一批库存

D. 某经销商已签合同按某价格三个月后卖出一批白糖，但目前尚未采购白糖

【参考答案】D

【答案解析】买入套期保值的操作主要适用于以下情形：第一，预计未来要

购买某种商品或资产，购买价格尚未确定时，担心市场价格上涨，使其购入成本提高。第二，目前尚未持有某种商品或资产，但已按固定价格将该商品或资产卖出（此时处于现货空头头寸），担心市场价格上涨，影响其销售收益或者采购成本。

11. 铜生产企业利用铜期货进行卖出套期保值的情形是（　）。

A. 以固定价格签订了远期铜销售合同

B. 有大量铜库存尚未出售

C. 铜精矿产大幅上涨

D. 铜现货价格远高于期货价格

【参考答案】B

【答案解析】卖出套期保值的操作主要适用于以下情形：持有某种商品或资产（此时持有现货多头头寸），担心市场价格下跌，使其持有的商品或资产的市场价值下降，或者其销售收益下降。

12.（　）是指套期保值者通过在期货市场建立空头头寸，预期对冲其目前持有的或者未来将卖出的商品或资产的价格下跌风险的操作。

A. 卖出套利　　B. 买入套利

C. 买入套期保值　　D. 卖出套期保值

【参考答案】D

【答案解析】卖出套期保值，又称空头套期保值，是指套期保值者通过在期货市场建立空头头寸，预期对冲其目前持有的或者未来将卖出的商品或资产的价格下跌风险的操作。

13. 粮食贸易商可利用大豆期货进行卖出套期保值的情形是（　）。

A. 担心豆油价格上涨

B. 大豆现货价格远高于期货价格

C. 三个月后将购置一批大豆，担心大豆价格上涨

D. 已签订大豆采购合同，确定了交易价格

【参考答案】D

【答案解析】卖出套期保值的操作主要适用于以下情形：已经按固定价格买入未来交收的商品或资产（此时持有现货多头头寸），担心市场价格下跌，使其商品或资产市场价值下降或其销售收益下降。

14. 卖出套期保值是为了（　）。

A. 回避现货价格下跌的风险　　B. 回避期货价格上涨的风险

C. 获得期货价格上涨的收益　　D. 获得现货价格下跌的收益

【参考答案】A

【答案解析】卖出套期保值，又称空头套期保值，是指套期保值者通过在期货市场建立空头头寸，预期对冲其目前持有的或者未来将卖出的商品或资产的价格下跌风险的操作。

15. 下列情形中，适合采取卖出期货套期保值的是（　　）。

A. 需求方仓库已满，不能买入现货，担心日后购进现货时价格上涨

B. 加工企业担心库存原料价格下跌

C. 供货方已签订供货合同，但尚未购进货源，担心日后购进货源时价格上涨

D. 加工制造企业为了防止日后购进原料时价格上涨的情况

【参考答案】B

【答案解析】卖出套期保值的操作主要适用于以下情形：已经按固定价格买入未来交收的商品或资产（此时持有现货多头头寸），担心市场价格下跌，使其商品或资产市场价值下降或其销售收益下降。

16. 下列适用于买入套期保值的说法，不正确的是（　　）。

A. 投资者失去了因价格变动而可能得到获利的机会

B. 操作者预先在期货市场上买进合约，持有多头头寸

C. 适用于未来某一时间准备卖出某种商品，但担心价格下跌的交易者

D. 此操作有助于降低仓储费用和提高企业资金的使用效率

【参考答案】C

【答案解析】买入套期保值，又称多头套期保值，是指套期保值者通过在期货市场建立多头头寸，预期对冲其现货商品、资产空头，或者未来将买入的商品或资产的价格上涨风险的操作。C 项属于卖出套期保值的情形。

17. 对卖出套期保值者而言，能够实现期货与现货两个市场盈亏相抵后还有净盈利的情形是（　　）。

A. 基差从 -10 元/吨变为 20 元/吨

B. 基差从 30 元/吨变为 10 元/吨

C. 基差从 10 元/吨变为 -20 元/吨

D. 基差从 -10 元/吨变为 -30 元/吨

【参考答案】A

【答案解析】卖出套期保值基差不变完全套期保值，两个市场盈亏刚好完全相抵；基差走强不完全套期保值，两个市场盈亏相抵后存在净盈利；基差走弱不完全套期保值，两个市场盈亏相抵后存在净亏损。

18. 基差交易与一般套期保值操作的不同之处在于，基差交易能够（　　）。

A. 降低基差风险　　　　B. 降低持仓费

C. 是期货头寸盈利　　D. 减少期货头寸持仓量

【参考答案】A

【答案解析】基差交易与一般套期保值操作的不同之处在于，由于是点价交易与套期保值操作相结合，套期保值头寸了结的时候，对应的基差基本上等于点价交易时确立的升贴水。这就保证了在套期保值建仓时，就已经知道了平仓时的基差，从而减少了基差变动的不确定性，降低了基差风险。

19. 基差的大小主要与（　　）有关。

A. 保险费　　B. 仓储费

C. 利息　　D. 持仓费

【参考答案】D

【答案解析】基差的大小主要与持仓费有关。持仓费，又称为持仓成本，是指为拥有或保留某种商品、资产等而支付的仓储费、保险费和利息等费用总和。持仓费高低与距期货合约到期时间长短有关，距交割时间越近，持仓费越低。

20. 点价交易，是指以（　　）的期货价格为计价基础，以期货价格加上或减去双方协商同意的升贴水来确定双方买卖现货商品的价格的定价方式。

A. 某月份合约　　B. 所有月份合约

C. 不同月份合约　　D. 最高价格的合约

【参考答案】A

【答案解析】点价交易，是指以某月份合约的期货价格为计价基础，以期货价格加上或减去双方协商同意的升贴水来确定双方买卖现货商品的价格的定价方式。

21. 点价交易从本质上看是一种为（　　）贸易定价的方式。

A. 套期保值　　B. 期货

C. 现货　　D. 基差

【参考答案】C

【答案解析】点价交易从本质上看是一种为现货贸易定价的方式。

22. 在基差交易中，卖方叫价是指（　　）。

A. 确定现货商品交割品质的权利归属卖方

B. 确定基差大小的权利归属卖方

C. 确定点价的权利归属卖方

D. 确定期货合约交割月份的权利归属卖方

【参考答案】C

【答案解析】根据确定具体时点的实际交易价格的权利归属划分，点价交易可分为买方叫价交易和卖方叫价交易，如果确定交易时间的权利属于买方，称为买方叫价交易，若权利属于卖方，则为卖方叫价交易。

23. 在正向市场中，期货价格与现货价格的差额与（　　）有关。

A. 报价方式　　B. 生产成本

C. 持仓费　　D. 预期利润

【参考答案】C

【答案解析】在正向市场中，期货价格高出现货价格的部分与持仓费的高低有关，持仓费体现的是期货价格形成中的时间价值。

24. 基差的计算公式为（　　）。

A. 基差 = 远期价格 - 期货价格　　B. 基差 = 现货价格 - 期货价格

C. 基差 = 期货价格 - 远期价格　　D. 基差 = 期货价格 - 现货价格

【参考答案】B

【答案解析】基差是某一特定地点某种商品或资产的现货价格与相同商品或资产的某一特定期货合约价格间的价差。用公式可简单地表示为：基差 = 现货价格 - 期货价格。

25. 下列属于基差走强情形的是（　　）。

A. 基差从 -500 元/吨变为 300 元/吨

B. 基差从 400 元/吨变为 300 元/吨

C. 基差从 300 元/吨变为 -1000 元/吨

D. 基差从 -400 元/吨变为 -600 元/吨

【参考答案】A

【答案解析】当基差变大时，称为"走强"。基差走强常见的情形有：现货价格涨幅超过期货价格涨幅，以及现货价格跌幅小于期货价格跌幅。

26. 当期货价格高于现货价格时，基差为（　　）。

A. 负值　　B. 正值

C. 零　　D. 正值或负值

【参考答案】A

【答案解析】基差是某一特定地点某种商品或资产的现货价格与相同商品或资产的某一特定期货合约价格间的价差。用公式可简单地表示为：基差 = 现货价格 - 期货价格。

27. 对卖出套期保值者而言，基差走弱，套期保值的效果是（　　）。

A. 不完全套期保值，且有净亏损

B. 完全套期保值，两个市场盈亏刚好完全相抵

C. 不完全套期保值，两个市场盈亏相抵后存在净盈利

D. 套期保值效果不能确定，还要结合价格走势来判断

【参考答案】A

【答案解析】卖出套期保值基差不变完全套期保值，两个市场盈亏刚好完全相抵；基差走强不完全套期保值，两个市场盈亏相抵后存在净盈利；基差走弱不完全套期保值，两个市场盈亏相抵后存在净亏损。

28. 5月底，某油脂压榨企业计划在3个月后卖出一批豆粕，为了防范未来豆粕价格下跌风险，企业打算做卖出套期保值。该企业应选择（　　）月的期货合约。

A. 7　　　　B. 8

C. 9　　　　D. 10

【参考答案】C

【答案解析】企业可以选择9月份合约，也可以选择9月份之后的合约。但豆粕期货只有1、3、5、7、8、9、11月份合约。8月期货合约在8月中旬就到期了，覆盖不了现货要套保到8月底的时段。

29. 在期货市场上，所谓的展期，指的是有时企业套期保值的时间跨度特别长，此时期货市场上还没有对应的远月期货合约挂牌，那么企业可以（　　）。

A. 先在目前已挂牌的期货合约上建仓，在它到期之前进行平仓，同时在更远期的合约上建仓

B. 缩短套期保值时间

C. 向交易所申请延长合约摘牌时间

D. 到时转做远期

【参考答案】A

【答案解析】所谓展期，是当近月合约临近交割时，将近月合约转换到远期合约上去，将持仓不断向后移。

30. 9月1日，长江有色网1号铜的价格对上海期货交易所12月铜期货价格的基差为-300元/吨，意味着长江有色市场1号铜价格要比上海期货交易所12月铜期货价格（　　）。

A. 低300元/吨　　　　B. 高300元/吨

C. 每个月低100元/吨　　　　D. 每个月高100元/吨

【参考答案】A

【答案解析】基差=现货价格-期货价格。

31. 进行卖出套期保值后，如果基差走强，则（　　）。

A. 套期保值效果更为理想

B. 套期保值出现基差风险

C. 属于完全套保，期现两个市场盈亏刚好完全相抵

D. 套期保值效果无法确定

【参考答案】A

【答案解析】卖出套期保值后，如果基差走强，期现两个市场盈亏相抵后存在净盈利，是非常理想的结果。

32. 进行买入套期保值后，如果基差走强，则（　　）。

A. 套期保值效果更为理想

B. 套期保值出现基差风险

C. 属于完全套保，期现两个市场盈亏刚好完全相抵

D. 套期保值效果无法确定

【参考答案】B

【答案解析】买入套期保值后，如果基差走强，期现两个市场盈亏相抵后存在净亏损，须承担基差变动不利的风险。

33. 进行买入套期保值后，如果基差走弱，则（　　）。

A. 套期保值效果更为理想

B. 套期保值出现基差风险

C. 属于完全套保，期现两个市场盈亏刚好完全相抵

D. 套期保值效果无法确定

【参考答案】A

【答案解析】买入套期保值后，如果基差走强，期现两个市场盈亏相抵后存在净盈利，是非常理想的结果。

二、多项选择题（在以下各小题所给出的四个选项中，至少有两个选项符合题目要求，请将正确选项的代码填入括号中）

1. 套期保值，主要转移（　　）。

A. 价格风险　　B. 操作风险

C. 信用风险　　D. 法律风险

【参考答案】AC

【答案解析】套期保值活动主要转移价格风险和信用风险。

2. 套期保值交易选取的工具包括（　　）。

A. 期货　　B. 期权

C. 远期　　D. 互换

【参考答案】ABCD

【答案解析】只要是金融衍生工具都可以作为套期保值工具。

3. 在以下（　　）的情况下企业不必进行套期保值操作。

A. 价格波动幅度不大

B. 企业抵抗风险能力较强

C. 价格的较大波动对利润影响不大

D. 企业希望承担一定风险获利

【参考答案】ABCD

【答案解析】如果价格波动幅度不大或企业抗风险能力较强，价格的较大波动对其利润影响不大，或者企业希望承担一定风险来获取更高的回报，那么，在这些情况下，企业就不必进行套期保值操作。

4. 下列关于套期保值的理解，错误的有（　　）。

A. 套期保值就是用期货市场的盈利弥补现货市场的亏损

B. 所有企业都应该进行套期保值

C. 套期保值尤其适合中小企业

D. 风险偏好程度越高的企业，越适合做套期保值操作

【参考答案】ABCD

【答案解析】A 选项，在评价套期保值效果时，应将期货头寸的盈亏与现货盈亏作为一个整体进行评价，两者冲抵的程度越大，规避风险的效果也就越好。B 选项，对企业而言，套期保值作为企业规避价格风险的可选择手段，并不一定适合所有企业。这是因为，套期保值操作是一项专业性极高的操作，且在操作中也涉及诸多成本，如机构及人员费用、管理费用、资金占用成本等。C 选项，套期保值操作具有规模经济的特点，即对规模大的企业而言，从事套期保值的平均成本要低于规模小的企业。D 选项，如果价格波动幅度不大或企业抗风险能力较强，价格的较大波动对其利润影响不大，或者企业希望承担一定风险来获取更高的回报，那么，在这些情况下，企业就不必进行套期保值操作。

5. 下列（　　）属于期货多头的情形。

A. 某贸易商有千吨白糖库存

B. 某榨油厂已签订大豆进口合同，确定了价格，但尚未实现交收

C. 某钢材厂贸易商签订了供货合同，约定在三个月后按某价格提供若干钢材，但手上尚未有现货

D. 某轮胎厂在三个月后需购置一批天然橡胶

【参考答案】AB

【答案解析】现货头寸可以分为多头和空头两种情况。当企业持有实物商品或资产，或者已按固定价格约定在未来购买某商品或资产时，该企业处于现货的多头。当企业已按某固定价格约定在未来出售某商品或资产，但尚未持有实物商

品或资产时，该企业处于现货的空头。

6. 要实现风险对冲，在套期保值操作中应满足以下（　　）条件。

A. 在期货头寸方向的选择上，应与现货头寸相反或作为现货未来交易的替代物

B. 期货头寸持有时间段与现货承担风险的时间段对应

C. 在套期保值数量选择上，要使期货与现货市场的价值变动大体相当

D. 期货合约的月份一定要与现货市场的交易时间对应

【参考答案】ABC

【答案解析】要实现风险对冲，在套期保值操作中应满足以下条件：（1）在套期保值数量选择上，要使期货与现货市场的价值变动大体相当。（2）在期货头寸方向的选择上，应与现货头寸相反或作为现货未来交易的替代。（3）期货头寸持有时间段与现货承担风险的时间段对应。

7. 下列关于套期保值的说法，正确的有（　　）。

A. 当现货商品没有对应的期货品种时，就不能做套期保值

B. 当现货商品没有对应的期货品种时，可以选择交叉套期保值

C. 选择作为替代物的期货品种最好是该现货商品或资产的替代品，相互替代性越强，交叉套期保值交易的效果就会越好

D. 可以用远月合约调换近月合约，将套期保值持仓向后移

【参考答案】BCD

【答案解析】如果不存在与被套期保值的商品或资产相同的期货合约，企业可以选择其他相关的期货合约进行套期保值，选择的期货合约头寸的价值变动与实际的、预期的现货头寸的价值变动大体上相当。这种选择与被套期保值商品或资产不相同但相关的期货合约进行的套期保值，被称为交叉套期保值。一般的，选择作为替代物的期货品种最好是该现货商品或资产的替代品，相互替代性越强，交叉套期保值交易的效果就会越好。因为不同交割月份的合约通常在价格变动上具有一致性，同样可以起到风险对冲的效果。这种操作被称为展期，即用远月合约调换近月合约，将持仓向后移。

8. 下列关于卖出套期保值的说法正确的有（　　）。

A. 多头套期保值

B. 空头套期保值

C. 预期对冲其目前持有的或者未来将卖出的商品或资产的价格下跌风险的操作

D. 预期对冲其现货商品或资产空头，或者未来将买入的商品或资产的价格上涨风险的操作

【参考答案】BC

【答案解析】卖出套期保值，又称空头套期保值，是指套期保值者通过在期货市场建立空头头寸，预期对冲其目前持有的或者未来将卖出的商品或资产的价格下跌风险的操作。买入套期保值，又称多头套期保值，是指套期保值者通过在期货市场建立多头头寸，预期对冲其现货商品或资产空头，或者未来将买入的商品或资产的价格上涨风险的操作。

9. 卖出期货套期保值适用于（　　）。

A. 预计未来要购买某种商品或资产，购买价格尚未确定时，担心市场价格上涨，使其购入成本提高

B. 预计未来要销售某种商品或资产，但销售价格尚未确定，担心市场价格下跌，使其销售收益下降

C. 目前尚未持有某种商品或资产，但已按固定价格将该商品或资产卖出，担心市场价格上涨，影响其销售收益或者采购成本

D. 已经按固定价格买入未来交收的商品或资产，担心市场价格下跌，使其商品或资产市场价值下降或其销售收益下降

【参考答案】BD

【答案解析】卖出套期保值的操作主要适用于以下情形：第一，持有某种商品或资产（此时持有现货多头头寸），担心市场价格下跌，使其持有的商品或资产的市场价值下降，或者其销售收益下降。第二，已经按固定价格买入未来交收的商品或资产（此时持有现货多头头寸），担心市场价格下跌，使其商品或资产市场价值下降或其销售收益下降。第三，预计未来要销售某种商品或资产，但销售价格尚未确定，担心市场价格下跌，使其销售收益下降。

10. 下列情况适合进行钢材期货卖出套期保值操作的有（　　）。

A. 某钢材经销商已按固定价格买入未来交收的钢材

B. 某房地产企业预计需要一批钢材

C. 某工厂有一批钢材库存

D. 某经销商准备销售一批钢材，但销售价格尚未确定

【参考答案】ACD

【答案解析】卖出套期保值的操作主要适用于以下情形：第一，持有某种商品或资产（此时持有现货多头头寸），担心市场价格下跌，使其持有的商品或资产的市场价值下降，或者其销售收益下降。第二，已经按固定价格买入未来交收的商品或资产（此时持有现货多头头寸），担心市场价格下跌，使其商品或资产的市场价值下降或其销售收益下降。第三，预计未来要销售某种商品或资产，但销售价格尚未确定，担心市场价格下跌，使其销售收益下降。

11. 关于买入套期保值的说法，正确的有（　　）。

A. 在期货市场卖出建仓　　B. 在期货市场买入建仓

C. 为了规避现货价格下跌风险　　D. 为了规避现货价格上涨风险

【参考答案】BD

【答案解析】买入套期保值，又称多头套期保值，是指套期保值者通过在期货市场建立多头头寸，预期对冲其现货商品、资产空头，或者未来将买入的商品或资产的价格上涨风险的操作。

12. 石油交易商在（　　）时可以通过原油卖出套期保值对冲原油价格下跌风险。

A. 计划将来卖出原油现货　　B. 持有原油现货

C. 计划将来买进原油现货　　D. 卖出原油现货

【参考答案】AB

【答案解析】卖出套期保值的操作主要适用于以下情形：第一，持有某种商品或资产（此时持有现货多头头寸），担心市场价格下跌，使其持有的商品或资产的市场价值下降，或者其销售收益下降。第二，已经按固定价格买入未来交收的商品或资产（此时持有现货多头头寸），担心市场价格下跌，使其商品或资产的市场价值下降或其销售收益下降。第三，预计未来要销售某种商品或资产，但销售价格尚未确定，担心市场价格下跌，使其销售收益下降。

13. 套期保值可以分为（　　）两种最基本的操作方式。

A. 卖出套期保值　　B. 买入套期保值

C. 经销商套期保值　　D. 生产者套期保值

【参考答案】AB

【答案解析】套期保值的目的是规避价格波动风险，而价格的变化无非是下跌和上涨两种情形，所以套期保值可以分为卖出套期保值和买入套期保值。

14. 榨油厂要利用大豆期货进行买入套期保值的情形有（　　）。

A. 已签订大豆购货合同，确定了交易价格

B. 三个月后将购置一批大豆，担心大豆价格上涨

C. 库存已满，无法购进大豆，担心未来大豆价格上涨

D. 大豆现货价格远远低于期货价格

【参考答案】BC

【答案解析】买入套期保值的操作主要适用于以下情形：第一，预计未来要购买某种商品或资产，购买价格尚未确定时担心市场价格上涨，使其购入成本提高。第二，目前尚未持有某种商品或资产，但已按固定价格将该商品或资产卖出（此时处于现货空头头寸），这时担心市场价格上涨，影响其销售收益或者采购成本。

15. 基差走强的常见情形是（　　）。

A. 现货价格涨幅超过期货价格涨幅

B. 现货价格涨幅低于期货价格涨幅

C. 现货价格跌幅小于期货价格跌幅

D. 现货价格跌幅大于期货价格跌幅

【参考答案】AC

【答案解析】基差走强常见的情形有：现货价格涨幅超过期货价格涨幅，以及现货价格跌幅小于期货价格跌幅。这意味着，相对于期货价格表现而言，现货价格走势相对较强。

16. 反向市场的出现主要有以下原因（　　）。

A. 近期对某种商品或资产需求非常迫切，远大于近期产量及库存量

B. 期货价格高于现货价格

C. 远期期货合约价格高于近期期货合约价格

D. 预计将来该商品的供给会大幅度增加，导致期货价格大幅度下降

【参考答案】AD

【答案解析】反向市场的出现主要有两个原因：一是近期对某种商品或资产需求非常迫切，远大于近期产量及库存量，使现货价格大幅度增加，高于期货价格；二是预计将来该商品的供给会大幅度增加，导致期货价格大幅度下降，低于现货价格。

17. 在点价交易中，贴水的高低与（　　）有关。

A. 期货交割地与现货交割地之间的运费

B. 点价所选取的期货合约月份的远近

C. 期货交割商品品质与现货交割商品品质的差异

D. 经纪商提供升贴水报价

【参考答案】ABC

【答案解析】升贴水的高低，与点价所选取的期货合约月份的远近、期货交割地与现货交割地之间的运费以及期货交割商品品质与现货交割商品品质的差异有关。

18. 在套期保值操作上，企业面临（　　）等各种风险。

A. 基差变动　　B. 流动性风险

C. 现金流风险　　D. 操作风险

【参考答案】ABCD

【答案解析】在套期保值操作上，企业除了面临基差变动风险之外，还会面临诸如流动性风险、现金流风险、操作风险等各种风险。

19. 企业在套期保值业务上，需要关注的方面有（　　）。

A. 加强对套期保值交易中现金流风险、流动性风险和操作风险等的管理

B. 企业在参与期货套期保值之前，需要结合自身情况进行评估，以判断是否有套期保值需求，以及是否具备实施套期保值操作的能力

C. 企业应完善套期保值的机构设置

D. 企业需要具备健全的内部控制制度和风险管理制度

【参考答案】ABCD

【答案解析】企业在套期保值业务上，需要在以下几个方面予以关注。第一，企业在参与期货套期保值之前，需要结合自身情况进行评估，以判断是否有套期保值需求，以及是否具备实施套期保值操作的能力。第二，企业应完善套期保值的机构设置。要保证套期保值效果，规范的组织体系是科学决策、高效执行和风险控制的重要前提和基本保障。第三，企业需要具备健全的内部控制制度和风险管理制度。第四，加强对套期保值交易中现金流风险、流动性风险和操作风险等的管理。

20.（　　）属于反向市场。

A. 远期期货合约价格低于近期期货合约价格

B. 远期期货合约价格高于近期期货合约价格

C. 期货价格低于现货价格

D. 期货价格高于现货价格

【参考答案】AC

【答案解析】当现货价格高于期货价格或者近期期货合约价格高于远期期货合约价格时的这种市场状态被称为反向市场，或者逆转市场、现货溢价。此时基差为正值。

21. 下列属于正向市场的有（　　）。

A. 期货价格高于现货价格

B. 期货价格低于现货价格

C. 远期期货合约价格高于近期期货合约价格

D. 远期期货合约价格低于近期期货合约价格

【参考答案】AC

【答案解析】当期货价格高于现货价格或者远期期货合约价格高于近期期货合约价格时的这种市场状态被称为正向市场。此时基差为负值。

22. 下面对于持仓费描述正确的包括（　　）。

A. 持仓费的高低与持有商品的时间长短有关

B. 当交割月到来时，持仓费将升至最高

C. 距交割时间越近，持仓费越低

D. 持仓费等于基差

【参考答案】AC

【答案解析】基差的大小主要与持仓费有关。持仓费，又称为持仓成本，是指为拥有或保留某种商品、资产等而支付的仓储费、保险费和利息等费用总和。持仓费的高低与距期货合约到期时间的长短有关，距交割时间越近，持仓费越低。理论上，当期货合约到期时，持仓费会减小到零，基差也将变为零。

23. 价格风险主要包括（　　），是企业经营中最常见的风险。

A. 商品价格风险　　B. 利率风险

C. 汇率风险　　D. 股票价格风险

【参考答案】ABCD

【答案解析】上述风险都是因价格变动而引发的风险。

24. 套期保值的原理在于（　　）。

A. 期货价格与现货价格受到相似的供求等因素的影响，两者的变动趋势趋同

B. 期货价格与现货价格受到相似的供求等因素的影响，两者的变动趋势不一定趋同

C. 如果反向持仓，无论价格是涨还是跌，总会出现一个市场盈利而另一个市场亏损的情形

D. 期现两个市场盈亏相抵，就可以规避因为价格波动而给企业带来的风险

【参考答案】ACD

【答案解析】套期保值就是利用期货合约对冲现货风险。

25. 企业利用螺纹钢期货对（　　）现货进行的套期保值属于交叉套期保值。

A. 钢坯　　B. 冷轧钢板

C. 钢铁线材　　D. 铝材

【参考答案】ABC

【答案解析】选择与被套期保值商品或资产不相同但相关的期货合约进行的套期保值就是交叉套期保值。一般，选择作为替代物的期货品种最好是该现货商品或资产的替代品，相互替代性越强，交叉套期保值交易的效果就越好。

三、**判断题**（请判断以下各小题的正误，正确的填写 A，错误的填写 B）

1. 规避风险是期货市场的基本功能之一，是通过套期保值操作来实现的。（　　）

【参考答案】A

【答案解析】规避风险是期货市场的基本功能之一，是通过套期保值操作来实现的。

2. 套期保值是指企业通过持有与其现货市场头寸相同的期货合约对冲价格风险。（　　）

【参考答案】B

【答案解析】套期保值是指企业通过持有与其现货市场头寸相反的期货合约，或将期货合约作为其现货市场未来要进行的交易的替代物，以期对冲价格风险的方式。

3. 企业也可以利用螺纹钢期货对钢坯现货进行套期保值。（　　）

【参考答案】A

【答案解析】如果不存在与被套期保值的商品或资产相同的期货合约，企业可以选择其他的相关期货合约进行套期保值，选择的期货合约头寸的价值变动与实际的、预期的现货头寸的价值变动大体上相当。这种选择与被套期保值商品或资产不相同但相关的期货合约进行的套期保值被称为交叉套期保值。

4. 期货市场出现亏损，则套期保值失败。（　　）

【参考答案】B

【答案解析】套期保值的本质是用风险对冲降低风险对企业经营活动的影响，实现其稳健经营。因此，在评价套期保值效果时，应将期货头寸的盈亏与现货盈亏作为一个整体进行评价，两者冲抵的程度越大，规避风险的效果也就越好。在我国套期保值实践中，经常出现的一种情形是，一旦期货市场出现亏损，就认为套期保值是失败的。这实际上是一种片面、错误的认识，是对套期保值的风险对冲本质认识不足。

5. 套期保值作为企业规避价格风险的可选择手段，并不一定适合所有企业。（　　）

【参考答案】A

【答案解析】对企业而言，套期保值作为企业规避价格风险的可选择手段，并不一定适合所有企业。这是因为，套期保值操作是一项专业性极高的操作，且在操作中也要涉及诸多成本，如机构及人员费用、管理费用、资金占用成本等。因此，企业在权衡是否进行套期保值时，要进行收益与成本的分析。如果套期保值成本过高，即使企业面临价格风险，也不倾向于利用期货市场。从这个角度看，套期保值操作具有规模经济的特点，即对规模大的企业而言，从事套期保值的平均成本要低于规模小的企业。

6. 期货品种与现货商品或资产之间的相互替代性越强，交叉套期保值交易

效果就会越好。（ ）

【参考答案】A

【答案解析】一般的，选择作为替代物的期货品种最好是该现货商品或资产的替代品，相互替代性越强，交叉套期保值交易的效果就会越好。

7. 要实现风险对冲，在套期保值操作中应满足：期货头寸持有时间段与现货承担风险的时间段对应。（ ）

【参考答案】A

【答案解析】要实现风险对冲，在套期保值操作中应满足以下条件：（1）在套期保值数量选择上，要使期货与现货市场的价值变动大体相当；（2）在期货头寸方向的选择上，应与现货头寸相反或作为现货未来交易的替代品；（3）期货头寸持有时间段与现货承担风险的时间段对应。

8. 套期保值就是期货市场的盈利弥补现货市场的亏损。（ ）

【参考答案】B

【答案解析】在评价套期保值效果时，应将期货头寸的盈亏与现货盈亏作为一个整体进行评价，两者冲抵的程度越大，规避风险的效果也就越好。在我国套期保值实践中，经常出现的一种情形是，一旦期货市场出现亏损，就认为套期保值是失败的。这实际上是一种片面、错误的认识，是对套期保值的风险对冲本质认识不足。

9. 现货市场与期货市场是两个独立的市场，会受到不同经济因素的影响和制约，因而一般情况下两个市场的价格变动趋势不相同。（ ）

【参考答案】B

【答案解析】套期保值之所以能够起到风险对冲的作用，其根本的原理在于：期货价格与现货价格受到相似的供求等因素的影响，两者的变动趋势趋同，这样，通过套期保值，无论价格是涨还是跌，总会出现一个市场盈利而另一个市场亏损的情形，盈亏相抵，就可以规避因为价格波动而给企业带来的风险，实现企业的稳健经营。

10. 有时企业在现货市场既不是多头，也不是空头，而是计划在未来买入或卖出某商品或资产。这种情形下也可以进行套期保值。（ ）

【参考答案】A

【答案解析】有时企业在现货市场既不是多头，也不是空头，而是计划在未来买入或卖出某商品或资产。这种情形下也可以进行套期保值，在期货市场建立的头寸是作为现货市场未来要进行的交易的替代物。

11. 卖出套期保值适用于：已经按固定价格买入未来交收的商品或资产，担心市场价格下跌。（ ）

【参考答案】A

【答案解析】卖出套期保值的操作主要适用于以下情形：第一，持有某种商品或资产（此时持有现货多头头寸），担心市场价格下跌，使其持有的商品或资产的市场价值下降，或者其销售收益下降。第二，已经按固定价格买入未来交收的商品或资产（此时持有现货多头头寸），担心市场价格下跌，使其商品或资产市场价值下降或其销售收益下降。第三，预计未来要销售某种商品或资产，但销售价格尚未确定，担心市场价格下跌，使其销售收益下降。

12. 事实上，套期保值操作在规避风险的同时，也放弃了获取投机性收益的机会。 （ ）

【参考答案】A

【答案解析】事实上，套期保值操作在规避风险的同时，也放弃了获取投机性收益的机会。如果不进行套期保值操作，虽然可以在价格有利变化时获取投机性收益，但也要承担价格不利变化时的风险，这将增加其经营结果的不确定性。

13. 对于一个买入套期保值者来说，期货价格上涨，而现货价格下跌，其结果是双重的损失。 （ ）

【参考答案】B

【答案解析】如果期货价格上升，现货价格下降，买入套期保值者将在现货市场少支付成本，且在期货市场上获益。

14. 不同的交易者，由于关注的商品品质不同，参考的期货合约月份不同，以及现货交收地点不同，所关注的基差也会不同。 （ ）

【参考答案】A

【答案解析】不同的交易者，由于关注的商品品质不同，参考的期货合约月份不同，以及现货交收地点不同，所关注的基差也会不同。例如，某小麦交易商因为在5月份的CBOT小麦期货合约上进行了套期保值交易，所以他关心的基差就是相对于5月份的CBOT小麦期货合约的基差。

15. 如果不进行套期保值操作，企业将承担现货价格波动的风险，做了套期保值后，企业就没有什么风险了。 （ ）

【参考答案】B

【答案解析】如果不进行套期保值操作，企业将承担现货价格波动的风险，这个风险要比"价差的变动"——基差变动而产生的风险大。套期保值的实质是用较小的基差风险代替了较大的现货价格波动风险。

16. 在正向市场中，基差为正值。 （ ）

【参考答案】B

【答案解析】当期货价格高于现货价格或者远期期货合约价格高于近期期货合约价格时的这种市场状态被称为正向市场，此时基差为负值。

17. 在反向市场中，不存在持仓费问题。 （ ）

【参考答案】B

【答案解析】反向市场的价格关系并非意味着现货持有者没有持仓费的支出，只要持有现货并储存到未来某一时期，仓储费、保险费、利息成本的支出就是必不可少的。只不过，在反向市场上，由于市场对现货及近期月份合约需求迫切，购买者愿意承担全部持仓费来持有现货而已。

18. 在点价交易中，贸易双方并非直接确定一个价格，而是以约定的某月份合约的期货价格为基准，在此基础上加减一个升贴水来确定。 （ ）

【参考答案】A

【答案解析】与传统的贸易不同，在点价交易中，贸易双方并非直接确定一个价格，而是以约定的某月份期货合约价格为基准，在此基础上加减一个升贴水来确定。升贴水的高低，与点价所选取的期货合约月份的远近、期货交割地与现货交割地之间的运费以及期货交割商品品质与现货交割商品品质的差异有关。

19. 根据确定具体时点的实际交易价格的权利归属划分，点价交易可分为买方叫价交易和卖方叫价交易。 （ ）

【参考答案】A

【答案解析】根据确定具体时点的实际交易价格的权利归属划分，点价交易可分为买方叫价交易和卖方叫价交易，如果确定交易时间的权利属于买方，称为买方叫价交易，若权利属于卖方，则称为卖方叫价交易。

20. 当股指期货的近月合约价格高于远月合约价格时，市场为正向市场。（ ）

【参考答案】B

【答案解析】当期货价格高于现货价格或者远期期货合约价格高于近期期货合约价格时的这种市场状态被称为正向市场，此时基差为负值。

21. 一般而言，距离交割日期越近，持仓费越大。 （ ）

【参考答案】B

【答案解析】持仓费，又称为持仓成本，是指为拥有或保留某种商品、资产等而支付的仓储费、保险费和利息等费用总和。持仓费高低与距期货合约到期时间长短有关，距交割时间越近，持仓费越低。

22. 当豆粕的基差从 -220 元/吨变为 -300 元/吨，由于绝对值变大，属于基差走强。 （ ）

【参考答案】B

【答案解析】当基差变大时，称为“走强”。基差走强常见的情形有：现货价格涨幅超过期货价格涨幅，以及现货价格跌幅小于期货价格跌幅。

23. 现货价格高于期货价格的状态属于正向市场。（　　）

【参考答案】B

【答案解析】当期货价格高于现货价格或者远期期货合约价格高于近期期货合约价格时的这种市场状态被称为正向市场，此时基差为负值。正向市场主要反映了持仓费。

24. 对套期保值者来说，基差交易是其套期保值交易的一个必经步骤。（　　）

【参考答案】B

【答案解析】基差交易是套期保值的一种特殊形式，而不是必经步骤。

25. 理论上，当期货合约到期时，持仓费会减小到零，基差也将变为零。（　　）

【参考答案】A

【答案解析】当期货合约到期时，理论上应该没有持仓费了。

四、综合题（以下各小题给出的四个选项中，至少有一项符合题目要求，请将符合题目要求选项的代码填入括号内）

阅读材料，回答以下1～3题。

6月份，某铝型厂预计9月份需要500吨铝作为原料，当时铝的现货价格为15300元/吨，因目前仓库库容不够，无法现在购进。

1. 为了防止铝价上涨，该厂决定在上海期货交易所进行铝套期保值期货交易，当天9月份铝期货价格为15300元/吨。该厂在期货市场应（　　）7月份铝期货合约。

A. 卖出100手　　B. 买入100手

C. 卖出50手　　D. 买入50手

【参考答案】B

【答案解析】铝合约的交易单位为5吨/手，所以需购买合约500÷5=100（手）。

2. 到了9月1日，铝价大幅度上涨。现货铝价为18000元/吨，9月份铝期货价格为18050元/吨。如果该厂在现货市场购进500吨铝，同时将期货合约平仓，则该厂在期货市场的盈亏情况是（　　）。

A. 盈利1375000元　　B. 亏损1375000元

C. 盈利1525000元　　D. 亏损1525000元

【参考答案】A

【答案解析】期货对冲盈利 = 18050 - 15300 = 2750（元/吨），净盈利为2750 × 500 = 1375000（元）。

3. 该厂铝的实际购进成本是（　　）元/吨。

A. 15300　　B. 18000

C. 18050　　D. 15250

【参考答案】D

【答案解析】该厂在期货市场上盈利 2750 元/吨，所以实际购货价 = 18000 - 2750 = 15250 元/吨。

阅读材料，回答以下 4 ~ 5 题。

9 月 10 日，白糖现货价格为 4300 元/吨，某糖厂决定利用白糖期货对其生产的白糖进行套期保值。当天以 4350 元/吨的价格在 11 月份白糖期货合约上建仓。10 月 10 日，白糖现货价格跌至 3800 元/吨，期货价格跌至 3750 元/吨，该糖厂将白糖现货售出，并将期货合约全部对冲平仓。

4. 该糖厂应该（　　）。

A. 做买入套期保值操作　　B. 做卖出套期保值操作

C. 在期货市场上买入期货合约　　D. 在现货市场上买入白糖现货

【参考答案】B

【答案解析】糖厂是白糖生产商，应做卖出套期保值操作。

5. 该糖厂的套期保值效果是（　　）（不计手续费等费用）。

A. 未实现完全套期保值且有净亏损

B. 通过套期保值操作，白糖的售价相当于 3300 元/吨

C. 期货市场盈利 500 元/吨

D. 现货市场亏损 500 元/吨

【参考答案】D

【答案解析】通过套期保值，该糖厂白糖的实际售价为：现货市场实际销售价格 + 期货市场每吨盈利 = 3800 + （4350 - 3750） = 4200（元/吨）；期货市场盈利 4350 - 3750 = 600（元/吨）；现货市场亏损 500 元/吨，即 3800 - 4300 = -500（元/吨）。

阅读材料，回答以下 6 ~ 7 题。

4 月初，黄金现货价格为 200 元/克，某矿产企业预计未来 3 个月会有一批黄金产出，决定对其进行套期保值。该企业以 205 元/克的价格在 6 月份黄金期货合约上建仓。7 月初，黄金现货价格跌至 192 元/克，该企业在现货市场将黄金售出。

6. 该矿产企业应该（　　）。

A. 做买入套期保值操作　　B. 做卖出套期保值操作

C. 在期货市场上买入　　D. 在现货市场上买入

【参考答案】B

【答案解析】矿产企业是黄金生产商，应做卖出套期保值操作。

7. 要使期货市场和现货市场完全盈亏相抵，该企业期货合约对冲平仓价格为（　　）元/克（不计手续费等费用）。

A. 203　　B. 193

C. 197　　D. 196

【参考答案】C

【答案解析】由题意，要使期货市场和现货市场完全盈亏相抵，应套期保值前后的价差相等。在不考虑其他费用时，该企业期货合约的对冲平仓价格应满足：205 - P = 200 - 192，P = 197（元/克）。

8. 某企业准备采取交割方式进行大豆卖出套期保值交易。假设市场利率为5%，大豆价格为2500元/吨，每日仓储费为0.5元/吨，保险费为每月8元/吨，则每月持仓费是（　　）元/吨。

A. 23.85　　B. 8.96

C. 10.42　　D. 33.42

【参考答案】D

【答案解析】持仓费包括仓储费、保险费和利息。每月仓储费 = 0.5 × 30 = 15（元/吨）；每月利息 =（5%/12）× 2500 = 10.42（元/吨）；每月持仓费 = 15 + 8 + 10.42 = 33.42（元/吨）。

9. 5月份，某进口商以47000元/吨的价格从国外进口铜，并利用期货进行套期保值，以47500元/吨的价格卖出5月份铜期货合约。至6月中旬，该进口商与某电缆厂协商以5月份铜期货合约为基准价，以低于期货价格300元/吨的价格成交。该进口商开始进行套期保值时的基差为（　　）元/吨。

A. -500　　B. 300

C. 500　　D. -300

【参考答案】A

【答案解析】该进口商开始进行套期保值时的基差 = 47000 - 47500 = -500（元/吨）。

阅读材料，回答以下10～11题。

2月中旬，豆粕现货价格为2760元/吨。国内某饲料厂计划在4月份购进

1000 吨豆粕，决定利用豆粕期货进行套期保值。

10. 该厂（　　）5 月份豆粕期货合约。

A. 买入 100 手　　B. 卖出 100 手

C. 买入 200 手　　D. 卖出 200 手

【参考答案】A

【答案解析】豆粕的交易单位为 10 吨/手，所以买入数量应为 1000/10 = 100（手）。

11. 该厂 5 月份豆粕期货建仓价格为 2790 元/吨，4 月份该厂以 2770 元/吨的价格买入豆粕 1000 吨，同时平仓 5 月份豆粕期货合约，平仓价格为 2785 元/吨，该厂（　　）。

A. 未实现完全套期保值，有净亏损 15 元/吨

B. 未实现完全套期保值，有净亏损 30 元/吨

C. 实现完全套期保值，有净盈利 15 元/吨

D. 实现完全套期保值，有净盈利 30 元/吨

【参考答案】A

【答案解析】建仓时基差 = 现货价格 - 期货价格 = 2760 - 2790 = -30（元/吨）。平仓时基差为 2770 - 2785 = -15（元/吨），基差走强，期货市场和现货市场盈亏不能完全相抵，存在净损失 15 元/吨，不能实现完全的套期保值。

阅读材料，回答以下 12 ~ 13 题。

9 月 10 日，白糖现货价格为 3200 元/吨，某糖厂决定利用国内期货市场为其生产的 5000 吨白糖进行套期保值。

12. 该糖厂应该（　　）11 月份白糖期货合约。

A. 买入 1000 手　　B. 卖出 1000 手

C. 买入 500 手　　D. 卖出 500 手

【参考答案】D

【答案解析】白糖期货的交易单位为 10 吨/手，因而套期保值操作的交易数量应为 500 手。

13. 该糖厂在 11 月份白糖期货合约上的建仓价格为 3150 元/吨。10 月 10 日，白糖现货价格跌至 2810 元/吨，期货价格跌至 2720 元/吨。该糖厂将白糖现货售出，并将期货合约对冲平仓，该糖厂套期保值的效果是（　　）。

A. 基差走强 40 元/吨

B. 期货市场盈利 260 元/吨

C. 通过套期保值操作，白糖的实际售价为 2850 元/吨

D. 未实现完全套期保值且有净亏损

【参考答案】A

【答案解析】该糖厂进行的是卖出套期保值，初始基差 = 3200 - 3150 = 50（元/吨），平仓基差 = 2810 - 2720 = 90（元/吨），基差走强 40 元/吨。通过套期保值，该糖厂白糖的实际售价 = 现货市场实际销售价格 + 期货市场每吨盈利 = 2810 +（3150 - 2720）= 3240（元/吨）。

阅读材料，回答以下 14 ~ 16 题。

12 月 1 日，某饲料厂与某油脂企业签订合约，约定购买一批豆粕，协商确定以来年 2 月份时豆粕 3 月期货合约价格为基准，以高于期货价格 100 元/吨的价格作为现货交收价格。合约签订后，该油脂企业进行卖出套期保值，以 3220 元/吨的价格卖出来年 3 月份豆粕期货合约，此时豆粕现货价格为 3210 元/吨。来年 2 月 12 日，该饲料厂实施点价，以 3000 元/吨的期货价格为基准价进行实物交收，此时油脂企业将期货合约买入对冲平仓。此时豆粕现货价格为 3100 元/吨。（不计手续费等费用）

14. 通过套期保值操作，油脂企业豆粕的售价相当于（　　）元/吨。

A. 3000　　B. 3100

C. 3220　　D. 3320

【参考答案】D

【答案解析】该油脂企业豆粕的实际售价 = 现货市场实际销售价格 + 期货市场每吨盈利 = 3100 +（3220 - 3000）= 3320（元/吨）。

15. 油脂企业的销售结果是（　　）。

A. 基差走弱 110 元/吨，油脂企业未实现完全套期保值，有净亏损

B. 基差走弱 110 元/吨，油脂企业实现完全套期保值，有净盈利

C. 基差走强 110 元/吨，油脂企业未实现完全套期保值，有净亏损

D. 基差走强 110 元/吨，油脂企业实现完全套期保值，有净盈利

【参考答案】D

【答案解析】初始基差 = 3210 - 3220 = -10（元/吨）；最终基差 = 3100 - 3000 = 100（元/吨）；基差走强 110 元/吨。现货市场亏损 = 3000 + 100 - 3210 = -110（元/吨）；期货市场盈利 = 3220 - 3000 = 220（元/吨）；净盈利 = 220 - 110 = 110（元/吨）。

16. 饲料厂（　　）。

A. 与当初相比，豆粕采购成本没有变化

B. 与当初相比，豆粕采购成本不降反升

C. 与当初相比，豆粕采购成本下降

D. 应该在签订合同后做买入套期保值

【参考答案】C

【答案解析】豆粕初期的现货价格为3210元/吨，饲料厂最终的采购价是3000+100=3100（元/吨）。

17. 7月份，大豆现货价格为5010元/吨。某生产商担心9月份大豆收获时出售价格会下跌，故进行套期保值操作，以5050元/吨的价格卖出100吨11月份的大豆期货合约。9月份时，大豆现货价格降为4980元/吨，期货价格降为5000元/吨。该农场卖出100吨大豆现货，并对冲原有期货合约，则下列说法不正确的是（　　）。

A. 市场上基差走强

B. 该生产商在现货市场上亏损，在期货市场上盈利

C. 实际卖出大豆的价格为5030元/吨

D. 该生产商在此套期保值操作中净盈利10000元

【参考答案】ABC

【答案解析】7月份时基差=5010-5050=-40（元/吨），9月份时基差=4980-5000=-20（元/吨），所以基差走强。在现货市场上，净盈利=（4980-5010）×100=-3000（元），在期货市场上，净盈利=（5050-5000）×100=5000（元），套期保值净盈利=-3000+5000=2000（元）。实际卖出大豆的价格为4980+（5050-5000）=5030（元/吨）。

18. 某金属铜经销商在期现两市的建仓基差是-500元/吨（进货价67000元/吨,期货卖出为67500元/吨），承诺在3个月后以低于期货价100元/吨的价格出手，则该经销商的利润是（　　）元/吨。

A. 100　　B. 500　　C. 600　　D. 400

【参考答案】D

【答案解析】建仓基差是-500元/吨，3个月后基差是-100元/吨，基差走强400元/吨，因而经销商每吨获利400元。

阅读材料，回答以下19~23题。

1月中旬，某化工企业与一家甲醇贸易企业签订购销合同，按照当时该地的现货价格3600元/吨在2个月后向该化工厂交付2000吨甲醇。该贸易企业经过市场调研，认为甲醇价格可能会上涨。为了避免2个月后为了履行购销合同采购甲醇成本上升，该贸易企业买入5月份交割的甲醇期货合约200手（每手10吨），成交价为3500元/吨。春节过后，甲醇价格果然开始上涨，至3月中旬，价差现货价格已达4150元/吨，期货价格也升至4080元/吨。该企业在现货市场采购甲醇交货，与此同时将期货市场多头头寸平仓，结束套期保值。

19. 该贸易企业所做的是（　　）。

A. 卖出套期保值　　B. 买入套期保值

C. 交叉套期保值　　D. 基差交易

【参考答案】B

【答案解析】担心价格上涨就要做买入套保。

20. 1 月中旬、3 月中旬甲醇的基差分别是（　　）。

A. 100 元吨、－70 元吨　　B. －100 元吨、70 元吨

C. 100 元吨、70 元吨　　D. －100 元吨、－70 元吨

【参考答案】C

【答案解析】1 月中旬甲醇基差 = 现货价格 - 期货价格 = 3600 - 3500 = 100（元/吨）；3 月中旬甲醇基差 = 现货价格 - 期货价格 = 4150 - 4080 = 70（元/吨）。

21. 1 月中旬、3 月中旬甲醇期货市场的状态分别是（　　）。

A. 正向市场、反向市场　　B. 反向市场、正向市场

C. 反向市场、反向市场　　D. 正向市场、正向市场

【参考答案】B

【答案解析】现货市场价格高于期货市场价格是反向市场；反之，则为正向市场。

22. 1 月中旬到 3 月中旬甲醇期货市场（　　）。

A. 基差走弱 30 元/吨　　B. 基差走强 30 元/吨

C. 基差走强 100 元/吨　　D. 基差走弱 100 元/吨

【参考答案】A

【答案解析】1 月到 3 月，基差从 100 元/吨变动到 70 元/吨，说明现货价格上涨幅度小于期货价格，基差走弱 30 元/吨。

23. 该贸易企业套期保值结束后，销售甲醇（　　）。

A. 净损失 30 元/吨　　B. 净盈利 30 元/吨

C. 净盈利 100 元/吨　　D. 既没有盈利，也没有损失

【参考答案】B

【答案解析】甲醇现货市场每吨成本上升 550 元，期货市场每吨盈利 580 元，每吨净盈利 30 元。

阅读材料，回答以下 24 ~ 25 题。

2 月 1 日，某农场与某饲料企业签订合同，约定 2 个月后出售一批玉米，协议以到时候的 5 月份玉米期货价格为基准，以高于期货价格 10 元/吨的价格作为现货交收价格，而当时玉米现货价格为 1500 元/吨。签订合同后，该农场进行卖

出套期保值，以 1520 元/吨的价格卖出 5 月份玉米期货。

24. 该农场开始进行套期保值时的基差为（ ）元/吨。

A. -20　　B. -10

C. 20　　D. 10

【参考答案】A

【答案解析】初始基差 = 1500 - 1520 = -20（元/吨）。

25. 4 月 1 日，该饲料厂实施点价，以 1400 元/吨的期货价格为基准价进行实物交收。农场同时以该价格将期货合约对冲平仓，此时现货价格为 1350 元/吨。则农场的交易结果是（ ）（不计手续费用等费用）。

A. 通过套期保值操作，玉米的售价相当于 1520 元/吨

B. 对农场来说，结束套期保值时的基差为 -50 元/吨

C. 通过套期保值操作，玉米的售价相当于 1530 元/吨

D. 农场在期货市场盈利 100 元/吨

【参考答案】C

【答案解析】结束套期保值时，基差 = 1400 - 1350 = 50（元/吨）。期货交易的盈利情形为：1520 - 1400 = 120（元/吨），现货卖出价格为：1400 + 10 = 1410（元/吨），因而售出价 = 1410 + 120 = 1530（元/吨）。

26. 某进口商 5 月以 108000 元/吨的价格进口镍，同时卖出 7 月镍期货保值，成交价为 108500 元/吨。该进口商寻求基差交易，即以 7 月镍期货合约价格为基准，加一定的升贴水。不久，该进口商找到了一家不锈钢生产企业。两家企业协商的镍销售价格应比 7 月期货价格（ ）元/吨就可保证进口商至少 300 元/吨的盈利（忽略交易成本）。

A. 最多低 200　　B. 最少低 200

C. 最多低 300　　D. 最少低 300

【参考答案】A

【答案解析】该进口商 5 月份建仓时的基差 = 108000 - 108500 = -500（元/吨），若要保证至少 300 元/吨的盈利，则基差应大于 -500 + 300 = -200 元/吨，因此，两家企业协商的销售价格应比 7 月期货价格最多低 200 元/吨就可保证进口商至少 300 元/吨的盈利。

分析以下情境，回答以下 27～29 题。

下图是国内豆油现货与期货基差变动图。

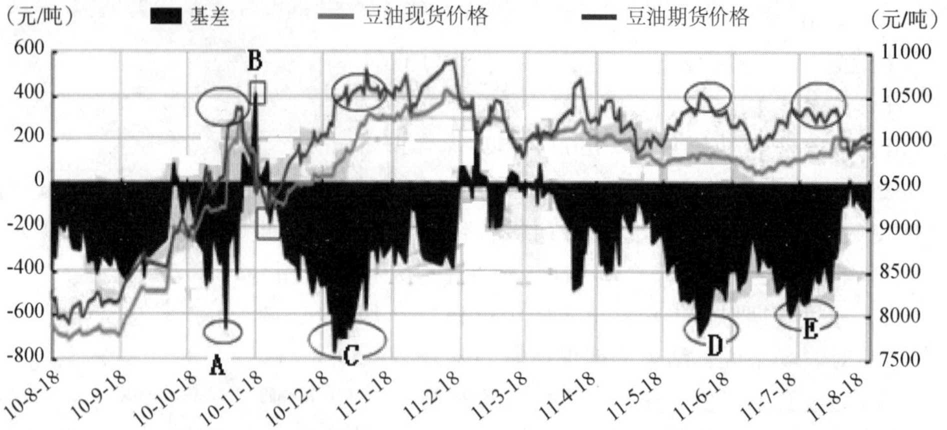

27. 在图中（　　）点做卖出套期保值效果最佳，并且有很大可能出现净盈利。

A. A　　　　B. B

C. C　　　　D. D

【参考答案】C

【答案解析】未来基差走强的可能性很大。

28. 在图中（　　）点做买入套期保值效果最佳，并且有很大可能出现净盈利。

A. A　　　　B. B

C. C　　　　D. D

【参考答案】B

【答案解析】未来基差走弱的可能性很大。

29. 当基差卖出一方在图中 A 点买入套期保值以后，如果基差运行到 B 点的位置，将会造成套保者（　　）。

A. 期货市场上的获利＜现货市场上的损失

B. 期货市场上的获利＞现货市场上的损失

C. 期货市场上的损失＜现货市场上的获利

D. 期货市场上的损失＞现货市场上的获利

【参考答案】D

【答案解析】基差走强，买入套期保值者承担基差风险。

阅读材料，回答以下30~33题。

4月16日，阴极铜现货价格为48000元/吨。某有色冶炼企业希望7月份生产的阴极铜也能卖出这个价格。为防止未来铜价下跌，按预期产量，该企业于4月18日在期货市场上卖出了100手7月份交割的阴极铜期货合约，成交价为49000元/吨。但随后企业发现基差变化不定，套期保值不能完全保证企业回避未来现货市场价格变化的风险。于是，企业积极寻找铜现货买家。4月28日，一家电缆厂表现出购买意愿。经协商，买卖双方约定，在6月份之前的任何一天的期货交易时间内，电缆厂均可按铜期货市场的即时价格点价。最终现货成交价按期货价格-600元/吨作价。

30. 假如6月15日铜买方点价确定阴极铜7月期货合约价格为45600元/吨，则铜的卖方企业此次基差交易的结果为（　　）。

A. 盈利170万元
B. 盈利50万元
C. 盈利20万元
D. 亏损120万元

【参考答案】C

【答案解析】初始基差=48000-49000=-1000元/吨，最终基差=-600元/吨,基差走强，卖出套期保值者有净盈利：-600-（-1000）×5吨/手×100手=20万元。

31. 4月28日，铜的买卖双方在协商现货成交价格时，电缆厂预期未来两个月铜的基差由强走弱的可能性很大，意味着目前（　　）。

A. 期货价格可能被低估
B. 期货价格可能被高估
C. 现货价格可能被低估
D. 现货价格可能被高估

【参考答案】AD

【答案解析】未来基差由强走弱，那么根据基差公式，期货价格可能被低估，或者现货价格可能被高估。

32. 4月28日，铜的买卖双方在协商现货成交价格时，电缆厂预期未来两个月铜的基差由弱走强的可能性很大，它应采取的策略是（　　）。

A. 要求卖方进一步提高贴水报价，并且在市场上寻找贴水报价最高的卖主
B. 赶快与卖方签订基差交易合同，以免卖方降低贴水报价
C. 不与卖方签订基差交易合同，直接到期货市场做买期保值
D. 签订基差交易合同后，将点价时间尽量往后拖延

【参考答案】ABD

【答案解析】预期未来两个月铜的基差由弱走强，那么根据基差公式，期货价格可能被高估，或者现货价格可能被低估。

33. 电缆厂深知，它所面临的价格波动风险要比基差卖方大得多，所以一旦对价格判断错误导致点价策略失误，那么风险将是巨大的，电缆厂应采取的主要防控措施包括（　　）。

A. 尽量早点价　　　　B. 拖延点价

C. 先套保再点价　　　　D. 边点价边套保

【参考答案】ACD

【答案解析】电缆厂实际上是在做投机交易。

第五章

期货投机与套利交易通关练习

一、单项选择题（在以下各小题所给出的四个选项中，只有一个选项符合题目要求，请将正确选项的代码填入括号中）

1. 期货投机是指交易者通过预测期货合约未来价格变化，以在期货市场上获取（　　）为目的的期货交易行为。

A. 高额利润　　B. 剩余价值

C. 价差收益　　D. 垄断利润

【参考答案】C

【答案解析】期货投机是指交易者通过预测期货合约未来价格变化，以在期货市场上获取价差收益为目的的期货交易行为。

2. 个人投机者是指以（　　）身份从事期货投机交易的投机者。

A. 法人　　B. 自然人

C. 公民　　D. 居民

【参考答案】B

【答案解析】个人投机者是指以自然人身份从事期货投机交易的投机者。

3. 在交易中，投机者根据对未来价格波动方向的预测确定交易头寸的方向。若投机者预测价格上涨买进期货合约，持有多头头寸，被称为（　　）；若投机者预测价格下跌卖出期货合约，持有空头头寸，则被称为（　　）。

A. 个人投资者；机构投资者　　B. 机构投资者；个人投资者

C. 空头投机者；多头投机者　　D. 多头投机者；空头投机者

【参考答案】D

【答案解析】若投机者持有多头头寸，则被称为多头投机者；若投机者持有空头头寸，则被称为空头投机者。

4. 入市时机选择的步骤是（　　）。

A. 通过基本面分析法，判断某品种期货合约价格将会上涨还是下跌；权衡风险和获利前景；决定入市的具体时间

B. 通过基本面分析法，判断某品种期货合约价格将会上涨还是下跌；决定入市的具体时间；权衡风险和获利前景

C. 权衡风险和获利前景；通过基本面分析法，判断某品种期货合约价格将会上涨还是下跌；决定入市的具体时间

D. 决定入市的具体时间；权衡风险和获利前景；通过基本面分析法，判断某品种期货合约价格将会上涨还是下跌

【参考答案】A

【答案解析】入市时机选择的步骤：第一步，通过基本面分析法，判断某品种期货合约价格将会上涨还是下跌。如果是上涨，则进一步利用技术分析法分析升势有多大，持续时间有多长；如果是下跌，则进一步利用技术分析法分析跌势有多大，持续时间有多长。第二步，权衡风险和获利前景。投机者在决定入市时，要充分考虑自身承担风险的能力，并且只有在获利的概率较大时，才能入市。第三步，决定入市的具体时间。

5. 金字塔式建仓是一种（　　）的方法。

A. 增加合约仓位　　B. 减少合约仓位

C. 平仓　　D. 以上都不对

【参考答案】A

【答案解析】金字塔式建仓是一种增加合约仓位的方法。

6. 金字塔式建仓的特点是将不断买入（卖出）的期货合约的（　　）保持在较低（高）水平。

A. 最高价格　　B. 最低价格

C. 平均价格　　D. 当前价格

【参考答案】C

【答案解析】金字塔式建仓的特点是将不断买入（卖出）的期货合约的平均价格保持在较低（高）水平。

7. 建仓时除了要决定买卖何种合约及何时买卖，还必须选择合适的（　　）。

A. 持仓时间　　B. 持仓比例

C. 合约交割月份　　D. 合约配置比例

【参考答案】C

【答案解析】建仓时除了要决定买卖何种合约及何时买卖，还必须选择合适的合约交割月份。

8. 一般来说，期货投机者在选择合约月份时，应选择（ ）合约，避开（ ）合约。

A. 交易不活跃的；交易活跃的　　B. 交易活跃的；交易不活跃的

C. 可交易的；不可交易的　　D. 不可交易的；可交易的

【参考答案】B

【答案解析】一般来说，期货投机者在选择合约月份时，应选择交易活跃的合约，避开不活跃的合约。

9. 活跃的合约具有（ ），方便投机者在合适的价位对所持头寸进行平仓。

A. 较高的市场价值　　B. 较低的市场价值

C. 较高的市场流动性　　D. 较低的市场流动性

【参考答案】C

【答案解析】活跃的合约具有较高的市场流动性，方便投机者在合适的价位对所持头寸进行平仓。

10. 如果合约（ ），投机者想平仓时，经常需等较长的时间或接受不理想的价差。

A. 价值低　　B. 不活跃

C. 活跃　　D. 价值高

【参考答案】B

【答案解析】如果合约不活跃，投机者想平仓时，经常需等较长的时间或接受不理想的价差。

11. 在正向市场中，若远月合约价格上升，近月合约价格（ ），以保持与远月合约间正常的持仓费用关系，且近月合约的价格上升可能更多；当市场行情下降时，远月合约的跌幅（ ）近月合约，因为远月合约对近月合约的升水通常与近月合约间相差的持仓费大体相当。

A. 也会上升；不会小于　　B. 也会上升；会小于

C. 不会上升；不会小于　　D. 不会上升；会小于

【参考答案】A

【答案解析】在正向市场中，远月合约的价格高于近月合约的价格。

12. 在正向市场中，多头投机者应（ ）；空头投机者应（ ）。

A. 卖出近月合约；买入远月合约　B. 卖出近月合约；卖出远月合约

C. 买入近月合约；买入远月合约　D. 买入近月合约；卖出远月合约

【参考答案】D

【答案解析】多头投机者应买入近月合约；空头投机者应卖出远月合约。

13. 在反向市场中，当市场行情上涨且远月合约价格相对偏低时，若近月合约价格上升，远月合约的价格（　　），且远月合约价格上升可能更多；如果市场行情下降，则近月合约受的影响较大，跌幅（　　）远月合约。

A. 也会上升；很可能大于　　B. 也会上升；会小于

C. 不会上升；不会大于　　D. 不会上升；会小于

【参考答案】A

【答案解析】在反向市场中，远月合约的价格低于近月合约的价格。

14. 在反向市场中，做多头的投机者宜（　　），行情看涨时可获得较多利润；做空头的投机者宜（　　），行情下跌时可获得较多利润。

A. 卖出近月合约；买入远月合约　B. 卖出近月合约；卖出远月合约

C. 买入远月合约；买入远月合约　D. 买入远月合约；卖出近月合约

【参考答案】D

【答案解析】在反向市场中，做多头的投机者宜买入交割月份较远的远月合约，行情看涨时可获得较多利润；做空头的投机者宜卖出交割月份较近的近月合约，行情下跌时可获得较多利润。

15. 当现货供应极度紧张而出现的反向市场情况下，可能会出现（　　）的局面，投机者对此也要多加注意，避免进入交割期发生违约风险。

A. 近月合约涨幅大于远月合约　　B. 近月合约涨幅小于远月合约

C. 远月合约涨幅等于远月合约　　D. 以上都不对

【参考答案】A

【答案解析】当现货供应极度紧张而出现的反向市场情况下，可能会出现近月合约涨幅大于远月合约的局面，投机者对此要多加注意，避免进入交割期发生违约风险。

16. 如果在期货市场建仓后，市场价格变动对投资者有利，投机者增加仓位的做法是每次买卖的合约数量总是大于前一次买卖的合约数量，这种操作方法称为（　　）式建仓。

A. 金字塔　　B. 倒金字塔

C. 循序渐进　　D. 等比率

【参考答案】B

【答案解析】在金字塔式建仓中，每次买卖新增加的仓位数量应渐次递减。

17. 相关联的商品之间的比值关系经常偏离合理的区间，表现为一种商品被高估，另一种商品被低估，或相反，从而为（　　）套利带来了可能。

A. 跨期　　B. 跨市

C. 跨品种　　D. 期现

【参考答案】C

【答案解析】相关联的商品之间的套利属于跨品种套利。

18. 在行情变动有利时，不必急于平仓获利，而应尽量延长持仓时间，充分获取市场有利变动产生的利润。这就要求投机者能够（　　）。

A. 灵活运用盈利指令实现限制损失，累积盈利

B. 灵活运用止损指令实现限制损失，累积盈利

C. 灵活运用买进指令实现限制损失，累积盈利

D. 灵活运用卖出指令实现限制损失，累积盈利

【参考答案】B

【答案解析】在行情变动有利时，不必急于平仓获利，而应尽量延长持仓时间，充分获取市场有利变动产生的利润。这就要求投机者能够灵活运用止损指令实现限制损失，累积盈利。

19. 所谓价差套利，是指利用期货市场上不同合约之间的（　　）进行的套利行为。

A. 盈利能力　　B. 盈利目的

C. 价差　　D. 以上都不对

【参考答案】C

【答案解析】所谓价差套利，是指利用期货市场上不同合约之间的价差进行的套利行为。

20. 期现套利，是指利用期货市场与现货市场之间（　　），通过在两个市场上进行反向交易，待价差趋于合理而获利的交易。

A. 合理价差　　B. 不合理价差

C. 不同的盈利模式　　D. 不同的盈利目的

【参考答案】B

【答案解析】期现套利，是指利用期货市场与现货市场之间不合理价差，通过在两个市场上进行反向交易，待价差趋于合理而获利的交易。

21. 期货价差套利在本质上是期货市场上针对价差的一种（　　）行为，但与普通期货投机交易相比，风险较低。

A. 投资　　B. 盈利

C. 经营　　D. 投机

【参考答案】D

【答案解析】期货价差套利在本质上是期货市场上针对价差的一种投机行

为，但与普通期货投机交易相比，风险较低。

22. 如果套利者预期两个或两个以上期货合约的价差将扩大，则套利者将买入其中价格较高的合约，同时卖出价格较低的合约，我们称这种套利为（　　）套利。

A. 买入　　B. 卖出

C. 期限　　D. 跨期

【参考答案】A

【答案解析】如果套利者预期两个或两个以上期货合约的价差将扩大，则套利者将买入其中价格较高的合约，同时卖出价格较低的合约，我们称这种套利为买入套利。

23. 蝶式套利是由共享居中交割月份（　　）组合而成。较近月份和较远月份的期货合约分别处于居中月份的两侧，形同蝴蝶的两个翅膀，因此称之为蝶式套利。

A. 一个牛市套利和一个熊市套利　　B. 一个买入套利和一个卖出套利

C. 一个跨期套利和一个跨市套利　　D. 一个价差套利和一个跨期套利

【参考答案】A

【答案解析】蝶式套利是跨期套利中的又一种常见形式。它是由共享居中交割月份一个牛市套利和一个熊市套利组合而成。较近月份和较远月份的期货合约分别处于居中月份的两侧，形同蝴蝶的两个翅膀，因此称之为蝶式套利。

24. 蝶式套利的具体操作方法是：（　　）较近月份合约，同时（　　）居中月份合约，并（　　）较远月份合约。其中，居中月份合约的数量等于较近月份和较远月份合约数量之和。这相当于在较近月份合约与居中月份合约之间的牛市（或熊市）套利和在居中月份与较远月份合约之间的熊市（或牛市）套利的一种组合。

A. 卖出（或买入）；卖出（或买入）；卖出（或买入）

B. 卖出（或买入）；买入（或卖出）；卖出（或买入）

C. 买入（或卖出）；买入（或卖出）；买入（或卖出）

D. 买入（或卖出）；卖出（或买入）；买入（或卖出）

【参考答案】D

【答案解析】蝶式套利的具体操作方法是：买入（或卖出）较近月份合约，同时卖出（或买入）居中月份合约，并买入（或卖出）较远月份合约。其中，居中月份合约的数量等于较近月份和较远月份合约数量之和。这相当于在较近月份合约与居中月份合约之间的牛市（或熊市）套利和在居中月份与较远月份合约之间的熊市（或牛市）套利的一种组合。

25.（　　）是指利用两种或三种不同的但相互关联的商品之间的期货合约价格差异进行套利，即同时买入或卖出某一交割月份的相互关联的商品期货合约，以期在有利时机同时将这些合约对冲平仓获利。

A. 跨期限套利　　B. 跨品种套利

C. 蝶式套利　　D. 跨市套利

【参考答案】B

【答案解析】跨品种套利，是指利用两种或三种不同的但相互关联的商品之间的期货合约价格差异进行套利，即同时买入或卖出某一交割月份的相互关联的商品期货合约，以期在有利时机同时将这些合约对冲平仓获利。

26. 大豆提油套利的做法是（　　）。

A. 购买大豆期货合约的同时卖出豆油和豆粕的期货合约，当在现货市场上购入大豆或将成品最终销售时再将期货合约对冲平仓

B. 购买豆油和豆粕期货合约的同时卖出大豆期货合约，当在现货市场上购入豆油或豆粕，或者将大豆最终销售时再将期货合约对冲平仓

C. 卖出大豆期货合约的同时买入豆油和豆粕的期货合约，当在现货市场上购入大豆或将成品最终销售时再将期货合约对冲平仓

D. 卖出豆油和豆粕期货合约的同时购买大豆期货合约，当在现货市场上购入豆油和豆粕或将大豆最终销售时再将期货合约对冲平仓

【参考答案】A

【答案解析】大豆提油套利的做法就是在期货市场同时买大豆原料，并卖出产成品豆油和豆粕。这样，大豆加工商就可以锁定产成品和原料间的价差，防止市场价格波动带来的损失。

27. 大豆反向提油套利的做法是（　　）。

A. 购买大豆期货合约的同时卖出豆油和豆粕的期货合约，当在现货市场上购入大豆或将成品最终销售时，再将期货合约对冲平仓

B. 购买豆油和豆粕期货合约的同时卖出大豆期货合约，当大豆榨油加工利润为负时再将期货合约对冲平仓

C. 卖出大豆期货合约的同时买入豆油和豆粕的期货合约，当大豆榨油加工利润为正时再将期货合约对冲平仓

D. 卖出豆油和豆粕期货合约的同时购买大豆期货合约，当在现货市场上购入豆油和豆粕或将大豆最终销售时再将期货合约对冲平仓

【参考答案】C

【答案解析】当大豆价格受某些因素的影响出现大幅上涨时，大豆可能与其制成品出现价格倒挂，大豆加工商将会采取反向大豆提油套利的做法：卖出大豆

期货合约，买进豆油和豆粕期货合约，同时缩减生产，减少豆粕和豆油的供给量，三者之间的价格将会趋于正常，大豆加工商在期货市场中的盈利将有助于弥补现货市场中的亏损。

28. 套利指令通常（　　）。

A. 不需要标明买卖各期货合约的具体价格，只要标注两个合约的价差即可

B. 需要标明买卖各期货合约的具体价格和两个合约的价差

C. 需要标明买卖各期货合约的具体价格，但不需要标注两个合约的价差

D. 既不需要标明买卖各期货合约的具体价格，也不需要标注两个合约的价差

【参考答案】A

【答案解析】体现套利指令的便利性。

29. 目前，（　　）有跨期套利指令、跨品种套利指令和压榨利润套利交易指令三类。

A. 上海期货交易所　　B. 大连商品交易所

C. 郑州商品交易所　　D. 中国金融期货交易所

【参考答案】B

【答案解析】压榨利润套利交易指令是大连商品交易所独有的指令。

30. 如果套利者希望以一个理想的价差成交，可以选择使用套利（　　）指令，确保套利交易能够以指定的甚至更好的价差成交。

A. 市价　　B. 限价

C. 止损　　D. 触发

【参考答案】B

【答案解析】目前还没有套利触发指令。

31. 限价指令的优点在于可以（　　）。

A. 保证交易者以理想的价差进行套利

B. 保证立刻成交

C. 保证套利成功

D. 保证优先成交

【参考答案】A

【答案解析】限价指令的优点在于可以保证交易者以理想的价差进行套利，但是由于限价指令只有在价差达到所设定的条件时才可以成交，不能保证立刻成交。

二、多项选择题（在以下各小题所给出的四个选项中，至少有两个选项符合题目要求，请将正确选项的代码填入括号中）

1. 期货投机与套期保值的区别主要有（　）。

A. 从交易目的来看，期货投机交易是以赚取价差收益为目的，而套期保值交易是利用期货市场规避现货价格波动的风险

B. 从交易方式来看，期货投机交易是在期货市场上进行买空卖空，从而获得价差收益；期货及衍生品基础套期保值交易则是在期货市场上建立现货市场的对冲头寸，以期达到对冲现货市场的价格波动风险

C. 从交易风险来看，期货投机者在交易中通常是为博取价差收益而主动承担相应的价格风险，套期保值者则是通过期货交易规避现货价格风险。因此，从交易者的风险态度看，期货投机者大多是价格风险偏好者，套期保值者大多是价格风险厌恶者

D. 从交易结果来看，期货投机者在交易中通常是为博取高额利润而主动承担相应的价格风险的，套期保值者则是通过期货交易规避现货道德风险。因此，从交易者的风险态度看，期货投机者大多是价格风险厌恶者，套期保值者大多是价格风险偏好者

【参考答案】ABC

【答案解析】期货投机与套期保值的区别主要有：（1）从交易目的来看，期货投机交易是以赚取价差收益为目的；而套期保值交易是利用期货市场规避现货价格波动的风险。（2）从交易方式来看，期货投机交易是在期货市场上进行买空卖空，从而获得价差收益；期货及衍生品基础套期保值交易则是在期货市场上建立现货市场的对冲头寸，以期达到对冲现货市场的价格波动风险的目的。（3）从交易风险来看，期货投机者在交易中通常是为博取价差收益而主动承担相应的价格风险；套期保值者则是通过期货交易规避现货价格风险。因此，从交易者的风险态度看，期货投机者大多是价格风险偏好者，套期保值者大多是价格风险厌恶者。

2. 以下说法正确的是（　）。

A. 按交易主体划分，期货投机者可分为机构投机者和个人投机者

B. 按交易主体划分，期货投机者可分为国有投机者和私有投机者

C. 按持有头寸方向划分，期货投机者可分为多头投机者和空头投机者

D. 按持有头寸方向划分，期货投机者可分为机构投机者和个人投机者

【参考答案】AC

【答案解析】根据不同的划分标准，期货投机者大致可分为以下几种类型：

(1) 按交易主体划分，期货投机者可分为机构投机者和个人投机者。机构投机者是指用自有资金或者从分散的公众手中筹集的资金专门进行期货投机活动的机构，主要包括各类基金、金融机构、工商企业等。个人投机者则是指以自然人身份从事期货投机交易的投机者。(2) 按持有头寸方向划分，期货投机者可分为多头投机者和空头投机者。在交易中，投机者要根据对未来价格波动方向的预测确定交易头寸的方向。若投机者预测价格上涨买进期货合约，持有多头头寸，被称为多头投机者；若投机者预测价格下跌卖出期货合约，持有空头头寸，则被称为空头投机者。

3. 机构投机者是指用自有资金或者从分散的公众手中筹集的资金专门进行期货投机活动的机构，主要包括各类（　　）等。

A. 政府机关　　B. 基金

C. 金融机构　　D. 非金融企业

【参考答案】BCD

【答案解析】机构投机者是指用自有资金或者从分散的公众手中筹集的资金专门进行期货投机活动的机构。主要包括各类基金、金融机构、非金融企业等。

4. 期货投机交易在开仓阶段的常见操作方法包括（　　）。

A. 入市时机选择　　B. 金字塔式建仓

C. 适度平仓　　D. 合约交割月份的选择

【参考答案】ABD

【答案解析】期货投机交易在开仓阶段的常见操作方法包括：(1) 入市时机选择；(2) 金字塔式建仓；(3) 合约交割月份的选择。

5. 金字塔式建仓是一种增加合约仓位的方法，增仓应遵循的两个原则是（　　）。

A. 只有在现有持仓已盈利的情况下，才能增仓

B. 可以在现有持仓亏损的情况下，适度增仓

C. 持仓的增加应渐次递增

D. 持仓的增加应渐次递减

【参考答案】AD

【答案解析】金字塔式建仓是一种增加合约仓位的方法，增仓应遵循以下两个原则：(1) 只有在现有持仓已盈利的情况下，才能增仓；(2) 持仓的增加应渐次递减。

6. 投机者在选择合约的交割月份时，通常要注意的两个问题是（　　）。

A. 合约的即时性

B. 合约的流动性

C. 远月合约时间与近月合约时间之间的关系

D. 远月合约价格与近月合约价格之间的关系

【参考答案】BD

【答案解析】投机者在选择合约的交割月份时，通常要注意以下两个问题：一是合约的流动性；二是远月合约价格与近月合约价格之间的关系。

7. 根据合约流动性不同，可将期货合约分为（ ）两种。

A. 活跃月份合约　　B. 活跃交易合约

C. 不活跃月份合约　　D. 不活跃交易合约

【参考答案】AC

【答案解析】根据合约流动性不同，可将期货合约分为活跃月份合约和不活跃月份合约两种。

8. 期货价差套利在客观上有助于将扭曲的期货市场价格重新恢复到正常水平，它的存在对期货市场的健康发展起到了重要作用，主要表现在以下（ ）方面。

A. 期货价差套利行为有助于不同期货合约价格之间合理价差关系的形成

B. 期货价差套利行为有助于不同期货合约价格之间关系的形成

C. 期货价差套利行为有助于提高市场流动性

D. 期货价差套利行为有助于提高交易者的积极性

【参考答案】AC

【答案解析】期货价差套利行为有助于不同期货合约价格之间合理价差关系的形成。期货价差套利交易的获利来自对不合理价差的发现和利用，套利者会时刻注意市场动向。如果发现相关期货合约价差存在异常，则会通过套利交易获取利润。而这种套利行为，客观上会对相关期货合约价格产生影响，促使价差趋于合理。期货价差套利交易客观上能扩大期货市场的交易量，承担价格变动的风险，提高期货交易的活跃程度，并且有助于其他交易者的正常进出和套期保值操作的顺利实现，有效降低市场风险，促进交易的流畅化和价格的理性化，因而起到了市场润滑剂和减震剂的作用。

9. 期货价差套利交易客观上能（ ），有效降低市场风险，促进交易的流畅化和价格的理性化，因而起到了市场润滑剂和减震剂的作用。

A. 扩大期货市场的交易量

B. 承担价格变动的风险

C. 提高期货交易的活跃程度

D. 有助于其他交易者的正常进出和套期保值操作的顺利实现

【参考答案】ABCD

【答案解析】期货价差套利交易客观上能扩大期货市场的交易量，承担价格变动的风险，提高期货交易的活跃程度，并且有助于其他交易者的正常进出和套期保值操作的顺利实现，有效降低市场风险，促进交易的流畅化和价格的理性化，因而起到了市场润滑剂和减震剂的作用。

10. 如果套利者预期两个或两个以上相关期货合约的价差将缩小，套利者可通过（ ）进行套利，我们称这种套利为卖出套利。

A. 买入其中价格较高的合约　　B. 买入其中价格较低的合约

C. 卖出其中价格较高的合约　　D. 卖出其中价格较低的合约

【参考答案】BC

【答案解析】如果套利者预期两个或两个以上相关期货合约的价差将缩小，套利者可通过卖出其中价格较高的合约，同时买入价格较低的合约进行套利，我们称这种套利为卖出套利。

11. 根据套利者对相关合约中价格较高的一边的买卖方向不同，期货价差套利可分为（ ）。

A. 买入套利　　B. 卖出套利

C. 跨市场套利　　D. 跨品种套利

【参考答案】AB

【答案解析】根据套利者对相关合约中价格较高的一边的买卖方向不同，期货价差套利可分为买入套利和卖出套利。

12. 在有些国家的交易所（例如美国），套利交易还可以享受（ ）方面的优惠待遇。

A. 佣金　　B. 保证金

C. 利息　　D. 保险金

【参考答案】AB

【答案解析】在有些国家的交易所（如美国），套利交易还可以享受佣金、保证金等方面的优惠待遇。

13. 在指令种类上，套利者可以选择（ ），如果要撤销前一笔套利交易的指令，则可以使用取消指令。

A. 市价指令　　B. 交易指令

C. 限价指令　　D. 停止指令

【参考答案】AC

【答案解析】在指令种类上，套利者可以选择市价指令或限价指令，如果要撤销前一笔套利交易的指令，则可以使用取消指令。

14. 在使用套利市价指令时，套利者不需注明价差的大小，只需注明（ ）即可。

A. 买入期货合约的种类　　　　　　B. 买入期货合约的月份

C. 卖出期货合约的种类　　　　　　D. 卖出期货合约的月份

【参考答案】ABCD

【答案解析】在使用套利市价指令时，套利者不需注明价差的大小，只需注明买入和卖出期货合约的种类和月份即可。

15. 套利市价指令的优点和缺点分别是（　　）。

A. 优点是成交速度快

B. 优点是成交金额大

C. 缺点是在市场行情发生较大变化时，成交的价差可能与交易者的预期有较大差距

D. 缺点是在市场行情发生较小变化时，成交的价差可能与交易者的预期有较大差距

【参考答案】AC

【答案解析】套利市价指令的优点是成交速度快，缺点是在市场行情发生较大变化时，成交的价差可能与交易者的预期有较大差距。

16. 期货价差套利根据所选择的期货合约的不同，又可分为（　　）。

A. 跨期套利　　　　　　B. 蝶式套利

C. 跨品种套利　　　　　D. 跨市套利

【参考答案】ACD

【答案解析】期货价差套利根据所选择的期货合约的不同，又可分为跨期套利、跨品种套利和跨市套利。

17. 据套利者对不同合约月份中近月合约与远月合约买卖方向的不同，跨期套利可分为（　　）。

A. 牛市套利　　　　　　B. 跨市套利

C. 熊市套利　　　　　　D. 蝶式套利

【参考答案】ACD

【答案解析】据套利者对不同合约月份中近月合约与远月合约买卖方向的不同，跨期套利可分为牛市套利、熊市套利和蝶式套利。

18. 当出现（　　）情形时，会导致较近月份合约价格上涨幅度大于较远月份合约价格的上涨幅度，或者较近月份合约价格下降幅度小于较远月份合约价格的下降幅度。无论是正向市场还是反向市场，在这种情况下，买入较近月份的合约同时卖出较远月份的合约进行套利，盈利的可能性比较大，我们称这种套利为牛市套利。

A. 市场供给充足　　　　　　B. 市场供给不足

C. 需求旺盛　　D. 远期供给相对旺盛

【参考答案】BCD

【答案解析】当市场出现供给不足、需求旺盛或者远期供给相对旺盛的情形，会导致较近月份合约价格上涨幅度大于较远月份合约价格的上涨幅度，或者较近月份合约价格下降幅度小于较远月份合约价格的下跌幅度。无论是正向市场还是反向市场，在这种情况下，买入较近月份的合约同时卖出较远月份的合约进行套利，盈利的可能性比较大，这种套利称为牛市套利。

19. 可以适用于牛市套利的可储存商品通常有（　　）等。

A. 棉花　　B. 大豆

C. 糖　　D. 铜

【参考答案】ABCD

【答案解析】可以适用于牛市套利的可储存商品通常有小麦、棉花、大豆、糖、铜等。

20. 当出现（　　）情形时，一般来说，较近月份的合约价格下降幅度要大于较远月份合约价格的下降幅度，或者较近月份的合约价格上升幅度小于较远月份合约价格的上升幅度。无论是在正向市场还是在反向市场，在这种情况下，卖出较近月份的合约同时买入较远月份的合约进行套利，盈利的可能性比较大，我们称这种套利为熊市套利。

A. 市场供给过剩　　B. 市场供给不足

C. 需求相对不足　　D. 需求相对过剩

【参考答案】AC

【答案解析】当市场出现供给过剩，需求相对不足时，一般来说，较近月份的合约价格下降幅度要大于较远月份合约价格的下降幅度，或者较近月份的合约价格上升幅度小于较远月份合约价格的上升幅度。无论是在正向市场还是在反向市场，在这种情况下，卖出较近月份的合约同时买入较远月份的合约进行套利，盈利的可能性比较大，这种套利称为熊市套利。

21. 跨品种套利又可分为两种情况，分别为（　　）。

A. 无相关性商品之间的套利　　B. 期货与现货之间的套利

C. 相关商品之间的套利　　D. 原材料与成品之间的套利

【参考答案】CD

【答案解析】跨品种套利又可分为两种情况：一是相关商品之间的套利；二是原材料与成品之间的套利。

22. 当价差与持仓费出现较大偏差时，就会产生期现套利机会。具体有两种情形，分别为（　　）。

A. 如果价差远远高于持仓费，套利者就可以通过买入现货，同时卖出相关期货合约，待合约到期时，用所买入的现货进行交割。获取的价差收益扣除买入现货后所发生的持仓费用之后还有盈利，从而产生套利利润

B. 如果价差远远高于持仓费，套利者就可以通过卖出现货，同时卖出相关现货合约，待合约到期时，用所买入的期货进行交割。获取的价差收益扣除卖出现货后所发生的持仓费用之后还有盈利，从而产生套利利润

C. 如果价差远远低于持仓费，套利者则可以通过卖出现货，同时买入相关期货合约，待合约到期时，用交割获得的现货来补充之前所卖出的现货。价差的亏损小于所节约的持仓费，因而产生盈利

D. 如果价差远远低于持仓费，套利者则可以通过买入现货，同时卖出相关期货合约，待合约到期时，用交割获得的期货来补充之前所卖出的现货。价差的亏损小于所节约的持仓费，因而产生盈利

【参考答案】AC

【答案解析】当价差与持仓费出现较大偏差时，就会产生期现套利机会。具体有两种情形。如果价差远远高于持仓费，套利者就可以通过买入现货，同时卖出相关期货合约，待合约到期时，用所买入的现货进行交割。获取的价差收益扣除买入现货后所发生的持仓费用之后还有盈利，从而产生套利利润。相反，如果价差远远低于持仓费，套利者则可以通过卖出现货，同时买入相关期货合约，待合约到期时，用交割获得的现货来补充之前所卖出的现货。价差的亏损小于所节约的持仓费，因而产生盈利。

23. 以下属于期货投机行为的是（　　）。

A. 持有期货单边头寸

B. 持有不同月份期货合约反向头寸

C. 持有不同品种的期货合约反向头寸

D. 担心未来现货价格下跌而持有相同品种和数量的期货合约

【参考答案】ABC

【答案解析】单边投机和套利均属于投机行为。

24. 大豆提油套利的目的是油脂企业（　　）。

A. 防止大豆价格突然上涨，或豆油、豆粕价格突然下跌

B. 防止大豆、豆油或豆粕价格突然上涨

C. 防止大豆、豆油或豆粕价格突然下跌

D. 对大豆的购买和产品的销售不能够同时进行，存在着一定的价格变动风险

【参考答案】AD

【答案解析】油脂企业不担心大豆原料下跌或产成品价格上涨，担心的是大豆价格突然上涨，或豆油、豆粕价格突然下跌。

25. 大豆反向提油套利的条件是油脂企业（　　）。

A. 压榨利润出现较大负数

B. 压榨利润出现大幅提高

C. 大豆与豆油、豆粕价格出现严重倒挂

D. 大豆与豆油、豆粕价格同时出现大涨或大跌

【参考答案】AC

【答案解析】当油脂企业发现压榨大豆亏损严重，大豆与豆油、豆粕价格出现严重倒挂时，干脆自己不再压榨大豆了，转而在期货市场去卖大豆，买豆油和豆粕，因为这种情况不正常。

26. 大连商品交易所与芝加哥期货交易所可进行（　　）跨市套利。

A. 玉米　　B. 大豆

C. 铜　　D. 铝

【参考答案】AB

【答案解析】芝加哥期货交易所没有铜、铝期货品种。

27. 上海期货交易所可以与（　　）进行铜、铝等有色金属跨市交易。

A. 伦敦金属交易所　　B. 大连商品交易所

C. 纽约商业交易所　　D. 郑州商品交易所

【参考答案】AC

【答案解析】大连商品交易所和郑州商品交易所都没有铜、铝等有色金属品种。

28. 大连商品交易所和郑州商品交易所套利的保证金是按照（　　）收取的。

A. 单边

B. 双边

C. 套利持仓组合内交易保证金较高的合约

D. 套利持仓组合内交易保证金较低的合约

【参考答案】AC

【答案解析】在许多国家的交易所，套利交易可以享受佣金、保证金等方面的优惠待遇。

29. 根据具体的套利种类，套利指令可分为（　　）。

A. 跨期套利指令　　B. 跨市套利指令

C. 跨品种套利指令　　D. 期现套利指令

【参考答案】AC

【答案解析】跨期套利组合指令，是指买入（卖出）同一品种较近月份的期货合约，同时卖出（买入）相同数量较远月份的期货合约，不标明买卖合约的具体价位，只标明买卖合约价差的指令。跨品种套利指令，是指同时买进（卖出）和卖出（买进）两个不同标的物期货合约的指令。

30. 在指令种类上，套利指令可分为（　　）。

A. 套利市价指令　　B. 套利限价指令

C. 套利触发指令　　D. 套利止损指令

【参考答案】AB

【答案解析】套利市价指令，是指交易将按照市场当前可能获得的最好的价差成交的一种指令。套利限价指令，是指当价差达到指定价差时，指令将以指定的或更优的价差来成交。

31. 在使用套利市价指令时，套利者需要（　　）。

A. 注明差价的大小　　B. 买入和卖出期货合约的种类

C. 买入和卖出期货合约的月份　　D. 买入和卖出期货合约的数量

【参考答案】BCD

【答案解析】在使用套利市价指令时，套利者不需要注明差价的大小。该指令的优点是成交速度快，缺点是在市场行情发生较大变化时，成交的价差可能与交易者的预期有较大差距，有一定的风险。

32. 某交易者看到当前大连商品交易所报价系统上 1 月份和 5 月份棕榈油期货的价格为 5300 元/吨和 5480 元/吨，价差为 -180 元/吨。该交易者认为价差会增大，希望尽快入市买入 1 月份合约，同时卖出 5 月份合约进行套利。于是下达跨期套利的组合指令买单的市价指令。在这个指令的下达过程中，实际成交的价差（　　）。

A. 并不一定是 -180 元/吨　　B. 可能比 -180 元/吨高

C. 可能比 -180 元/吨低　　D. 无法预料

【参考答案】ABCD

【答案解析】在套利市价指令的下达过程中，实际成交的价差并不一定是 -180 元/吨，因为指令下达有很短的时间间隔，这期间，两个合约的期货价格可能会发生变化，价差也会随之变化。成交的价差可能比 -180 元/吨高，例如 -170 元/吨（这一情形会比预期的 -180 元/吨的价差的情形略差，因为这是组合指令买单，建仓时的价差越大越不理想），也可能比 -180 元/吨低，如 -190 元/吨（这一情形会比预期的 -180 元/吨的价差的情形更理想），尤其在行情波动较大时，与 -180 元/吨的偏离也可能更大。一般情况下，如果市场行情没有突然变化，采用市价指令可以使套利者迅速以大约 -180 元/吨的价差建仓。

33. 在使用套利限价指令时，套利者需要（　　）。

A. 注明差价的大小　　B. 买入和卖出期货合约的种类

C. 买入和卖出期货合约的月份　　D. 买入和卖出期货合约的数量

【参考答案】ABCD

【答案解析】在使用限价指令进行套利时，需要注明具体的价差和买入、卖出期货合约的种类和月份。

34. 某日，套利者看到郑州商品交易所报价系统上 1 月份和 5 月份白糖期货的价差为 150 元/吨。该套利者认为价差还会增大，想买入 1 月份合约同时卖出 5 月份合约进行套利。于是下达组合指令买单的限价指令，设定的价差为 145 元/吨。使用该指令意味着只有价差（　　）145 元/吨时，该指令才能够被执行。

A. 小于　　B. 等于

C. 大于　　D. 优于

【参考答案】AB

【答案解析】使用该限价指令意味着只有价差小于或等于 145 元/吨时，该指令才能够被执行。例如，该指令有可能最终以 140 元/吨的价差成交，该价差会比预先设定的 145 元/吨的价差更有利。

三、判断题（请判断以下各小题的正误，正确的填写 A，错误的填写 B）

1. 如果建仓后，市场价格变动有利，投机者增加仓位不按金字塔式行事，而是每次买入或卖出的合约份数总是大于前一次的合约份数，即采用倒金字塔式建仓。（　　）

【参考答案】A

【答案解析】如果建仓后，市场价格变动有利，投机者增加仓位不按金字塔式行事，而是每次买入或卖出的合约份数总是大于前一次的合约份数，即采用倒金字塔式建仓。

2. 在正向市场中，远月合约的价格低于近月合约的价格。（　　）

【参考答案】B

【答案解析】在正向市场中，远月合约的价格高于近月合约的价格。

3. 在反向市场中，远月合约的价格高于近月合约的价格。（　　）

【参考答案】B

【答案解析】在反向市场中，远月合约的价格低于近月合约的价格。

4. 止损指令是实现“限制损失、累积盈利”的有力工具。只要盈利单运用得当，就可以为投机者提供必要的保护。（　　）

【参考答案】B

【答案解析】只要止损单运用得当，就可以为投机者提供必要的保护。

5. 止损单中的价格一般不能太接近于市场价格，以免价格稍有波动就不得不平仓，但也不能离市场价格太远，否则易遭受不必要的损失。（　　）

【参考答案】A

【答案解析】止损单中的价格一般不能太接近于市场价格，以免价格稍有波动就不得不平仓，但也不能离市场价格太远，否则易遭受不必要的损失。

6. 期货价差套利是利用期货市场中某些期货合约的真实价格来预测该价格失真会最终消失，从而获取套利利润。（　　）

【参考答案】B

【答案解析】期货价差套利是利用期货市场中某些期货合约价格失真的机会，并预测该价格失真会最终消失，从而获取套利利润。

7. 期货价差套利交易的获利来自对不合理价差的发现和利用，套利者会时刻注意市场动向。如果发现相关期货合约价差存在异常，则会通过套利交易获取利润，而这种套利行为，客观上会对相关期货合约价格产生影响，促使价差趋于合理。（　　）

【参考答案】A

【答案解析】期货价差套利交易的获利来自对不合理价差的发现和利用。如果发现相关期货合约价差存在异常，则会通过套利交易获取利润，而这种套利行为，客观上会对相关期货合约价格产生影响，促使价差趋于合理。

8. 期货价差，是指期货市场上相同月份不同品种期货合约之间的价格差。（　　）

【参考答案】B

【答案解析】期货价差，是指期货市场上两个不同月份或不同品种期货合约之间的价格差。

9. 在期货价差套利中，交易者不仅要关注某个期货合约的价格向哪个方向变动，还要关注相关期货合约之间的价差是否在合理的区间范围内。（　　）

【参考答案】B

【答案解析】在期货价差套利中，交易者不关注某个期货合约的价格向哪个方向变动，而是关注相关期货合约之间的价差是否在合理的区间范围内。

10. 如果价差不合理，交易者可利用这种不合理的价差对相关期货合约进行方向相同的交易，等价差趋于合理时再同时将两个合约平仓获取收益。（　　）

【参考答案】B

【答案解析】如果价差不合理，交易者可利用这种不合理的价差对相关期货合约进行方向相反的交易，等价差趋于合理时再同时将两个合约平仓获取收益。

11. 期货价差套利的交易者要同时在相关合约上进行方向相反的交易，即同时建立一个多头头寸和一个空头头寸，这是套利交易的基本原则，如果缺少了多头头寸或空头头寸，就像一个人缺了一条腿无法正常走路。（ ）

【参考答案】A

【答案解析】期货价差套利的交易者要同时在相关合约上进行方向相反的交易，即同时建立一个多头头寸和一个空头头寸，这是套利交易的基本原则，如果缺少了多头头寸或空头头寸，就像一个人缺了一条腿无法正常走路。

12. 计算建仓时的价差，须用价格较高的一“边”减去价格较低的一“边”。（ ）

【参考答案】A

【答案解析】计算建仓时的价差，须用价格较高的一“边”减去价格较低的一“边”。

13. 如果价差变动方向与套利者的预期相同，则套利者同时将两份合约平仓而获利。（ ）

【参考答案】A

【答案解析】如果价差变动方向与套利者的预期相同，则套利者同时将两份合约平仓而获利。

14. 在期货价差套利交易实施中，套利者不可使用套利指令来完成套利操作。（ ）

【参考答案】B

【答案解析】在期货价差套利交易实施中，多数交易所为了给套利交易提供便利，往往会设计套利指令，套利者可使用套利指令来完成套利操作。

15. 套利指令通常需要标明买卖各个期货合约的具体价格，只要标注两个合约价差即可。（ ）

【参考答案】B

【答案解析】套利指令通常不需要标明买卖各个期货合约的具体价格，只要标注两个合约价差即可。

16. 套利市价指令是指交易将按照市场当前一定可以获得的最合适的价差成交的一种指令。（ ）

【参考答案】B

【答案解析】套利市价指令是指交易将按照市场当前可能获得的最合适的价差成交的一种指令。

17. 在使用套利市价指令时具体成交的价差大小，取决于指令执行之前市场

行情的变化情况。 ( )

【参考答案】B

【答案解析】在使用套利市价指令时具体成交的价差大小，取决于指令执行时点上市场行情的变化情况。

18. 跨期套利与现货市场价格相关，也与期货可能发生的升水和贴水相关。 ( )

【参考答案】B

【答案解析】跨期套利与现货市场价格无关，只与期货可能发生的升水和贴水有关。

19. 一般来说，牛市套利对较难储存且作物年度相同的商品较为有效。 ( )

【参考答案】B

【答案解析】一般来说，牛市套利对可储存且作物年度相同的商品较为有效。

20. 对于不可储存的商品，如活牛、生猪等，不同交割月份的商品期货价格间的相关性很低或不相关，则适合进行牛市套利。 ( )

【参考答案】B

【答案解析】对于不可储存的商品，如活牛、生猪等，不同交割月份的商品期货价格间的相关性很低或不相关，则不适合进行牛市套利。

21. 在进行熊市套利时需要注意，当较近月份合约的价格已经相当低时，以至于不可能进一步偏离较远月份合约时，进行熊市套利是很容易获利的。 ( )

【参考答案】B

【答案解析】在进行熊市套利时需要注意，当较近月份合约的价格已经相当低时，以至于不可能进一步偏离较远月份合约时，进行熊市套利是很难获利的。

22. 蝶式套利与普通跨期套利的相似之处是，认为同一商品但不同交割月份之间的价差出现了不合理的情况。不同之处在于，普通跨期套利只涉及两个交割月份合约的价差，而蝶式套利认为居中交割月份的期货合约价格与两旁交割月份合约价格之间的相关关系出现了不合理价差。 ( )

【参考答案】A

【答案解析】蝶式套利与普通跨期套利的相似之处是，认为同一商品但不同交割月份之间的价差出现了不合理的情况。不同之处在于，普通跨期套利只涉及两个交割月份合约的价差，而蝶式套利认为居中交割月份的期货合约价格与两旁交割月份合约价格之间的相关关系出现了不合理价差。

23. 跨市套利也称市场间套利，是指在某个交易所买入（或卖出）某一交割月份的某种商品合约的同时，在另一个交易所卖出（或买入）同一交割月份的同种商品合约，以期在有利时机分别在两个交易所同时对冲所持有的合约而获

利。 （　）

【参考答案】A

【答案解析】跨市套利也称市场间套利，是指在某个交易所买入（或卖出）某一交割月份的某种商品合约的同时，在另一个交易所卖出（或买入）同一交割月份的同种商品合约，以期在有利时机分别在两个交易所同时对冲所持有的合约而获利。

24. 期现套利是通过利用期货市场和现货市场的不合理价差进行正向交易而获利。 （　）

【参考答案】B

【答案解析】期现套利是通过利用期货市场和现货市场的不合理价差进行反向交易而获利。

25. 对于商品期货而言，由于现货市场缺少做空机制，从而限制了现货市场卖空的操作，最常见的期现套利操作是买现货卖期货的套利操作。 （　）

【参考答案】A

【答案解析】在现货市场没有货不能去卖，除非借货卖出。

26. 在期现套利实际操作中，最终是通过交割实物来完成期现套利操作的。 （　）

【参考答案】B

【答案解析】不一定非要进行实物交割，只要价差变化对套利者有利，就可通过将期货合约和现货部位分别了结的方式来结束期现套利操作。

四、综合题（以下各小题给出的四个选项中，至少有一项符合题目要求，请将符合题目要求选项的代码填入括号内）

1. 某投机者预测9月份菜粕期货合约会下跌，于是他以2565元/吨的价格卖出3手菜粕9月合约。此后合约价格下跌到2530元/吨，他又以此价格卖出2手9月菜粕合约。之后价格继续下跌至2500元/吨，他再以此价格卖出1手9月菜粕合约。若后来价格上涨到了2545元/吨，该投机者将头寸全部平仓，则该笔投资的盈亏状况为（　）元。

A. 亏损150　　B. 盈利150

C. 亏损50　　D. 盈利50

【参考答案】A

【答案解析】$(2565-2545)\times10\times3+(2530-2545)\times10\times2+(2500-2545)\times10\times1=-150$ 元。

2. 某投机者预测5月份棕榈油期货合约价格将上升，故买入10手棕榈油期货合约，成交价格为5300元/吨。可此后价格不升反降，为了补救，该投机者在5000元/吨再次买入5手合约，当市价反弹到（　　）元/吨时才可以避免损失（不计税金、手续费等费用）。

A. 5100　　B. 5150

C. 5200　　D. 5250

【参考答案】C

【答案解析】总成本 = 5300 × 10 × 10 + 5000 × 5 × 10 = 780000 元；平均价格为 780000/150 = 5200 元/吨时才可以避免损失。

3. 下面是某交易者持仓方式，其交易顺序自下而上，该交易者应用的操作策略是（　）。

价格（元/吨）	增仓数（手）	平均价（元/吨）
5050	×	5026.3
5040	××	5024.6
5030	×××	5022
5025	××××	5019.4
5015	×××××	5015

A. 平均买低　　B. 金字塔式买入

C. 金字塔式卖出　　D. 平均卖高

【参考答案】B

【答案解析】增仓数量递减为金字塔式买入。

阅读材料，回答以下4～5题。

9月15日，美国芝加哥期货交易所1月份小麦期货价格为950美分/蒲式耳，1月份玉米期货价格为325美分/蒲式耳，套利者决定卖出10手1月份玉米合约同时买入10手1月份小麦合约，9月30日，同时将小麦和玉米期货合约全部平仓，价格分别为835美分/蒲式耳和290美分/蒲式耳。

4. 该交易的价差（　　）美分/蒲式耳。

A. 缩小50　　B. 缩小60

C. 缩小80　　D. 缩小40

【参考答案】C

【答案解析】建仓时价差为 950 - 325 = 625 美分/蒲式耳；平仓时价差为 835 - 290 = 545 美分/蒲式耳。所以价差缩小了 625 - 545 = 80 美分/蒲式耳。

5. 该套利交易（　　）美元。（每手5000蒲式耳，不计手续费等费用）

A. 亏损40000　　B. 亏损60000

C. 盈利 60000　　D. 盈利 40000

【参考答案】A

【答案解析】小麦交易亏损：(835 - 950) × 5000 × 10 = -57500 美元；玉米盈利：(325 - 290) × 5000 × 10 = 17500 美元，总计亏损：17500 - 57500 = -40000 美元。

阅读材料，回答以下 6 ~ 7 题。

某交易者在 4 月 8 日买入 5 手 7 月份棉花期货合约的同时卖出 5 手 9 月份棉花期货合约，价格分别为 12110 元/吨和 12190 元/吨。5 月 5 日该交易者对上述合约全部对冲平仓，7 月和 9 月棉花合约平仓价格分别为 12070 元/吨和 12120 元/吨。

6. 该套利交易属于（　　）。

A. 反向市场牛市套利　　B. 反向市场熊市套利

C. 正向市场牛市套利　　D. 正向市场熊市套利

【参考答案】C

【答案解析】远月合约价格高于近月合约价格的市场称为正向市场；买入较近月份的合约同时卖出较远月份的合约进行套利，称为牛市套利。

7. 该套利交易（　　）元。（不计手续费等）

A. 亏损 500　　B. 盈利 750

C. 盈利 500　　D. 亏损 750

【参考答案】B

【答案解析】[(12070 - 12110) + (12190 - 12120)] × 5 手 × 5 吨/手 = 750 元。

阅读材料，回答以下 8 ~ 9 题。

1 月 12 日，某交易者进行套利交易，同时买进 1 手 3 月某期货合约，卖出 2 手 5 月该期货合约，买进 1 手 7 月该期货合约；成交价格分别为 13900 元/吨、13800 元/吨和 13700 元/吨。1 月 20 日对冲平仓时成交价格分别为 13950 元/吨、13700 元/吨和 13650 元/吨。

8. 该套利交易属于（　　）。

A. 反向市场牛市套利　　B. 反向市场蝶市套利

C. 正向市场牛市套利　　D. 正向市场蝶市套利

【参考答案】B

【答案解析】远月合约价格低于近月合约价格的市场称为反向市场；蝶式套利是由共享居中交割月份一个牛市套利和一个熊市套利组合而成。

9. 该套利交易（ ）元（每手5吨，不计手续费等费用）。

A. 盈利1000　　B. 盈利1500

C. 亏损1000　　D. 亏损1500

【参考答案】A

【答案解析】 （13950 - 13900）×5 +（13800 - 13700）×2×5 +（13650 - 13700）×5 = 1000元。

10. 7月1日，某交易所9月份大豆期货合约的价格是2000元/吨，11月份大豆合约的价格是1950元/吨。如果某投机者采用熊市套利策略（不考虑佣金因素），则下列选项中可使该投机者获利最大的是（ ）。

A. 9月大豆合约的价格保持不变，11月大豆合约的价格涨至2050元/吨

B. 9月大豆合约的价格涨至2100元/吨，11月大豆合约的价格保持不变

C. 9月大豆合约的价格跌至1900元/吨，11月大豆合约的价格涨至1990元/吨

D. 9月大豆合约的价格涨至2010元/吨，11月大豆合约的价格涨至2150元/吨

【参考答案】D

【答案解析】熊市套利策略为卖出近月合约，同时买入远月合约。

阅读材料，回答以下11～12题。

正常情况下，国内大豆压榨利润为200元/吨。假设大豆压榨后的出粕率为78%，出油率为18%，不考虑其他费用。

11. 元月某日大连商品交易所大豆二号5月期货合约价格为4342元/吨，而同期豆粕5月期货合约价格为3400元/吨，5月豆油期货合约价格为10500元/吨，则油脂企业（ ）。

A. 可以进行大豆提油套利

B. 可以进行大豆反向提油套利

C. 买入大豆、豆油、豆粕期货进行期现套利

D. 没有套利空间

【参考答案】D

【答案解析】1吨大豆压榨后的产品，即豆油 + 豆粕总价值 = 豆粕期货价格×出粕率（78%）+ 豆油期货价格×出油率（18%）= 3400×78% + 10500×18% = 4542（元/吨），而大豆压榨成本 + 合理压榨利润 = 4342 + 200 = 4542（元/吨），故没有套利空间。

12. 假设某日大连商品交易所大豆二号 9 月期货合约价格为 2822 元/吨，而同期豆粕 9 月期货合约价格为 2400 元/吨，9 月豆油期货合约价格为 5000 元/吨，则油脂企业（　　）。

A. 可以进行大豆提油套利

B. 可以进行大豆反向提油套利

C. 买入大豆、豆油、豆粕期货进行期现套利

D. 没有套利空间

【参考答案】B

【答案解析】大豆压榨利润 = 豆粕期货价格 × 出粕率（78%）+ 豆油期货价格 × 出油率（18%）- 大豆成本 = 2400 × 78% + 5000 × 18% - 2822 = -50（元/吨）< 0，所以可以进行大豆反向提油套利。

第六章

期权通关练习

一、单项选择题（在以下各小题所给出的四个选项中，只有一个选项符合题目要求，请将正确选项的代码填入括号中）

1. 期权买方可以在期权到期前任一交易日或到期日行使权利的期权叫作（　　）。

A. 美式期权　　B. 欧式期权

C. 认购期权　　D. 认沽期权

【参考答案】A

【答案解析】美式期权，是指期权买方在期权到期日前（含到期日）的任何交易日都可以行使权利的期权。

2. 行权价格低于标的物市场价格的认购期权是（　　）。

A. 认沽期权　　B. 实值期权

C. 虚值期权　　D. 平值期权

【参考答案】B

【答案解析】行权价格低于标的物市场价格的认购期权是实值期权。

3. 认购期权的行权价格等于标的物的市场价格，这种期权称为（　　）期权。

A. 实值　　B. 虚值

C. 平值　　D. 等值

【参考答案】C

【答案解析】认购期权的行权价格等于标的物的市场价格，这种期权称为平值期权。

4. 买方有权在约定的时间以约定的价格买入约定合约标的的是（　　）。

A. 认购期权合约　　B. 认沽期权合约

C. 平值期权合约　　D. 实值期权合约

【参考答案】A

【答案解析】买方有权在约定的时间以约定的价格买入约定合约标的的是认购期权合约。

5. 关于期权描述错误的是（　　）。

A. 期权是一种能在未来某特定时间以特定价格买入或卖出一定数量的某种特定商品的权利

B. 买方要给付卖方一定的权利金

C. 买方到期应履约，不需交纳罚金

D. 买方在未来买卖标的物的价格是事先定好的

【参考答案】C

【答案解析】期权买方有权利不履约。

6. 对期权的权利金的表述错误的是（　　）。

A. 期权的权利金是期权的市场价格

B. 期权的权利金是期权买方付给卖方的费用

C. 期权的权利金是期权买方面临的最大损失（不考虑交易费用）

D. 期权的权利金是行权价格的一个固定比率

【参考答案】D

【答案解析】权利金的波动是市场化的，不存在有什么固定的比率。

7. 关于期权，以下叙述错误的是（　　）。

A. 期权是交易双方关于未来买卖权利达成的合约，其中一方有权向另一方在约定的时间以约定的价格买入或卖出约定数量的标的证券

B. 在期权交易中，买方是权利的持有方，通过向期权的卖方支付一定的费用（期权费或权利金），获得权力，有权向卖方在约定的时间以约定的价格买入或卖出约定数量的标的证券

C. 期权的卖方没有权利，但要承担义务

D. 买方通常也被称为短仓方

【参考答案】D

【答案解析】没有 D 项的说法。

8. 下列叙述不正确的是（　　）。

A. 期权合约是在交易所上市交易的标准化合约

B. 期权买方需要支付权利金

C. 期权卖方的收益是权利金，而亏损是不固定的

D. 期权卖方可以根据市场情况选择是否行权

【参考答案】D

【答案解析】期权买方可以根据市场情况选择是否行权。

9. 期权的买方（　　）。

A. 获得权利金　　B. 付出权利金

C. 有保证金要求　　D. 以上都不对

【参考答案】B

【答案解析】期权是指期权的买方有权在约定的期限内，按照事先确定的价格付出权利金，买入或卖出一定数量某种特定商品或金融指标的权利。

10. 在期权交易时，期权的（　　）享有权利，而期权的（　　）必须履行义务；与此相对应，期权的（　　）要得到权利金；期权的（　　）要付出权利金。

A. 买方　卖方　买方　卖方　　B. 买方　卖方　卖方　买方

C. 卖方　买方　买方　卖方　　D. 卖方　买方　卖方　买方

【参考答案】B

【答案解析】在期权交易时，期权的买方享有权利，而期权的卖方则必须履行义务；与此相对应，期权的卖方要得到权利金；期权的买方要付出权利金。

11. 关于期权的买方与卖方，以下说法错误的是（　　）。

A. 期权的买方拥有买的权利，可以买也可以不买

B. 期权的买方为了获得权利，必须支出权利金

C. 期权的卖方拥有卖的权利和义务

D. 期权的卖方可以获得权利金收入

【参考答案】C

【答案解析】在期权交易时，期权的买方享有权利，而期权的卖方则必须履行义务；与此相对应，期权的卖方要得到权利金；期权的买方要付出权利金。

12. 在期权交易中，（　　）是权利的持有方，通过支付一定的权利金，获得权利。

A. 购买期权的一方即买方　　B. 卖出期权的一方即卖方

C. 短仓方　　D. 期权发行者

【参考答案】A

【答案解析】在期权交易中，购买期权的一方即买方是权利的持有方，通过支付一定的权利金，获得权利。

13. 以下仓位中，属于同一看涨看跌方向的是（　　）。

A. 买入认购期权，备对开仓　　B. 卖出认购期权，买入认沽期权
C. 买入认购期权，买入认沽期权　D. 卖出认沽期权，备对开仓
【参考答案】B
【答案解析】卖出认购期权也是看跌行情。
14. 认沽期权的卖方（　　）。
A. 在期权到期时，有买入期权标的资产的权利
B. 在期权到期时，有卖出期权标的资产的权利
C. 在期权到期时，有买入期权标的资产的义务（如果被行权）
D. 在期权到期时，有卖出期权标的资产的义务（如果被行权）
【参考答案】C
【答案解析】认沽期权的卖方在期权到期时，有买入期权标的资产的义务（如果被行权）。
15. 期权按权利主要分为（　　）。
A. 认购期权和看涨期权　B. 认沽期权和看跌期权
C. 认购期权和认沽期权　D. 认购期权和奇异期权
【参考答案】C
【答案解析】期权按权利主要分为认购期权和认沽期权。
16. 下列关于认沽期权说法错误的是（　　）。
A. 认沽期权买方有权在规定期限卖出指定数量的标的证券
B. 认沽期权卖方在被行权时，有义务按行权价格买入指定数量的标的证券
C. 认沽期权卖方有权利不行权
D. 认沽期权买方一般看跌标的资产
【参考答案】C
【答案解析】期权卖方必须有履约的义务。
17.（　　）正确描述了内在价值与时间价值。
A. 时间价值一定大于内在价值　B. 内在价值不可能为负
C. 时间价值可以为负　D. 内在价值一定大于时间价值
【参考答案】B
【答案解析】内在价值不可能为负，最低为0。
18. 买入看涨期权的风险和收益的关系是（　　）。
A. 损失有限，收益无限　B. 损失有限，收益有限
C. 损失无限，收益无限　D. 损失无限，收益有限
【参考答案】A
【答案解析】买入看涨期权的风险和收益的关系是损失有限（最高为权利

金），收益无限；卖出看涨期权的风险和收益的关系是收益有限（最高为权利金），损失无限。

19.（　　）因素不会影响股票期权的价格。

A. 股票预期收益率　　B. 股票价格波动率

C. 当前的利率　　D. 执行价格

【参考答案】A

【答案解析】股票预期收益率会影响股票的价格，间接影响期权买方的行为。

20. 期权权利金的理论价值可分为两种价值，分别为（　　）。

A. 内涵价值、理论价值　　B. 外在价值、时间价值

C. 内涵价值、时间价值　　D. 波动价值、时间价值

【参考答案】C

【答案解析】期权权利金的理论价值可分为两种价值，分别为内涵价值、时间价值。

21. 假设乙股票最新价格为5元，对于行权价格为4.5元且当月到期的认购期权而言，若其权利金为0.7元，那么其内涵价值为（　　）元，时间价值为（　　）元。

A. 0.3　0.4　　B. 0.5　0.2

C. 0.4　0.3　　D. 0.35　0.35

【参考答案】B

【答案解析】期权价值 = 内涵价值 + 时间价值。

22. 在其他条件不变的情况下，当前利率水平上升，认购期权和认沽期权的权利金分别会（　　）。

A. 上涨和上涨　　B. 上涨和下跌

C. 下跌和上涨　　D. 下跌和下跌

【参考答案】B

【答案解析】在其他条件不变的情况下，当前利率水平上升，认购期权和认沽期权的权利金分别会上涨和下跌。

23. 投资者持有1000股某股票，买入成本为25元/股，同时以权利金1元卖出执行价格为28元的股票认购期权（假设合约乘数为1000股），收取1000元权利金，如果到期日股票价格为20元，则备兑开仓策略总收益为（　　）。

A. －5000元　　B. －4000元

C. 0元　　D. 4000元

【参考答案】B

【答案解析】股票亏损 + 期权收益 = （20 − 25）×1000 + 1000 = −4000元。

24. 按照行权价与标的股价的大小关系，我们可以把期权分为（　　）。

A. 欧式期权、美式期权

B. 认购期权、认沽期权

C. 实值期权、平值期权、虚值期权

D. 以上均不正确

【参考答案】C

【答案解析】按照行权价与标的股价的大小关系，我们可以把期权分为实值期权、平值期权和虚值期权。

25. 假设甲公司的当前价格为 23 元，那么行权价为 25 元的认购期权是（　　）期权；行权价为 21 元的认沽期权是（　　）期权。

A. 实值　虚值　　　B. 实值　实值

C. 虚值　虚值　　　D. 虚值　实值

【参考答案】C

【答案解析】根据立即行权是否有价值来决定。

26. 某投资者拥有执行价格为 50 元的某股票认购期权，该股票最新市场价格为 60 元，则该投资者拥有的期权属于（　　）。

A. 实值期权　　　B. 平值期权

C. 虚值期权　　　D. 深度虚值期权

【参考答案】A

【答案解析】因为认购期权中股票价格低于市场价格，所以内涵价值为正，属于实值期权。

27. 当期权处于（　　）状态时，其时间价值最大。

A. 实值期权　　　B. 平值期权

C. 虚值期权　　　D. 深度虚值期权

【参考答案】B

【答案解析】当期权处于平值期权状态时，其时间价值最大。

28. 假设甲股票现价为 14 元，则以该股票为标的的行权价格为 15 元的认购期权，其内涵价值为（　　）。

A. 0　　　B. 1

C. －1　　　D. －1

【参考答案】A

【答案解析】内涵价值最低为 0。

29. 下列说法错误的是（　　）。

A. 对于认购期权来说，行权价格低于标的证券的市场价格时称为期权处于

实值状态

B. 对于认沽期权来说，行权价格低于标的证券的市场价格时称为期权处于实值状态

C. 通常，期权处于实值状态才可能被执行

D. 期权的内涵价值状态是变化的

【参考答案】B

【答案解析】处于虚值状态。

30. 对于行权价格为20元的某股票认沽期权，当该股票市场价格为25元时，该期权为（　　）。

A. 实值期权　　B. 虚值期权

C. 平值期权　　D. 不确定

【参考答案】B

【答案解析】行权价格低于市场价值内涵价值为0，属于虚值期权。

31. 当认沽期权的标的股票市场价格高于执行价格时，该期权属于（　　）。

A. 实值期权　　B. 虚值期权

C. 平值期权　　D. 无法判断

【参考答案】B

【答案解析】当认沽期权的标的股票市场价格高于执行价格时，该期权属于虚值期权。

32. 某投资者买了一张行权价格为20元的认沽期权，当标的价格为15元时，该期权是一个（　　）。

A. 实值期权　　B. 虚值期权

C. 平值期权　　D. 以上均不正确

【参考答案】A

【答案解析】行权价格高于市场价值内在价值为正，属于实值期权。

33. 某股票最新交易价格为20元，则行权价为（　　）元的当月认沽期权为实值期权。

A. 10　　B. 15

C. 20　　D. 25

【参考答案】D

【答案解析】根据立即行权是否有价值来衡量。

34. 在到期日之前，虚值期权（　　）。

A. 只有内在价值　　B. 只有时间价值

C. 同时具有内在价值和时间价值　　D. 内在价值和时间价值都没有

【参考答案】B

【答案解析】因为平值和虚值期权的内涵价值等于0，而期权的价值不可能为负，所以平值期权和虚值期权的时间价值总是大于等于0。

35. 个股期权价格的影响因素不包括（　　）。

A. 股票价格　　B. 行权价格

C. 到期时间　　D. 期货价格

【参考答案】D

【答案解析】期货价格不影响个股期权价格，因为其对行权价格不产生直接影响。

36. 期权的交易价格指的是期权的（　　）。

A. 执行价格　　B. 权利金

C. 行权价格　　D. 保证金

【参考答案】B

【答案解析】执行价格就是行权价格，期权合约中的执行价格是由交易所事先确定好的。

37. 为防止违约，期权（　　）必须缴纳保证金。

A. 买方　　B. 卖方

C. 买卖双方　　D. 无任何一方

【参考答案】B

【答案解析】对期权卖方而言，首先，期权卖方都必须提交一定的保证金，这是因为交易所和经纪人必须确保当期权执行时，出售期权的投资者不会违约，所以期权保证金都是针对期权卖方而言的。期权买方只有权利而没有义务，所以无须缴纳保证金。

38.（　　）对冲标的资产的价格风险。

A. 买进期权可以　　B. 卖出期权可以

C. 买进或卖出期权都可以　　D. 买进或卖出期权都不可以

【参考答案】A

【答案解析】买进期权可以对冲标的资产的价格风险，而卖出期权只能收取固定的费用，达不到对冲标的资产价格风险的目的。

39. 看涨期权内涵价值=（　　）。其中，S是标的资产的即期价格，K是期权的执行价格，T为期权到期日，t为期权买卖交易日。

A. max（S－K，0）　　B. max（K－S，0）

C. max（S－K，T－t）　　D. max（K－S，T－t）

【参考答案】A

【答案解析】看涨期权内涵价值 = max（S - K，0）；看跌期权内涵价值 = max（K - S，0）；与时间无关。

40. 在其他因素不变的条件下，标的资产价格波动率越高，对期权（　　）越有利。

A. 买方　　B. 卖方

C. 买卖双方　　D. 无任何一方

【参考答案】A

【答案解析】标的资产价格上涨很高或下跌很深的机会就随之增加，标的资产价格涨至损益平衡点之上或跌至损益平衡点之下的可能性和幅度也就越大，买方获取较高收益的可能性也会增加，而损失却不会随之同幅度增加，但期权卖方的市场风险却会随之大幅增加。所以标的资产价格波动率越高，对期权买方越有利。

41. 当利率提高时，期权的（　　）。

A. 时间价值一定会降低　　B. 时间价值一定会增加

C. 内涵价值一定会降低　　D. 内涵价值一定会增加

【参考答案】A

【答案解析】当利率提高时，期权买方收到的未来现金流的现值将减少，从而使期权的时间价值降低；反之，当利率下降时，期权的时间价值会增加。但无风险利率对期权内涵价值的影响，要视当时的经济环境以及利率变化对标的资产价格影响的方向而定。

42. 卖出看涨期权的目的，是为了（　　）。

A. 获取价差收益　　B. 获取权利金

C. 限制卖出标的资产的风险　　D. 对冲标的资产价格上涨的风险

【参考答案】B

【答案解析】交易者卖出看涨期权的主要目的是获取期权费。

43. 从国外市场的交易情况看，期权卖方的收益率往往（　　）买方。

A. 高于　　B. 低于

C. 等于　　D. 没有规律

【参考答案】A

【答案解析】由于多数期权买方行权的机会很小，期权卖方的收益往往高于买方，这就是许多人都愿意做期权卖方的原因。

44. 卖出看涨期权的目的，是为了（　　）。

A. 获取价差收益　　B. 获取权利金

C. 保护标的资产多头　　D. 对冲标的资产价格下跌的风险

【参考答案】B

【答案解析】交易者卖出看跌期权的主要目的是获取期权费。

45. 期权价差组合是指持有（　　）的两个或多个同种期权头寸组合（即同是看涨期权，或者同是看跌期权）。

A. 相同期限、不同执行价格　　B. 不同期限、不同执行价格

C. 相同期限、相同执行价格　　D. 不同期限、相同执行价格

【参考答案】A

【答案解析】期权价差组合指的是执行价格不同的期权组合。

46. 某投资者认为股票指数的价格会在4600点上下小幅波动，他准备在执行价格为4500点、4600点、4700点的期权中选取合适的期权，构造一个蝶式期权多头组合。投资者完成了组合构造，对于这个投资者，以下（　　）描述了他的风险与收益。

A. 无限的上行收益，无限的下行风险

B. 有限的上行收益，有限的下行风险

C. 无限的上行风险，有限的下行收益

D. 有限的上行风险，无限的下行收益

【参考答案】B

【答案解析】从蝶式套利损益图可以发现蝶式组合的风险和收益都有限。

47. 卖出跨式套利的交易者，对市场的判断是（　　）。

A. 波动率看涨　　B. 波动率看跌

C. 标的资产看涨　　D. 标的资产看跌

【参考答案】B

【答案解析】如果投资者不知道价格会上升还是下降，但判断价格会比较稳定，则可以做空跨式期权组合。

48. 买入跨式套利的交易者，对市场波动率的判断是（　　）。

A. 波动率看涨　　B. 波动率看跌

C. 波动率看平　　D. 其他三项都不对

【参考答案】A

【答案解析】投资者不确定价格变动方向，而判断价格会大幅波动时，做多跨式期权组合是有利的。

49. 下列期权投资组合中，属于蝶式期权策略的有（　　）。

A. 买入1手行权价25的看涨期权，卖出1手行权价35的看涨期权

B. 买入1手行权价25的看涨期权，买入1手行权价25的看跌期权

C. 买入1手行权价25的看涨期权，卖出1手行权价30的看涨期权，卖出1

手行权价 30 的看跌期权，买入 1 手行权价 35 的看跌期权

D. 买入 1 手行权价 25 的看涨期权，卖出 2 手行权价 30 的看涨期权，买入 1 手行权价 35 的看涨期权

【参考答案】D

【答案解析】蝶式期权价差组合，是由三种到期期限相同、执行价格不同的四份同种（全部看涨期权或全部看跌期权）期权组成。

50. 某投资者认为股票指数的价格会在 4600 点上下小幅波动，他准备在行权价格为 4500 点、4600 点、4700 点的期权中选取合适的期权，构造一个蝶式期权多头组合，该投资者可以（　　）。

A. 做多 1 手行权价格为 4500 点的看涨期权，同时做空 1 手行权价格为 4600 点的看涨期权

B. 做空 1 手行权价格为 4600 点的看跌期权，同时做多 1 手行权价格为 4700 点的看跌期权

C. 做多 2 手行权价格为 4600 点的看涨期权，做空 1 手行权价格为 4500 点的看涨期权，做空 1 手行权价格为 4700 点的看涨期权

D. 做空 2 手行权价格为 4600 点的看涨期权，做多 1 手行权价格为 4500 点的看涨期权，做多 1 手行权价格为 4700 点的看涨期权

【参考答案】D

【答案解析】蝶式期权多头组合是“两头买，中间卖”，空头组合是“两头卖，中间买”。

二、多项选择题（在以下各小题所给出的四个选项中，至少有两个选项符合题目要求，请将正确选项的代码填入括号中）

1. 期权价格又称为（　　），是期权买方为获得按约定价格购买或出售标的资产的权利而支付给卖方的费用。

A. 权利金　　B. 中介费

C. 期权费　　D. 保险费

【参考答案】ACD

【答案解析】期权价格又称为权利金、期权费、保险费，是期权买方为获得按约定价格购买或出售标的资产的权利而支付给卖方的费用。

2. 期权的标的资产可以是（　　）。

A. 现货资产　　B. 期货资产

C. 实物资产　　D. 金融资产

【参考答案】ABCD

【答案解析】期权的标的资产可以是现货资产，也可以是期货资产；可以是实物资产，也可以是金融资产或金融指标（股票价格指数）。

3. 期权建仓方向包括（　　）。

A. 买入期权　　B. 卖出期权

C. 看涨期权　　D. 看跌期权

【参考答案】AB

【答案解析】期权的建仓方向有：(1) 开仓买入期权。开仓买入期权通常称为建立期权多头头寸，称交易者为期权多头。可以开仓买入看涨期权，也可以开仓买入看跌期权。对应的期权头寸分别为看涨期权多头头寸和看跌期权多头头寸。(2) 开仓卖出期权。开仓卖出期权通常称为建立期权空头头寸，称交易者为期权空头。可以开仓卖出看涨期权，也可以开仓卖出看跌期权。对应的期权头寸分别为看涨期权空头头寸和看跌期权空头头寸。

4. 了结期权头寸的方式有（　　）。

A. 对冲平仓　　B. 行权

C. 持有　　D. 交易

【参考答案】ABC

【答案解析】期权多头和空头了结头寸的方式不同。期权多头可以通过对冲平仓、行权等方式将期权头寸了结，也可以持有期权至合约到期；当期权多头行权时，空头必须履约，即以履约的方式了结期权头寸；如果多头没有行权，则空头也可以通过对冲平仓了结期权头寸，或持有期权至合约到期。

5. 期权基本要素应该包括（　　）。

A. 期权的价格　　B. 行权方向

C. 标的资产　　D. 执行价格

【参考答案】ABCD

【答案解析】期权基本要素应该包括期权的价格、标的资产、行权方向、行权方式、执行价格、最后交易日、期权到期日和期权到期。

6. 与其他交易相比，期权的特点有（　　）。

A. 对买卖双方保证金缴纳的规定不同

B. 从避险角度考虑，买进期权和卖出期权的功能不同

C. 买卖双方的收益和损失特征不同

D. 买卖双方的权利义务不同

【参考答案】ABCD

【答案解析】期权买卖双方权利与义务不对等。

7. 按照对买方行权时间规定的不同，可以将期权分为（　　）。

A. 美式期权　　B. 欧式期权

C. 英式期权　　D. 混合期权

【参考答案】AB

【答案解析】按照对买方行权时间规定的不同，可以将期权分为美式期权和欧式期权。

8. 看涨期权也称为（　　）。

A. 买权　　B. 认涨期权

C. 认购期权　　D. 多头期权

【参考答案】AC

【答案解析】看涨期权的买方享有选择购买标的资产的权利，所以看涨期权也称为买权、认购期权。

9. 看跌期权也称为（　　）。

A. 空头期权　　B. 卖权

C. 认沽期权　　D. 认跌期权

【参考答案】BC

【答案解析】看跌期权的买方享有选择出售标的资产的权利，所以看跌期权也称为卖权、认沽期权。

10. 按照期权标的资产类型的不同，可将期权分为（　　）。

A. 商品期权　　B. 期指期权

C. 货物期权　　D. 金融期权

【参考答案】AD

【答案解析】按照期权标的资产类型的不同，可将期权分为商品期权和金融期权。

11. 与场内期权相比，场外期权具有的特点有（　　）。

A. 合约非标准化　　B. 流动性风险和信用风险大

C. 交易对手机构化　　D. 交易品种多样，形式灵活，规模巨大

【参考答案】ABCD

【答案解析】场外期权与远期合同特点比较类似。

12. 依据内涵价值计算结果的不同，可将期权分为（　　）。

A. 实值期权　　B. 虚值期权

C. 均值期权　　D. 平值期权

【参考答案】ABD

【答案解析】内涵价值是指在不考虑交易费用和期权费的情况下，买方立即行权可获取的收益。

13.（　　）美式期权的时间价值大于等于0。

A. 平值期权　　B. 实值期权

C. 虚值期权　　D. 均值期权

【参考答案】ABC

【答案解析】美式期权的平值和虚值期权的时间价值都是大于零的，因为平值期权和虚值期权的内涵价值等于零，而权利金（期权价值）不会为零。由于美式期权在有效期的正常交易时间内可以随时行权，对于实值美式期权，如果期权的权利金低于其内涵价值，在不考虑交易费用的情况下，买方立即行权便可获利。因此，期权的权利金不应该低于其内涵价值，即在不考虑交易费用的情况下，权利金与内涵价值的差总是大于0，或者说，处于实值状态的美式期权的时间价值总是大于等于0。

14. 影响期权价格的因素有多种，主要影响因素有（　　）。

A. 期权的执行价格　　B. 利率

C. 标的资产价格波动率　　D. 标的资产价格

【参考答案】ABCD

【答案解析】影响期权价格的因素有多种，主要影响因素有期权的执行价格、标的资产价格、期权的剩余期限、利率、标的资产价格波动率等。

15. 期权交易的最基本策略有（　　）。

A. 买进看涨期权　　B. 买进看跌期权

C. 卖出看涨期权　　D. 卖出看跌期权

【参考答案】ABCD

【答案解析】期权交易的最基本策略有买进看涨期权、买进看跌期权、卖出看涨期权、卖出看跌期权四种。

16. 与买进期货合约对冲现货价格上涨风险相比，利用买进看涨期权规避标的资产价格风险具有的特征有（　　）。

A. 初始投入可能更低，杠杆效用可以更大

B. 标的价格下跌，利用看涨期权多头规避标的资产价格上涨风险比利用期货多头建仓更有利

C. 作为卖出套期保值的补充工具

D. 买入看涨期权可以视同未来购买的标的资产保险

【参考答案】ABC

【答案解析】期权双方的权利和义务不对等。

17. 与卖出期货合约规避现货价格下跌风险相比，利用买进看跌期权规避标的资产价格风险具有的特征有（　　）。

A. 如果标的资产价格下跌，交易者可行权，按执行价格将标的资产卖出，从而规避标的资产价格下跌的风险，或将看跌期权卖出，标的资产价格下跌，看跌期权价格通常会随之上涨，期权的价差收益可弥补持有标的资产带来的损失

B. 初始投入可能更低，杠杆效用更大

C. 标的资产价格变化对现货持仓有利时，如所持标的资产价格上涨，则期货套期保值头寸亏损，套期保值者需要补交保证金，此时现货盈利被期货亏损抵补

D. 当标的资产价格变化对现货持仓不利时，如标的资产价格下跌，交易者在期货市场的盈利可弥补现货价格下跌的损失，购买看跌期权也可达到此目的

【参考答案】BCD

【答案解析】期权双方权利和义务不对等。

18. 下面关于卖出看涨期权的损益（不计交易费用）的说法，正确的有（　　）。

A. 行权收益 = 标的物价格 - 执行价格 - 权利金

B. 平仓收益 = 期权买入价 - 期权卖出价

C. 最大收益 = 权利金

D. 平仓收益 = 期权卖出价 - 期权买入价

【参考答案】CD

【答案解析】卖出一定执行价格的看涨期权，可以得到权利金收入。如果标的物价格低于执行价格，则买方不会行权，卖方可获得全部权利金。如果标的物价格在执行价格与损益平衡点（执行价格 + 权利金）之间，则可以获取一部分权利金收入。如果标的物价格大于损益平衡点，则卖方将面临标的物价格上涨的风险。A 项，行权收益 = 执行价格 - 标的物价格 + 权利金。

19. 下列关于期权交易基本策略的说法，不正确的有（　　）。

A. 买进看涨期权所面临的最大可能亏损是权利金，可能获得的盈利是无限的

B. 买进看跌期权的盈亏平衡点的标的物价格等于执行价格加权利金

C. 卖出看涨期权所获得的最大可能收益是权利金，可能面临的亏损是无限的

D. 卖出看跌期权所获得的最大可能收益是权利金，可能面临的亏损是无限的

【参考答案】BD

【答案解析】对买进看跌期权来说，盈亏平衡点的标的物价格等于执行价格减去权利金。卖出看跌期权所面临的最大可能收益是权利金，最大可能损失是执行价格减去权利金。

20. 下列说法正确的有（　　）。

A. 期权的时间溢价等于期权价值减去内在价值

B. 无风险利率越高，看涨期权的价格越高

C. 看跌期权价值与预期红利大小成反向变动

D. 对于看涨期权持有者来说，股价上涨可以获利，股价下跌发生损失，二者不会抵消

【参考答案】ABD

【答案解析】看跌期权价值与预期红利大小成正向变动。

21. 下列属于欧式期权特征的是，在到期日（　　）。

A. 若市价大于执行价格，多头与空头价值：金额绝对值相等，符号相反

B. 若市价小于执行价格，多头与空头价值均为0

C. 多头的净损失有限，而净收益却潜力巨大

D. 空头净收益的最大值为期权价格

【参考答案】CD

【答案解析】AB是针对看涨期权的，对于看跌期权则说反了。

22. 相同标的资产、相同期限、相同协议价格的美式期权的价值总是（　　）欧式期权。

A. 大于等于　　　　B. 小于

C. 不低于　　　　D. 以上都不对

【参考答案】AC

【答案解析】美式期权的持有者除了拥有欧式期权持有者的所有权利外，还有提前执行的权利，因此美式期权的价值至少应不低于欧式期权。

23. 以下关于期权交易的说法正确的有（　　）。

A. 期权卖方承担风险，履行买方提出的执行期权的义务

B. 期权的买方可以根据市场情况灵活选择是否行权

C. 权利金一般于期权到期日交付

D. 期权的交易对象并不是标准化合约

【参考答案】AB

【答案解析】期权具有以下特点：(1) 买方要想获得权利，必须向卖方支付一定数量的费用（权利金）；(2) 期权买方取得的权利是未来的权利，或在未来一段时间内，或在未来某一特定日期；(3) 期权买方在未来的买卖标的物是特定的；(4) 期权买方在未来买卖标的物的价格是事先规定好的；(5) 期权买方取得的是买卖的权利，而不负有必须买进或卖出的义务，买方有执行的权利，也有不执行的权利，完全可以灵活选择；(6) 买方拥有权利并为此支付权利金，仅承担有限的风险，却拥有巨大的获利潜力。

24. 对期权权利金的表述正确的有（　　）。

A. 是买方面临的最大可能的损失（不考虑交易费用）

B. 是执行价格一个固定的比率

C. 是期权的价格

D. 是买方必须负担的费用

【参考答案】ACD

【答案解析】权利金就是期权的价格，是期货期权的买方为获取期权合约所赋予的权利而必须支付给卖方的费用。期权权利金对于期权的买方来说，是其买入期权可能遭受损失的最高限度；对于卖方而言，卖出期货期权立即可以获得一笔权利金收入，而不必马上进行期货合约的交割。在期权交易中，期权权利金是在交易所内讨价还价形成的。

25. 下列关于美式期权和欧式期权的说法正确的有（　　）。

A. 美式期权在美国市场交易

B. 美式期权的买方在规定的有效期限内的任何交易日都可以行权

C. 欧式期权在欧洲市场交易

D. 欧式期权的买方只能在合约到期日行权

【参考答案】BD

【答案解析】美式期权是指在规定的有效期限内的任何时候都可以行使权利。欧式期权是指在规定的合约到期日方可行使权利。美式期权与欧式期权的划分并无地域上的区别。

26. 下列属于看涨期权的有（　　）。

A. 买方期权　　　　B. 买权

C. 认沽期权　　　　D. 买入选择权

【参考答案】ABD

【答案解析】看涨期权又称买权、买入选择权、认购期权、买方期权等。C项认沽期权指的是看跌期权。

27. 下列关于期权类型的说法错误的有（　　）。

A. 看涨期权是指期权的卖方在支付了一定数额的权利金后，即拥有在合约有效期内，按事先约定的价格向期权买方买入一定数量的标的物的权利，但不负有必须买入的义务

B. 看跌期权是指期权的买方在支付了一定数额的权利金后，即拥有在合约有效期内，按事先约定的价格向期权卖方卖出一定数量的标的物的权利，但不负有必须卖出的义务

C. 美式期权在合约到期日之前不能行使权利

D. 美式期权的买方既可以在合约到期日行使权利，也可以在到期日之前的

任何一个交易日行使权利

【参考答案】AC

【答案解析】A 项，看涨期权是指期权的买方在支付了一定数额的权利金后，即拥有在合约有效期内，按事先约定的价格向期权卖方买入一定数量的标的物的权利，但不负有必须买入的义务。C 项，美式期权是指在规定的有效期限内的任何时候均可以行使权利的期权。

28. 在其他因素不变的情况下，下列事项中，会导致欧式看涨期权价值增加的有（　　）。

A. 期权执行价格提高　　B. 期权到期期限延长

C. 股票价格的波动率增加　　D. 无风险利率提高

【参考答案】CD

【答案解析】看涨期权的价值 = Max（股票市价 - 执行价格，0），由此可知，期权执行价格与看涨期权价值负相关，即选项 A 错误；欧式期权只能在到期日行权，即期权到期期限长短与看涨期权价值是不相关的（或独立的），所以，选项 B 错误；股票价格的波动率越大，会使期权价值（即选择权价值）越大，即选项 C 正确；如果考虑货币的时间价值，则投资者购买看涨期权未来履约价格的现值随利率（即折现率）的提高而降低，即投资成本的现值降低，此时在未来时期内按固定履约价格购买股票的成本降低，看涨期权的价值增大，因此，看涨期权的价值与利率正相关变动，即选项 D 正确。

29. 以下关于时间价值的描述，正确的有（　　）。

A. 极度虚值期权的时间价值通常大于一般的虚值期权的时间价值

B. 虚值期权的时间价值通常小于平值期权的时间价值

C. 极度虚值期权的时间价值通常小于一般的虚值期权的时间价值

D. 虚值期权的时间价值通常大于平值期权的时间价值

【参考答案】BC

【答案解析】一般来说，执行价格与市场价格的差额越大，则时间价值就越小；反之，差额越小，则时间价值就越大。当一种期权处于极度实值或极度虚值时，其时间价值都将趋向于零；而当一种期权正好处于平值期权时，其时间价值却达到最大。

30. 当标的物市场价格为 500 美分/蒲式耳时，具有正值的内涵价值的期权是（　　）。

A. 执行价格为 510 美分/蒲式耳的看跌期权

B. 执行价格为 490 美分/蒲式耳的看跌期权

C. 执行价格为 510 美分/蒲式耳的看涨期权

D. 执行价格为 490 美分/蒲式耳的看涨期权

【参考答案】AD

【答案解析】内涵价值是指立即履行期权合约时可获取的总利润。这是由期权合约的执行价格与标的物价格的关系决定的。当看涨期权的执行价格低于当时的标的物价格时，具有内涵价值，该期权为实值期权。当看跌期权的执行价格高于当时的标的物价格时，具有内涵价值，该期权为实值期权。

31. 按照买方行权方向的不同，可将期权分为（ ）。

A. 看涨期权　　B. 看跌期权

C. 认购期权　　D. 认沽期权

【参考答案】ABCD

【答案解析】期货行业称看涨期权和看跌期权，在证券行业称认购期权和认沽期权。

32. 以下属于场内期权的有（ ）。

A. 上证 50ETF 期权

B. 我国银行间市场交易的人民币外汇期权

C. 沪深 300 股指期货期权

D. 玉米期权

【参考答案】ACD

【答案解析】我国银行间市场交易的人民币外汇期权属于场外期权。

33. 以下属于奇异期权的有（ ）。

A. 亚式期权　　B. 障碍期权

C. 百慕大期权　　D. 彩虹期权

【参考答案】ABD

【答案解析】百慕大期权只是一种行权时间上与欧式期权或美式期权不同的期权，不属于奇异期权。

34. 上海证券交易所交易的上证 50ETF 期权的到期月份有（ ）。

A. 当月　　B. 下月

C. 下下月　　D. 下月后的两个季月

【参考答案】ABD

【答案解析】上证 50ETF 期权的到期月份有四个：当月、下月及随后的两个季月。

35. 上证 50ETF 期权（ ）。

A. 最后交易日和到期日为同一天

B. 行权交收日为最后交易日的下一交易日

C. 最后交易日为合约月份的第四个星期三

D. 到期日为合约月份的第四个星期四

【参考答案】ABC

【答案解析】上证50ETF期权的最后交易日和到期日为同一天，均为合约月份的第四个星期三，行权交收日为下一交易日。

36. 期权交易的特点包括（　　）。

A. 买方只有权利而不必承担履约义务，卖方只有履约义务而没有相应权利

B. 理论上买方损失有限而收益无限

C. 对买卖双方保证金缴纳要求不同

D. 理论上买卖双方损失无限，而收益有限

【参考答案】ABC

【答案解析】期权的特点：第一，买卖双方的权利义务不同。第二，买卖双方的收益和风险特征不同。第三，对买卖双方保证金缴纳要求不同。第四，从避险的角度考虑，买进期权和卖出期权的功能不同。此外，在规避价格风险的表现方面，买进期权和期货交易有较大不同。第五，独特的非线性损益结构。

37. 利用（　　）工具规避标的资产价格的风险，在规避掉价格不利变动可能带来预料损失的同时，也排除了价格有利变动可能带来意外收益的可能。

A. 期货　　　　B. 期权

C. 远期合同　　　　D. 掉期

【参考答案】ACD

【答案解析】利用期权多头对冲标的资产价格风险，当标的资产价格发生不利变动时，交易者可通过执行期权来避免损失；当价格变化方向对标的资产持仓有利时，交易者可放弃执行期权，从而可享受价格有利变化所带来的利润。因此，买进期权更像是为所持标的资产购买的保险，所以期权费也被称为保险费。

38. 以下说法正确的有（　　）。

A. 平值期权的时间价值总是大于等于0

B. 虚值期权的时间价值总是大于等于0

C. 实值期权的时间价值总是大于等于0

D. 美式期权的时间价值总是大于等于0

【参考答案】ABD

【答案解析】实值欧式看跌期权的时间价值可能小于0。欧式期权因为只能在期权到期时行权，所以在有效期的正常交易时间内，即使期权的权利金低于内涵价值，即处于实值状态的欧式期权具有负的时间价值时，买方也不能立即行权获利。这就使处于实值状态的欧式期权的时间价值可能小于0。

39. 根据对期权价格范围的分析，只有（　　）的时间价值存在小于 0 的可能。

A. 实值欧式看跌期权

B. 标的资产支付较高收益的实值欧式看涨期权

C. 标的资产不支付收益和支付较低收益的实值欧式看涨期权

D. 美式期权

【参考答案】AB

【答案解析】根据对期权价格范围的分析，只有实值欧式看跌期权和标的资产支付较高收益的实值欧式看涨期权的时间价值存在小于 0 的可能；而标的资产不支付收益和支付较低收益的实值欧式看涨期权的时间价值不会小于 0。

40. 一般来说，执行价格与标的资产价格的相对差额越大，看跌期权的(　　)。

A. 时间价值就越小　　B. 时间价值就越大

C. 内涵价值就越小　　D. 内涵价值就越大

【参考答案】AD

【答案解析】就看跌期权而言，市场价格比执行价格低时，期权具有内涵价值，低得越多，内涵价值越大；当市场价格等于或高于执行价格时，内涵价值为 0。执行价格与标的资产价格的相对差额也决定了时间价值的有无和大小。一般来说，执行价格与标的资产价格的相对差额越大，时间价值就越小；反之，相对差额越小，时间价值就越大。

41. 就看涨期权而言，(　　)。

A. 标的资产价格大于执行价格时，期权内涵价值大于 0

B. 标的资产价格等于执行价格时，期权内涵价值等于 0

C. 标的资产价格小于执行价格时，期权内涵价值小于 0

D. 执行价格与标的资产价格的相对差额越大，时间价值就越小

【参考答案】ABD

【答案解析】期权内涵价值最小为 0，不会为负数。

42. 在其他因素不变的情况下，期权有效期越长，(　　) 的价值就越大。

A. 美式看涨期权　　B. 美式看跌期权

C. 欧式看涨期权　　D. 欧式看跌期权

【参考答案】AB

【答案解析】随着有效期的增加，欧式期权的价值并不必然增加。这是因为对于欧式期权来说，有效期长的期权并不包含有效期短的期权的所有执行机会。即便在有效期内标的资产价格向买方所期望的方向变动，但因为不能行权，在到

期时也存在再向不利方向变化的可能，所以随着期权有效期的增加，欧式期权的时间价值和权利金并不必然增加，即剩余期限长的欧式期权的时间价值和权利金可能小于剩余期限短的。

43. 当利率提高时，期权的（　）。

A. 时间价值一定会降低　　B. 时间价值一定会增加

C. 内涵价值一定会降低　　D. 内涵价值一定会增加

【参考答案】AB

【答案解析】利率水平对期权时间价值的整体影响是十分有限的。

44. 在股票分红不调整期权执行价格的情况下，标的资产支付收益对（　）。

A. 看涨期权价格的影响是负向的　　B. 看涨期权价格的影响是正向的

C. 看跌期权价格的影响是负向的　　D. 看跌期权价格的影响是正向的

【参考答案】AD

【答案解析】标的资产支付收益对看涨期权价格的影响是负向的，对看跌期权价格的影响则是正向的。以上结果是在股票分红不调整期权执行价格的情况下进行的。如果标的资产除权除息时交易所对期权的行权价格进行修正，则应按修正后的情形考虑标的资产分红对期权价格的影响，结果需另行分析。

45. 当标的资产价格（　），应买入看涨期权。

A. 处于牛市阶段

B. 后市预期上涨

C. 隐含价格波动率处于历史较低水平

D. 隐含价格波动率处于历史较高水平

【参考答案】ABC

【答案解析】隐含价格波动率低，是指期权价格反映的波动率小于理论计算的波动率，市场波动率未来将会提升。

46. 买入看涨期权的目的，是为了（　）。

A. 获取价差收益　　B. 追逐更大的杠杆效应

C. 限制卖出标的资产的风险　　D. 对冲标的资产价格上涨的风险

【参考答案】ABCD

【答案解析】发挥看涨期权的投机功能和套保功能。

47. 与期货交易相比，（　）的杠杆效应更高。

A. 买入看涨期权　　B. 卖出看涨期权

C. 买入看跌期权　　D. 卖出看跌期权

【参考答案】AC

【答案解析】卖出期权由于需要缴纳保证金，使其杠杆效应与期货交易差不多。

48. 当标的资产价格（　），应卖出看涨期权。

A. 处于熊市横盘阶段

B. 后市预期下跌

C. 隐含价格波动率处于历史较低水平

D. 隐含价格波动率处于历史较高水平

【参考答案】ABD

【答案解析】标的资产价格处于横盘整理或下跌，对看涨期权的卖方有利。如果预期标的资产价格窄幅整理或下跌，可通过卖出看涨期权获利。

49. 当标的资产价格（　），应买入看跌期权。

A. 处于熊市阶段

B. 后市预期下跌

C. 隐含价格波动率处于历史较低水平

D. 隐含价格波动率处于历史较高水平

【参考答案】ABC

【答案解析】隐含价格波动率低，是指期权价格反映的波动率小于理论计算的波动率，市场波动率未来将会提升。当价格涨不动了或跌不动了，隐含价格波动率都比较低。

50. 买入看跌期权的目的，是为了（　）。

A. 获取价差收益　　B. 追逐更大的杠杆效应

C. 保护标的资产多头　　D. 对冲标的资产价格下跌的风险

【参考答案】ABCD

【答案解析】发挥看跌期权的投机功能和套保功能。

51. 当标的资产价格（　），应卖出看跌期权。

A. 处于牛市横盘阶段

B. 后市预期上涨

C. 隐含价格波动率处于历史较低水平

D. 隐含价格波动率处于历史较高水平

【参考答案】ABD

【答案解析】标的资产价格处于横盘整理或上涨，对看跌期权的卖方有利。如果预期标的资产价格窄幅整理或上涨，可通过卖出看跌期权获利。

52. 牛市价差组合可以由（　）组成。

A. 一份看涨期权多头与一份同一期限较高协议价格的看涨期权空头

B. 一份看跌期权多头与一份同一期限较高协议价格的看跌期权空头

C. 一份看涨期权多头与一份同一期限较高协议价格的看跌期权空头

D. 一份看跌期权多头与一份同一期限较高协议价格的看涨期权空头

【参考答案】AB

【答案解析】采用牛市价差组合的投资者都是看涨后市，但又不是看得很高，再涨的那一部分就给别人了，所以就有两种组合策略，可以用看涨期权来组合，也可以用看跌期权来组合。

53. 熊市价差组合可以由（　　）组成。

A. 一份看涨期权多头与一份同一期限较低协议价格的看涨期权空头

B. 一份看跌期权多头与一份同一期限较低协议价格的看跌期权空头

C. 一份看涨期权多头与一份同一期限较低协议价格的看跌期权空头

D. 一份看跌期权多头与一份同一期限较低协议价格的看涨期权空头

【参考答案】AB

【答案解析】采用熊市价差组合的投资者都是看跌后市，但又不是看得很低，见好就收，再跌的那一部分就给别人了，所以就有两种组合策略，可以用看涨期权来组合，也可以用看跌期权来组合。

54. 下列关于垂直价差组合说法正确的是（　　）。

A. 垂直价差组合通过买入一个行权价格看跌期权同时卖出一个高行权价看跌期权构成

B. 垂直价差组合通过卖出一个高行权价格看涨期权同时买入一个低行权价看涨期权构成

C. 垂直价差组合是通过买入两个看涨期权或者两个看跌期权构成的

D. 垂直价差组合是通过卖出两个看涨期权或者两个看跌期权构成的

【参考答案】AB

【答案解析】垂直价差组合是由一个期权多头和一个期权空头组成。

55. 从理论上看，当投资者买入跨式组合时，下列说法正确的是（　　）。

A. 投资者潜在最大盈利为所支付权利金

B. 投资者潜在最大损失为所支付权利金

C. 投资者的最大盈利是无限的

D. 投资者会做多波动率

【参考答案】BCD

【答案解析】投资者不确定股票的价格变动方向但判断股价会大幅波动时，做多同价对敲期权组合是有利的，这实际上就是做多波动率。

56. 买进执行价格为 2000 点的 6 月沪深 300 股指看跌期权，权利金为 150

点，卖出同一到期日执行价格为 1900 点的沪深 300 股指看跌期权，权利金为 120 点，以下说法正确的是（　　）。

A. 该策略属于牛市策略　　B. 该策略属于熊市策略

C. 损益平衡点为 1970 点　　D. 损益平衡点为 2030 点

【参考答案】BC

【答案解析】由于权利金是净支出：－150＋120＝－30 点，因此，往下跌 2000－30＝1970 点以下时才开始盈利。1900 点是盈利截止点。

57. 一个卖出看跌期权可以由（　　）进行对冲。

A. 买入标的资产　　B. 卖出标的资产

C. 买入标的期货　　D. 卖出标的期货

【参考答案】BD

【答案解析】卖出看跌期权者是看涨行情，所以为防止价格下跌，需要卖出标的对冲。

58. 关于买进宽跨式套利适合的行情、风险及潜在盈利的说法正确的是(　　)。

A. 理论上风险无限，盈利有限　　B. 理论上风险有限，盈利无限

C. 适合波动率走高的行情　　D. 适合波动率走低的行情

【参考答案】BC

【答案解析】多头宽跨式组合是在预测资产会有很大的波动但不明确波动的方向，同时又希望以较小的成本实现盈利的情况下使用的策略。

三、判断题（请判断以下各小题的正误，正确的填写 A，错误的填写 B）

1. 期权是指期权的买方和卖方有权在约定的期限内，按照事先确定的价格，买入或卖出一定数量某种特定商品或金融指标的权利。（　　）

【参考答案】B

【答案解析】期权，也称选择权，是指期权的买方有权在约定的期限内，按照事先确定的价格，买入或卖出一定数量某种特定商品或金融指标的权利。

2. 期权与期货合约相同的是，同一月份的期权合约有不同类型的期权，如看涨期权和看跌期权。（　　）

【参考答案】B

【答案解析】期权与期货合约不同的是，同一月份的期权合约有不同类型的期权，如看涨期权和看跌期权。

3. 美式期权的买方在期权到期日和到期日之前的任何交易日都可以行权，

欧式期权的买方只能在到期日行权。（ ）

【参考答案】A

【答案解析】美式期权的买方在期权到期日和到期日之前的任何交易日都可以行权，欧式期权的买方只能在到期日行权。

4. 期权交易买卖双方的权利义务是对等的。（ ）

【参考答案】B

【答案解析】通常情况下，权利和义务是不分离的，在享有权利的同时要承担相应的义务，但期权交易不同。期权交易是权利的买卖，期权买方支付了期权费获得权利，卖方将权利出售给买方从而拥有了履约的义务。因此，期权的买方只有权利而不必承担履约义务，卖方只有履约义务而没有相应权利。

5. 买方最大损失为购买期权的权利金，这也是卖方的最大收益。（ ）

【参考答案】A

【答案解析】买方最大损失为购买期权的权利金，这也是卖方的最大收益。

6. 期权交易的买方必须交纳保证金。（ ）

【参考答案】B

【答案解析】对期权买卖双方保证金缴纳的规定不同。由于买方的最大损失仅限于已经支付的期权费，所以无须缴纳保证金；而卖方可能损失巨大，所以必须缴纳保证金作为履约担保。

7. 卖出期权可以达到规避标的资产价格风险的目的。（ ）

【参考答案】B

【答案解析】买进期权可以规避标的资产的价格风险，而卖出期权只能收取固定的费用，达不到规避标的资产价格风险的目的。

8. 欧式期权是指买方在期权到期日前（含到期日）的任何交易日都可以行使权利的期权。（ ）

【参考答案】B

【答案解析】美式期权，是指期权买方在期权到期日前（含到期日）的任何交易日都可以行使权利的期权。

9. 美式期权的价格总是大于等于欧式期权的价格。（ ）

【参考答案】A

【答案解析】美式期权的价格总是大于等于欧式期权的价格，或者说，美式期权的价格不应该低于欧式期权的价格。

10. 场外期权合约都是标准化的。（ ）

【参考答案】B

【答案解析】场外期权合约可以是非标准化的。

11. 虚值期权和平值期权的内涵价值都等于0。 ( )

【参考答案】A

【答案解析】虚值期权和平值期权的内涵价值都等于0。

12. 实值欧式看跌期权的时间价值不会小于0。 ( )

【参考答案】B

【答案解析】欧式期权由于只能在期权到期时行权，所以在有效期的正常交易时间内，当期权的权利金低于内涵价值时，即处于实值状态的欧式期权具有负的时间价值时，买方并不能立即行权获利。因此，处于实值状态的欧式期权的时间价值可能小于0。

13. 实值美式期权时间价值不存在小于0的情形。 ( )

【参考答案】B

【答案解析】由于存在佣金、行权费等交易成本，期权实际交易中，实值美式期权时间价值也存在小于0的情形。

14. 实值欧式看跌期权的时间价值大于等于0。 ( )

【参考答案】B

【答案解析】实值欧式看跌期权的时间价值可能小于0。欧式期权由于只能在期权到期时行权，所以在有效期的正常交易时间内，当期权的权利金低于内涵价值时，即处于实值状态的欧式期权具有负的时间价值时，买方并不能立即行权获利。

15. 一般来说，执行价格与标的资产价格的相对差额越大，期权的时间价值越小；反之，相对差额越小，期权的时间价值越大。 ( )

【参考答案】A

【答案解析】一般来说，执行价格与标的资产价格的相对差额越大，期权的时间价值越小；反之，相对差额越小，期权的时间价值越大。

16. 一般来说，执行价格与标的资产价格的相对差额越大，期权的时间价值越大；反之，相对差额越小，期权的时间价值越小。 ( )

【参考答案】B

【答案解析】一般来说，执行价格与标的资产价格的相对差额越大，期权的时间价值越小；反之，相对差额越小，期权的时间价值越大。

17. 在其他因素不变的情况下，期权有效期越长，美式看涨期权和看跌期权的价值都会增加。 ( )

【参考答案】A

【答案解析】对于美式期权来说，有效期长的期权不仅包含了有效期短的期权的所有执行机会，而且有效期越长，标的资产价格向买方所期望的方向变动的机会越多，买方获利的机会也就越多。

18. 政府提高利率会导致股票价格下跌，实值股票看涨期权的内涵价值上升。（　）

【参考答案】B

【答案解析】政府提高利率以抑制经济的过度增长，将导致股票价格下跌，实值股票看涨期权的内涵价值降低或变为虚值，虚值股票看涨期权的虚值程度加深；实值股票看跌期权的内涵价值提高，虚值股票看跌期权的虚值程度减弱，或变为实值。

19. 通过看涨期权多头规避标的资产价格上涨风险往往比通过买进期货合约对冲标的资产价格风险要多付出权利金或时间价值。（　）

【参考答案】A

【答案解析】通过看涨期权多头规避的标的资产价格上涨风险往往比通过买进期货合约对冲标的资产价格风险要多付出权利金或时间价值。

20. 卖出看涨期权需要一定的初始资金，当行情发生不利变动时还要追加保证金。（　）

【参考答案】A

【答案解析】交易者卖出看涨期权的主要目的是获取期权费，但卖出看涨期权时要缴纳保证金，而且保证金要高于权利金，所以卖出看涨期权需要一定的初始资金，当行情发生不利变动时还要追加保证金。

21. 期权卖方的收益往往高于买方。（　）

【参考答案】A

【答案解析】由于多数情况下期权买方行权的机会很小，或付出时间价值的代价太大，期权卖方的收益往往高于买方。

22. 期权的买方支付权利金后，既承担很大风险，也有巨大的获利潜力。（　）

【参考答案】B

【答案解析】期权的买方支付权利金仅承担有限的风险，却有巨大的获利潜力。

23. 当一种期权处于极度实值或极度虚值时，其时间价值都将趋向于零。（　）

【参考答案】A

【答案解析】时间价值是指期权权利金扣除内涵价值的剩余部分，即权利金中超出内涵价值的部分，又称外涵价值。当一种期权处于极度实值或极度虚值时，其时间价值都将趋向于零；而当一种期权正好处于平值期权时，其时间价值达到最大。

24. 当看跌期权的执行价格高于当时的标的物价格时，该期权为实值期权。（ ）

【参考答案】A

【答案解析】对于看跌期权而言，当执行价格低于当时的标的物价格时，该期权为虚值期权；当执行价格高于当时的标的物价格时，该期权为实值期权。期权的价格是指权利金，期权的实值、虚值状态与权利金（期权的价格）无关，只与标的物价格和期权执行价格有关。

25. 期货期权内涵价值是由期权合约的执行价格与标的物价格的关系决定的。（ ）

【参考答案】A

【答案解析】期权的权利金由内涵价值和时间价值组成。即：期权价格 = 期权的权利金 = 内涵价值 + 时间价值。当期权执行价格与标的资产价格相等时，期权内涵价值为零。

26. 对于看跌期权而言，如果执行价格低于目前的市场价格；对于看涨期权而言，如果执行价格高于目前的市场价格，该期权的内涵价值为负数。（ ）

【参考答案】B

【答案解析】对于看跌期权而言，如果执行价格低于目前的市场价格；对于看涨期权而言，如果执行价格高于目前的市场价格，该期权的内涵价值为零。期权的内涵价值不可能为负数，因为如果执行期权只会带来损失，该投资者会放弃这一权利。

27. 随着期权临近到期日，如果其他条件不变，该期权的时间价值就会逐渐增大。（ ）

【参考答案】B

【答案解析】随着期权临近到期日，如果其他条件不变，该期权的时间价值就会逐渐减小。

28. 当期权的执行价格等于标的物价格时，该期权为平值期权。（ ）

【参考答案】A

【答案解析】无论是看涨期权还是看跌期权都如此。

29. 波动率是影响期权价格的重要因素之一，在其他因素不变的前提下，波动率越高，看涨期权价格越低，看跌期权价格越高。（ ）

【参考答案】B

【答案解析】波动率越高，看涨期权价格和看跌期权价格都越高。

30. 两个欧式看涨期权，距到期日时间长的期权价值高于时间短的。（ ）

【参考答案】B

【答案解析】欧式期权的价值还受到发放股利等因素的影响。

31. 欧式看涨期权多头和欧式看跌期权空头可以组成远期合约多头，欧式看涨期权空头和欧式看跌期权多头可以组成远期合约空头。（ ）

【参考答案】A

【答案解析】反过来，远期合约多头可以拆分成欧式看涨期权多头和欧式看跌期权空头，远期合约空头可以拆分成欧式看涨期权空头和欧式看跌期权多头。

32. 期权价值就是指期权的到期日价值。（ ）

【参考答案】B

【答案解析】期权价值是指期权的现值，不同于期权的到期日价值。

33. 期权持有人可以选举公司董事和享有公司重大事项的投票权。（ ）

【参考答案】B

【答案解析】期权持有人不能享有与公司股票相关的权利。

34. 在其他条件确定的情况下，离到期时间越远，期权的时间溢价越大。如果已经到了到期时间，期权的价值就只剩下内在价值。（ ）

【参考答案】A

【答案解析】期权的时间溢价是指期权价值超过内在价值的部分。时间溢价 = 期权价值 - 内在价值。在其他条件确定的情况下，离到期时间越远，期权的时间溢价越大。如果已经到了到期时间，期权的价值就只剩下内在价值，因为已经不能再等待了。

35. 在其他条件一定的情形下，执行价格相同的期权，到期时间越长，看涨期权的到期日价值就越高，看跌期权的到期日价格就越低。（ ）

【参考答案】B

【答案解析】无论是看涨期权还是看跌期权，到期时间越长，其到期日价值就越高。

36. 欧式期权是欧洲发明的期权，而美式期权是在美国发明的期权。（ ）

【参考答案】B

【答案解析】欧式期权和美式期权跟地域或国名无关，与行权的时间相关联。

37. 一种标的资产的期权，行权方式通常只能为一种，即要么是美式期权，要么是欧式期权。（ ）

【参考答案】B

【答案解析】也有同时包含美式期权和欧式期权的，如 CME 集团交易的外汇期货期权，GBP/USD、EUS/USD 等期货期权，既有美式期权，又有欧式期权。

38. 标的资产价格的波动率越高，期权的价格也应该越高。（ ）

【参考答案】A

【答案解析】在其他因素不变的条件下，标的资产价格波动率越高，标的资产价格上涨很高或下跌很深的机会就随之增加，标的资产价格涨至损益平衡点之上或跌至损益平衡点之下的可能性和幅度也就越大，买方获取较高收益的可能性也会增加，而损失却不会随之同等程度增加，但期权卖方的市场风险却会随之大幅增加。

39. 随着期权有效期的增加，期限长的欧式看跌期权的价格不会低于期限短的欧式看跌期权的价格。（ ）

【参考答案】B

【答案解析】随着有效期的增加，欧式期权的价值并不必然增加。

40. 标的资产不支付红利的欧式看涨期权与美式看涨期权相同，剩余期限越长，其价格也越高。（ ）

【参考答案】A

【答案解析】标的资产不支付红利的美式看涨期权，不应该提前行权，所以剩余期限对标的资产不支付红利的欧式和美式看涨期权的影响应该相同，而且，对期权价格范围的分析也支持此结论。

41. 随着期权有效期的增加，欧式期权的时间价值和权利金并不必然增加。（ ）

【参考答案】A

【答案解析】这是因为对于欧式期权来说，有效期长的期权并不包含有效期短的期权的所有执行机会。即便在有效期内标的资产价格向买方所期望的方向变动，但因为不能行权，在到期时也存在再向不利方向变化的可能。

四、综合题（以下各小题给出的四个选项中，至少有一项符合题目要求，请将符合题目要求选项的代码填入括号内）

阅读材料，回答以下1~2题。

某股票当前价格为88.75元，其看跌期权A的执行价格为110元，权利金为21.50元，另一股票当前价格为63.95元，其看跌期权B的执行价格与权利金分别为67.50元和4.85元。

1. 比较期权A、B的内涵价值（ ）。

A. 条件不足，不能确定　　B. A等于B

C. A小于B　　D. A大于B

【参考答案】D

【答案解析】期权的内涵价值也称内在价值，是指在不考虑交易费用和期权费的情况下，买方立即执行期权合约可获取的收益。

2. 比较期权 A、B 的时间价值（　　）。

A. 条件不足，不能确定　　B. A 等于 B

C. A 小于 B　　D. A 大于 B

【参考答案】C

【答案解析】时间价值 = 权利金 - 内涵价值。

阅读材料，回答以下 3～4 题。

某交易者在 1 月份以 150 点的权利金买入一张 3 月到期执行价格为 8800 点的中证 500 看涨期权。与此同时，该交易者又以 100 点的权利价格卖出一张执行价格为 10000 点的中证 500 看涨期权。合约到期时，中证 500 股指期货价格上涨到 10100 点。

3. 在到期日（不考虑交易费）卖出的看涨期权交易了结后的净损益为（　　）点。

A. -50　　B. 0

C. 100　　D. 200

【参考答案】B

【答案解析】10000 - 10100 + 100 = 0（点）。

4. 全部交易了结后的总体净损益为（　　）点。

A. 1050　　B. 1150

C. 1250　　D. 1350

【参考答案】B

【答案解析】(10100 - 8800 - 150) + (1000 - 10100 + 100) = 1150（点）。

某股票当前价格为 88.75 元。回答以下 5～6 题。

5. 该股票期权的内涵价值最高的是（　　）。

A. 执行价格为 87.50 元，权利金为 4.25 元的看涨期权

B. 执行价格为 92.50 元，权利金为 1.97 元的看涨期权

C. 执行价格为 87.50 元，权利金为 2.37 元的看跌期权

D. 执行价格为 92.50 元，权利金为 4.89 元的看跌期权

【参考答案】D

【答案解析】期权的内涵价值是指在不考虑交易费用和期权费的情况下，买方立即执行期权合约可获取的收益。本题中，B、C 的内涵价值都是 0。

6. 该股票期权的时间价值最高的是（　　）。

A. 执行价格为87.50元，权利金为4.25元的看涨期权

B. 执行价格为92.50元，权利金为1.97元的看涨期权

C. 执行价格为87.50元，权利金为2.37元的看跌期权

D. 执行价格为92.50元，权利金为4.89元的看跌期权

【参考答案】A

【答案解析】时间价值=权利金-内涵价值。

阅读材料，回答以下7~8题。

某交易者以1000元/吨的价格买入12月到期执行价格为48000元/吨的铜看跌期权。期权到期时，标的铜价格为47500元/吨。(不考虑交易费用和现货升贴水变化)

7. 该交易者的净损益为（　　）美元/吨。

A. -1000　　B. 500

C. 1000　　D. -500

【参考答案】D

【答案解析】48000-47500-1000=-500（元/吨）。

8. 该交易者损益平衡点为（　　）元/吨。

A. 48000　　B. 47500

C. 48500　　D. 47000

【参考答案】D

【答案解析】在47500元/吨时还亏500元/吨，显然损益平衡点为47000元/吨。

阅读材料，回答以下9~10题。

某交易者以2.87元/股的价格买入一份股票看跌期权，执行价格为65元/股；该交易者又以1.56元/股的价格买入一份该股票的看涨期权，执行价格也为65元/股。(合约单位为100股，不考虑交易费用)

9. 如果股票的市场价格为71.50元/股时，该交易者从此策略中获得的净损益为（　　）。

A. 494元　　B. 585元

C. 363元　　D. 207元

【参考答案】D

【答案解析】对于具有相同执行价格的看涨期权和看跌期权，当市场价格确定的时候，看涨期权和看跌期权中只有一个需要执行，另一个则不执行，不执行

的那张期权，直接损失期权费。对于看跌期权，若执行期权，则亏损为 71.5 - 65 + 2.87 > 2.87 元/股，所以不执行期权，损失期权费 2.87 元/股；对于看涨期权，若执行期权，则盈利为 71.5 - 65 - 1.56 = 4.94 元/股。所以总体盈利为（4.94 - 2.87）×100 = 207 元。

10. 如果股票的市场价格为 58.50 元/股时，该交易者从此策略中获得净损益为（　　）。

A. 494 元　　B. 585 元

C. 363 元　　D. 207 元

【参考答案】D

【答案解析】对于看跌期权，若执行期权，则盈利 65 - 58.5 - 2.87 = 3.63 元/股；对于看涨期权，若执行期权，则亏损 58.5 - 65 - 1.56 < 1.56 元/股，所以不执行期权，损失期权费 1.56 元/股。所以总体盈利（3.63 - 1.56）×100 = 207 元。

11. 某交易者在 4 月份以 4.97 元/股的价格购买一份 9 月份到期执行价格为 80.00 元/股的某股票看涨期权，同时他又以 1.73 元/股的价格卖出一份 9 月份到期执行价格为 87.50 元/股的该股票看涨期权（合约单位为 100 股，不考虑交易费用），如果标的股票价格为 90.00 元/股，该交易者可能的收益为（　　）元。

A. 580　　B. 500

C. 426　　D. 80

【参考答案】C

【答案解析】[(90 - 80 - 4.97) + (87.5 - 90 + 1.73)] ×100 = 426（元）。

12. 某投资者以 20 元/吨的权利金买入 100 吨执行价格为 4920 元/吨的大豆看涨期权，并以 15 元/吨的权利金卖出 200 吨执行价格为 4940 元/吨的大豆看涨期权；同时以 12 元/吨的权利金买入 100 吨执行价格为 4960 元/吨的大豆看涨期权。假设三份期权同时到期，下列说法错误的是（　　）。

A. 若市场价格为 4900 元/吨，损失为 200 元

B. 若市场价格为 4960 元/吨，损失为 200 元

C. 若市场价格为 4940 元/吨，收益为 1800 元

D. 若市场价格为 4920 元/吨，收益为 1000 元

【参考答案】D

【答案解析】若市场价格为 4920 元/吨，则（-20）×100 + 15 ×200 + (-12) ×100 = -200 元，故 D 是错误的。其他选项计算之后都是正确的。

阅读材料，回答以下13~15题。

上海证券交易所股票期权交易规则规定：合约标的除权除息的，在合约标的的除权除息当日对合约的合约单位、行权价格按照下列公式进行调整：

新合约单位 = [原合约单位 ×（1 + 流通股份实际变动比例）× 除权（息）前一日合约标的收盘价]/{[除权（息）前一日合约标的收盘价格 - 现金红利] + 配股价格 × 流通股份实际变动比例}

新行权价格 = 原行权价格 × 原合约单位/新合约单位

假设某股票利润分配有两种方案：10派4.5元和10派4.5元送5股。股权登记日收盘价为39.2元/股，该股票行权价格为35元/股的看涨期权的价格为4.565元/股，期权的合约单位为10000股。

13. 第一种分红方案的该股票新行权价格为（　　）元。

A. 34.02　　B. 34.60

C. 32.04　　D. 36.40

【参考答案】B

【答案解析】新合约单位 = 10000 ×（1 + 0）× 39.20/(39.20 - 0.45) = 10116.13（股）;

新行权价格 = 35 × 10000/10116.13 = 34.60（元/股）；股票除息0.45元/股，行权价格仅向下修正0.40元/股。

14. 第二种分红方案的该股票新行权价格为（　　）。

A. 23.07　　B. 27.03

C. 32.60　　D. 36.20

【参考答案】A

【答案解析】新合约单位 = 10000 ×（1 + 0.5）× 39.2/(39.2 - 0.45) = 15174.19（股）

新行权价格 = 35 × 10000/15174.19 = 23.07（元/股）；股票除权价为25.83元/股，除权13.37元/股；行权价向下修正11.93元/股。

15.（　　）分红方案的股票除权对看涨期权多头不利，对空头有利。

A. 只有第一种　　B. 只有第二种

C. 两种　　D. 没有任何一种

【参考答案】C

【答案解析】两种分红方案股票除权价格均大于期权行权价格向下的修正值。

阅读材料，回答以下16~18题。

某投资者买入1手5月份到期执行价为1050元/吨的看跌期权，权利金为30

元/吨，同时卖出 1 手 5 月份到期执行价为 1000 元/吨的看跌期权，权利金为 10 元/吨，两个期权的商品标的相同。

16. 该组合的最大盈利为（　　）元/吨。

A. 10　　B. 20

C. 30　　D. 40

【参考答案】C

【答案解析】该组合的最大盈利 =（1050 - 1000） + 10 - 30 = 30（元/吨）。

17. 该组合的最大亏损为（　　）元/吨。

A. -10　　B. -20

C. -30　　D. -40

【参考答案】B

【答案解析】该组合的最大亏损 = 10 - 30 = -20（元/吨）。

18. 该组合类型为（　　）价差组合策略。

A. 牛市　　B. 熊市

C. 蝶式　　D. 跨式

【参考答案】B

【答案解析】熊市价差组合，可以由一份看涨期权多头和一份相同期限、执行价格较低的看涨期权空头组成，也可以由一份看跌期权多头和一份相同期限、执行价格较低的看跌期权空头组成。

第七章

外汇衍生品通关练习

一、单项选择题（在以下各小题所给出的四个选项中，只有一个选项符合题目要求，请将正确选项的代码填入括号中）

1. 在即期外汇市场上处于空头地位的交易者，为防止将来外币汇率上升，可在外汇期货市场上进行（　　）。

A. 空头套期保值　　B. 多头套期保值

C. 正向套利　　D. 反向套利

【参考答案】B

【答案解析】外汇期货买入套期保值，又称外汇期货多头套期保值，是指在现汇市场处于空头地位的交易者为防止汇率上升，在期货市场上买入外汇期货合约对冲现货的价格风险。

2. 设当前6月和9月的欧元/美元外汇期货价格分别为1.3506和1.3517。30天后，6月和9月的合约价格分别变为1.3519和1.3531，则价差变化是（　　）。

A. 扩大了1个点　　B. 缩小了1个点

C. 扩大了3个点　　D. 扩大了8个点

【参考答案】A

【答案解析】(1.3531－1.3517)－(1.3519－1.3506)＝0.0001＝1（点）。

3. 某交易者预期未来的一段时间内，远期合约价格波动会大于近期合约价格波动，那么交易者应该（　　）。

A. 正向套利　　B. 反向套利

C. 牛市套利　　D. 熊市套利

【参考答案】D

【答案解析】熊市套利的结果并不受交易者判断的市场方向和市场实际走向的影响，而是由价差是否扩大决定的。在熊市套利中，只要两个合约间的价差扩大，套利者就能获利。

4. 以下（　　）的交易过程需要交换本金。

A. 利率互换　　B. 固定换固定的利率互换

C. 货币互换　　D. 本金变换型互换

【参考答案】C

【答案解析】货币互换是指在约定期限内交换约定数量两种货币的本金，同时定期交换两种货币利息的交易。

5. 以下说法错误的是（　　）。

A. 外汇掉期交易通常属于场外衍生品

B. 外汇掉期交易期初基本不改变交易者资产规模

C. 外汇掉期交易能改变外汇头寸期限

D. 外汇掉期期末交易时汇率无法确定

【参考答案】D

【答案解析】外汇掉期期末交易时汇率 = 即期汇率 + 升贴水。

6. 国际常用的外汇标价法是（　　）。

A. 直接标价法　　B. 间接标价法

C. 美元标价法　　D. 英镑标价法

【参考答案】A

【答案解析】包括中国在内的绝大多数国家都采用直接标价法。

7. 某进口商为规避 3 个月后的汇率风险，向银行预购 3 个月期的远期 10 万美元，成交价格为 6.2660。目前，美元兑人民币即期汇率为 6.2760，假设 3 个月后美元兑人民币汇率为 6.2810。若该公司当初是按交割远期外汇方式，则在契约到期当日，公司必须以人民币 62.66 万元向银行购入 10 万美元，即全额交割；若按 NDF 方式，该公司已于 3 个月前锁住美元兑人民币的 6.2660 水准，美元兑人民币涨至 6.2810 时公司的 NDF 头寸已产生利润，银行应付给公司（　　）美元。

A. 208.82　　B. 238.82

C. 258.82　　D. 288.82

【参考答案】B

【答案解析】（6.2810 - 6.2660） × 100000/6.2810 = 238.82（美元）。

8. 下列属于外汇交易风险的是（　　）。

A. 因债权到期而收回的外汇存入银行后所面临的汇率风险

B. 由于汇率波动而使跨国公司的未来收益存在极大不确定性

C. 由于汇率波动而引起的未到期债权债务的价值变化

D. 由于汇率变动而使出口产品的价格和成本都受到很大影响

【参考答案】C

【答案解析】交易风险是指由于外汇汇率波动而引起的应收资产与应付债务价值变化的风险。A项属于储备风险，BD两项属于经济风险。

9. 非美元报价法报价的货币的点值等于汇率报价的（　）。

A. 最小变动单位除以汇率

B. 最大变动单位除以汇率

C. 最小变动单位乘以汇率

D. 最大变动单位乘以汇率

【参考答案】C

【答案解析】非美元标价法报价的货币的点值等于汇率标价的最小变动单位乘以汇率。

10. 一笔美元兑人民币远期交易成交时，报价方报出的即期汇率为6.8310/6.8312，远期点为45.01/50.33bp。如果发起方为卖方，则远期全价为（　）。

A. 6.8355　　B. 6.8362

C. 6.8450　　D. 6.8255

【参考答案】A

【答案解析】$6.8310+0.004501=6.8355$。

11. 一笔美元兑人民币远期交易成交时，报价方报出的即期汇率为6.8310/6.8312，远期点为45.01/50.33bp。如果发起方为买方，则远期全价为（　）。

A. 6.8355　　B. 6.8362

C. 6.8450　　D. 6.8255

【参考答案】B

【答案解析】$6.8312+0.005033=6.8362$。

12. 对外汇期现套利而言，决定无套利区间最重要的因素是（　）。

A. 保证金率　　B. 交易成本

C. 价格趋势　　D. 期现价差

【参考答案】B

【答案解析】只有外汇期货价格超出无套利区间范围才会真正出现无风险套利机会。而在计算无套利区间时，上限应由期货的理论价格加上期货和现货的交易成本和冲击成本得到；下限应由期货的理论价格减去期货和现货的交易成本和冲击成本得到。所以，交易成本是决定无套利区间最重要的因素。

13. 货币互换期末交换本金时的汇率等于（　　）。

A. 期末的市场汇率　　B. 期初的市场汇率

C. 期末的约定利率　　D. 期初的约定汇率

【参考答案】D

【答案解析】货币互换中本金互换所约定的汇率，通常在期初与期末使用相同的汇率。

14. 在间接报价法下，欧元/美元的报价为1.0638，在美元报价法下，1美元可以兑换（　　）欧元。

A. 1.0638　　B. 0.9400

C. 1　　D. 0.6380

【参考答案】B

【答案解析】1 ÷ 1.0638 = 0.9400（欧元）。

15. 外汇期货市场（　　）的操作实质上是为现货外汇资产锁定汇价，减少或消除其受汇价波动的影响。

A. 套期保值　　B. 投机

C. 套利　　D. 远期

【参考答案】A

【答案解析】无论汇价在此期间如何变动，外汇期货市场的套期保值的操作实质是为现货外汇资产锁定汇价，消除或减少其受汇率波动的影响。

16. 关于跨币种套利，下列说法正确的是（　　）。

A. 预期A货币对美元贬值，B货币对美元升值，则卖出A货币期货合约的同时，买进B货币期货合约

B. 预期A货币对美元升值，B货币对美元贬值，则卖出A货币期货合约的同时，买进B货币期货合约

C. 预期A货币对美元汇率不变，B货币对美元升值，则买进A货币期货合约的同时，卖出B货币期货合约

D. 预期B货币对美元汇率不变，A货币对美元升值，则卖出A货币期货合约的同时，买进B货币期货合约

【参考答案】A

【答案解析】外汇期货跨币种套利是指交易者根据对交割月份相同而币种不同的期货合约在某一交易所的价格走势的预测，买进某一币种的期货合约，同时卖出另一币种相同交割月份的期货合约，从而进行套利交易。

17. 外汇掉期交易的种类不包括（　　）。

A. 隔日掉期　　B. 即期对远期掉期

C. 即期对即期掉期　　　　D. 远期对即期掉期

【参考答案】C

【答案解析】A、B 和 D 均属于外汇掉期交易。

18. 国内某出口商预期 3 个月后将获得出口货款 100 万美元，为了避免人民币升值对货款价值的影响，该出口商应在外汇期货市场上进行美元（　　）。

A. 多头套期保值　　　　B. 空头套期保值

C. 多头投机　　　　D. 空头投机

【参考答案】B

【答案解析】外汇期货卖出套期保值，又称外汇期货空头套期保值，是指在现汇市场上处于多头地位的交易者为防止汇率下跌，在外汇期货市场上卖出期货合约对冲现货的价格风险。

19. 一般情况下，利率高的国家的货币其远期汇率表现为（　　）。

A. 升水　　　　B. 贴水

C. 先贴水后升水　　　　D. 无法确定

【参考答案】B

【答案解析】这是大量资金套取利差导致的。因为利率高的货币就意味着较高的收益率，为了套取利差，就会卖出利率较低的货币，买入利率较高的货币。但在这一交易中，又新增了汇率风险，因为持有高利率货币到期后，如汇率下跌，有可能把利差收入全部吞噬掉，为了规避汇率风险，在其抛售低利率货币、买入高利率货币的同时，在远期外汇市场进行相反的操作，即卖出高利率货币，买入低利率货币，以达到规避汇率风险的作用。当大量资金进行套利操作的时候，即期市场上，高利率货币表现为升水，低利率货币表现为贴水；远期市场上，高利率货币表现为贴水，低利率货币表现为升水。汇率的变动会导致其套利的空间越来越小，最终到达平衡。

20. 假设当前 3 月和 6 月的英镑/美元外汇期货价格分别为 1.5255 和 1.5365，交易者进行牛市套利，买进 20 手 3 月合约的同时卖出 20 手 6 月合约。1 个月后，3 月合约和 6 月合约的价格分别变为 1.5285 和 1.5375。每手英镑/美元外汇期货中一个点变动的价值为 12.0 美元，那么交易者的盈亏情况为（　　）。

A. 亏损 4800 美元　　　　B. 亏损 1200 美元

C. 盈利 4800 美元　　　　D. 盈利 2000 美元

【参考答案】C

【答案解析】$(1.5285 - 1.5255) - (1.5375 - 1.5365) = 0.0020 = 20$（点），$20 \times 20 \times 12.0 = 4800$（美元）。

21. 1 月 10 日，国内某出口公司向捷克出口一批小商品，价值 100 万元人民币，6月以捷克克朗进行结算。1月10日，人民币兑美元汇率为1美元兑6.2233元人民币，捷克克朗兑美元汇率为1美元兑24.1780捷克克朗，则人民币和捷克克朗汇率为1人民币兑3.8852捷克克朗。6月期的人民币期货合约正以1美元=6.2010元人民币的价格进行交易，6月期的捷克克朗正以1美元=24.2655捷克克朗的价格进行交易，这意味着6月捷克克朗兑人民币的现汇汇率应为1元人民币=3.9132捷克克朗，即捷克克朗对于人民币贬值。为了防止捷克克朗对人民币汇率继续下跌，该公司决定对捷克克朗进行套期保值。由于捷克克朗兑人民币的期货合约不存在，出口公司无法利用传统的期货合约来进行套期保值。但该公司可以通过出售捷克克朗兑美元的期货合约和买进人民币兑美元的期货合约达到保值的目的。该交易属于（　　）。

A. 外汇期货买入套期保值　　B. 外汇期货卖出套期保值

C. 外汇期货交叉套期保值　　D. 外汇期货混合套期保值

【参考答案】C

【答案解析】外汇期货市场上一般只有各种外币兑美元的合约，很少有两种非美元货币之间的期货合约。在发生两种非美元货币收付的情况下，就要用到交叉货币保值。

22. 人民币兑美元所采取的外汇标价法是（　　）。

A. 间接标价法　　B. 直接标价法

C. 美元标价法　　D. 一篮子货币指数标价法

【参考答案】B

【答案解析】直接标价法是指以本币表示外币的价格，即以一定单位（1、100或1000个单位）的外国货币作为标准，折算为一定数额的本国货币的标价方法。

23. 利用外汇衍生品交易可以规避（　　），帮助企业实现风险管理的目标。

A. 市场风险　　B. 汇率风险

C. 利率风险　　D. 政策风险

【参考答案】B

【答案解析】利用外汇衍生品交易可以规避汇率风险，帮助企业实现风险管理的目标。

24. 假设某日人民币与美元间的即期汇率为1美元=6.8775元人民币，人民币1个月的上海银行间同业拆借利率（SHIBOR）为5.066%，美元1个月的伦敦银行间同业拆借利率（LIBOR）为0.1727%，则1个月远期美元兑人民币汇率应为（　　）。（设实际天数设为31天）

A. 4.9065　　B. 5.9065

C. 6.9065　　D. 7.9065

【参考答案】C

【答案解析】根据相关理论，远期汇率计算公式如下：

$$远期汇率 = 即期汇率 \times \frac{1 + R_2 \times d/360}{1 + R_1 \times d/360}$$

$$USD/CNY = 6.8775 \times \frac{1 + 5.066\% \times 31/360}{1 + 0.1727\% \times 31/360} = 6.9065。$$

25. 以下符合外汇掉期定义的是（　　）。

A. 在不同日期的两笔外汇交易中，交易的货币相同，数量近似相等，一笔是外汇的买入交易，另一笔是外汇的卖出交易

B. 在同一交易日买入和卖出数量近似相等的货币

C. 即期买入一种货币的同时买入另一种货币的远期合约

D. 双方约定在未来某一时刻按约定汇率买卖外汇

【参考答案】A

【答案解析】外汇掉期又被称为汇率掉期，指交易双方约定在前后两个不同的起息日（货币收款或付款执行生效日）以约定的汇率进行方向相反的两次货币交换。

26. 美国银行公布的外汇牌价为 1 美元兑 6.67 元人民币，这种外汇标价方法是（　　）。

A. 美元标价法　　B. 浮动标价法

C. 直接标价法　　D. 间接标价法

【参考答案】D

【答案解析】间接标价法是以外币表示本币的价格，即以一定单位（1、100 或 1000 个单位）的本国货币作为标准，折算为一定数额的外国货币的标价方法。

27. 直接标价法下的美元兑人民币为 6.2819，那么在间接标价法下的美元兑人民币为 1/6.2819 =0.1592，意味着 1 元人民币可以兑换（　　）美元。

A. 1.2819　　B. 0.6289

C. 0.1592　　D. 1.5290

【参考答案】C

【答案解析】间接标价法下的美元兑人民币为 1/6.2819 =0.1592，意味着 1 元人民币可以兑换 0.1592 美元。

28. 下列（　　）不是决定外汇期货理论价格的因素。

A. 利率　　B. 现货价格

C. 合约期限　　D. 期望收益率

【参考答案】D

【答案解析】期望收益率是主观期望值，与外汇期货理论价格没有多大关系。

29. （　　）是指交易者根据不同市场、期限或币种间的理论性价差的异常波动，同时买进和卖出两种相关的外汇期货合约，以期价差朝有利方向变化后将手中合约同时对冲平仓而获利的交易行为。

A. 外汇现货套利交易　　B. 外汇期权套利交易

C. 外汇期货套利交易　　D. 外汇无价差套利交易

【参考答案】C

【答案解析】外汇期货套利交易是指交易者根据不同市场、期限或币种间的理论性价差的异常波动，同时买进和卖出两种相关的外汇期货合约，以期价差朝有利方向变化后将手中合约同时对冲平仓而获利的交易行为。

30. 交换两种货币本金的同时交换固定利息，此互换是（　　）。

A. 利率互换　　B. 固定换固定的利率互换

C. 货币互换　　D. 本金变换型互换

【参考答案】C

【答案解析】货币互换是指在约定期限内交换约定数量两种货币的本金，同时定期交换两种货币利息的交易。

31. 以下各项中，包含于汇率掉期交易组合的是（　　）。

A. 外汇即期交易和外汇远期交易　　B. 外汇即期交易和外汇即期交易

C. 外汇期货交易和外汇期货交易　　D. 外汇即期交易和外汇期货交易

【参考答案】A

【答案解析】即期对远期的掉期，指交易者在向交易对手买进即期外汇的同时卖出金额和币种均相同的远期外汇，或在卖出即期外汇的同时买进金额和币种均相同的远期外汇。

32. 美元兑日元的标价为117.55，美元兑人民币的标价为6.1188，则1日元可以购买（　　）元人民币。

A. 1.6680　　B. 1.1755

C. 0.5250　　D. 0.05205

【参考答案】D

【答案解析】6.1188/117.55 = 0.05205，即1日元可以购买0.05205元人民币。

33. 在直接标价法下，如果人民币升值，则美元兑人民币的标价将（　　）。

A. 增加或减少无法确定　　B. 不变

C. 减少　　D. 增加

【参考答案】C

【答案解析】直接标价法是指以本币表示外币的价格，即以一定单位（1、

100或1000个单位）的外国货币作为标准，折算为一定数额的本国货币的标价方法。

34. 在外汇交易中的点值是汇率变动的（　　）单位。

A. 最小　　　　B. 最大

C. 平均　　　　D. 标准

【参考答案】A

【答案解析】在外汇交易中，某种货币标价变动一个“点”的价值称为点值，是汇率变动的最小单位。

35.（　　）主要是指规模大的套利资金进入市场后对市场价格的冲击使交易未能按照预订价位成交，从而多付出的成本。

A. 保证金成本　　　　B. 交易所和期货经纪商收取的佣金

C. 冲击成本　　　　D. 中央结算公司收取的过户费

【参考答案】C

【答案解析】冲击成本，也称为流动性成本，主要是指规模大的套利资金进入市场后对市场价格的冲击使交易未能按照预订价位成交，从而多付出的成本。

36.（　　）是指以人民币汇率为计价标准的外汇远期合约。按照合约本金金额以及约定的定价日，中国外汇交易中心人民币即期挂牌价与合约汇率之间的差额，可计算远期交易的盈亏，并按照定价日人民币即期挂牌价将合约盈亏金额换算为美元后，以美元进行交割。契约本金无须交割。交易双方亦不用持人民币进行结算。

A. 人民币NDF　　　　B. 无本金交割外汇远期交易

C. 外汇期货交易　　　　D. 外汇期货套期保值

【参考答案】A

【答案解析】主要是为了方便境外投资者从事人民币外汇远期交易。

37. 设美元兑日元汇率为117.25，采用的是美元标价法，当汇率变动一个点，表示美元的日元价格变动了0.01日元，此时点值就是（　　）美元。

A. 0.0001　　　　B. 0.0085

C. 0.000085　　　　D. 0.117520

【参考答案】C

【答案解析】0.01/117.25 = 0.000085（美元）。

38. 外汇现汇交易中使用的汇率是即期汇率，即交易双方在（　　）办理交割所使用的汇率。

A. 双方事先约定的时间　　　　B. 交易后两个营业日以内

C. 交易后三个营业日以内　　　　D. 在未来约定的日期

【参考答案】B

【答案解析】外汇现汇交易中使用的汇率是即期汇率，即交易双方在交易后两个营业日以内办理交割所使用的汇率。

39. 以下不属于外汇期货跨期套利的是（　　）。

A. 牛市套利　　B. 熊市套利

C. 蝶式套利　　D. 统计和期权套利

【参考答案】D

【答案解析】外汇期货跨期套利可以分为牛市套利、熊市套利和蝶式套利。

40.（　　）的掉期形式是买进下一交易日到期的外汇卖出第二个交易日到期的外汇，或卖出下一交易日到期的外汇买进第二个交易日到期的外汇。

A. O/N　　B. T/N

C. S/N　　D. P/N

【参考答案】B

【答案解析】O/N（Overnight）的掉期形式是买进当天外汇，卖出下一交易日到期的外汇，或卖出当天外汇，买进下一交易日到期的外汇。

T/N（Tomorrow - Next）的掉期形式是买进下一交易日到期的外汇，卖出第二个交易日到期的外汇；或卖出下一交易日到期的外汇，买进第二个交易日到期的外汇。

S/N（Spot - Next）的掉期形式是买进第二个交易日到期的外汇，卖出第三个交易日到期的外汇；或卖出第二交易日到期的外汇，买进第三个交易日到期的外汇。

41. 某日国家外汇管理局公布的人民币汇率中间价 100 美元/人民币为 615.33。该标价法为（　　）。

A. 直接标价法　　B. 间接标价法

C. 折算标价法　　D. 本国货币标价法

【参考答案】A

【答案解析】采用的是直接标价法，表示 100 美元可以兑换 615.33 元人民币。直接标价法是以一定单位（1、100 或 1000 个单位）的外国货币作为标准，折算为一定数额的本国货币的标价方法。

42. 某日伦敦外汇市场的汇率标价 1 英镑/美元为 1.5140。该标价法为（　　）。

A. 直接标价法　　B. 间接标价法

C. 折算标价法　　D. 本国货币标价法

【参考答案】B

【答案解析】采用的是间接标价法，表示1英镑可兑换1.5140美元。间接标价法是以一定单位（1、100或1000个单位）的本国货币作为标准，折算为一定数额的外国货币的标价方法。

43. 英镑的即期汇率为1英镑兑1.5201美元，30天远期汇率为1英镑兑1.5148美元，则30天英镑的远期贴水为（　　）。

A. 4.18%　　B. −4.18%

C. 4.20%　　D. −4.20%

【参考答案】A

【答案解析】升（贴）水 =（远期汇率 − 即期汇率）/即期汇率 ×（12/月数）。故有：（1.5148 − 1.5201）/1.5201 ×（12/1）= −4.18%

44. 在国际外汇期货市场上，若需要规避两种非美元货币之间的汇率风险，就可以运用（　　）套期保值。

A. 买入　　B. 卖出

C. 交叉　　D. 反向

【参考答案】C

【答案解析】交叉套期保值是指利用相关的两种外汇期货合约为一种外汇保值。

45. 当前欧元/美元期货卖价为1.1130，交易者试图以1.1130的价位买入期货，但是在这价位的卖单数量不足，因此交易者不得不以高出1.1130个点位的方式买入期货，才能完成全部的买单操作，所付出的成本称为（　　）。

A. 保证金成本　　B. 价格成本

C. 冲击成本　　D. 手续费成本

【参考答案】C

【答案解析】冲击成本，也称为流动性成本，主要是指规模大的套利资金进入市场后对市场价格的冲击使交易未能按照预订价位成交，从而多付出的成本。

46. 假设外汇交易者预期未来一段时间内，近期合约的价格涨幅会大于远期合约的价格涨幅，则该交易者应该进行（　　）。

A. 正向套利　　B. 反向套利

C. 牛市套利　　D. 熊市套利

【参考答案】C

【答案解析】买入近期月份的外汇期货合约的同时卖出远期月份的外汇期货合约进行套利盈利的模式被称为牛市套利。

47.（　　）的掉期是指交易者向交易对手同时买进并卖出两笔金额相同但交割日不同的远期外汇，可在买进期限短的外汇的同时卖出期限长的外汇，也可在卖出期限短的远期外汇的同时买进期限长的远期外汇。

A. 即期对远期　　B. 远期对即期

C. 即期对即期　　D. 远期对远期

【参考答案】D

【答案解析】远期对远期（Forward - Forward）的掉期是指交易者向交易对手同时买进并卖出两笔金额相同但交割日不同的远期外汇，可在买进期限短的（如三个月到期）外汇的同时卖出期限长的（如六个月到期）外汇，也可在卖出期限短的远期外汇的同时买进期限长的远期外汇。

二、多项选择题（在以下各小题所给出的四个选项中，至少有两个选项符合题目要求，请将正确选项的代码填入括号中）

1. 按产生期权合约的原生金融产品划分，外汇期权可分为（　　）。

A. 欧式期权　　B. 美式期权

C. 货币期权　　D. 外汇期货期权

【参考答案】CD

【答案解析】按期权持有者可行使交割权利的时间，外汇期权可分为欧式期权和美式期权。

2. 若某中国企业将在未来6个月后收到美元货款，企业担心6个月后美元贬值，该企业可以通过（　　）手段来实现套期保值。

A. 出售远期合约　　B. 买入期货合约

C. 买入看跌期权　　D. 买入看涨期权

【参考答案】AC

【答案解析】未来有应收外币账款的企业，若担心外币贬值，可以出售远期合约进行套期保值。在运用货币期权来套期保值时，企业可以通过买入看跌期权为应收账款套期保值。

3. 根据起息日不同，掉期交易形式可分为（　　）。

A. 即期对远期的掉期　　B. 隔夜掉期

C. 远期对远期的掉期　　D. 保证金掉期

【参考答案】ABC

【答案解析】根据起息日不同，外汇掉期交易的形式包括即期对远期的掉期交易、远期对远期的掉期交易和隔夜掉期交易。

4.（　　）是指在现汇市场处于空头地位的交易者为防止汇率上升，在期货市场上买入外汇期货合约对冲现货的价格风险。

A. 外汇期货买入套期保值　　B. 外汇期货卖出套期保值

C. 外汇期货空头套期保值　　　　D. 外汇期货多头套期保值

【参考答案】AD

【答案解析】外汇期货买入套期保值（Long Hedging），又称外汇期货多头套期保值，是指在现汇市场处于空头地位的交易者为防止汇率上升，在期货市场上买入外汇期货合约对冲现货的价格风险。

5. 关于外汇期货跨市场套利，下列说法正确的有（　　）。

A. A 市场的涨幅低于 B 市场，则在 A 市场买进在 B 市场卖出

B. A 市场的涨幅高于 B 市场，则在 A 市场买进在 B 市场卖出

C. A 市场的跌幅高于 B 市场，则在 A 市场卖出在 B 市场买进

D. A 市场的跌幅高于 B 市场，则在 A 市场买进在 B 市场卖出

【参考答案】BD

【答案解析】外汇期货跨市场套利是指交易者根据对同一外汇期货合约在不同交易所价格走势的预测，在一个交易所买入一种外汇期货合约，同时在另一个交易所卖出同种外汇期货合约，从而进行套利交易。

6. 国内某出口企业 3 个月后将收到一笔日元出口货款，则可用的套期保值方式有（　　）。

A. 买进日元远期外汇　　　　B. 卖出日元远期外汇

C. 日元期货的多头套期保值　　　　D. 日元期货的空头套期保值

【参考答案】BD

【答案解析】适合外汇期货卖出套期保值的情形主要包括：（1）持有外汇资产者，担心未来货币贬值。（2）出口商和从事国际业务的银行预计未来某一时间将会得到一笔外汇，为了避免外汇汇率下跌造成损失。

7. 隔夜掉期交易包括（　　）。

A. O/N　　　　B. T/N

C. S/N　　　　D. P/N

【参考答案】ABC

【答案解析】隔夜掉期交易包括 O/N（Overnight）、T/N（Tomorrow - Next）和 S/N（Spot - Next）三种形式。

8. 1 月 10 日，国内某出口公司向瑞典出口一批小商品，价值 100 万元人民币，6 月以瑞典克朗进行结算。1 月 10 日，人民币兑美元汇率为 1 美元兑 6.2233 人民币，瑞典克朗兑美元汇率为 1 美元兑 9.031 瑞典克朗。6 月期的人民币期货合约正以 1 美元 =6.2010 元人民币的价格进行交易，6 月期的瑞典克朗正以 1 美元 =9.1375 瑞典克朗的价格进行交易，这意味着 6 月瑞典克朗针对人民币贬值了。为了防止瑞典克朗兑人民币汇率继续下跌，该公司决定对瑞典克朗进行套期

保值。由于瑞典克朗兑人民币的期货合约不存在，出口公司无法利用传统的期货合约来进行套期保值，但该公司可以通过（　　）达到保值的目的。

A. 出售美元兑瑞典克朗的期货合约　B. 出售瑞典克朗兑美元的期货合约

C. 买进人民币兑美元的期货合约　D. 买进美元兑人民币的期货合约

【参考答案】BC

【答案解析】进行交叉套期保值：一是正确选择承担保值任务的另外一种期货，只有相关程度高的品种，才是为手中持有的现汇进行保值的适当工具；二是正确调整期货合约的数量，使其与被保值对象相匹配。

9. 在掉期交易的买卖中，交易相同的因素包括（　　）。

A. 交割期限　　B. 买卖货币的币种

C. 买卖货币的金额　　D. 买卖货币的交割日

【参考答案】BC

【答案解析】外汇掉期交易的特点可概括为三点：(1) 与同一个交易对手同时进行买和卖某种货币的交易，即两笔业务由一笔交易完成。(2) 买进和卖出货币的数额相同。(3) 交割期限不同。

10. 以下关于外汇掉期的报价说法正确的有（　　）。

A. 每笔外汇掉期交易包含一个近端起息日和一个远端起息日

B. 掉期汇率可分为近端汇率和远端汇率

C. 远端汇率和近端汇率的点差被称为掉期点

D. 外汇掉期交易中交易双方会使用一个约定的汇价交换货币

【参考答案】ABC

【答案解析】根据起息日的远近，每笔外汇掉期交易包含一个近端起息日和一个远端起息日。这两个不同起息日所对应的汇率称为掉期汇率（Swap Rate）。因此，掉期汇率可分为近端汇率（第一次交换货币时适用的汇率）和远端汇率（第二次交换货币时适用的汇率）。远端汇率和近端汇率的点差被称为掉期点（Swap Point）。

11. 外汇期货蝶式套利的特点是（　　）。

A. 蝶式套利的实质是跨交割月份的套利活动

B. 蝶式套利由两个方向相反的跨期套利构成，一个卖空套利和一个买空套利

C. 连接两个跨期套利的纽带是居中月份合约的期货合约

D. 在合约数量上，居中月份合约等于两旁月份合约之和

【参考答案】BCD

【答案解析】外汇期货的蝶式套利是由一个共享居中交割月份的一个牛市套

利和一个熊市套利的跨期套利组合。具体操作方法是：交易者买入（或卖出）近期月份合约，同时卖出（或买入）居中月份合约并买入（或卖出）远期月份合约。其中，居中月份合约的数量等于近期月份和远期月份数量之和。

12. 在外汇掉期交易中，如果发起方近端买入、远端卖出，则（ ）。

A. 近端掉期全价 = 即期汇率的做市商买价 + 近端掉期点的做市商买价

B. 近端掉期全价 = 即期汇率的做市商卖价 + 近端掉期点的做市商卖价

C. 远端掉期全价 = 即期汇率的做市商买价 + 远端掉期点的做市商卖价

D. 远端掉期全价 = 即期汇率的做市商卖价 + 远端掉期点的做市商买价

【参考答案】BD

【答案解析】在外汇掉期交易中，如果发起方近端买入、远端卖出，则近端掉期全价 = 即期汇率的做市商卖价 + 近端掉期点的做市商卖价，远端掉期全价 = 即期汇率的做市商卖价 + 远端掉期点的做市商买价。如果发起方近端卖出、远端买入，则近端掉期全价 = 即期汇率的做市商买价 + 近端掉期点的做市商买价，远端掉期全价 = 即期汇率的做市商买价 + 远端掉期点的做市商卖价。

13. 在实际交易中，根据起息日不同，外汇掉期交易的形式包括（ ）。

A. 即期对远期的掉期交易　　B. 远期对即期的掉期交易

C. 远期对远期的掉期交易　　D. 隔夜掉期交易

【参考答案】ACD

【答案解析】在实际交易中，根据起息日不同，外汇掉期交易的形式包括即期对远期的掉期交易、远期对远期的掉期交易和隔夜掉期交易。

14. 外汇期权合约中规定卖出的货币，其利率越高，期权持有者在执行期权合约前因持有该货币（ ）。

A. 可获得更多的利息收入　　B. 获得较少的利息收入

C. 期权价格也越高　　D. 期权价格也越低

【参考答案】AC

【答案解析】外汇期权合约中规定，卖出的货币，其利率越高，期权持有者在执行期权合约前因持有该货币可获得更多的利息收入，期权价格也越高。外汇期权合约中规定，买入的货币，其利率越高，期权持有者在执行期权合约前因放弃该货币的利息收入越高，期权价格越低。

15. 以下说法正确的有（ ）。

A. 外汇掉期交易中的发起方和报价方会使用两个约定的汇价交换货币

B. 掉期全价由交易成交时报价方报出的即期汇率加相应期限的掉期点计算获得

C. 掉期全价包括近端掉期全价和远端掉期全价

D. 发起方的掉期全价计算方法会有所不同

【参考答案】ABCD

【答案解析】一般而言，在外汇掉期交易中交易双方分为发起方和报价方，双方会使用两个约定的汇价交换货币。这两个约定的汇价被称为掉期全价（Swap All - In Rate），由交易成交时报价方报出的即期汇率加相应期限的掉期点计算获得。掉期全价包括近端掉期全价和远端掉期全价。由于掉期交易中，发起方可以先买后卖，也可以先卖后买，发起方的掉期全价计算方法也有所不同。

16. 关于货币互换的适用情形，以下说法正确的有（　　）。

A. 货币互换中的双方交换利息的形式，可以是固定利率换浮动利率

B. 货币互换中的双方交换利息的形式，可以是浮动利率换浮动利率

C. 货币互换中的双方交换利息的形式，可以是固定利率换固定利率

D. 货币互换中本金互换所约定的汇率，通常在期初与期末使用相同的汇率

【参考答案】ABCD

【答案解析】货币互换中的双方交换利息的形式，可以是固定利率换浮动利率，也可以是浮动利率换浮动利率，还可以是固定利率换固定利率。货币互换中本金互换所约定的汇率，通常在期初与期末使用相同的汇率。

17. 执行外汇期货期权时，买方获得或交付的标的资产不正确的是（　　）。

A. 外汇期货合约　　B. 外汇远期合约

C. 外汇货币　　D. 可替代的外汇货币

【参考答案】BCD

【答案解析】外汇期货期权与货币期权的区别在于执行外汇期货期权时，买方获得或交付的标的资产是外汇期货合约，而不是货币本身。货币期权行权买方才可获得外汇货币。

18. 关于美式期权，以下说法正确的有（　　）。

A. 是按期权持有者可行使交割权利的时间来划分的

B. 是指期权持有者可以在期权到期日以前的任何一个工作日选择执行或不执行期权合约

C. 是指期权的持有者只能在期权到期日当天决定执行或不执行期权合约

D. 美式期权比欧式期权的灵活性更大，期权费也更高一些

【参考答案】ABD

【答案解析】按期权持有者可行使交割权利的时间，期权可分为欧式期权和美式期权。其中，欧式期权是指期权的持有者只能在期权到期日当天决定执行或不执行期权合约；美式期权是指期权持有者可以在期权到期日以前的任何一个工作日选择执行或不执行期权合约。因此，美式期权比欧式期权的灵活性更大，期

权费也更高一些。

19. 企业利用货币期权进行套期保值的优点有（　　）。

A. 权利金带来的费用支出相比外汇期货套期保值更低

B. 企业最大的成本（权利金）支出之后不存在其他任何费用支出

C. 可以完全规避外汇汇率波动的风险

D. 保留了获得机会收益的权利

【参考答案】CD

【答案解析】企业利用货币期权进行套期保值，其优点是可以完全规避外汇汇率波动的风险，也保留了获得机会收益的权利。虽然货币期权套期保值的缺点在于权利金带来的费用支出相比外汇期货套期保值更高，但是企业最大的成本（权利金）支出之后不存在其他任何费用支出，企业的成本控制更加方便。

20. 一般而言，影响外汇期权价格的因素包括（　　）。

A. 期权的执行价格与市场即期汇率

B. 到期期限（距到期日之间的天数）

C. 预期汇率波动率大小

D. 国内外利率水平

【参考答案】ABCD

【答案解析】一般而言，影响期权价格的因素包括：(1）期权的执行价格与市场即期汇率。(2）到期期限（距到期日之间的天数）。(3）预期汇率波动率大小。(4）国内外利率水平。

21. 在形式上，汇率类结构化产品通常表现为（　　）。

A. 股票　　B. 债券

C. 票据　　D. 应收账款

【参考答案】BC

【答案解析】在形式上，汇率类结构化产品通常表现为债券和票据。

22. 大多数情况下，由于外汇期货合约要比标的资产的流动性好，价格更容易获得，人们更愿意使用外汇期货期权来（　　）。

A. 避险　　B. 获利

C. 套利　　D. 投机

【参考答案】ACD

【答案解析】大多数情况下，由于外汇期货合约要比标的资产的流动性好，价格更容易获得，人们更愿意使用外汇期货期权来避险、套利和投机。

23. 以下说法正确的有（　　）。

A. 外汇期货期权的行使有效期一般为美式期权

B. 外汇期货期权的行使有效期一般为欧式期权

C. 期权行权后的交割可以在到期日前任何时候行使

D. 期权行权后的交割需在约定日期行使

【参考答案】AC

【答案解析】外汇期货期权行权后的交割等同于外汇期货交割，而与货币期权不同的是，外汇期货期权的行使有效期一般为美式，即可以在到期日前任何时候行使。

24. O/N（Overnight）的掉期形式是（　　）。

A. 买进下一交易日到期的外汇，卖出第二个交易日到期的外汇

B. 买进当天外汇，卖出下一交易日到期的外汇

C. 卖出当天外汇，买进下一交易日到期的外汇

D. 买进第二个交易日到期的外汇，卖出第三个交易日到期的外汇

【参考答案】BC

【答案解析】O/N（Overnight）的掉期形式是买进当天外汇，卖出下一交易日到期的外汇，或卖出当天外汇，买进下一交易日到期的外汇。

25. 外汇期权按产生期权合约的原生金融产品划分，可分为（　　）。

A. 买入期权（看涨期权）　　B. 卖出期权（看跌期权）

C. 现汇期权　　D. 外汇期货期权

【参考答案】CD

【答案解析】外汇期权按产生期权合约的原生金融产品划分，可分为现汇期权（又称为货币期权）和外汇期货期权。

26. 套利者考虑在不同交易所间进行套利的时候，应该（　　）。

A. 考虑到时差带来的影响，选择在交易时间重叠的时段进行交易

B. 留意不同交易所合约之间的交易单位和报价体系的不同

C. 应将不同交易所合约的价格按相同计量单位进行折算，才能进行价格比较

D. 随着大量交叉汇率期货合约的推出及其交易日渐活跃，使得外汇期货跨市场套利交易有所减少

【参考答案】ABC

【答案解析】套利者考虑在不同交易所间进行套利的时候，应该考虑到时差带来的影响，选择在交易时间重叠的时段进行交易。此外，交易者还需要留意不同交易所合约之间的交易单位和报价体系的不同。跨市套利虽然是在同一品种间进行的，但是由于合约交易大小和报价体系不同的原因，交易者应将不同交易所合约的价格按相同计量单位进行折算，才能进行价格比较。

27. 外汇期货的交易成本主要是指（　　）。

A. 交易所和期货经纪商收取的佣金

B. 中央结算公司收取的过户费

C. 期货保证金

D. 交易所收取的手续费

【参考答案】AB

【答案解析】外汇期货的交易成本主要是指交易所和期货经纪商收取的佣金、中央结算公司收取的过户费等买卖期货产生的费用。

28. 外汇期货套期保值是指交易者在期货市场和现汇市场上做（　　）的交易，通过建立盈亏冲抵机制实现保值的交易方式。

A. 币种相同　　B. 数量相等

C. 方向相反　　D. 金额相同

【参考答案】ABC

【答案解析】外汇期货套期保值是指交易者在期货市场和现汇市场上做币种相同、数量相等、方向相反的交易，通过建立盈亏冲抵机制实现保值的交易方式。

29. 外汇衍生品主要包括（　　）。

A. 外汇远期　　B. 外汇期货

C. 外汇期权　　D. 外汇掉期

【参考答案】ABCD

【答案解析】以上选项均属于外汇衍生品。

30. 交叉套期保值是指利用两种相关的外汇期货合约为一种货币保值。需要注意的是（　　）来进行。

A. 选择相关性较高的品种

B. 选取非欧元货币对

C. 运用两种或两种以上的外汇期货合约

D. 调整合约手数

【参考答案】ACD

【答案解析】交叉套期保值是指利用相关的两种外汇期货合约为一种外汇保值。（1）正确选择承担保值任务的另外一种期货，只有相关程度高的品种，才是为手中持有的现汇进行保值的适当工具。（2）正确调整期货合约的数量，使其与被保值对象相匹配。

31. S/N 的掉期形式是（　　）。

A. 买进第二个交易日到期的外汇，卖出第三个交易日到期的外汇

B. 卖出第二个交易日到期的外汇，买进第三个交易日到期的外汇

C. 买进下一交易日到期的外汇，卖出第二个交易日到期的外汇

D. 卖出下一交易日到期的外汇，买进第二个交易日到期的外汇

【参考答案】AB

【答案解析】S/N（Spot - Next）的掉期形式是买进第二个交易日到期的外汇，卖出第三个交易日到期的外汇；或卖出第二个交易日到期的外汇，买进第三个交易日到期的外汇。

32. 美国某投资机构分析美联储将降低利率水平，于是决定投资外汇期货市场，其应选择（　　）。

A. 买入日元期货　　B. 卖出日元期货

C. 买入加元期货　　D. 卖出加元期货

【参考答案】AC

【答案解析】美联储降低利率将导致美元近期贬值，为规避此风险，美国投资者应进行外汇多头套期保值。

33. 外汇期权按期权持有者的交易目的划分，可分为（　　）。

A. 买入期权（看涨期权）　　B. 卖出期权（看跌期权）

C. 现汇期权　　D. 外汇期货期权

【参考答案】AB

【答案解析】外汇期权按期权持有者的交易目的划分，可分为买入期权（看涨期权）和卖出期权（看跌期权）。

34. T/N 的掉期形式是（　　）。

A. 买进当天外汇，卖出下一交易日到期的外汇

B. 买进下一交易日到期的外汇，卖出第二个交易日到期的外汇

C. 卖出下一交易日到期的外汇，买进第二个交易日到期的外汇

D. 卖出第二个交易日到期的外汇，买进第三个交易日到期的外汇

【参考答案】BC

【答案解析】T/N（Tomorrow - Next）的掉期形式是买进下一交易日到期的外汇，卖出第二个交易日到期的外汇；或卖出下一交易日到期的外汇，买进第二个交易日到期的外汇。

35. 为防范外汇及其衍生品交易带来的风险，交易者应该（　　）。

A. 选择合适的交易对手

B. 注意条约条款

C. 选择合适的交易平台或第三方中介

D. 做好事先风险管理

【参考答案】ABCD

【答案解析】以上选项均是需要注意的事项。

36. 在人民币升值预期下，该公司的美元风险敞口较大主要原因为（　　）。

A. 其预留美元现汇的行为可能对其自身贸易有利，但从金额来看未必合理

B. 公司对未来汇率走势并不清晰

C. 对外汇风险管理工具认识不足

D. 财务配套方面并没有做好准备

【参考答案】ABCD

【答案解析】在人民币升值预期下，该公司的美元风险敞口较大的主要原因为：（1）其预留美元现汇的行为可能对其自身贸易有利，但从金额来看未必合理。（2）公司对未来汇率走势并不清晰，只了解美元兑人民币走势，并不清楚其他货币和人民币之间汇率走势，因此无法正确把握外汇管理的要点。（3）对外汇风险管理工具认识不足。对于该公司而言，适合的工具有外汇远期、外汇期货、外汇掉期、外汇期权等，但是公司对这些工具不熟悉，导致无法正确衡量使用哪种工具规避风险比较适合。（4）财务配套方面并没有做好准备，公司自身对于汇率风险管理的成本不清楚。

37. 远期汇率的决定因素包括（　　）。

A. 即期汇率　　B. 两种货币的利率及交易期限

C. 市场的心理预期　　D. 中央银行对市场的干预

【参考答案】ABCD

【答案解析】远期汇率的决定因素包括即期汇率、两种货币的利率及交易期限等，特别是在实际的交易中，远期汇率还会受到交易者对市场的心理预期、中央银行对市场的干预，以及国际经济和政治等因素的影响。这些因素有时甚至会使远期汇率的变化完全脱离两国的利率差水平。

38. 货币互换中的本金交换的形式包括（　　）。

A. 在协议生效日双方按约定汇率交换两种货币本金，在协议到期日双方再以相同的汇率、相同的金额进行一次本金的反向交换

B. 在协议生效日和到期日均不实际交换两种货币本金

C. 在协议生效日不实际交换两种货币本金，在到期日实际交换本金

D. 主管部门规定的其他形式

【参考答案】ABCD

【答案解析】货币互换中本金交换的形式包括：（1）在协议生效日双方按约定汇率交换两种货币本金，在协议到期日双方再以相同的汇率、相同的金额进行一次本金的反向交换。（2）在协议生效日和到期日均不实际交换两种货币本金。

(3) 在协议生效日不实际交换两种货币本金，在到期日实际交换本金。(4) 主管部门规定的其他形式。

39. 在外汇掉期交易中，如果发起方近端卖出、远端买入，则（ ）。

A. 近端掉期全价 = 即期汇率的做市商买价 + 近端掉期点的做市商买价

B. 近端掉期全价 = 即期汇率的做市商卖价 + 近端掉期点的做市商卖价

C. 远端掉期全价 = 即期汇率的做市商买价 + 远端掉期点的做市商卖价

D. 远端掉期全价 = 即期汇率的做市商卖价 + 远端掉期点的做市商买价

【参考答案】AC

【答案解析】在外汇掉期交易中，如果发起方近端买入、远端卖出，则：

近端掉期全价 = 即期汇率的做市商卖价 + 近端掉期点的做市商卖价

远端掉期全价 = 即期汇率的做市商卖价 + 远端掉期点的做市商买价

如果发起方近端卖出、远端买入，则：

近端掉期全价 = 即期汇率的做市商买价 + 近端掉期点的做市商买价

远端掉期全价 = 即期汇率的做市商买价 + 远端掉期点的做市商卖价

40. 常用的汇率标价方法包括（ ）。

A. 直接标价法　　B. 间接标价法

C. 折算标价法　　D. 美元标价法

【参考答案】ABD

【答案解析】常用的汇率标价方法包括直接标价法和间接标价法两种。除了直接标价法和间接标价法之外，还有美元标价法。美元标价法实际上属于直接标价法中的一种最常见的标价法。

41. 英镑的即期汇率为 1 英镑兑 1.5201 美元，30 天远期汇率为 1 英镑兑 1.5148 美元。以下说法正确的有（ ）。

A. 英镑兑美元采用的是直接标价法

B. 英镑兑美元采用的是间接标价法

C. 30 天远期英镑贴水 53 点

D. 30 天远期英镑贴水点值为 0.0053 美元

【参考答案】BCD

【答案解析】一种货币的远期汇率高于即期汇率称为升水，又称远期升水。相反，一种货币的远期汇率低于即期汇率称为贴水，又称远期贴水。

42. 外汇期货套期保值是指交易者在期货市场和现汇市场上做（ ）的交易，通过建立盈亏冲抵机制实现保值的交易方式。

A. 币种相同　　B. 币种不同

C. 数量相等　　D. 方向相反

【参考答案】ACD

【答案解析】对“币种相同”不要有误解。

43. 外汇期货套期保值可分为（ ）套期保值。

A. 卖出 B. 买入

C. 交叉 D. 反向

【参考答案】ABC

【答案解析】只有三种套保模式。

44. 适合外汇期货卖出套期保值的情形主要包括（ ）。

A. 持有外汇资产者，担心未来货币贬值

B. 预计未来某一时间将会得到一笔外汇，担心未来外汇汇率下跌

C. 外汇短期负债者担心未来货币升值

D. 进口商担心未来付汇时外汇汇率上升造成损失

【参考答案】AB

【答案解析】适合外汇期货卖出套期保值的情形主要包括：（1）持有外汇资产者，担心未来货币贬值。（2）出口商和从事国际业务的银行预计未来某一时间将会得到一笔外汇，为了避免外汇汇率下跌造成损失。适合做外汇期货买入套期保值的情形主要包括：（1）外汇短期负债者担心未来货币升值。（2）国际贸易中的进口商担心付汇时外汇汇率上升造成损失。

45. 在其他环境不变的情况下，远期汇率与利率之间的关系是（ ）。

A. 利率高的货币，其远期汇率会升水

B. 利率高的货币，其远期汇率会贴水

C. 利率低的货币，其远期汇率会升水

D. 利率低的货币，其远期汇率会贴水

【参考答案】BC

【答案解析】一般而言，利率较高的货币远期汇率表现为贴水，即该货币的远期汇率比即期汇率低；利率较低的货币远期汇率表现为升水，即该货币远期汇率比即期汇率高。

46. 外汇跨期套利是指交易者同时买入或卖出相同品种不同交割月份的外汇期货合约。以下不属于外汇跨期套利的是（ ）。

A. 牛市套利 B. 垂直套利

C. 熊市套利 D. 日历套利

【参考答案】AC

【答案解析】垂直套利和日历套利是期权套利类型。

47. 假设当前在欧洲市场欧元兑美元的报价是 1.3096 - 1.3103，则当纽约市

场的报价为（　　）时，两个市场间存在套利机会。

A. 1.3098 - 1.3102　　B. 1.3104 - 1.3106

C. 1.3093 - 1.3095　　D. 1.3093 - 1.3098

【参考答案】BCD

【答案解析】1.3096 - 1.3103 的价值区间为 7 个点值，只要两个市场最低报价和最高报价大于 7 个点值就有套利机会。

48. 外汇即期对远期的掉期是指（　　）。

A. 买进即期外汇的同时卖出金额和币种均相同的远期外汇

B. 买进远期外汇的同时卖出金额和币种均相同的即期外汇

C. 卖出即期外汇的同时买进金额和币种均相同的远期外汇

D. 卖出远期外汇的同时买进金额和币种均相同的即期外汇

【参考答案】AC

【答案解析】即期对远期（Spot - Forward）的掉期是指交易者在向交易对手买进即期外汇的同时卖出金额和币种均相同的远期外汇，或在卖出即期外汇的同时买进金额和币种均相同的远期外汇，而交易对手的交易方向刚好相反。

三、判断题（请判断以下各小题的正误，正确的填写 A，错误的填写 B）

1. 直接标价法是指以本币表示外币的价格，即以一定单位的外国货币作为标准，折算为一定数额本国货币的标价方法。（　　）

【参考答案】A

【答案解析】直接标价法是指以本币表示外币的价格，即以一定单位（1、100 或 1000 个单位）的外国货币作为标准，折算为一定数额本国货币的标价方法。

2. 国家外汇管理局公布的人民币汇率中间价采用的是间接标价法。（　　）

【参考答案】B

【答案解析】国家外汇管理局公布的人民币汇率中间价，采用的是直接标价法。

3. 在国际外汇市场上，日元、瑞士法郎、加元等大多数外汇的汇率都采用直接标价法。（　　）

【参考答案】A

【答案解析】在国际外汇市场上，日元、瑞士法郎、加元等大多数外汇的汇率都采用直接标价法。

4. 在国际外汇市场上，欧元、英镑、澳元等采用直接标价法。（　　）

【参考答案】B

【答案解析】在国际外汇市场上，欧元、英镑、澳元等采用间接标价法。

5. 外汇期货空头套期保值是指在现汇市场处于空头地位的投资者，为防止汇率上升带来的风险，在期货市场上买进外汇期货合约。（ ）

【参考答案】B

【答案解析】本题描述的是外汇期货多头套期保值的情形。

6. 一种货币的远期汇率低于即期汇率称为升水。（ ）

【参考答案】B

【答案解析】一种货币的远期汇率高于即期汇率称为升水，又称远期升水。

7. 一般而言，利率较高的货币远期汇率表现为贴水，即该货币的远期汇率比即期汇率低；利率较低的货币远期汇率表现为升水，即该货币远期汇率比即期汇率高。（ ）

【参考答案】A

【答案解析】一般而言，利率较高的货币远期汇率表现为贴水，即该货币的远期汇率比即期汇率低；利率较低的货币远期汇率表现为升水，即该货币远期汇率比即期汇率高。

8. 外汇远期交易指交易双方以约定的币种、金额、汇率，在未来某一约定的日期交割的外汇交易。（ ）

【参考答案】A

【答案解析】外汇远期交易指交易双方以约定的币种、金额、汇率，在未来某一约定的日期交割的外汇交易。

9. 商品贸易往来中，进出口商从签订买卖合同到交货、付款通常需要很长时间，有可能因利率变动而遭受损失。因此，进出口商为规避利率风险而进行外汇远期交易。（ ）

【参考答案】B

【答案解析】商品贸易往来中，进出口商从签订买卖合同到交货、付款通常需要很长时间，有可能因汇率变动而遭受损失。因此，进出口商为规避汇率风险而进行外汇远期交易。

10. 在没有外汇管制的情况下，如果一国的利率高于他国，则该国的资金就会流向他国以谋求高息。（ ）

【参考答案】B

【答案解析】在没有外汇管制的情况下，如果一国的利率低于他国，则该国的资金就会流向他国以谋求高息。

11. O/N 是指前一个即期外汇交易的交割日是成交日后的第一个营业日，后一个外汇交易的交割日是成交后的第二个营业日的交易。（ ）

【参考答案】B

【答案解析】隔夜掉期交易包含的两笔即期外汇交易中，一笔即期交易的交割日是交易日当天，后一笔交易的交割日是成交日后的第一个工作日。而隔日掉期交易包含的两笔即期外汇交易中，一笔即期交易的交割日是成交日后的第一个工作日，后一笔交易的交割日是成交日后的第二个工作日。

12. 无本金交割的外汇远期也是一种外汇远期交易，所不同的是该外汇交易的一方货币为不可兑换货币。（ ）

【参考答案】A

【答案解析】无本金交割的外汇远期也是一种外汇远期交易，所不同的是该外汇交易的一方货币为不可兑换货币。

13. 无本金交割外汇远期交易一般用于实行外汇管制国家的货币，为面对汇率风险的企业和投资者提供了一个对冲及投资的渠道。（ ）

【参考答案】A

【答案解析】无本金交割外汇远期交易一般用于实行外汇管制国家的货币，为面对汇率风险的企业和投资者提供了一个对冲及投资的渠道。

14. 新加坡和中国北京人民币 NDF 市场是亚洲最主要的离岸人民币远期交易市场，该市场的行情反映了国际社会对于人民币汇率变化的预期。（ ）

【参考答案】B

【答案解析】新加坡和中国香港人民币 NDF 市场是亚洲最主要的离岸人民币远期交易市场，该市场的行情反映了国际社会对于人民币汇率变化的预期。

15. 外汇期货交易只能为避险者提供有效的套期保值方式。（ ）

【参考答案】B

【答案解析】外汇期货交易不仅为避险者提供了有效的套期保值方式，而且为套利者和投机者提供了获利机会。

16. 在国际外汇期货市场上，若需要回避两种非美元货币之间的汇率风险，就可以运用交叉货币套期保值。（ ）

【参考答案】A

【答案解析】在国际外汇期货市场上，若需要回避两种非美元货币之间的汇率风险，就可以运用交叉货币套期保值。

17. 外汇跨市场套利，即在外汇现货和期货中同时进行交易方向相反的交易，即通过卖出高估的外汇期货合约或现货，同时买入被低估的外汇期货合约或现货的方式来达到获利的目的。（ ）

【参考答案】B

【答案解析】外汇期现套利，即在外汇现货和期货中同时进行交易方向相反的交易，即通过卖出高估的外汇期货合约或现货，同时买入被低估的外汇期货合约或现货的方式来达到获利的目的。

18. 外汇期货跨期套利，是指交易者同时买入或卖出相同品种不同交割月份的外汇期货合约，以期合约间价差朝有利方向发展后平仓获利的交易行为。（　　）

【参考答案】A

【答案解析】外汇期货跨期套利，是指交易者同时买入或卖出相同品种不同交割月份的外汇期货合约，以期合约间价差朝有利方向发展后平仓获利的交易行为。

19. 买入近期月份外汇期货合约的同时卖出远期月份外汇期货合约进行套利盈利的模式为牛市套利。（　　）

【参考答案】A

【答案解析】买入近期月份外汇期货合约的同时卖出远期月份的外汇期货合约进行套利盈利的模式为牛市套利。

20. 外汇掉期指交易双方约定在前后两个不同的起息日以约定的汇率进行方向相反的两次货币交换。（　　）

【参考答案】A

【答案解析】外汇掉期又被称为汇率掉期，指交易双方约定在前后两个不同的起息日（货币收款或付款执行生效日）以约定的汇率进行方向相反的两次货币交换。

21. 一般掉期交易中汇率的报价方式为做市商式报价。（　　）

【参考答案】A

【答案解析】一般掉期交易中汇率的报价方式为做市商式（bid/ask，即做市商买价/做市商卖价）报价。

22. 所谓资金期限结构是指支付外汇与收到外汇的时间分布。（　　）

【参考答案】B

【答案解析】所谓资金期限结构是指支付外汇与收到外汇的期限分布。

23. 外汇掉期要改变整体资产的规模，因此，企业进行风险管理的重点主要是分析自身的资产结构。（　　）

【参考答案】B

【答案解析】外汇掉期基本不改变整体资产的规模，因此，企业进行风险管理的重点主要是分析自身的资产结构。

24. 利息交换指交易双方定期向对方支付以换入货币计算的利息金额，交易双方可以按照固定利率计算利息，也可以按照浮动利率计算利息。（　　）

【参考答案】A

【答案解析】利息交换指交易双方定期向对方支付以换入货币计算的利息金额，交易双方可以按照固定利率计算利息，也可以按照浮动利率计算利息。

25. 货币互换中本金互换的特点与外汇掉期类似，所以货币互换本身并不改变整体资产的规模，并且主要适用于长期风险管理。（ ）

【参考答案】A

【答案解析】货币互换中本金互换的特点与外汇掉期类似，所以货币互换本身并不改变整体资产的规模，并且主要适用于长期风险管理。

26. 美式期权是指期权的持有者只能在期权到期日当天决定执行或不执行期权合约；欧式期权是指期权持有者可以在期权到期日以前的任何一个工作日选择执行或不执行期权合约。（ ）

【参考答案】B

【答案解析】欧式期权是指期权的持有者只能在期权到期日当天决定执行或不执行期权合约；美式期权是指期权持有者可以在期权到期日以前的任何一个工作日选择执行或不执行期权合约。

27. 外汇期权合约中规定卖出的货币，其利率越高，期权持有者在执行期权合约前因持有该货币可获得更多的利息收入，期权价格也就越高。（ ）

【参考答案】A

【答案解析】外汇期权合约中规定卖出的货币，其利率越高，期权持有者在执行期权合约前因持有该货币可获得更多的利息收入，期权价格也就越高。

28. 由于具有杠杆性和保险性的特征，货币期权经常作为外汇资产保值和投资策略的工具。（ ）

【参考答案】A

【答案解析】由于具有杠杆性和保险性的特征，货币期权经常作为外汇资产保值和投资策略的工具。

29. 对于看跌期权而言，执行价格越高，买方盈利的可能性越大，期权价格越高。（ ）

【参考答案】A

【答案解析】对于看跌期权而言，执行价格越高，买方盈利的可能性越大，期权价格越高。

30. 欧式期权比美式期权的灵活性更大，期权费也更高一些。（ ）

【参考答案】B

【答案解析】美式期权比欧式期权的灵活性更大，期权费也更高一些。

四、综合题（在以下各小题所给出的四个选项中，至少有一项符合题目要求，请将正确选项的代码填入括号中）

阅读材料，回答以下1~2题

某投资者发现欧元的利率高于美元的利率，于是决定买入50万欧元以获得高息，计划投资3个月，但又担心在这期间欧元兑美元贬值。为避免欧元贬值的风险，该投资者利用芝加哥商业交易所外汇期货市场进行空头套期保值，每张欧元期货合约为12.5万欧元，2009年3月1日当日欧元即期汇率为EUR/USD = 1.3432，购买50万欧元，同时卖出4张2009年6月到期的欧元期货合约，成交价格为EUR/USD = 1.3450。2009年6月1日当日欧元即期汇率为EUR/USD = 1.2120，出售50万欧元，2009年6月1日买入4张6月到期的欧元期货合约对冲平仓，成交价格为EUR/USD = 1.2101。

1. 该投资者在现货市场（　　）万美元。

A. 损失6.75　　B. 获利6.75

C. 损失6.56　　D. 获利6.56

【参考答案】C

【答案解析】投资者在现货市场上，3月1日按照即期汇率EUR/USD = 1.3432买入50万欧元，即买入价为1.3432；6月1日按照当日欧元即期汇率EUR/USD = 1.2120卖出50万欧元，即卖出价1.2120。则：

在现货市场上的损益 = 卖出价1.2120 - 买入价1.3432

总损益 = $(1.2120-1.3432)\times125000\times4=-65600$（美元）。

2. 该投资者在期货市场（　　）万美元。

A. 损失6.745　　B. 获利6.745

C. 损失6.565　　D. 获利6.565

【参考答案】B

【答案解析】$(1.3450-1.2101)\times12.5\times4=6.745$（万美元）。

阅读材料，回答以下3~4题。

某国内出口企业几个月后将收回一笔20万美元的货款。该企业为了防范人民币兑美元升值的风险，决定利用人民币/美元期货进行套期保值。已知即期汇率为1美元 = 6.2988元人民币，人民币/美元期货合约大小为每份面值100万元人民币，报价为0.15879。

3. 该企业在期货市场上应该（　　）。

A. 买入人民币/美元期货合约

B. 卖出人民币/美元期货合约

C. 买入美元/人民币期货合约

D. 什么也不做

【参考答案】A

【答案解析】该企业应做人民币/美元的买入套期保值。

4. 该企业在期货市场上应该建仓（　　）手。

A. 1　　B. 2

C. 3　　D. 4

【参考答案】A

【答案解析】200000 ÷ 0.15879 ÷ 1000000 = 1.26 手 ≈ 1（手）。

阅读材料，回答以下 5 ~ 7 题。

美国 A 公司预计 2 个月后进口一批价值 100 万瑞士法郎的货物。假如当月 18 日外汇市场美元兑瑞士法郎行情如下：

即期汇率：USD/CHF = 1.3778/88

3 月份交割的期货价格：CHF/USD = 0.7260

设 2 个月后的市场行情为：

即期汇率：USD/CHF = 1.3760/70

3 月份交割的期货价格：CHF/USD = 0.7270

5. 2 个月后美国 A 公司将（　　）。

A. 需要用更多的美元兑换所需要的瑞士法郎

B. 不需要用更多的美元兑换所需要的瑞士法郎

C. 所需美元兑换所需要的瑞士法郎与 2 个月前相当

D. 所需美元兑换所需要的瑞士法郎比 2 个月前还少

【参考答案】A

【答案解析】美元贬值了。

6. 为规避汇率风险，美国 A 公司应（　　）。

A. 即期在期货市场上买入瑞士法郎期货合约

B. 即期在期货市场上卖出瑞士法郎期货合约

C. 2 个月后，在外汇市场上买入瑞士法郎的同时，在期货市场卖出平仓

D. 2 个月后，在外汇市场上卖出瑞士法郎的同时，在期货市场买入平仓

【参考答案】AC

【答案解析】做买入套保。

7. 美国A公司的保值效果是（　　）。

A. 仍然亏损，没有做到完全套保　　B. 基本做到完全套保

C. 不清楚会怎样　　D. 没有起到任何作用

【参考答案】B

【答案解析】假如A公司在期货市场上以1/0.7260＝1.3774买入2个月后交割的价值100万瑞士法郎期货合约。2个月后，在现汇市场换汇亏损（多付）：1000000÷1.3770－1000000÷1.3788＝－948.06（美元）；而期货市场上盈利：1000000×（0.7270－0.7260）＝1000（美元）；盈亏相抵，基本上做到完全套保。

阅读材料，回答以下8～11题。

1月15日，交易者发现当年3月份的欧元/美元期货价格为1.1138，6月份的欧元/美元期货价格为1.1226，二者价差为88个点。交易者估计欧元/美元汇率将上涨，同时3月份和6月份的合约价差将会缩小，所以交易者买入10手3月份的欧元/美元期货合约，同时卖出10手6月份的欧元/美元期货合约。到了1月30日，3月份的欧元/美元期货合约和6月份的欧元/美元期货合约价格分别上涨到1.1181和1.1236，二者价差缩小为55个点。交易者同时将两种合约平仓，从而完成套利交易（1手期货合约点值为12.5美元）。

8. 该套利交易属于外汇（　　）套利。

A. 期现　　B. 跨期

C. 跨市　　D. 跨品种

【参考答案】B

【答案解析】外汇期货跨期套利，是指交易者同时买入或卖出相同品种不同交割月份的外汇期货合约，以期合约间价差朝有利方向发展后平仓获利的交易行为。

9. 该套利交易属于外汇（　　）套利。

A. 牛市　　B. 熊市

C. 盘整　　D. 垂直

【参考答案】A

【答案解析】买入近期月份的外汇期货合约的同时卖出远期月份的外汇期货合约进行套利盈利的模式为牛市套利。

10. 本次套利交易的最终结果为（　　）美元。

A. 盈利6625　　B. 盈利4125

C. 亏损6625　　D. 亏损4125

【参考答案】B

【答案解析】1月15日两期货合约价差为88个点，1月30日两期货合约价差为55个点，两期货合约各自盈利43个点和亏损10个点，最终结果盈利33个点，总盈利为：$12.50 \times 10 \times 33 = 4125$美元。

11. 假如在1月30日，3月份和6月份的合约价格不涨反跌，价格分别下跌到1.1124和1.1176，两者价差缩小到52点。交易者同时将两种合约平仓，从而完成套利交易。以下说法正确的有（　　）。

A. 本次套利一定亏损

B. 本次套利仍然盈利

C. 在牛市套利中，只要合约间的价差缩小套利者就能获取盈利

D. 在牛市套利中，市场方向与套利者获利与否无关

【参考答案】BCD

【答案解析】本题中，交易者预计外汇期货价格将上涨，但半个月后外汇期货价格不涨反跌。虽然外汇价格走势与交易者的判断相反，但最终交易结果仍使交易者获得了4500美元的盈利。因此，在牛市套利中，只要合约间的价差缩小，套利者就能获取盈利，而市场方向与套利者获利与否无关。

阅读材料，回答以下12~13题。

3月1日，交易者发现美元兑人民币的现货价格为1美元=6.1130元人民币，而6月份的美元/人民币的期货价格为6.1190，两者价差为60个点。同时，交易者认为6月份的外汇期货理论价格为6.1160，无套利区间大概为6.1150~6.1170。交易者判断当前的外汇期货价格超出了无套利区间，未来两者价差将会缩小。因此，交易者卖出10手6月份的美元/人民币期货，并买入相应金额的现货。4月1日，现货和期货价格分别变为6.1140和6.1180，价差缩小到40个点，交易者同时将现货和期货平仓，从而完成套利交易（1手期货合约点值为10元人民币）。

12. 该套利交易属于外汇（　　）套利。

A. 期现　　　　B. 跨期

C. 跨市　　　　D. 跨品种

【参考答案】A

【答案解析】外汇期现套利，即在外汇现货和期货中同时进行交易方向相反的交易，即通过卖出高估的外汇期货合约或现货，同时买入被低估的外汇期货合约或现货的方式来达到获利的目的。外汇期货价格波动时，可能会偏离合理的价格区间，而在交割制度的保证下，最终一定会回到合理的价格区间，因此交易者就可以利用价格的不合理性进行套利。但在实际的市场环境中，由于交易成本和

冲击成本因素的存在，会影响套利策略的实施。这类市场因素的存在，使外汇期货和现货价格的价差波动中出现一个无套利区间，只有外汇期货价格超出区间范围才会真正出现无风险套利机会。

13. 本次套利交易的最终结果为（　　）元人民币。

A. 盈利 2000　　B. 盈利 4000

C. 亏损 2000　　D. 亏损 4000

【参考答案】A

【答案解析】3 月 1 日买入与期货价格合约价值对应的现货，卖出 10 手 6 月份美元/人民币期货合约，两者差为 60 个点。4 月 1 日卖出与期货价格合约价值对应的现货，买入 10 手 6 月份美元/人民币期货合约，两者价差为 40 个点，各自盈利 10 个点，价差缩小 20 个点。

最终结果为总盈利 $10 \times 10 \times 20 = 2000$ 元人民币。

阅读材料，回答以下 14~16 题。

3 月 1 日，芝加哥商业交易所的 6 月欧元/美元期货价格为 1.1147，而纽交所伦敦国际金融期货交易所的 6 月欧元/美元期货价格为 1.1245。交易者认为，当前两者价差为 98 个点，过高，两者价差将会缩小。因此，交易者决定卖出 20 手纽交所伦敦国际金融期货交易所的 6 月欧元/美元期货合约，同时买入 20 手芝加哥商业交易所的 6 月欧元/美元期货合约。3 月 30 日，芝加哥商业交易所和纽交所伦敦国际金融期货交易所的 6 月欧元/美元期货价格分别变为 1.1135 和 1.1215，交易者同时将两个方向的合约平仓，结束套利（1 手期货合约点值为 12.5 美元）。

14. 本次套利交易的最终结果为（　　）元人民币。

A. 盈利 10500　　B. 盈利 4500

C. 亏损 10500　　D. 亏损 4500

【参考答案】B

【答案解析】3 月 1 日卖出 20 手纽交所伦敦国际金融期货交易所的 6 月份欧元/美元期货合约，同时买入 20 手芝加哥商业交易所 6 月份欧元/美元期货合约，两者价差为 98 个点。3 月 30 日买入平仓 20 手纽交所伦敦国际金融期货交易所的 6 月份欧元/美元期货合约，同时卖出平仓 20 手芝加哥商业交易所 6 月份欧元/美元期货合约，两者价差为 80 个点。各自盈利 30 个点和亏损 12 个点，总共盈利 18 个点，最终结果：总盈利 $12.5 \times 20 \times 18 = 4500$ 美元。

15. 该套利交易属于外汇（　　）套利。

A. 期现　　B. 跨期

C. 跨市　　　　　　　　　　　　　　D. 跨品种

【参考答案】C

【答案解析】外汇期货跨市场套利是指交易者根据对同一外汇期货合约在不同交易所的价格走势的预测，在一个交易所买入一种外汇期货合约，同时在另一个交易所卖出同种外汇期货合约，从而进行套利交易。

16. 这种类型的套利（　）进行交易。

A. 应选择在不同交易所交易时间重叠的时段

B. 可以在全球任意时间

C. 需要留意不同交易所合约之间的交易单位和报价体系的不同

D. 应将不同交易所合约的价格按相同计量单位进行折算才能进行价格比较

【参考答案】ACD

【答案解析】外汇市场是一个全球市场，在期货交易中，每个交易所都会因为其所在时区的不同，导致开盘和收盘的时间不同。因此，套利者考虑在不同交易所间进行套利的时候，应该考虑到时差带来的影响，选择在交易时间重叠的时段进行交易。此外，交易者还需要留意不同交易所合约之间的交易单位和报价体系的不同。跨市套利虽然是在同一品种间进行的，但是由于合约交易大小和报价体系不同的原因，交易者应将不同交易所合约的价格按相同计量单位进行折算，才能进行价格比较。

阅读材料，回答以下 17～19 题。

某中国公司在巴西的某投资项目所需资金 5 亿巴西雷亚尔。该公司向中国银行申请了 2.5 亿美元贷款，期限 5 年，年利率 3.26%。随后，该公司与西班牙某银行签署一份货币互换协议，协议期限也是 5 年，每年的 9 月 1 日为结算日。协议规定，从当年的 9 月 1 日起，中国公司将以 2.5 亿美元向该银行换取 5 亿雷亚尔（即期汇率是 2.0 雷亚尔/美元）。在合约有效期内，该银行应以 3.2% 的固定年利率向中国公司支付美元利息，同时中国公司将按 5.2% 的固定年利率向该银行支付雷亚尔利息。到协议终止日，中国公司将 5 亿雷亚尔还给该银行，并收回 2.5 亿美元。

17. 在合约有效期内，每年支付利息的时候，中国公司需要筹集（　）万美元用于支付利息。

A. 15　　　　　　　　　　　　　　B. 800

C. 815　　　　　　　　　　　　　　D. 1300

【参考答案】A

【答案解析】2.5 亿 ×（3.26% －3.2%）＝15 万美元。

18. 在合约有效期内，每年支付利息的时候，中国公司需要筹集（　　）万雷亚尔用于支付利息。

A. 1600　　B. 1630

C. 2060　　D. 2600

【参考答案】D

【答案解析】5 亿 ×5.2% =2600 万雷亚尔。

19. 如果在项目期间雷亚尔升值，那么该中国公司的融资成本将会（　　）。

A. 上升　　B. 下降

C. 不变　　D. 无法判断

【参考答案】A

【答案解析】到协议终止日，中国公司要将 5 亿雷亚尔还给银行。

阅读材料，回答以下 20 ~21 题。

4 月 28 日，机构 A 通过外汇交易系统向机构 B 买入一笔金额为 1000 万美元期限为 1 个月的美元兑人民币看涨期权交易，机构 A 为发起方，机构 B 为报价方。双方约定期权费率为 2.00 个基点，隐含波动率为 2.00%，行权价格为 6.1150，约定差额交割。5 月 28 日中间价为 6.1250。

20. 4 月 30 日机构 A 向机构 B 支付期权费（　　）美元。

A. 1000　　B. 2000

C. 6115　　D. 6125

【参考答案】B

【答案解析】1000 万 ×0.0002 =2000 美元。

21. 5 月 28 日，机构 A 在 15：00 前选择行权，采用差额交割方式，则机构 B 需要在 5 月 30 日向机构 A 交付（　　）万元人民币。

A. 10　　B. 20

C. 61.15　　D. 61.25

【参考答案】A

【答案解析】1000 万 ×(6.1250 -6.1150) =10 万元。

阅读材料，回答以下 22 ~24 题。

国内某企业与美国客户在某年 3 月 11 日签订进口 100 万美元的废旧塑料合约，约定 3 个月后支付货款。签订合同当天，美元兑人民币的即期汇率价格为 6.1402。当时，美元兑人民币汇率一直处于上升趋势，美元升值使企业承担巨大的汇率风险。因此，企业决定利用货币期权来进行套期保值。具体方案为：通过购买当年7月到期、执行价格为6.1406元人民币/美元看涨期权，规避100万美元的升值风险。交易中，期权价格为0.005元人民币/美元。

22. 该企业共需支付权利金（ ）元人民币。

A. 10000　　B. 5000

C. 61402　　D. 61406

【参考答案】A

【答案解析】100万×0.005=5000元。

23. 3个月后，美元兑人民币汇率从6.1402上涨至6.1522。如果该企业没有进行套期保值，由于美元升值，企业需要多支付（ ）元人民币的成本。

A. 10000　　B. 12000

C. 61402　　D. 61522

【参考答案】B

【答案解析】(6.1522-6.1402)×100万=12000元。

24. 最终的结果可能是（ ）。

A. 如果7月份人民币贬值到6.1522，则企业有权以6.1406元人民币/美元的汇率购买美元

B. 如果7月份人民币贬值到6.1522，企业可节约6600元人民币的成本

C. 如果7月份美元兑人民币贬值，企业将损失巨大，套保失败

D. 如果7月份美元兑人民币贬值，企业仅仅损失5000元人民币的权利金，但可以得到由美元贬值而使成本减少的益处

【参考答案】ABD

【答案解析】由于企业购买了美元/人民币看涨期权，有权利以6.1406元人民币=1美元的汇率购买美元，这为企业节约了12000-5000-(6.1406-6.1402)×100万=6600元人民币的成本。如果7月份美元兑人民币贬值，那么企业可以选择放弃行权，企业仅仅损失5000元人民币的权利金，但可以得到由美元贬值而使成本减少的益处。

阅读材料，回答以下25~31题。

6月18日，国内某石油公司收购美国一家油气田6亿美元股份的提案被当地政府批准，但由于该油气田股东结构调整及当地法律限制，收购无法即刻完成，双方约定当年9月18日由国内石油公司支付并购款。另外，9月18日，该国内石油公司还需向俄罗斯一家石油公司支付2亿美元原油进口货款。6月18日的即期汇率为1美元=6.8479元人民币。

25. 该石油公司所面临的外汇风险敞口为（ ）亿美元。

A. 2　　B. 6

C. 8　　D. 55

【参考答案】C

【答案解析】3 个月后风险敞口为 6 亿 +2 亿 =8 亿美元的应付账款。

26. 6 月 18 日，人民币兑美元一直处于升值趋势当中，该石油企业认为，未来人民币兑美元继续升值的可能性依然较大，所以（　　）。

A. 不希望通过外汇期货进行套期保值

B. 希望通过外汇期货进行套期保值

C. 套不套保都无所谓

D. 认为套期保值风险很大

【参考答案】A

【答案解析】若人民币兑美元升值，则该企业将从人民币升值中获得好处。

27. 由于外汇风险敞口较大，企业从稳定经营的角度出发，又希望进行外汇风险管理，以免遭受意外损失。在这种情况下，该石油公司考虑选择外汇期货期权这一权责分离工具来管理所面对的汇率风险。该企业选择以当年 9 月交割 RMB/USD 期货合约为标的资产的期货期权合约进行套期保值，因为该企业担心人民币贬值，所以（　　），缴纳权利金。

A. 买入人民币兑美元期货的看跌期权

B. 买入人民币兑美元期货的看涨期权

C. 卖出人民币兑美元期货的看跌期权

D. 卖出人民币兑美元期货的看涨期权

【参考答案】A

【答案解析】因企业缴纳权利金，故只可能是买入期权。

28. 6 月 18 日，交易所 RMB/USD 期货 9 月合约价格在 0. 14613 附近波动，因此，该企业需买入执行价格为 0. 14600 的 RMB/USD 期货（　　）合约（期权合约面值 100 万元人民币）。

A. 看跌期权 5475 手　　B. 看涨期权 5475 手

C. 看跌期权 4575 手　　D. 看跌期权 4575 手

【参考答案】A

【答案解析】风险管理头寸 8 亿美元，买入看跌期权数量 =80000 万美元 ÷ 0. 14613 ÷100 万元 =5474. 58 手≈5475 手。

29. 该企业需买支付权利金（　　）万美元。

A. 751. 71　　B. 711. 75

C. 57540　　D. 557. 54

【参考答案】A

【答案解析】权利金 5475 手 ×100 万元人民币 ×0.00130 =711.75 万美元。

30. 9 月 17 日，人民币即期汇率为 1 美元 =6.6786 元人民币，交易所 RMB/USD 期货 9 月合约交割价为 0.14974，该石油公司（　）。

A. 被迫行权　　B. 放弃行权

C. 不允许行权　　D. 积极行权

【参考答案】B

【答案解析】期权买方有行权的权利但无行权的义务。

31. 如果企业本次不用期权做套期保值，则企业（　）。

A. 收益会更好　　B. 收益会更差

C. 收益没有差别　　D. 无法计算收益

【参考答案】A

【答案解析】现货市场损益 80000 万美元 ×(6.8479 - 6.6786) = 13544.00 万元。

支付权利金：-711.75 万 ×6.8479 = -4873.99 万元

总损益：13544.00 万元 -4873.99 万元 =8706.01 万元

由此可见，如果该企业不进行套期保值，企业可以节省 711.75 万美元的权利金支出。

第八章

利率期货及衍生品通关练习

一、单项选择题（在以下各小题所给出的四个选项中，只有一个选项符合题目要求，请将正确选项的代码填入括号中）

1. 中期国债是指偿还期限在（　　）的国债。

A. 1~3年　　B. 1~5年

C. 1~10年　　D. 1~15年

【参考答案】C

【答案解析】中期国债是指偿还期限在1~10年的国债。

2. 中国金融期货交易所5年期国债期货合约的面值为（　　）万元人民币。

A. 100　　B. 120

C. 150　　D. 200

【参考答案】A

【答案解析】5年期国债期货合约面值为100万元人民币。

3. 投资者可以利用利率期货管理和对冲利率变动引起的（　　）。

A. 价格风险　　B. 市场风险

C. 流动性风险　　D. 政策风险

【参考答案】A

【答案解析】投资者可以利用利率期货管理和对冲利率变动引起的价格风险。

4. 欧洲美元期货是一种（　　）。

A. 短期利率期货　　B. 中期利率期货

C. 长期利率期货　　D. 中长期利率期货

【参考答案】A

【答案解析】欧洲美元存单的期限一般为3~6个月，因此欧洲美元期货为短期利率期货。

5. 债券A息票率6%，期限10年，面值出售；债券B息票率6%，期限10年，低于面值出售，则（　　）。

A. A债券久期比B债券久期长

B. B债券久期比A债券久期长

C. A债券久期与B债券久期一样长

D. 缺乏判断的条件

【参考答案】A

【答案解析】债券的到期收益率与久期呈负相关关系。由于A和B的期限和息票率相同，A以面值出售，则A的收益率为6%，B折价出售，则B的收益率大于6%。

6. 以下属于国债期货跨品种套利的是（　　）。

A. 5年期国债期货3月合约和6月合约之间的套利

B. 5年期国债期货3月合约和其可交割国债140003之间的套利

C. 5年期国债期货3月合约和10年期国债期货3月合约之间的套利

D. 5年期国债期货3月合约和其CTD券之间的套利

【参考答案】C

【答案解析】A选项属跨期套利；B、D两选项都属于期现套利。

7. 以下属于利率期权的是（　　）。

A. 国债期权　　B. 股指期权

C. 股票期权　　D. 货币期权

【参考答案】A

【答案解析】以短期利率、存单、债券，利率互换等利率类金融工具或资金为期货合约交易标的的期货品种是利率期货。在场外衍生品市场，常见利率期权有利率看涨期权、利率看跌期权、利率上限期权、利率下限期权、利率双限期权、部分参与利率上限期权和利率互换期权等。

8. 2017年3月，某机构投资者拥有800万元面值的某5年期B国债，假设该国债是最便宜可交割债券，并假设转换因子为1.125。当时国债价格为每百元面值107.50元。该公司预计6月要用款，需将其卖出，为防止国债价格下跌，该投资者在市场上进行卖出套期保值。假设套期保值比率等于转换因子，要对冲800万元面值的现券则须（　　）。

A. 买进国债期货967.5万元　　B. 卖出国债期货967.5万元

C. 买进国债期货900万元　　D. 卖出国债期货900万元

【参考答案】B

【答案解析】800 万元 ×1.125 ÷100 万元/手 ×107.5 =967.5 万元。

9. 在下列中金所 5 年期国债期货可交割债券中，关于转换因子的判断正确的是（　　）。

A. 剩余期限 4.79 年，票面利率 2.90% 的国债，转换因子大于 1

B. 剩余期限 4.62 年，票面利率 3.65% 的国债，转换因子小于 1

C. 剩余期限 5.20 年，票面利率 3.94% 的国债，转换因子大于 1

D. 剩余期限 4.25 年，票面利率 3.09% 的国债，转换因子小于 1

【参考答案】C

【答案解析】我国 5 年期国债期货合约可交割国债为合约到期日首日剩余期限为 4 ~5.25 年的记账式付息国债。如果可交割国债票面利率高于国债期货合约标的票面利率，转换因子大于 1；如果可交割国债票面利率低于国债期货合约标的票面利率，转换因子小于 1。

10. 中国金融期货交易所 5 年期国债期货合约票面利率为（　　）。

A. 2.5%　　B. 3%

C. 3.5%　　D. 4%

【参考答案】B

【答案解析】中国金融期货交易所 5 年期国债期货合约票面利率为 3%。

11. 2017 年 1 月 10 日，某投资者认为未来的市场利率将走低，于是以 94.500 元价格买入 50 手 3 月到期的中国金融期货交易所 TF1412 合约。一周之后，该期货合约价格涨到 95.600 元，投资者以此价格平仓。若不计交易费用，该投资者总盈利为（　　）万元。

A. 50　　B. 55

C. 60　　D. 65

【参考答案】B

【答案解析】(95.600 −94.500) ×50 =55 万元。

12. 在国际市场，基于短期存单的代表性利率期货品种有（　　）。

A. 3 个月银行间欧元拆借利率　　B. 3 个月英镑利率期货

C. 3 个月欧洲美元期货　　D. 美国国债期货

【参考答案】C

【答案解析】在国际市场，基于短期存单的代表性利率期货品种有 3 个月欧洲美元期货。

13. 关于芝加哥商业交易所 3 个月欧洲美元期货，下列表述正确的是（　　）。

A. 3 个月欧洲美元期货和 3 个月国债期货的指数不具有直接可比性

B. 成交指数越高，意味着买方获得的存款利率越高

C. 3 个月欧洲美元期货实际上是指 3 个月欧洲美元国债期货

D. 采用实物交割方式

【参考答案】C

【答案解析】CME 欧洲美元期货交易报价采用的是 3 个月欧洲美元伦敦拆借利率指数，用 100 减去按 360 天计算的不带百分号的年利率（比如年利率为 2.5%，报价为 97.500 元）形式。

14. 经济增长速度较快，社会资金需求旺盛，则市场利率水平（ ）。

A. 上升　　B. 下降

C. 不变　　D. 无规律

【参考答案】A

【答案解析】经济增长速度较快，社会资金需求旺盛，则市场利率水平上升；经济增长速度缓慢，社会资金需求相对减少，则市场利率水平下降。

15. 若债券的久期为 7 年，市场利率为 3.65%，则其修正久期为（ ）。

A. 6.25　　B. 6.75

C. 7.25　　D. 7.75

【参考答案】B

【答案解析】7/（1 + 3.65%）= 6.75。

这意味着市场利率上升 1%，将导致债券价格下跌约 6.75%。

16. 中国金融期货交易所 5 年期国债期货合约的报价方式为（ ）。

A. 百元净价报价　　B. 千元净价报价

C. 收益率报价　　D. 指数点报价

【参考答案】A

【答案解析】中国金融期货交易所 5 年期国债期货合约的报价方式为百元净价报价。

17. 国债期货合约的发票价格等于（ ）。

A. 期货结算价格 × 转换因子

B. 期货结算价格 × 转换因子 + 买券利息

C. 期货结算价格 × 转换因子 + 应计利息

D. 期货结算价格 × 转换因子 + 应计利息 − 买券利息

【参考答案】C

【答案解析】用可交割国债的转换因子乘以期货交割结算价可得到转换后该国债的价格（净价），用国债净价加上持有国债期间的应计利息收入即可得到国债期货交割时卖方出让可交割国债时应得到的实际现金价格（全价），该价格为

可交割国债的出让价格，也称发票价格。

18. 中国金融期货交易所国债期货合约的最后交割日为（　　）。

A. 最后交易日后第一个交易日　　B. 最后交易日后第三个交易日

C. 最后交易日后第五个交易日　　D. 最后交易日后第七个交易日

【参考答案】B

【答案解析】中国金融期货交易所不同年份国债期货合约的最后交割日为最后交易日后第三个交易日。

19. 标准的美国短期国库券期货合约的面额为100万美元，期限为90天，最小价格波动幅度为一个基点，则利率每波动一点所带来的一份合约价格的变动为（　　）美元。

A. 25　　B. 32.5

C. 50　　D. 100

【参考答案】A

【答案解析】利率每波动一点所带来的一份合约价格的变动 $=90/360\times0.01\%\times1000000=25$（美元）。

20. 中国金融期货交易所国债期货合约的最后交易日为（　　）。

A. 合约到期月份第一个星期五　　B. 合约到期月份第二个星期五

C. 合约到期月份第三个星期五　　D. 合约到期月份第四个星期五

【参考答案】B

【答案解析】中国金融期货交易所不同年份国债期货合约的最后交易日为合约到期月份第二个星期五。

21. 我国10年期国债期货合约标的为（　　）。

A. 面值为100万元人民币、票面利率为3%的名义长期国债

B. 面值为100万元人民币、票面利率为2%的名义中期国债

C. 合约到期日首日剩余期限为6.5~15.5年的记账式付息国债

D. 合约到期日首日剩余期限为4~5.25年的记账式付息国债

【参考答案】A

【答案解析】我国10年期国债期货合约标的面值为100万元人民币、票面利率为3%的名义长期国债，可交割国债为合约到期日首日剩余期限为6.5~10.25年的记账式付息国债。

22. 名义标准券设计之下，中国金融期货交易所5年期国债期货采用（　　）。

A. 单一券种交收　　B. 两种券种替代交收

C. 多券种替代交收　　D. 以上都不是

【参考答案】C

【答案解析】国债期货实行一篮子可交割国债的多券种交割方式，当合约到期进行实物交割时，可交割国债为一系列符合条件的不同剩余期限、不同票面利率的国债品种。

23. 可以用于寻找最便宜可交割券（CTD）的方法是（　　）。

A. 计算隐含回购利率　　B. 计算全价

C. 计算市场期限结构　　D. 计算远期价格

【参考答案】A

【答案解析】由于期货合约的卖方拥有可交割国债的选择权，卖方一般会选择最便宜、对己方最有利、交割成本最低的可交割国债进行交割，该债券就是最便宜可交割债券（CTD）。

24. 短期国库券期货属于（　　）。

A. 外汇期货　　B. 股指期货

C. 利率期货　　D. 商品期货

【参考答案】C

【答案解析】以短期利率（货币资金）、存单、债券、利率互换等利率类金融工具或资产为期货合约交易标的的期货品种称为利率期货。

25. 通过影响国内物价水平、影响短期资本流动而间接地对利率产生影响的是（　　）。

A. 财政政策　　B. 货币政策

C. 利率政策　　D. 汇率政策

【参考答案】D

【答案解析】汇率政策影响短期资本流动。

26. 中国金融期货交易所 5 年期国债期货合约的挂牌月份采用（　　）。

A. 12 个月循环

B. 3 月、6 月、9 月、12 月中，距当前最近的 2 个季月

C. 3 月、6 月、9 月、12 月中，距当前最近的 3 个季月

D. 3 月、6 月、9 月、12 月中，距当前最近的 4 个季月

【参考答案】C

【答案解析】中国金融期货交易所 5 年期国债期货合约的挂牌月份采用 3 月、6 月、9 月、12 月中，距当前最近的 3 个季月。

27. 以 6% 的年贴现率发行 1 年期国债，所代表的年实际收益率为（　　）。

A. 5.55%　　B. 6.63%

C. 5.25%　　D. 6.38%

【参考答案】D

【答案解析】6% ÷（1 - 6%）×100% = 6.38%。

28. 某基金经理持有价值1亿元的债券组合，久期为7，现预计利率将走强，该基金经理希望使用国债期货将组合久期调整为5.5，国债期货价格为98.5，转换因子为1.05，久期为4.5，应卖出的国债期货数量为（　）手。

A. 34　　B. 33

C. 36　　D. 32

【参考答案】C

【答案解析】$对冲所需国债期货合约数量 = \frac{债券组合市值 \times 债券组合的修正久期}{期货合约市值 \times 期货合约的修正久期}$

$$= \frac{债券组合市值 \times 债券组合的修正久期}{CTD价格 \times 期货合约面值 \div 100 \div CTD转换因子 \times CTD修正久期} = \frac{100000000 \times (7 - 5.5)}{98.5 \times 10000 \div 1.05 \times 4.5}$$

= 35.53≈36（手）。

29. 某投资者购买面值为100000美元的1年期国债，年贴现率为6%，1年以后收回全部投资，则此投资者的收益率（　）贴现率。

A. 小于　　B. 等于

C. 大于　　D. 小于或等于

【参考答案】C

【答案解析】1年期国债的发行价格 = 100000 - 100000×6% = 94000（美元）；

收益率 =（100000 - 94000）÷94000×100% = 6.4%

显而易见，此投资者的收益率大于贴现率。

30. 中长期国债期货在报价方式上采用（　）。

A. 价格报价法　　B. 指数报价法

C. 实际报价法　　D. 利率报价法

【参考答案】A

【答案解析】美国中长期国债期货也是采用价格报价法，但其价格小数点后价格进位方式比较特殊。

31. 2013年2月27日，国债期货TF1403合约价格为92.640元，其可交割国债140003净价为101.2812元，转换因子1.0877，140003对应的基差为（　）元。

A. 0.5167　　B. 8.6412

C. 7.8992　　D. 0.0058

【参考答案】A

【答案解析】101.2812 - 92.640×1.0877 = 0.5167（元）。

32. 国债期货是指以（　）发行的国债为期货合约标的的期货品种。

A. 主权国家　　B. 经济主体

C. 发达国家　　D. 经济实体

【参考答案】A

【答案解析】国债期货是指以主权国家发行的国债为期货合约标的的期货品种。

33. 1000000 美元面值的 3 个月国债，按照 8% 的年贴现率来发行，则其发行价为（　　）美元。

A. 920000　　B. 980000

C. 900000　　D. 1000000

【参考答案】B

【答案解析】1000000 美元面值的 3 个月期国债，按照 8% 的年贴现率发行，3 个月贴现率为 2%，则：发行价 = 1000000 ×（1 − 2%）= 980000（美元）。

34. 标准型的利率互换是指（　　）。

A. 浮动利率换浮动利率　　B. 固定利率换固定利率

C. 固定利率换浮动利率　　D. 远期利率换近期利率

【参考答案】C

【答案解析】利率互换是指交易双方约定在未来一定期限内，根据同种货币的名义本金交换现金流，其中一方的现金流按事先确定的某一浮动利率计算，另一方的现金流则按固定利率计算。

35. 我国 5 年期国债期货合约标的为（　　）。

A. 面值为 100 万元人民币、票面利率为 3% 的名义中期国债

B. 合约到期日首日剩余期限为 4 ~ 7. 25 年的记账式付息国债

C. 面值为 100 万元人民币、票面利率为 2% 的名义长期国债

D. 为合约到期日首日剩余期限为 6. 5 ~ 10. 25 年的记账式付息国债

【参考答案】A

【答案解析】我国 5 年期国债期货合约标的为面值为 100 万元人民币、票面利率为 3% 的名义中期国债，可交割国债为合约到期日首日剩余期限为 4 ~ 5. 25 年的记账式付息国债。

36. 2017 年 3 月，某机构投资者预计在 7 月将购买面值总和为 800 万元的某 5 年期 A 国债，假设该债券是最便宜可交割债券，相对于 5 年期国债期货合约，该国债的转换因子为 1. 25，当时该国债价格为每百元面值 118. 50 元。为锁住成本，防止到 7 月国债价格上涨，该投资者在国债期货市场上进行买入套期保值。假设套期保值比率等于转换因子，要对冲 800 万元面值的现券则须（　　）。

A. 买进 10 手国债期货　　B. 卖出 10 手国债期货

C. 买进 125 手国债期货　　D. 卖出 125 手国债期货

【参考答案】A

【答案解析】800 万元 ×1.25 ÷100 万元/手 =10 手。

37. 短期利率期货品种一般采用（　　）。

A. 现金交割　　　　B. 实物交割

C. 对冲平仓　　　　D. T +1 交割

【参考答案】A

【答案解析】短期利率期货品种一般采用现金交割。

38. （　　）采用贴现方式发行，到期按照面值进行兑付。

A. 短期国债　　　　B. 中期国债

C. 长期国债　　　　D. 无期限国债

【参考答案】A

【答案解析】短期国债采用贴现方式发行，到期按照面值进行兑付。

39. 2013 年记账式附息（三期）国债，票面利率为 3.42%，到期日为 2020 年 1 月 24 日。对应于 TF1509 合约的转换因子为 1.0167。2015 年 4 月 3 日，该国债现货报价为 99.640，应计利息为 0.6372，期货结算价格为 97.525 元。TF1509 合约最后交割日 2015 年 9 月 11 日，4 月 3 日到最后交割日计 161 天，持有期间含有利息为 1.5085。该国债的发票价格为（　　）元。

A. 100.2772　　　　B. 100.3342

C. 100.4152　　　　D. 100.6622

【参考答案】D

【答案解析】发票价格 =97.525 ×1.0167 +1.5085 =100.6622（元）。

40. 长期国债是指偿还期限在（　　）年以上的国债。

A. 3　　　　B. 5

C. 7　　　　D. 10

【参考答案】D

【答案解析】长期国债是指偿还期限在 10 年以上的国债。

41. 我国银行间市场的利率互换交易主要是（　　）。

A. 长期利率和短期利率的互换　　　　B. 固定利率和浮动利率的互换

C. 不同利息率之间的互换　　　　D. 存款利率和贷款利率的互换

【参考答案】B

【答案解析】我国银行间市场的利率互换交易主要是固定利率和浮动利率的互换。

42. 中金所上市的首个国债期货产品为（　　）。

A. 2 年期国债期货合约　　　　B. 3 年期国债期货合约

C. 5 年期国债期货合约　　　　D. 10 年期国债期货合约

【参考答案】C

【答案解析】2013 年 9 月 6 日，国内首先推出 5 年期国债期货交易。

43. 2014 年 3 月 4 日，中金所挂牌的 5 年期国债期货合约有（　　）。

A. TF1406，TF1409，TF1412　　　　B. TF1403，TF1406，TF1409

C. TF1403，TF1404，TF1406　　　　D. TF1403，TF1406，TF1409，TF1412

【参考答案】B

【答案解析】合约月份最近的 3 个季月。

44. 中金所国债期货一般交易日的当日结算价为（　　）。

A. 最后一小时成交价格按照成交量的加权平均值

B. 最后半小时成交价格按照成交量的加权平均值

C. 最后五分钟成交价格按照成交量的加权平均值

D. 最后两小时成交价格按照成交量的加权平均值

【参考答案】A

【答案解析】国债期货的当日结算价是指合约最后一小时成交价格按照成交量加权的平均价。

45. 中金所国债期货最后交易日的交割结算价为（　　）。

A. 最后一小时成交价格按照成交量的加权平均值

B. 最后两小时成交价格按照成交量的加权平均值

C. 最后交易日收盘价

D. 最后交易日全天成交价格按照成交量的加权平均值

【参考答案】D

【答案解析】国债期货最后交易日交割结算价为最后交易日全部成交量的加权平均价。

46. 中金所国债期货当日结算价的计算结果保留至小数点后（　　）位。

A. 一　　　　B. 二

C. 三　　　　D. 四

【参考答案】C

【答案解析】国债期货的当日结算价计算结果保留至小数点后三位。

47. 中金所国债期货合约新合约挂牌时间为（　　）。

A. 到期合约到期前两个月的第一个交易日

B. 到期合约到期前一个月的第一个交易日

C. 到期合约最后交易日的下一个交易日

D. 到期合约最后交易日的下一个月第一个交易日

【参考答案】C

【答案解析】到期合约摘牌后就上新合约。

48. 国债期货合约的最小交割单位是（　　）手。

A. 5　　B. 10

C. 20　　D. 50

【参考答案】B

【答案解析】为减少国债期货交割违约风险，保证具有交割能力的投资者参与交割，中金所规定国债期货合约的最小交割数量为10手。

49. 假设中金所5年期国债期货某可交割债券的票面利率为5%，则该债券的转换因子（　　）。

A. 大于1　　B. 小于1

C. 等于1　　D. 无法确定

【参考答案】A

【答案解析】因为5年期国债期货名义票面利率仅为3%，小于可交割国债票面利率5%，故转换因子大于1。

50. 中金所国债期货可交割券的转换因子在合约上市时公布，在合约存续期间其数值（　　）。

A. 不变　　B. 每日变动一次

C. 每月变动一次　　D. 每周变动一次

【参考答案】A

【答案解析】因牵涉到交割，所以不能变。

51. 国债期货中，隐含回购利率越高的债券，其净基差一般（　　）。

A. 越小　　B. 越大

C. 无关　　D. 等于0

【参考答案】A

【答案解析】隐含回购利率是指买入国债现货并用于期货交割所得到的收益率。显然，隐含回购利率越高的国债价格越便宜，用于期货交割对合约空头越有利。隐含回购利率最高的国债就是最便宜可交割国债，对应于净基差最小的国债就是最便宜可交割国债。

52. 已知某国债期货合约在某交易日的发票价格为119.014元，对应标的物的现券价格（全价）为115.679元，交易日距离交割日刚好3个月，且在此期间无付息，则该可交割国债的隐含回购利率（IRR）是（　　）。

A. 7.654%　　B. 3.75%

C. 11.53%　　D. -3.61%

【参考答案】C

【答案解析】发票价格 = 国债期货交割结算价 × 转换因子 + 应计利息；如果购买国债后，在交割日之前没有利息支付，可交割国债的隐含回购利率（IRR）计算公式为：

IRR = [（发票价格 - 购买价格）/购买价格] ×（360/n）。式中，n 是交割日之前的天数，国债购买价格为市场价格加上应计利息的全价。则有：IRR = [(119.014 - 115.679)/115.679] × (12/3) = 11.53%。

53. 国债期货合约可以用（　　）来作为期货合约 DV01 和久期的近似值。

A. “最便宜可交割券的 DV01”和“最便宜可交割券的久期”

B. “最便宜可交割券的 DV01/对应的转换因子”和“最便宜可交割券的久期”

C. “最便宜可交割券的 DV01”和“最便宜可交割券的久期/对应的转换因子”

D. “最便宜可交割券的 DV01/对应的转换因子”和“最便宜可交割券的久期/对应的转换因子”

【参考答案】B

【答案解析】国债期货合约的基点价值约等于最便宜可交割国债的基点价值除以其转换因子，国债期货合约的久期等于最便宜可交割券的修正久期。

54. 根据判断最便宜可交割券的经验法则，对久期相同的债券来说，收益率高的国债价格与收益率低的国债价格相比（　　）。

A. 更便宜　　B. 更昂贵

C. 相同　　D. 无法确定

【参考答案】A

【答案解析】久期相同，那只有价格低的债券收益率才高，债券价格与收益率成反比。

55. 假设某国国债期货合约的名义标准券利率是 3%，但目前市场上相近期限国债的利率通常在 2% 左右。若该国债期货合约的可交割券范围为 15 ~ 25 年，那么按照经验法则，此时最便宜可交割券应该为剩余期限接近（　　）年的债券。

A. 25　　B. 15

C. 20　　D. 5

【参考答案】B

【答案解析】相近期限国债的利率通常在 2% 左右小于 3%，低久期债券为 CTD 券。

56. 如果预期未来货币政策趋于宽松，不考虑其他因素，则应在市场上(　　)。

A. 做多国债基差　　B. 做空国债基差

C. 买入国债期货　　D. 卖出国债期货

【参考答案】C

【答案解析】流动性增大，国债价格自然上涨。

57. 国债A价格为99元，到期收益率为3%；国债B价格为100元，到期收益率为2%。关于国债A和国债B投资价值的合理判断是（　　）。

A. 国债A较高　　B. 国债B较高

C. 两者投资价值相等　　D. 不能确定

【参考答案】D

【答案解析】要比较两者的久期。

58. 债券I市值为8000万元，久期为8；债券II市值为2000万元，久期为10，由债券I和债券II构成的组合久期为（　　）。

A. 8.4　　B. 9.4

C. 9　　D. 8

【参考答案】A

【答案解析】债券组合久期＝(8000×8＋2000×10)/(8000＋2000)＝8.4。

59. 某投资经理的债券组合如下：

债券	市场价值	久期
债券1	600万元	1
债券2	200万元	2
债券3	200万元	4

该债券组合的基点价值为（　　）元。

A. 1800　　B. 7800

C. 320000　　D. 160000

【参考答案】A

【答案解析】久期本身就是利率或债券到期收益率单位变动时对于债券价格变化多少个百分点的近似值。基点价值＝债券（组合）价值×修正久期×0.01%。

60. 如果10年期国债收益率上升得比5年期国债收益率快，那么国债收益率曲线会（　　）；反之，国债收益率曲线会（　　）。

A. 变陡；变陡　　B. 变平；变平

C. 变平；变陡　　D. 变陡；变平

【参考答案】D

【答案解析】看一下收益率曲线就一目了然。

61. 2015年5月7日的3×6远期利率指的是（　　）的利率。

A. 2015年7月7日至2015年9月7日

B. 2015年7月7日至2015年10月7日

C. 2015年8月7日至2015年11月7日

D. 2015年8月7日至2015年9月7日

【参考答案】C

【答案解析】远期利率协议用M×N表示，M表示协议开始的时间，N表示协议结束的时间。

62. 某投资者买入100手中金所10年期国债期货合约，若当天合约结算价为94.820元，收盘结算后他的保证金账户资金有350万元（客户权益）。次日该合约价格上涨，结算价为95.550元。若要求该投资者的保证金比例是3%，那么为维持该持仓，该投资者（　　）保证金。

A. 应该追缴30万元　　B. 应该追缴9000元

C. 无须追缴　　D. 应该追缴3万元

【参考答案】C

【答案解析】该投资者持有国债多仓，价格上涨对其有利，无须追加保证金。

63. 某可交割国债的票面利率为3%，上次付息时间为上年12月1日，当前应计利息为1.5元，对应当年6月到期的期货合约，其转换因子为（　　）。

A. 0.985　　B. 1

C. 1.015　　D. 1.03

【参考答案】B

【答案解析】可交割国债票面利率等于国债期货合约标的票面利率，转换因子等于1。

64. 根据持有成本模型，以下关于国债期货理论价格的说法，正确的是(　　)。

A. 资金成本越低，国债期货价格越高

B. 持有收益越低，国债期货价格越高

C. 持有收益对国债期货理论价格没有影响

D. 国债期货远月合约的理论价格通常高于近月合约

【参考答案】B

【答案解析】期货理论价格＝现货价格＋持有成本＝现货价格＋资金占用成本－利息收入。

65. 投资者做空中金所 5 年期国债期货 20 手，开仓价格为 97.705；若期货结算价格下跌至 97.640，其持仓盈亏为（　　）元（不计交易成本）。

A. 1300　　B. 13000

C. －1300　　D. －13000

【参考答案】B

【答案解析】(97.705－97.640) ×20×10000＝13000（元）。

66. 预期未来市场利率下降，投资者适宜（　　）国债期货，待期货价格（　　）后平仓获利。

A. 买入；上涨　　B. 卖出；下跌

C. 买入；下跌　　D. 卖出；上涨

【参考答案】A

【答案解析】利率下降，国债期货价格上涨。

67. 中金所 5 年期国债期货价格为 96.110 元，其可交割国债净价为 101.2800 元，转换因子 1.0500。其基差为（　　）。

A. 0.3645　　B. 5.1700

C. 10.1500　　D. 0.3471

【参考答案】A

【答案解析】国债基差＝现货价格－期货价格×转换因子。

68. 国债净基差的计算公式是（　　）。

A. 国债基差－应计利息　　B. 国债基差－买券利息

C. 国债基差－资金占用成本　　D. 国债基差－持有收益

【参考答案】D

【答案解析】国债净基差就是扣除持有收益后的基差。

69. 当预期到期收益率曲线变陡峭时，适宜采取的国债期货跨品种套利策略是（　　）。

A. 做多 10 年期国债期货合约，同时做多 5 年期国债期货合约

B. 做空 10 年期国债期货合约，同时做空 5 年期国债期货合约

C. 做多 10 年期国债期货合约，同时做空 5 年期国债期货合约

D. 做空 10 年期国债期货合约，同时做多 5 年期国债期货合约

【参考答案】D

【答案解析】收益率曲线变陡峭，说明短期国债价格涨幅大于长期国债价格。

70. 某套利投资者以 99 元卖出 10 手远月国债期货合约，同时以 97 元买入 10 手近月国债期货合约，当合约价差为（　　）元时，该投资者将获利（不计交易成本）。

A. 1　　B. 3

C. 2　　D. 2.5

【参考答案】A

【答案解析】99 − 97 = 2（元），小于 2 元时该投资者将获利（不计交易成本）。

71. 投资者持有市场价值为 2.5 亿的国债组合，修正久期为 5。中金所国债期货合约价格为 98.500，对应的最便宜可交割国债的修正久期为 5.6，对应的转换因子为 1.030。投资者对其国债组合进行套期保值，应该卖出约（　　）手国债期货合约。

A. 233　　B. 227

C. 293　　D. 223

【参考答案】A

【答案解析】对冲所需国债期货合约数量 $=\frac{\text{债券组合市值}\times\text{债券组合的修正久期}}{\text{期货合约市值}\times\text{期货合约的修正久期}}$

$=\frac{\text{债券组合市值}\times\text{债券组合的修正久期}}{\text{CTD 价格}\times\text{期货合约面值}\div 100\div\text{CTD 转换因子}\times\text{CTD 修正久期}}=\frac{250000000\times 5}{98.5\times 10000\div 1.030\times 5.6}$

$=233.4$（手）。

72. 若债券组合市场价值为 1200 万元，修正久期 8.5；CTD 债券价格 99.5，修正久期 5.5，转换因子 1.07。利用修正久期法计算投资组合套期保值所需国债期货合约数量约为（　　）手。

A. 12　　B. 11

C. 19　　D. 20

【参考答案】D

【答案解析】对冲所需国债期货合约数量 $=\frac{\text{债券组合市值}\times\text{债券组合的修正久期}}{\text{期货合约市值}\times\text{期货合约的修正久期}}$

$=\frac{\text{债券组合市值}\times\text{债券组合的修正久期}}{\text{CTD 价格}\times\text{期货合约面值}\div 100\div\text{CTD 转换因子}\times\text{CTD 修正久期}}=\frac{12000000\times 8.5}{99.5\times 10000\div 1.07\times 5.5}$

$=19.94\approx 20$（手）。

二、多项选择题（在以下各小题所给出的四个选项中，至少有两个选项符合题目要求，请将正确选项的代码填入括号中）

1. 常见的利率类衍生品主要有（　　）。

A. 利率远期　　B. 利率期货

C. 利率期权　　D. 利率互换

【参考答案】ABCD

【答案解析】常见的利率类衍生品主要有利率远期、利率期货、利率期权、利率互换四大类。

2. 以（ ）等利率类金融工具或资产为期货合约交易标的的期货品种称为利率期货。

A. 短期利率（货币资金） B. 存单

C. 债券 D. 利率互换

【参考答案】ABCD

【答案解析】以短期利率（货币资金）、存单、债券、利率互换等利率类金融工具或资产为期货合约交易标的的期货品种称为利率期货。

3. 可以造成市场利率上升的因素包括（ ）。

A. 扩张性财政政策 B. 紧缩性财政政策

C. 扩张性货币政策 D. 紧缩性货币政策

【参考答案】AD

【答案解析】扩张性的财政政策，造成对资金需求的增加；紧缩性的货币政策下，取得信贷资金较为困难。

4. 在国际市场，基于短期利率的代表性利率期货品种有（ ）。

A. 3 个月银行间欧元拆借利率期货

B. 3 个月英镑利率期货

C. 3 个月欧洲美元期货

D. 各国国债期货

【参考答案】AB

【答案解析】在国际市场，基于短期利率的代表性利率期货品种有 3 个月银行间欧元拆借利率期货、3 个月英镑利率期货。

5. 以下属于利率类衍生品的有（ ）。

A. 利率远期 B. 国债期货

C. 利率期权 D. 货币互换

【参考答案】ABC

【答案解析】国债期货属于利率期货中的一种。

6. 关于欧洲美元的说法以下正确的有（ ）。

A. 是指美国境外金融机构（包括美国金融机构设在境外的分支机构）的美元存款和贷款

B. 是离岸美元

C. 最早于 20 世纪 50 年代初出现在欧洲市场

D. 受美国政府监管，须提供存款准备，但不受资本流动限制

【参考答案】ABC

【答案解析】欧洲美元，是指美国境外金融机构（包括美国金融机构设在境

外的分支机构）的美元存款和贷款，是离岸美元。这种离岸美元存贷业务最早于20世纪50年代初出现在欧洲市场，因此称为欧洲美元。欧洲美元与美国境内美元是同一货币，但欧洲美元不受美国政府监管，无须提供存款准备，不受资本流动限制。

7. 以下利率期货合约，采取指数式报价方法的有（　　）。

A. CME 3个月期欧洲美元　　B. 中国金融期货交易所5年期国债

C. CBOT 5年期国债　　D. CBOT 10年期国债

【参考答案】BCD

【答案解析】中长期国债期货不采用短期利率期货中的指数报价法，而是采用价格报价法。

8. 关于欧洲银行间欧元拆借利率的说法，以下正确的有（　　）。

A. 指在欧元区资信较高的银行间欧元资金的拆借利率

B. 自1999年12月开始使用

C. 最长的Euribor期限为1年

D. 是欧洲市场欧元短期利率的风向标

【参考答案】ACD

【答案解析】欧洲银行间欧元拆借利率，是指在欧元区资信较高的银行间欧元资金的拆借利率，自1999年1月开始使用。Euribor有隔夜、1周、2周、3周、1~12个月等各种不同期限的利率，最长的Euribor期限为1年。Euribor是欧洲市场欧元短期利率的风向标，其发布时间为欧洲中部时间的上午11时，以365日为1年计息。

9. 各国国债一般分为（　　）。

A. 短期国债　　B. 中期国债

C. 长期国债　　D. 无限期国债

【参考答案】ABC

【答案解析】各国国债一般分为短期国债、中期国债、长期国债三类。

10. 在国际市场，基于债券的利率期货代表性品种有（　　）。

A. 美国国债期货　　B. 德国国债期货

C. 英国国债期货　　D. 3个月欧洲美元期货

【参考答案】ABC

【答案解析】在国际市场，基于债券的利率期货品种主要为各国国债期货，其代表性品种有美国国债期货、德国国债期货、英国国债期货。

11. 下列属于短期利率期货的有（　　）。

A. 短期国库券期货　　B. 欧洲美元定期存款单期货

C. 商业票据期货　　D. 定期存单期货

【参考答案】ABCD

【答案解析】短期利率期货是指期货合约标的物的期限不超过1年的各种利率期货，主要有商业票据期货、短期国库券期货、欧洲美元定期存款期货、港元利率期货和定期存单期货5种。

12.（　）通常是附有息票的附息国债。

A. 短期国债　　B. 中期国债

C. 长期国债　　D. 无限期国债

【参考答案】BC

【答案解析】中期国债和长期国债通常是附有息票的附息国债。

13. 附息国债的付息方式是在债券期满之前，可以按照票面利率（　）付息一次，最后一笔利息在期满之日与本金一起偿付。

A. 每个月　　B. 每季度

C. 每半年　　D. 每年

【参考答案】BCD

【答案解析】附息国债的付息方式是在债券期满之前，按照票面利率每半年（或每年、每季度）付息一次，最后一笔利息在期满之日与本金一起偿付。

14. 国际市场较有代表性的期货品种有2年期、3年期、5年期、10年期的（　）。

A. 美国中期国债期货　　B. 美国长期国债期货

C. 德国国债期货　　D. 英国国债（Gilts）期货

【参考答案】ABCD

【答案解析】国际市场较有代表性的期货品种有2年期、3年期、5年期、10年期的美国中期国债（T－Notes）期货、美国长期国债（T－Bonds）期货、德国国债（2年国债Euro－Schatz、5年国债Euro－Bobl、10年国债Euro－Bund）期货、英国国债（Gilts）期货等。

15. 下列属于短期利率期货品种的有（　）。

A. 欧洲美元　　B. Eurlbor

C. T－notes　　D. T－bonds

【参考答案】AB

【答案解析】C、D选项属于中长期利率期货品种。

16. 短期利率期货的报价比较典型的是（　）的报价。

A. 3个月欧洲美元期货　　B. 3个月银行间欧元拆借利率期货

C. 6个月欧洲美元期货　　D. 6个月银行间欧元拆借利率期货

【参考答案】AB

【答案解析】国际市场较有代表性的短期利率期货合约品种有：3 个月欧洲美元期货、3 个月银行间欧元拆借利率期货和 3 个月英镑利率期货。

17. 对于最便宜可交割债券来说，由于期货合约的卖方拥有可交割国债的选择权，卖方一般会选择（　　）的可交割国债进行交割。

A. 最便宜　　B. 期限相对最短

C. 对己方最有利　　D. 交割成本最低

【参考答案】ACD

【答案解析】由于期货合约的卖方拥有可交割国债的选择权，卖方一般会选择最便宜、对己方最有利、交割成本最低的可交割国债进行交割，该债券就是最便宜可交割债券。

18. “国债期货交割结算价 × 转换因子 + 应计利息”，计算出来数值是表示（　　）。

A. 转换后该国债的价格（净价）

B. 国债期货交割时卖方出让可交割国债时应得到的实际现金价格（全价）

C. 可交割国债的出让价格

D. 发票价格

【参考答案】BCD

【答案解析】用可交割国债的转换因子乘以期货交割结算价可得到转换后该国债的价格（净价），用国债净价加上持有国债期间的应计利息收入即可得到国债期货交割时卖方出让可交割国债时应得到的实际现金价格（全价），该价格为可交割国债的出让价格，也称发票价格。其计算公式如下：发票价格 = 国债期货交割结算价 × 转换因子 + 应计利息。

19. 关于跨期套利，以下说法正确的有（　　）。

A. 在国债期货交易中，当国债期货不同交割月份合约间价差过大或过小时，就存在潜在的套利机会

B. 根据价差买卖方向不同，国债期货跨期套利分为国债期货买入套利和国债期货卖出套利两种

C. 买入价差套利，适用于国债期货合约间价差低估的情形

D. 卖出价差套利，适用于国债期货合约间价差高估的情形

【参考答案】ABCD

【答案解析】在国债期货交易中，当国债期货不同交割月份合约间价差过大或过小时，就存在潜在的套利机会。

根据价差买卖方向不同，国债期货跨期套利分为国债期货买入套利和国债期

货卖出套利两种。

买入价差套利，适用于国债期货合约间价差低估的情形，买入高价合约的同时卖出低价合约，待价差恢复后，同时平仓获利；卖出价差套利，适用于国债期货合约间价差高估的情形，卖出高价合约的同时买入低价合约，待价差恢复后，同时平仓获利。

20. 确定合适的套期保值合约数量是达到最佳套期保值效果的关键。常见的确定套保合约数量的方法有（　　）。

A. 面值法　　B. 修正久期法

C. 基点价值法　　D. 隐含回购利率法

【参考答案】ABC

【答案解析】隐含回购利率法是用于寻找 CTD 券的。常见的确定套保合约数量的方法有面值法、修正久期法和基点价值法。

21. 以下关于转换因子的说法，正确的有（　　）。

A. 是指各种可交割国债与期货合约标的名义标准国债之间的转换比例

B. 实质上是面值 1 元的可交割国债在其剩余期限内的所有现金流按国债期货合约标的票面利率折现的现值

C. 在合约上市时由交易所公布

D. 其数值在合约存续期间不变

【参考答案】ABCD

【答案解析】因票面利率与剩余期限不同，必须确定各种可交割国债与期货合约标的名义标准国债之间的转换比例，这个比例就是转换因子。转换因子实质上是面值 1 元的可交割国债在其剩余期限内的所有现金流按国债期货合约标的票面利率折现的现值。转换因子在合约上市时由交易所公布，其数值在合约存续期间不变。

22. 利率期货价格波动的影响因素包括（　　）。

A. 政策因素　　B. 经济因素

C. 全球主要经济体利率水平　　D. 其他因素

【参考答案】ABCD

【答案解析】以上选项都是影响利率期货价格波动的因素。

23. 中国金融期货交易所 5 年期国债期货的交易代码错误的有（　　）。

A. IF　　B. IE

C. TF　　D. TE

【参考答案】ABD

【答案解析】中国金融期货交易所 5 年期国债期货的交易代码为 TF。

24. 以下说法正确的有（　　）。

A. 我国 5 年期国债期货合约标的为面值为 100 万元人民币、票面利率为 3% 的名义中期国债

B. 我国 5 年期可交割国债为合约到期日首日剩余期限为 4 ~ 5.25 年的记账式付息国债

C. 我国 10 年期国债期货合约标的为面值为 100 万元人民币、票面利率为 3% 的名义长期国债

D. 我国 10 年期可交割国债为合约到期日首日剩余期限为 6.5 ~ 10.25 年的记账式付息国债

【参考答案】ABCD

【答案解析】我国 5 年期国债期货合约标的为面值为 100 万元人民币、票面利率为 3% 的名义中期国债，可交割国债为合约到期日首日剩余期限为 4 ~ 5.25 年的记账式付息国债。

我国 10 年期国债期货合约标的为面值为 100 万元人民币、票面利率为 3% 的名义长期国债，可交割国债为合约到期日首日剩余期限为 6.5 ~ 10.25 年的记账式付息国债。

25. 在分析影响市场利率和利率期货价格时，要特别关注宏观经济数据及其变化，包括（　　）。

A. 国内生产总值　　B. 消费者物价指数

C. 零售业销售额　　D. 失业率

【参考答案】ABCD

【答案解析】除选项所列外还有工业生产指数、生产者物价指数、耐用品订单及其他经济指标等。

26. 关于跨品种套利，以下说法正确的有（　　）。

A. 在国债期货交易中，当国债期货不同交割月份合约间价差过大或过小时，就存在潜在套利机会

B. 一般情况下，期限长的债券对利率变动的敏感程度要大于期限短的债券对利率变动的敏感程度

C. 当市场利率上升或下降时，长期债券价格的跌幅或涨幅要大于短期债券价格的跌幅或涨幅

D. 投资者可以根据对市场利率变动趋势的预测，选择期限不同的国债期货合约进行跨品种套利

【参考答案】BCD

【答案解析】国债期货跨品种套利交易策略主要是利用不同期限债券对市场

利率变动的不同敏感程度而制定的。一般情况下，期限长的债券对利率变动的敏感程度要大于期限短的债券对利率变动的敏感程度。也就是说，当市场利率上升或下降时，长期债券价格的跌幅或涨幅要大于短期债券价格的跌幅或涨幅。因而，投资者可以根据对市场利率变动趋势的预测，选择期限不同的国债期货合约进行跨品种套利。

27. 以下说法正确的有（　　）。

A. 当投资者预期收益率曲线将更为陡峭，则可以买入短期国债期货，卖出长期国债期货，实现“卖出收益率曲线”套利

B. 当投资者预期收益率曲线将更为陡峭，则可以买入短期国债期货，卖出长期国债期货，实现“买入收益率曲线”套利

C. 当投资者预期收益率曲线将变得平坦时，则可以卖出短期国债期货，买入长期国债期货，实现“买入收益率曲线”套利

D. 当投资者预期收益率曲线将变得平坦时，则可以卖出短期国债期货，买入长期国债期货，实现“卖出收益率曲线”套利

【参考答案】BD

【答案解析】当投资者预期收益率曲线将更为陡峭，则可以买入短期国债期货，卖出长期国债期货，实现“买入收益率曲线”套利；相反，当投资者预期收益率曲线将变得平坦时，则可以卖出短期国债期货，买入长期国债期货，实现“卖出收益率曲线”套利。

28. 国债买入套期保值适用的情形主要有（　　）。

A. 计划买入债券，担心利率下降，导致债券价格上升

B. 按固定利率计息的借款人，担心利率下降，导致资金成本相对增加

C. 持有债券，担心利率上升，其债券价格下跌或者收益率相对下降

D. 资金的贷方，担心利率下降，导致贷款利率和收益下降

【参考答案】ABD

【答案解析】国债期货买入套期保值是通过期货市场开仓买入国债期货合约，以期在现货和期货两个市场建立盈亏冲抵机制，规避市场利率下降的风险。

其适用的情形主要有：（1）计划买入债券，担心利率下降，导致债券价格上升。（2）按固定利率计息的借款人，担心利率下降，导致资金成本相对增加。（3）资金的贷方，担心利率下降，导致贷款利率和收益下降。

29. 下列关于国债期货基差交易的说法正确的有（　　）。

A. 基差交易一定可以盈利

B. 基差交易需要同时对期货现货进行操作

C. 基差交易可以看作是对基差的投机交易

D. 基差交易的损益曲线类似于期权

【参考答案】BCD

【答案解析】国债基差是指国债现货价格和可交割国债对应期货价格之差，用公式表示如下：

国债基差 = 国债现货价格 - 国债期货价格 × 转换因子。

基差交易者时刻关注期货市场和现货市场间的价差变化，积极寻找和捕捉做多基差和做空基差的套利机会。

30. 用作利率期货合约标的物的利率类金融工具通常有（　　）等。

A. 定期存单　　B. 同业拆借资金

C. 短期国债　　D. 中长期国债

【参考答案】ABCD

【答案解析】这些标的物都属于有价证券。

31. 关于国债期货理论价格，以下表述正确的有（　）。

A. 国债期货理论价格可以运用实际成本率模型计算

B. 国债期货理论价格可以运用持有成本模型计算

C. 期货理论价格 = 现货价格 + 持有成本 = 现货价格 + 资金占用成本 - 利息收入

D. 期货理论价格 = 现货价格 + 持有成本 = 现货价格 + 资金占用成本 + 利息收入

【参考答案】BC

【答案解析】通常，国债期货理论价格可以运用持有成本模型计算，即：

期货理论价格 = 现货价格 + 持有成本 = 现货价格 + 资金占用成本 - 利息收入。

32. 国债期货卖出套期保值适用的情形主要有（　）。

A. 资金的贷方，担心利率下降，导致贷款利率和收益下降

B. 持有债券，担心利率上升，其债券价格下跌或者收益率相对下降

C. 利用债券融资的筹资人，担心利率上升，导致融资成本上升

D. 资金的借方，担心利率上升，导致借入成本增加

【参考答案】BCD

【答案解析】国债期货卖出套期保值是通过期货市场开仓卖出利率期货合约，以期在现货和期货两个市场建立盈亏冲抵机制，规避市场利率上升的风险。其适用的情形主要有：（1）持有债券，担心利率上升，其债券价格下跌或者收益率相对下降。（2）利用债券融资的筹资人，担心利率上升，导致融资成本上升。（3）资金的借方，担心利率上升，导致借入成本增加。

33. 套期保值（对冲）合约数量的确定方法有（ ）。

A. 面值法　　B. 实际成本法

C. 修正久期法　　D. 基点价值法

【参考答案】ACD

【答案解析】在国债期货套期保值方案设计中，确定合适的套期保值合约数量，即确定对冲的标的物数量是有效对冲现货债券或债券组合利率风险，达到最佳套期保值效果的关键。常见的确定合约数量的方法有面值法、修正久期法和基点价值法。

34. 关于债券的久期与到期时间、票面利率、付息频率、到期收益率，以下关系正确的有（ ）。

A. 零息债券的久期等于到它到期的时间

B. 债券的久期与到期时间呈正相关关系

C. 债券的付息频率与久期呈负相关关系

D. 债券的久期与票面利率呈负相关关系

【参考答案】ABCD

【答案解析】债券的久期与到期时间、票面利率、付息频率、到期收益率存在如下关系：

（1）零息债券的久期等于到它到期的时间。

（2）债券的久期与票面利率呈负相关关系。

（3）债券的久期与到期时间呈正相关关系。

（4）债券的付息频率与久期呈负相关关系。

（5）债券的到期收益率与久期呈负相关关系。

35. 如果购买国债后，在交割日之前没有利息支付，以下对于可交割国债的隐含回购利率计算的公式，错误的有（ ）。

A. 隐含回购利率 = [（期货报价 × 转换因子 - 交割日应计利息）- 国债购买价格］/国债购买价格

B. 隐含回购利率 = [（期货报价 × 转换因子 + 交割日应计利息）+ 国债购买价格］/国债购买价格

C. 隐含回购利率 = [（期货报价 × 转换因子 + 交割日应计利息）- 国债购买价格］/国债购买价格

D. 隐含回购利率 = [（期货报价/转换因子 + 交割日应计利息）- 国债购买价格]/国债购买价格

【参考答案】ABD

【答案解析】如果购买国债后，在交割日之前没有利息支付，可交割国债的隐含回购利率（IRR）计算公式为：

隐含回购利率＝［（期货报价×转换因子＋交割日应计利息）－国债购买价格］/国债购买价格。

36. 下列关于利率期货交割方式的说法，正确的有（　　）。

A. CME 的 3 个月期国债期货合约目前采用现金交割方式

B. CME 的 3 个月欧洲美元期货合约要进行实物交割实际是不可能的

C. 所有到期而未平仓的 CME 的 3 个月欧洲美元期货合约都按照最后结算交割指数平仓

D. CBOT 的 10 年期国债期货合约目前采用现金交割方式

【参考答案】ABC

【答案解析】CBOT 的中长期国债期货采用实物交割方式。

37. 以下关于隐含回购利率，说法正确的有（　　）。

A. 是指买入国债现货并用于期货交割所得到的利率收益率

B. 隐含回购利率越高的国债价格越便宜，用于期货交割对合约空头越有利

C. 隐含回购利率越高的国债价格越便宜，用于期货交割对合约多头越有利

D. 隐含回购利率最高的国债就是最便宜可交割国债

【参考答案】ABD

【答案解析】隐含回购利率是指买入国债现货并用于期货交割所得到的利率收益率。显然，隐含回购利率越高的国债价格越便宜，用于期货交割对合约空头越有利。隐含回购利率最高的国债就是最便宜可交割国债。

38. 影响市场利率的主要因素有（　　）。

A. 政策因素

B. 经济因素

C. 全球主要经济体利率水平

D. 人们对经济形势的预期、消费者收入水平、消费者信贷等

【参考答案】ABCD

【答案解析】以上全包括。

39. 银行间市场交易不是最活跃的利率衍生产品是（　　）。

A. 国债　　B. 利率互换

C. 债券远期　　D. 远期利率协议

【参考答案】ACD

【答案解析】利率互换是银行间市场交易最活跃的利率衍生产品。

40. 债券的修正久期与到期时间、票面利率、付息频率、到期收益率，以下关系表述正确的有（　　）。

A. 票面利率相同，剩余期限相同，付息频率相同，到期收益率不同的债券，到期收益率较低的债券，修正久期较大

B. 剩余期限相同，付息频率相同，到期收益率相同，票面利率不同的债券，票面利率较低的债券，修正久期较大

C. 票面利率、到期收益率、剩余期限均相同，付息频率不同的债券，具有较低付息频率债券的修正久期较小

D. 票面利率相同，付息频率相同，到期收益率相同，剩余期限不同的债券，到期期限较长的债券，修正久期较大

【参考答案】ABCD

【答案解析】债券的修正久期与到期时间、票面利率、付息频率、到期收益率存在上述的关系。

41. 大部分国家国债期货的报价通常采用价格报价法，中金所的国债期货就以此种方式报价，比如“95.445”的报价意味着（　　）。

A. 面值为100元的国债期货价格为95.445元

B. 为不含持有期利息的交易价格

C. 为含持有期利息的交易价格

D. 与短期利率期货合约的报价方式相同

【参考答案】AB

【答案解析】短期利率期货的报价采用指数式报价。

42. 一国的（　　）对市场利率变动的影响最为直接。

A. 财政政策　　B. 货币政策

C. 汇率政策　　D. 经济增长速度

【参考答案】ABC

【答案解析】一国的政策因素对市场利率变动的影响最为直接。

43. 以下说法正确的有（　　）。

A. 扩张性的货币政策将使市场利率下降

B. 扩张性的货币政策将使市场利率上升

C. 紧缩性的货币政策将使市场利率上升

D. 紧缩性的货币政策将使市场利率下降

【参考答案】AC

【答案解析】扩张性的货币政策是通过提高货币供应增长速度来刺激总需求，在这种政策下，取得信贷资金更为容易，市场利率将下降；紧缩性的货币政策是通过削减货币供应增长速度来降低总需求，在这种政策下，取得信贷资金较为困难，市场利率将上升。

44. 以下说法正确的有（　　）。

A. 当本币汇率下降时，将导致实际市场利率水平下降

B. 当本币汇率下降时，将导致实际市场利率水平上升

C. 当本国货币贬值时，将推动本币利率下降

D. 当本国货币贬值时，将推动本币利率上升

【参考答案】AD

【答案解析】当本币汇率下降时，有利于促进出口、限制进口，进口商品成本上升，引起国内物价水平上升，导致实际市场利率水平下降。如果本币汇率上升，对利率的影响正好与上述情况相反。其次，一国货币贬值，受心理因素的影响，往往使人们产生该国货币汇率进一步下降的预期，从而引起短期资本外逃，国内资金供应减少将推动本币利率上升；与此相反，一国货币升值，短期内将导致市场利率下降。

45. 假设其他条件不变，以下说法正确的有（　　）。

A. 本国外汇储备增加，导致利率水平下降

B. 本国外汇储备增加，导致利率水平上升

C. 本国外汇储备减少，导致利率水平下降

D. 本国外汇储备减少，导致利率水平上升

【参考答案】AD

【答案解析】如果一国货币汇率下降能改善该国贸易条件，促使该国外汇储备增加，假设其他条件不变，将增加国内资金供应，导致利率水平下降；相反，如果一国货币汇率上升，促使该国外汇储备减少，将减少国内资金供应，导致利率水平上升。

46. 以下说法正确的有（　　）。

A. 经济周期影响市场利率水平

B. 市场利率的变动通常与通货膨胀率的变动方向一致

C. 经济增长速度缓慢，则市场利率水平下降

D. 全球主要经济体的利率水平会直接或间接地影响一个国家的利率政策和利率水平

【参考答案】ABCD

【答案解析】通货膨胀率的高低不仅影响市场利率的变化，而且影响人们对市场利率走势的预期。市场利率的变动通常与通货膨胀率的变动方向一致。通货膨胀率上升，市场利率也上升；通货膨胀率下降，市场利率也下降。经济增长速度较快，社会资金需求旺盛，则市场利率水平上升；经济增长速度缓慢，社会资金需求相对减少，则市场利率水平下降。

47. 对中金所 2 年期、5 年期和 10 年期国债期货，以下说法正确的是（　　）。

A. 涨跌停板限制均为上一交易日结算价的 2%

B. 最小变动价位都是 0.005 元

C. 合约月份均为最近的 3 个季月（3 月、6 月、9 月、12 月中的最近 3 个月循环）

D. 最后交易日均为合约到期月份的第二个星期五

【参考答案】BCD

【答案解析】中金所不同年期限期国债期货涨跌停板限制不同。

48. 对中金所国债期货合约，以下说法正确的是（　　）。

A. 涨跌停板限制均为上一交易日结算价的 2%

B. 2 年期国债期货涨跌停板限制均为上一交易日结算价的 0.5%

C. 5 年期国债期货涨跌停板限制均为上一交易日结算价的 1.2%

D. 10 年期国债期货涨跌停板限制均为上一交易日结算价的 2%

【参考答案】BCD

【答案解析】中金所不同年期限期国债期货涨跌停板限制不同。波动幅度越大的期货合约，其涨跌停板幅度越大。

49. 根据中金所 5 年期国债期货产品设计，下列说法正确的是（　　）。

A. 票面利率为 3% 的可交割国债，其转换因子等于 1

B. 交割月首日剩余期限为 5 年的国债，转换因子等于 1

C. 交割月首日新发行的 5 年期国债，转换因子等于 1

D. 同一国债在不同合约上的转换因子不同

【参考答案】AD

【答案解析】因票面利率与剩余期限不同，必须确定各种可交割国债与期货合约标的名义标准国债之间的转换比例，这个比例就是转换因子 CF。

50. 关于国债期货，以下说法正确的是（　　）。

A. 同等条件下，可交割国债的票面利率越高，所对应的转换因子越大

B. 同一个可交割国债对应的近月合约的转换因子比对应的远月合约的转换因子小

C. 一般情况下，隐含回购利率最大的国债最可能是最便宜可交割券

D. 同一个可交割国债对应的远月合约的转换因子比对应的近月合约的转换因子小

【参考答案】ABC

【答案解析】转换因子的特征：（1）每种国债和每个交割月份下的转换因子都是唯一的。（2）转换因子在交割周期里是保持不变的。（3）国债的息票率与

转换因子呈正相关关系。息票率越高，转换因子越高；息票率越低，转换因子越低。(4) 可交割债券的息票率大于收益率时，转换因子大于1，并且转换因子与到期期限呈正相关关系；而可交割债券的息票率小于收益率时，转换因子小于1，并且转换因子与到期期限呈负相关关系。(5) 可交割债券的息票率大于收益率时，近月合约对应的转换因子高于远月合约对应的转换因子；反之，近月合约对应的转换因子低于远月合约对应的转换因子。(6) 转换因子随着收益率的变大呈先升后降的走势。并且，当收益率小于息票率时，到期期限越长的可交割债券转换因子高于期限短的可交割债券转换因子；反之，到期期限越长的可交割债券转换因子低于期限短的可交割债券转换因子；当收益率等于息票率时，各个不同到期期限的转换因子相等。

51. 下列可以用于寻找最便宜可交割券（CTD）的方法是（　　）。

A. 计算隐含回购利率　　B. 计算净基差

C. 计算基差　　D. 计算远期价格

【参考答案】ABC

【答案解析】主要就是这三种方法。

52. 国债期货理论定价时，需要考虑的因素有（　　）。

A. 现货净价　　B. 转换因子

C. 持有收益　　D. 久期

【参考答案】ABC

【答案解析】期货理论价格 = 现货价格 + 持有成本 = 现货价格 + 资金占用成本 - 利息收入。

53. 影响国债期货价格的因素有（　　）。

A. 通货膨胀　　B. 经济增速

C. 央行的货币政策　　D. 资金面的松紧程度

【参考答案】ABCD

【答案解析】以上因素均影响利率水平。

54. 以下对国债期货行情走势利好的有（　　）。

A. 最新公布的数据显示，上个月的 CPI 同比增长 2.2%，低于市场预期

B. 上个月官方制造业 PMI 为 52.3，高于市场预期

C. 周二央行在公开市场上投放了 2000 亿元资金，向市场注入了较大的流动性

D. 上个月规模以上工业增加值同比增长 10.9%，环比和同比均出现回落

【参考答案】BC

【答案解析】期货行情包括低于市场预期，如果数据低于市场预期，则期货

价格将回落。

55. 投资者参与国债期货交易通常需要考虑的因素有（　　）。

A. 经济增速　　B. 财政政策

C. 市场利率　　D. 货币政策

【参考答案】ABCD

【答案解析】以上因素均对利率水平有影响。

56. 投资者认为某可交割国债的基差未来会变大，他决定采取基差套利策略，以下说法正确的是（　　）。

A. 投资者应卖出该可交割国债的现券，买入国债期货

B. 投资者应买入该可交割国债的现券，卖出国债期货

C. 如果未来基差变大，投资者可以获得基差变大的收益

D. 投资者可以获得现券的利息收益

【参考答案】BCD

【答案解析】做多国债基差，即投资者认为基差会上涨，国债现货价格的上涨（下跌）幅度会高于（低于）期货价格乘以转换因子上涨（下跌）的幅度，则买入国债现货，卖出国债期货，待基差上涨后分别平仓获利；做空国债基差，即投资者认为基差会下跌，国债现货价格的上涨（下跌）幅度会低于（高于）期货价格乘以转换因子上涨（下跌）的幅度，则卖出国债现货，买入国债期货，待基差下跌后分别获利。

57. 下列关于国债期货基差交易的说法，正确的是（　　）。

A. 基差交易一定可以盈利

B. 基差交易需要同时对期货现货进行操作

C. 基差交易可以看作是对基差的投机交易

D. 基差交易的损益曲线类似于期权的损益曲线

【参考答案】BCD

【答案解析】国债基差交易的损益曲线类似于期权的损益曲线。

58. 商品基差套利交易与国债基差套利交易的区别在于（　　）。

A. 期现的头寸方向不同　　B. 期现数量比例不同

C. 损益曲线不同　　D. 现货的品种不同

【参考答案】BD

【答案解析】商品基差 = 商品现货价格 - 商品期货价格；国债基差 = 国债现货价格 - 国债期货价格 × 转换因子。

59. 国债期货的基差交易的操作可以是（　　）。

A. 做多可交割券，做空国债期货

B. 做多当季国债期货，做空下一季国债期货

C. 做空可交割券，做多国债期货

D. 做空当季国债期货，做多下一季国债期货

【参考答案】AC

【答案解析】基差交易是现货与期货价格之间的套利行为。

60. 根据持有成本模型，国债期货定价的影响因素有（　　）。

A. 债券现货价格　　B. 转换因子

C. 合约面值　　D. 回购利率

【参考答案】ABD

【答案解析】期货理论价格 =（可交割券全价 + 资金占用成本 - 利息收入）/转换因子，资金占用成本的计算要用到回购利率。

61. 投资者预期国债期货价格将下跌，采用国债期货空头策略。支持其交易策略的原因可能是（　　）。

A. GDP 增速低于预期　　B. 通货膨胀率高于预期

C. 银行间拆借利率上升　　D. PMI 数据低于预期

【参考答案】ABCD

【答案解析】以上选项都属于利空因素。

三、判断题（请判断以下各小题的正误，正确的填写 A，错误的填写 B）

1. 3 个月欧洲美元期货成交价格越高，意味着买方获得的存单的存款利率越低。（　　）

【参考答案】A

【答案解析】3 个月欧洲美元期货成交价格越高，意味着买方获得的存单的存款利率越低；3 个月欧洲美元期货成交价格越低，意味着买方获得的存单的存款利率越高。

2. 3 个月欧洲美元期货和 3 个月银行间欧元拆借利率期货的报价均采用指数式报价，用 100 减去不带百分号的年利率报价。（　　）

【参考答案】A

【答案解析】短期利率期货的报价比较典型的是 3 个月欧洲美元期货和 3 个月银行间欧元拆借利率期货的报价。两者均采用指数式报价，用 100 减去不带百分号的年利率报价。

3. 我国推出的国债期货品种有 5 年期和 15 年期国债期货。（　　）

【参考答案】B

【答案解析】我国推出的国债期货品种有 5 年期和 10 年期国债期货。

4. 大部分国家国债期货的报价通常采用价格报价法，按照百元面值国债的净价报价（含持有期利息），价格采用小数点后十进位制。（ ）

【参考答案】B

【答案解析】大部分国家国债期货的报价通常采用价格报价法，按照百元面值国债的净价报价（不含持有期利息），价格采用小数点后十进位制。

5. 从报价方式可以看出，短期利率期货价格通常和市场利率呈正向变动。（ ）

【参考答案】B

【答案解析】从报价方式可以看出，短期利率期货价格通常和市场利率呈反向变动。

6. 一国政府一般通过本币汇率的升降来控制进出口及资本流动以达到国际收支平衡目的。（ ）

【参考答案】A

【答案解析】一国政府一般通过本币汇率的升降来控制进出口及资本流动以达到国际收支平衡目的。

7. 如果一国货币汇率下降能改善该国贸易条件，促使该国外汇储备增加，假设其他条件不变，将增加国内资金供应，导致利率水平上升。（ ）

【参考答案】B

【答案解析】如果一国货币汇率下降能改善该国贸易条件，促使该国外汇储备增加，假设其他条件不变，将增加国内资金供应，导致利率水平下降。

8. 市场利率的变动通常与通货膨胀率的变动方向相反。（ ）

【参考答案】B

【答案解析】市场利率的变动通常与通货膨胀率的变动方向一致。通货膨胀率上升，市场利率也上升；通货膨胀率下降，市场利率也下降。

9. 全球交易活跃的国债期货品种主要是中长期国债期货，一般采用实物交割。（ ）

【参考答案】A

【答案解析】全球交易活跃的国债期货品种主要是中长期国债期货，一般采用实物交割。

10. 如果可交割国债票面利率高于国债期货合约标的票面利率，转换因子大于1；如果可交割国债票面利率低于国债期货合约标的票面利率，转换因子小于1。（ ）

【参考答案】A

【答案解析】如果可交割国债票面利率高于国债期货合约标的票面利率，转换因子大于1；如果可交割国债票面利率低于国债期货合约标的票面利率，转换因子小于1。

11. 由于国债期货合约的基点价值约等于最便宜可交割国债的基点价值除以其转换因子，比较债券组合和国债期货合约的基点价值，可以得到对冲所需国债期货合约数量。（ ）

【参考答案】A

【答案解析】由于国债期货合约的基点价值约等于最便宜可交割国债的基点价值除以其转换因子，比较债券组合和国债期货合约的基点价值可以得到对冲所需国债期货合约数量。

12. FRA 中的协议利率通常称为近期利率，即未来时刻开始的一定期限的利率。（ ）

【参考答案】B

【答案解析】FRA 中的协议利率通常称为远期利率，即未来时刻开始的一定期限的利率。

13. 远期利率协议的卖方是名义借款人，其订立远期利率协议的目的主要是规避利率上升的风险。远期利率协议的买方则是名义贷款人，其订立远期利率协议的目的主要是规避利率下降的风险。（ ）

【参考答案】B

【答案解析】远期利率协议的买方是名义借款人，其订立远期利率协议的目的主要是规避利率上升的风险。远期利率协议的卖方则是名义贷款人，其订立远期利率协议的目的主要是规避利率下降的风险。

14. 中长期利率期货主要是国债期货。中长期利率期货品种一般采用现金交割。（ ）

【参考答案】B

【答案解析】中长期利率期货主要是国债期货。中长期利率期货品种一般采用实物交割。

15. 利率互换是指交易双方约定在未来一定期限内，根据不同种货币的名义本金交换现金流，其中一方的现金流按事先确定的某一浮动利率计算，另一方的现金流则按固定利率计算。（ ）

【参考答案】B

【答案解析】利率互换是指交易双方约定在未来一定期限内，根据同种货币的名义本金交换现金流，其中一方的现金流按事先确定的某一浮动利率计算，另一方的现金流则按固定利率计算。

16. 利率上限（期权）又称“利率封顶”，通常与利率互换组合，指期权的买方支付权利金，与期权的卖方达成一个协议。该协议中指定某一种市场参考利率，同时确定一个利率上限水平。（ ）

【参考答案】A

【答案解析】利率上限（期权）又称“利率封顶”，通常与利率互换组合，指期权的买方支付权利金，与期权的卖方达成一个协议。该协议中指定某一种市场参考利率，同时确定一个利率上限水平。

17. 利用利率上限（期权）可以防范利率上升的风险。（　　）

【参考答案】B

【答案解析】利用利率上限（期权）可以防范利率下降的风险。

18. 利率期权，是指以利率类金融工具为期权标的物的期权合约。（　　）

【参考答案】A

【答案解析】利率期权，是指以利率类金融工具为期权标的物的期权合约。

19. 在远期利率协议下，如果参照利率超过合同的协议利率，那么买方就要支付给卖方一笔结算金，以补偿买方在实际借款中因利率上升而造成的损失；反之，则由买方支付给卖方一笔结算金。（　　）

【参考答案】B

【答案解析】在远期利率协议下，如果参照利率超过合同的协议利率，那么卖方就要支付给买方一笔结算金，以补偿买方在实际借款中因利率上升而造成的损失；反之，则由买方支付给卖方一笔结算金。

20. CME欧洲美元期货交易报价采用的是3个月欧洲美元伦敦拆借利率指数，用100减去按360天计算的不带百分号的年利率（比如年利率为2.5%，报价为97.500）形式。（　　）

【参考答案】A

【答案解析】CME欧洲美元期货交易报价采用的是3个月欧洲美元伦敦拆借利率指数，用100减去按360天计算的不带百分号的年利率（比如年利率为2.5%，报价为97.500）形式。

21. 中国金融期货交易所的国债期货“97.335”的报价意味着面值为100元的国债价格为97.335元，含持有期利息的交易价格。（　　）

【参考答案】B

【答案解析】中国金融期货交易所的国债期货是以此种方式报价，比如“97.335”的报价意味着面值为100元的国债价格为97.335元，为不含持有期利息的交易价格。

22. 影响和决定国债期货价格的主要因素是国债现货价格，而国债现货价格主要受市场利率影响，并和市场利率呈反向变动。（　　）

【参考答案】A

【答案解析】影响和决定国债期货价格的主要因素是国债现货价格，而国债现货价格主要受市场利率影响，并和市场利率呈反向变动。

23. 货币供应量的变化对市场利率的影响较为直接。（　）

【参考答案】A

【答案解析】货币供应量的变化对市场利率的影响较为直接。

24. 目前来看，全球交易活跃的国债期货品种主要是中长期国债期货，一般采用实物交割。（　）

【参考答案】A

【答案解析】目前来看，全球交易活跃的国债期货品种主要是中长期国债期货，一般采用实物交割。

25. 中国金融期货交易所 5 年期国债期货的交割过程中，卖方具有选择对自己最有利的国债来交割的权利。（　）

【参考答案】A

【答案解析】中国金融期货交易所 5 年期国债期货的交割过程中，卖方具有选择对自己最有利的国债来交割的权利。

26. 不同的可交割债券对于同一国债期货合约的转换因子是不同的，但同一债券在不同合约上的转换因子是相同的。（　）

【参考答案】B

【答案解析】通过转换因子国债期货实物交割时不同剩余期限、不同票面利率的可交割国债价值可以进行比较。

27. 对收益率在 3% 以上的国债而言，久期最小的国债是最便宜可交割债券。对于收益率在 3% 以下的国债而言，久期最大的国债是最便宜可交割债券。（　）

【参考答案】A

【答案解析】对收益率在 3% 以上的国债而言，久期最小的国债是最便宜可交割债券。对于收益率在 3% 以下的国债而言，久期最大的国债是最便宜可交割债券。

28. 国债基差 = 国债现货价格 + 国债期货价格 × 转换因子。（　）

【参考答案】B

【答案解析】国债基差 = 国债现货价格 − 国债期货价格 × 转换因子。

29. 在资产组合管理中，常用国债期货调整组合的久期，但一般认为对资产组合的净市值没有影响。（　）

【参考答案】A

【答案解析】在资产组合管理中，常用国债期货调整组合的久期，但一般认为对资产组合的净市值没有影响。

30. 利用利率下限期权可以防范利率下降的风险。如果市场利率下降，浮动

利率投资的利息收入会减少，固定利率债务的利息负担会相对加重，企业面临债务负担相对加重的风险。 ( )

【参考答案】A

【答案解析】利用利率下限期权可以防范利率下降的风险。如果市场利率下降，浮动利率投资的利息收入会减少，固定利率债务的利息负担会相对加重，企业面临债务负担相对加重的风险。

31. 做多国债基差，即投资者认为基差会上涨，国债现货价格的上涨（下跌）幅度会高于（低于）期货价格乘以转换因子上涨（下跌）的幅度，则买入国债现货，卖出国债期货，待基差上涨后分别平仓获利。 ( )

【参考答案】A

【答案解析】做多国债基差，即投资者认为基差会上涨，国债现货价格的上涨（下跌）幅度会高于（低于）期货价格乘以转换因子上涨（下跌）的幅度，则买入国债现货，卖出国债期货，待基差上涨后分别平仓获利。

32. 最便宜可交割国债是指在一篮子可交割国债中，能够使投资者买入国债现货、持有到期交割并获得最高收益的国债，一般用实际回购利率来衡量。 ( )

【参考答案】B

【答案解析】最便宜可交割国债是指在一篮子可交割国债中，能够使投资者买入国债现货、持有到期交割并获得最高收益的国债，一般用隐含回购利率来衡量。

33. 国债期货投机是指通过买卖国债期货合约，持有多头或空头头寸，以期从期货合约价格变动中博取风险收益的交易策略。 ( )

【参考答案】A

【答案解析】国债期货投机是指通过买卖国债期货合约，持有多头或空头头寸，以期从期货合约价格变动中博取风险收益的交易策略。

34. 买入基差（基差多头）策略是指买入国债现货、卖出国债期货，待基差扩大平仓获利。 ( )

【参考答案】A

【答案解析】买入基差（基差多头）策略，即买入国债现货、卖出国债期货，待基差扩大平仓获利。

35. 在我国，国债期货合约与股指期货一样，采用现金交割方式。 ( )

【参考答案】B

【答案解析】国债期货采取实物现券交割方式。

36. 若投资者预期市场利率下降，或者预期一定有效期内债券收益率下降，则债券价格将会上涨，便可选择空头策略，卖出国债期货合约，期待期货价格上

涨获利。（　）

【参考答案】B

【答案解析】若投资者预期市场利率下降，或者预期一定有效期内债券收益率下降，则债券价格将会上涨，便可选择多头策略，买入国债期货合约，期待期货价格上涨获利。

37. 最便宜可交割债券的价格决定了国债期货合约的价格。（　）

【参考答案】A

【答案解析】最便宜可交割债券的价格决定了国债期货合约的价格。

38. 短期利率期货合约的标的主要是短期利率和存单，期限不超过1年。（　）

【参考答案】A

【答案解析】短期利率期货合约的标的主要是短期利率和存单，期限不超过1年。

39. 美国中长期国债期货也是采用价格报价法，但其价格小数点后价格进位方式比较特殊。（　）

【参考答案】A

【答案解析】美国中长期国债期货也是采用价格报价法，但其价格小数点后价格进位方式比较特殊。

40. 扩张性的货币政策是通过提高货币供应增长速度来刺激总需求，在这种政策下，取得信贷资金更为容易，市场利率将下降。（　）

【参考答案】A

【答案解析】扩张性的货币政策是通过提高货币供应增长速度来刺激总需求，在这种政策下，取得信贷资金更为容易，市场利率将下降。紧缩性的货币政策是通过削减货币供应增长速度来降低总需求，在这种政策下，取得信贷资金较为困难，市场利率上升。

41. 机构投资者运用国债期货进行套期保值，首先要确定的是套期保值比率，其次是风险敞口。（　）

【参考答案】B

【答案解析】其次是计算套保手数。

四、综合题（在以下各小题所给出的四个选项中，至少有一项符合题目要求，请将正确选项的代码填入括号中）

阅读材料，回答以下1～3题。

2013年记账式附息（三期）国债，票面利率为3.42%，到期日为2020年1月24日。对应于TF1509合约的转换因子为1.0167。2015年4月3日，该国债现货报价为 99.640 元，应计利息为 0.6372 元，期货结算价格为 97.525 元。TF1509 合约最后交割日 2015 年 9 月 11 日，4 月 3 日到最后交割日计 161 天，持有期间含有利息为 1.5085 元。

1. 该国债的购买价格为（　　）元。

A. 99.640　　B. 101.304

C. 100.277　　D. 101.149

【参考答案】C

【答案解析】购买价格 =99.640 +0.6372 =100.2772≈100.277（元）。

2. 该国债交割时的发票价格为（　　）元。

A. 99.154　　B. 99.791

C. 100.662　　D. 101.299

【参考答案】C

【答案解析】发票价格 = 97.525 × 1.0167 + 1.5085 = 100.6622 ≈ 100.662（元）。

3. 该国债的隐含回购利率为（　　）。

A. 0.67%　　B. 0.77%

C. 0.87%　　D. 0.97%

【参考答案】C

【答案解析】因为在交割日之前没有利息支付，所以 2013 年记账式附息（三期）国债的隐含回购利率为：IRR =（100.6622 -100.2772）÷100.2772 ×（365 ÷161）×100% =0.87%。

阅读材料，回答以下 4 ~7 题。

2013 年 1 月 24 日发行的 2013 年记账式附息（三期）国债票面利率为 3.42%，一年付息一次，付息日为每年的 1 月 24 日，到期日为 2020 年 1 月 24 日。其距离 TF1509 合约月份交割首日剩余期限约为 4.4 年，符合可交割国债条件，对应 TF1509 合约的转换因子为 1.0167。2015 年 4 月 3 日，该国债现货报价为 99.640 元，TF1509 期货报价为 97.525 元。假设市场利率 r =3.5%，2013 年记账式附息（三期）国债为 TF1509 的最便宜可交割国债。

4. 购买该国债现货的全价为（　　）元。

A. 99.640　　B. 100.287

C. 97.525　　D. 98.172

【参考答案】B

【答案解析】2013 年记账式附息（三期）国债上一次付息日为 2015 年 1 月

24 日，截至 4 月 3 日，应计利息为：68 ÷365 ×3. 42 =0. 6465（元）；4 月 3 日，以 99. 640 价格购入 2013 记账式附息（三期）国债，国债现货的全价为：99. 640 + 0. 6465 =100. 287（元）。

5. 该债券持有期间资金占用成本为（　　）元。

A. 1. 548　　B. 1. 453

C. 1. 385　　D. 1. 834

【参考答案】A

【答案解析】TF1509 合约最后交易日为 2015 年 9 月 11 日，持有国债到最后交易日的时间为 161 天，期间的资金占用成本为：100. 2865 ×161 ÷365 ×3. 5% = 1. 548（元）。

6. 上一付息日至最后交易日可交割券的应计利息为（　　）元。

A. 3. 420　　B. 2. 155

C. 1. 255　　D. 5. 215

【参考答案】B

【答案解析】上一付息日 1 月 24 日至最后交易日 9 月 11 日共计 230 天，应计利息为：230 ÷365 ×3. 42 =2. 155（元）。

7. 4 月 3 日 TF1509 合约的理论价格为（　　）元。

A. 100. 162　　B. 98. 048

C. 96. 525　　D. 98. 640

【参考答案】B

【答案解析】2013 年记账式附息（三期）国债为 TF1509 的最便宜可交割国债，由其决定了 TF1509 合约的理论价格。TF1509 的理论价格 =（现货价格 + 资金占用成本 − 利息收入）/转换因子 =（100. 287 + 1. 548 − 2. 15）/1. 0167 = 98. 048（元）。

阅读材料，回答以下 8 ~9 题。

某投资者持有价值 1 亿元的债券，利用中金所 5 年期国债期货合约对冲利率风险。该期货合约的最便宜可交割券的转换因子为 1. 0294，现货债券和 CTD 的相关信息如下表所示。

项目	债券	CTD
债券净价	99. 3926	101. 7685
债券全价	101. 1582	102. 1571
修正久期	4. 9556	4. 9756

8. 采用修正久期法计算的套期保值合约数量为（　　）手。

A. 99　　　　　　　　　　B. 100

C. 101　　　　　　　　　D. 102

【参考答案】D

【答案解析】债券的修正久期 =4.9556；国债期货的修正久期 = 最便宜可交割券的修正久期 =4.9756；对冲债券利率风险所需期货合约数量为（101.1582 × 10000 万元 ÷ 100 × 4.9556）÷（102.1571 × 100 万元 ÷ 100 ÷ 1.0294 × 4.9756）= 101.52≈102 手。

9. 采用基点价值法的计算套期保值合约数量为（　　）手。

A. 100　　　　　　　　　B. 9101

C. 102　　　　　　　　　D. 103

【参考答案】C

【答案解析】债券组合的基点价值为：

（10000 千万 ×101.1582 ÷100）×4.9556 ×0.01% =50129.95759 元；

CTD 券的基点价值为：102.1571 ×4.9756 ×0.01% =0.050829287 元；

对冲现货债券利率风险所需期货合约数量的计算公式为：

50129.95759 ÷（100 万元 ÷100 ÷1.0294 ×0.050829287）=101.52≈102 手。

阅读材料，回答以下 10 ~14 题。

A 公司在 3 月 1 日发行了 1000 万美元的一年期债券，该债券每季度付息，利率为 3M - Libor（伦敦银行间同业拆借利率） +25 个基点（bp）计算得到。即 A 公司必须在 6 月 1 日、9 月 1 日、12 月 1 日支付利息，并在下一年的 3 月 1 日支付利息和本金。

10. A 公司在 6 月 1 日支付利息为（　　）万美元。

A. 0.25 ×（3M - Libor +25bp）×1000

B. 0.5 ×（3M - Libor +25bp）×1000

C. 0.75 ×（3M - Libor +25bp）×1000

D. （3M - Libor +25bp）×1000

【参考答案】A

【答案解析】一个季度是 0.25 年。

11. A 公司预期市场利率会下降，但又担心利率上涨带来的融资成本上升的风险，希望将风险控制在一定的范围内，因而 A 公司与一家美国银行 B 签订了一份利率上限期权合约。该合约期限为 1 年，面值 1000 万美元，上限利率为 5%，按季度支付，支付日与付息日相同。即 B 银行承诺，在未来的一年里，如果重置日的 3M－Libor 超过 5%，则 B 银行 3 个月后向 A 公司支付重置日 3M－Libor 利率和利率上限 5% 之间的利息差，即支付金额为（　　）万美元。该合约签订时，A 公司需要向 B 银行支付一笔期权费，期权费报价为 0.8%，一次性支付。

A. $0.25 \times \text{Max}[0,(3\text{M}-\text{Libor}-5\%)] \times 1000$

B. $0.5 \times \text{Max}[0,(3\text{M}-\text{Libor}-5\%)] \times 1000$

C. $0.75 \times \text{Max}[0,(3\text{M}-\text{Libor}-5\%)] \times 1000$

D. $\text{Max}[0,(3\text{M}-\text{Libor}-5\%)] \times 1000$

【参考答案】A

【答案解析】即支付 3M－Libor 利率和利率上限 5% 之间的利息差。

12. 利率上限期权交易之所以会发生，是因为购买利率上限期权后，A 公司在保留获得利率下行时降低融资成本的收益，同时对其面临的利率风险进行了保护，而损失的只是期初支付的期权费。通过购买利率上限期权，A 公司将自己的融资成本保护在（　　）以下。

A. 5.25%　　B. 5.5%

C. 5.75%　　D. 6%

【参考答案】A

【答案解析】5%＋25bp＝5.25%。

13. 如果市场利率 3M－Libor 为 6%，A 公司最终支付（　　）万美元。

A. 15.625　　B. 13.125

C. 2.5　　D. 0

【参考答案】B

【答案解析】A 公司需要向投资者支付 $0.25 \times (6\% + 25\text{bp}) \times 1000 = 15.625$ 万美元的利息。由于购买了利率上限期权，B 银行向 A 公司支付 $0.25 \times (6\% - 5\%) \times 1000 = 2.5$ 万美元。$15.625 - 2.5 = 13.125$ 万美元。

14. 如果市场利率 3M－Libor 为 4%，则 A 公司最终支付（　　）万美元的利息。

A. 15.625　　B. 13.125

C. 10.625　　D. 2.5

【参考答案】C

【答案解析】因利率上限期权没有生效，B 银行不需要向 A 公司支付，公司仅需要向投资者支付 $0.25 \times (4\% + 25\text{bp}) \times 1000 = 10.625$ 万美元的利息。

阅读材料，回答以下 15～16 题。

A 公司在当年 3 月 1 日发行了 1000 万美元的一年期债券，该债券每半年付息一次，利率为5%。即A公司必须在9月1日支付利息25万美元，来年的3月1日支付利息和本金共1025万美元。

A公司预期市场利率会上涨，但又担心利率下跌带来融资成本相对上升的风险，希望将风险控制在一定的范围内，因而A公司与一家美国银行B签订了一份利率下限期权合约。该合约期限为1年，面值1000万美元，下限利率为5%，参考利率为6M - Libor，每半年支付，支付日与付息日相同。即B银行承诺，在未来的一年里，如果重置日的6M - Libor低于5%，则B银行6个月后向A公司支付重置日6M - Libor利率和利率下限5%之间的利息差，即支付金额为0.5 × Max[0,(5% - 6M - Libor)] ×1000万美元。该合约签订时，A公司需要向B银行支付一笔期权费，期权费报价为0.8%，一次性支付。通过购买利率下限期权，A公司可以在市场利率下降时降低自己的融资成本。

15. 如果市场利率6M - Libor为6%，则A公司最终将支付（　　）万美元利息。

A. 15　　　　B. 20

C. 25　　　　D. 60

【参考答案】C

【答案解析】由于未低于利率下限，B银行不需向A公司支付，A公司向投资者支付0.5 ×5% ×1000 =25万美元的利息。

16. 如果市场利率6M - Libor为4%，则A公司最终支付（　　）万美元利息。

A. 15　　　　B. 20

C. 25　　　　D. 60

【参考答案】B

【答案解析】由于市场利率低于下限利率，期权生效，B银行需要向A公司支付0.5 ×(5% -4%) ×1000 =5万美元，则A公司仍向投资者支付利息0.5 × 5% ×1000 =25万美元，最终支付利息 =25 -5 =20万美元。

阅读材料，回答以下17～18题。

A公司在某年1月1日向银行申请了一笔1000万美元的一年期贷款，并约定每个季度偿还利息，且还款利率按照结算日的6M - Libor（伦敦银行间同业拆借利率） +25个基点（bp）计算得到。A公司必须在当年的4月1日、7月1日、10月1日及来年的1月1日支付利息，且于来年年1月1日偿还本金。A公司担心利率上涨风险，希望将浮动利率转化为固定利率，因而与另一家美国公司B签订了一份普通型利率互换。该合约规定，B公司在未来的一年里，每个季度都将向A公司支付Libor利率，从而换取6%的固定年利率。

17. 在进行利率互换后，A 公司（　　）。

A. 对其面临的利率风险进行了对冲

B. 仍面临利率风险

C. 失去了利率下跌的潜在收益

D. 仍然保留了了利率下跌的潜在收益

【参考答案】AC

【答案解析】套期保值的特征就是规避价格波动的风险的同时，也失去了潜在收益，把价格锁定了。

18. 由于银行的利率为 6M - Libor + 25 个基点，而利率互换合约中，A 公司以 6% 的利率换取了 Libor 利息收入，A 公司的实际利率为（　　）。

A. 6M - Libor + 25　　B. 6%

C. 6.25%　　D. 等 6M - Libor 确定后才行

【参考答案】C

【答案解析】A 公司以 6% 的利率换取了 Libor 利息收入：Libor + 25 个基点。

阅读材料，回答以下 19 ~ 20 题。

假设 A 和 B 两家公司都希望借入期限为 5 年的 1 亿美元，各自的利率如下表所示。B 公司想按固定利率借款，而 A 公司想按 3 个月期 Shibor（上海银行间同业拆借利率）的浮动利率借款。

公司名称	固定利率	浮动利率
公司 A	10%	3 个月 Shibor + 0.3%
公司 B	11.20%	3 个月 Shibor + 1%

19. 从提供给 A 公司和 B 公司的利率报价可以看出，B 公司（　　）。

A. 在固定利率市场上具有比较优势

B. 在浮动利率市场上具有比较优势

C. 没有比较优势

D. 无法与 A 公司进行利率互换

【参考答案】B

【答案解析】虽然 B 公司在固定利率和浮动利率市场支付的利率都比 A 公司高，但 B 公司与 A 公司之间固定利率的差值大于浮动利率的差值，即在固定利率市场 B 公司比 A 公司多付 1.2%，但在浮动利率市场只比 A 公司多付 0.7%，说明 B 公司相对于 A 公司虽然没有绝对优势，但采用浮动利率具有比较优势，A 公司在固定利率市场有比较优势，即按固定利率较 B 公司少出的部分比浮动利率少出的部分要多。因此，各自的比较优势可通过利率互换交易实现双赢。A 公司以 10% 借入固定利率资金，B 公司以 Shibor + 1% 借入浮动利率资金，然后签订一份互换协议，确保 A 公司最终获得浮动利率资金，B 公司获得固定利率资金。

20. 利率互换后，A 公司和 B 公司的借款利率（　　）。

A. 各自降低 0.5%　　　　B. 各自降低 0.25%

C. 一共降低 0.5%　　　　D. 一共降低 0.25%

【参考答案】BC。

【答案解析】这项互换同时改善了 A 公司和 B 公司的借款利率，每年都少支付 0.25%，因此利率互换节约的总成本为每年 0.5%。这可以预先算出，因为利率互换潜在节约的总成本是 a - b，其中 a 为两个公司按固定利率计算的利率差，b 为两个公司按浮动利率计算的利率差。本例中，a = 1.2%，b = 0.7%，a - b = 1.2% - 0.7% = 0.5%。

第九章

股指期货及其他权益类衍生品通关练习

一、单项选择题（在以下各小题所给出的四个选项中，只有一个选项符合题目要求，请将正确选项的代码填入括号中）

1. 交易者利用上证50股指期货和沪深300股指期货进行套利，该策略属于（　　）。

A. 跨品种套利策略　　B. 跨市场套利策略

C. 套期保值策略　　D. 期现套利策略

【参考答案】A

【答案解析】同一市场不同品种之间的套利为跨品种套利策略。

2. 沪深300指数成分股（　　）上证50指数成分股，中证500指数成分股（　　）沪深300指数成分股。

A. 包含　不包含　　B. 不包含　包含

C. 包含　包含　　D. 不包含　不包含

【参考答案】A

【答案解析】中证500指数由全部A股中剔除沪深300指数成分股及总市值排名前300名的股票后，总市值排名靠前的500只股票组成。

3. 股指期货最基本的功能是（　　）。

A. 提高市场流动性　　B. 降低投资组合风险

C. 所有权转移和节约成本　　D. 规避风险和价格发现

【参考答案】D

【答案解析】规避风险和价格发现是期货市场的两大基本功能。

4. 沪深300指数期货的合约乘数为每点人民币300元。当沪深300指数期货指数点为2300点时，合约价值等于（　　）万元。

A. 69　　B. 30

C. 23　　D. 230

【参考答案】A

【答案解析】一张股指期货合约的合约价值用股指期货指数点乘以某一既定的货币金额表示，这一既定的货币金额称为合约乘数。

5. 如果沪深300指数期货的最小变动价位为0.2点，意味着合约交易报价的指数点必须为0.2点的整数倍。每张合约的最小变动值为（　　）元。

A. 69　　B. 30

C. 60　　D. 23

【参考答案】C

【答案解析】报价变动的最小单位即为最小变动价位，合约交易报价指数点必须是最小变动价位的整数倍。沪深300指数期货的最小变动价位为0.2点，意味着合约交易报价的指数点必须为0.2点的整数倍。每张合约的最小变动值为0.2乘以300元，即60元。

6. 沪深300指数期货的每日价格波动限制为上一交易日结算价的（　　）。

A. ±10%　　B. ±20%

C. ±30%　　D. ±40%

【参考答案】A

【答案解析】沪深300指数期货的每日价格波动限制为上一交易日结算价的±10%。

7. 沪深300指数期货合约最后交易日涨跌停板幅度为上一交易日结算价的（　　）。

A. ±10%　　B. ±20%

C. ±30%　　D. ±40%

【参考答案】B

【答案解析】沪深300指数期货合约最后交易日涨跌停板幅度为上一交易日结算价的±20%。

8. 当价格低于均衡价格，股指期货投机者低价买进股指期货合约；当价格高于均衡价格，股指期货投机者高价卖出股指期货合约，从而最终使价格趋向均衡。这种做法可以起到（　　）作用。

A. 承担价格风险　　B. 增加价格波动

C. 促进市场流动　　D. 减缓价格波动

【参考答案】D

【答案解析】投机交易可以平抑价格。

9. 若 IF1801 合约在最后交易日的涨跌停板价格分别为 2700 点和 3300 点，则无效的申报指令是（　　）。

A. 以 2700.0 点限价指令买入开仓 1 手 IF1801 合约

B. 以 3000.2 点限价指令买入开仓 1 手 IF1801 合约

C. 以 3300.5 点限价指令卖出开仓 1 手 IF1801 合约

D. 以 3300.0 点限价指令卖出开仓 1 手 IF1801 合约

【参考答案】C

【答案解析】超出涨停板价格的卖出报价无效。此外，沪深 300 指数期货的最小变动价位为 0.2 点，意味着合约交易报价的指数点必须为 0.2 点的整数倍。

10. 若某月沪深 300 股指期货合约报价为 3001.2 点，买进 6 手该合约需要保证金为 54 万元，则保证金率为（　　）。

A. 6%　　　　B. 8%

C. 10%　　　　D. 20%

【参考答案】C

【答案解析】3000 × 300 × 10% × 6 = 54（万元）。

11. 若某月沪深 300 股指期货合约收盘后持仓量为 195999 手。某期货公司共有多头持仓量 49855 手，空头持仓量 100008 手，则下一个交易日开市后（　　）。

A. 将被强平空头持仓 1153 手

B. 将被强平多头持仓 1153 手

C. 将会被要求对冲 49855 手多头持仓

D. 不会被强平

【参考答案】A

【答案解析】100008 − 49855 = 50153（手）；而 195999 × 25% = 49000（手）。空头超出持仓限额：50153 − 49000 = 1153（手）。

12. 沪深 300 股指期货的每日结算价是指某一期货合约的（　　）。

A. 收盘价

B. 最后一小时成交量加权平均价

C. 最后二小时成交价格的算术平均价

D. 全天成交量的加权平均价

【参考答案】B

【答案解析】沪深 300 股指期货当日结算价是某一期货合约最后一小时成交价格按照成交量的加权平均价。

13. 买卖双方签订一份 3 个月后交割一篮子股票组合的远期合约，该一篮子股票组合与沪深300指数构成完全对应，现在市场价值为99万元，即对应于沪深300指数3300点。假定市场年利率为6%，且预计一个月后可收到6600元现金红利，该远期合约的合理价格是(　　)点。

A. 3327.28　　B. 3349.50

C. 3356.47　　D. 3368.55

【参考答案】A

【答案解析】资金占用99万元，相应的利息为990000×6%×3÷12=14850元，一个月后收到红利6600元，再计剩余两个月的利息为6600×6%×2÷12=66元，本利和共计为6666元；净持有成本=14850-6666=8184元；该远期合约的合理价格应为990000+8184=998184元。如果将上述金额用指数点表示，则为：99万元相当于3300指数点；3个月的利息为3300×6%×3÷12=49.5（个指数点）；红利6600元相当于22个指数点，再计剩余两个月的利息为22×6%×2÷12=0.22（个指数点），本利和共计为22.22个指数点；净持有成本为49.5-22.22=27.28（个指数点）；该远期合约的合理价格应为3300+27.28=3327.28（个指数点）。

14. 4月1日，沪深300现货指数为3000点，市场年利率为5%，年指数股息率为1%。若交易成本总计为35点，则6月22日到期的沪深300指数期货(　　)。

A. 在3062点以上存在反向套利机会

B. 在3062点以下存在正向套利机会

C. 在3027点以上存在反向套利机会

D. 在2992点以下存在反向套利机会

【参考答案】D

【答案解析】股指期货理论价格为：F（t，T）=3000×[1+(5%-1%)×(30+31+22)/365]=3027点；正向套利机会：3027+35=3062点以上；反向套利机会：3027-35=2992点以下。

15. 假设年利率为5%，年指数股息率为1%，6月22日为6月期货合约的交割日，4月1日的现货指数分别为3450点，套利总交易成本为30点，则当日的无套利区间在（　　）点之间。

A. [3451，3511]　　B. [3450，3480]

C. [3990，3450]　　D. [3990，3480]

【参考答案】A

【答案解析】F（4月1日，6月22日）=3450×[1+(5%-1%)×83/365]=3481（点）；上界：3481+30=3511点；下界：3481-30=3451（点）。

16. 上证50股指期货5月合约期货价格是3142点，6月合约期货价格是3150点，9月合约期货价格是3221点，12月合约期货价格是3215点。以下属于反向市场的是（　　）。

A. 5月合约与6月合约　　B. 6月合约与9月合约

C. 9月合约与12月合约　　D. 12月合约与5月合约

【参考答案】C

【答案解析】反向市场近期合约价格要大于远期合约价格。

17. 假定利率比股票分红高3%，即 r－d＝3%。5月1日上午10点，沪深300指数为3000点，沪深300指数期货9月合约为3100点，6月合约价格为3050点，即9月期货合约与6月期货合约之间的实际价差为50点，与两者的理论价差相比，（　　）。

A. 有正向套利的空间

B. 有反向套利的空间

C. 既有正向套利的空间，也有反向套利的空间

D. 无套利空间

【参考答案】A

【答案解析】两合约的理论价差为：$S(r-d)(T2-T1)/365=3000\times3\%\times3/12=22.5$ 点；而当时两合约价差为50点，未来价差很可能缩小，应该买入6月合约，卖出9月合约。

18. 1月7日，中国平安股票的收盘价是40.09元/股。当日，1月到期、行权价为40元的认购期权，合约结算价为1.268元。按照认购期权涨跌幅＝Max{行权价×0.2%，Min[（2×正股价－行权价），正股价]×10%}计算，在下一个交易日，该认购期权的跌停板价为（　　）元。

A. 4.009　　B. 5.277

C. 0.001　　D. －2.741

【参考答案】C

【答案解析】涨跌幅＝Max{40×0.2%，Min[（2×40.09－40），40.09]×10%}＝4.009，跌停板＝1.268－4.009＝－2.7412＜0.001，取0.001元。

对于认购（认沽）期权涨跌幅，有以下规定：（1）当涨跌幅小于等于0.001元时，不设跌停价。（2）最后交易日，只设涨停价，不设跌停价。（3）如果根据上述公式计算的跌停价小于最小报价单位（0.001元），则跌停价为0.001元。

19. 某投资者看空中国平安6月份的股票，于是卖出1张单位为5000、行权价格为40元、6月份到期的中国平安认购期权。该期权的前结算价为1.001，合约标的前收盘价为38.58元。交易所规定：

认购期权初始保证金 = [前结算价 + Max(M × 合约标的前收盘价 - 认购期权虚值，N × 合约标的前收盘价)] × 合约单位；

认沽期权初始保证金 = Min[前结算价 + Max(M × 合约标的前收盘价 - 认沽期权虚值，N × 行权价),行权价] × 合约单位；

其中：认购期权虚值 = Max（行权价 - 合约标的前收盘价，0）。

认沽期权虚值 = Max（合约标的前收盘价 - 行权价，0）。

该投资者需缴纳初始保证金（ ）元。

A. 9226　　B. 10646

C. 38580　　D. 40040

【参考答案】A

【答案解析】认购期权虚值为 Max(40 - 38.58,0) = 1.42，则初始保证金：[1.001 + Max(25% ×38.58 - 1.42,10% ×38.58)] ×1000 = 9226（元）。

20. 以下属于股指期货期权的是（ ）。

A. 上证 50ETF 期权　　B. 沪深 300 指数期货

C. 中国平安股票期权　　D. 以股指期货为标的资产的期权

【参考答案】D

【答案解析】上海证券交易所仿真交易的中国平安与上汽集团股票期权合约属于个股期权。

21. 限价指令在连续竞价交易时，交易所按照（ ）的原则撮合成交。

A. 价格优先，时间优先　　B. 时间优先，价格优先

C. 最大成交量　　D. 大单优先，时间优先

【参考答案】A

【答案解析】一般衍生品市场都是这样的撮合成交原则。

22. 在沪深 300 指数期货合约到期交割时，根据（ ）计算双方的盈亏金额。

A. 当日成交价　　B. 当日结算价

C. 交割结算价　　D. 当日收量价

【参考答案】C

【答案解析】沪深 300 股指期货合约的相关规定是：股指期货合约采用现金交割方式；股指期货合约最后交易日收市后，交易所以交割结算价为基准，划付持仓双方的盈亏，了结所有未平仓合约。沪深 300 股指期货的交割结算价为最后交易日标的指数最后两小时的算术平均价。计算结果保留至小数点后两位。

23. 沪深 300 股指期货的当日结算价是指某一期货合约的（ ）。

A. 最后一小时成交量加权平均价

B. 收量价

C. 最后两小时的成交价格的算术平均价

D. 全天成交价格

【参考答案】A

【答案解析】合约最后一小时无成交的，以前一小时成交价格按照成交量的加权平均价作为当日结算价。

24. 沪深300指数期货的合约价值为指数点乘以（　　）元人民币。

A. 400　　　　B. 300

C. 200　　　　D. 100

【参考答案】B

【答案解析】沪深300指数期货的合约乘数为每点人民币300元。

25. 关于股票期货的描述，不正确的是（　　）。

A. 股票期货比股指期货产生晚　　B. 股票期货的标的物是相关股票

C. 股票期货可以采用现金交割　　D. 市场上通常将股票期货称为个股期货

【参考答案】B

【答案解析】股票期货比股指期货产生早，股票期货最早产生于20世纪70年代，股指期货产生于1982年的美国。

26. 在具体交易时，股票指数期货合约的价值是用相关标的指数的点数（　　）来计算。

A. 乘以100　　B. 乘以100%

C. 乘以合约乘数　　D. 除以合约乘数

【参考答案】C

【答案解析】一张股指期货合约的合约价值用股指期货指数点乘以某一既定的货币金额表示，这一既定的货币金额称为合约乘数。股票指数点越大，或合约乘数越大，股指期货合约价值也就越大。

27. 恒生指数期货合约的乘数为50港元。当香港恒生指数期货合约价格从16000点跌到15980点时，该恒生指数期货合约的实际价格波动为（　　）港元。

A. 1000　　B. 500

C. 799000　　D. 800000

【参考答案】A

【答案解析】$(16000-15980)\times 50=1000$（港元）。

28. 关于市价指令的描述正确的是（　　）。

A. 市价指令只能和限价指令撮合成交

B. 集合竞价接受市价指令

C. 市价指令相互之间可以撮合成交

D. 市价指令的未成交部分继续有效

【参考答案】A

【答案解析】市价指令的未成交部分自动撤销。

29. 某投机者2月10日买入3张某股票期货合约，价格为47.85元/股，合约乘数为5000元。3月15日，该投机者以49.25元/股的价格将手中的合约平仓。在不考虑其他费用的情况下，其净收益是（ ）元。

A. 5000　　B. 7000

C. 14000　　D. 21000

【参考答案】D

【答案解析】（49.25－47.85）×3×5000＝21000（元）。

30. 股指期货的反向套利操作是指（ ）。

A. 卖出股票指数所对应的一篮子股票，同时买入指数期货合约

B. 买进近期股指期货合约，同时卖出远期股指期货合约

C. 买进股票指数所对应的一篮子股票，同时卖出指数期货合约

D. 卖出近期股指期货合约，同时买进远期股指期货合约

【参考答案】A

【答案解析】当存在期价被低估时，交易者可通过买入股指期货的同时卖出对应的现货股票进行套利交易，这种操作称为“反向套利”。

31. 对于股指期货来说，当出现期价被高估时，套利者可以（ ）。

A. 垂直套利　　B. 反向套利

C. 水平套利　　D. 正向套利

【参考答案】D

【答案解析】当存在期价高估时，交易者可通过卖出股指期货同时买入对应的现货股票进行套利交易，这种操作称为“正向套利”。

32. 对于个股来说，当β系数大于1时，说明股票价格的波动（ ）以指数衡量的整个市场的波动。

A. 高于　　B. 等于

C. 无关于　　D. 低于

【参考答案】A

【答案解析】β系数大于1，说明股票比市场整体波动性高，因而其市场风险高于平均市场风险；β系数小于1，说明股票比市场整体波动性低，因而其市场风险低于平均市场风险。

33. 在考虑交易成本后，将期货指数理论价格（　　）所形成的区间，叫无套利区间。

A. 分别向上和向下移动　　B. 向下移动

C. 向上或向下移动　　D. 向上移动

【参考答案】A

【答案解析】无套利区间是指考虑交易成本后，将期指理论价格分别向上移和向下移所形成的一个区间。在这个区间中，套利交易不但得不到利润，反而可能导致亏损。具体而言，将期指理论价格上移一个交易成本之后的价位称为无套利区间的上界，将期指理论价格下移一个交易成本之后的价位称为无套利区间的下界，只有当实际的期指高于上界时，正向套利才能够获利；反之，只有当实际期指低于下界时，反向套利才能够获利。

34. 当整个市场环境或某些全局性的因素发生变动，即发生系统性风险时，（　　）。

A. 用股指期货对冲可规避系统性风险

B. 股票组合可规避系统性风险

C. 即使想通过期货市场进行套期保值也没有办法

D. 所有股票都会有相同幅度的上涨或下跌

【参考答案】A

【答案解析】股指期货可用于套期保值，以降低投资组合的系统性风险。它不仅可以对现货指数进行套期保值，而且可以对单只股票或特定的股票组合进行套期保值。

35. 以下反向套利操作能够获利的是（　　）。

A. 实际的期指低于上界　　B. 实际的期指低于下界

C. 实际的期指高于上界　　D. 实际的期指高于下界

【参考答案】B

【答案解析】当存在期价低被估时，交易者可通过买入股指期货的同时卖出对应的现货股票进行套利交易，这种操作称为“反向套利”。

36. 某投资者在3个月后将获得一笔资金，并希望用该笔资金进行股票投资。但是，该投资者担心股市整体上涨从而影响其投资成本，在这种情况下，可采取的策略是（　　）。

A. 股指期货的空头套期保值　　B. 股指期货的多头套期保值

C. 期指和股票的套利　　D. 股指期货的跨期套利

【参考答案】B

【答案解析】略。

37. 正向套利理论价格上移的价位被称为（　　）。

A. 无套利区间的下界　　B. 无套利区间的上界

C. 远期理论价格　　D. 期货理论价格

【参考答案】B

【答案解析】具体而言，将期指理论价格上移一个交易成本之后的价位称为无套利区间的上界，将期指理论价格下移一个交易成本之后的价位称为无套利区间的下界，只有当实际的期指高于上界时，正向套利才能够获利；反之，只有当实际期指低于下界时，反向套利才能够获利。

38. 下列关于套利的说法，正确的是（　　）。

A. 考虑了交易成本后，正向套利的理论价格下移，成为无套利区

B. 考虑了交易成本后，反向套利的理论价格上移，成为无套利区间的上界

C. 当实际的期指高于无套利区间的上界时，正向套利才能获利

D. 当实际的期指低于无套利区间的上界时，正向套利才能获利

【参考答案】C

【答案解析】具体而言，将期指理论价格上移一个交易成本之后的价位称为无套利区间的上界，将期指理论价格下移一个交易成本之后的价位称为无套利区间的下界，只有当实际的期指高于上界时，正向套利才能够获利；反之，只有当实际期指低于下界时，反向套利才能够获利。

39. 标准普尔 500 指数期货合约的合约乘数是每指数点 250 美元。某投资者 3 月 20 在 1250.00 点位买入 3 张 6 月份到期的指数期货合约并于 3 月 25 日在 1275.00 点位将手中的合约平仓。在不考虑其他因素影响的情况下，该投资者的净收益是（　　）美元。

A. 2250　　B. 6250

C. 18750　　D. 22500

【参考答案】C

【答案解析】（1275.00 − 1250.00）× 250 × 3 = 18750（美元）。

40. 沪深 300 指数期货对应的标的指数采用的编制方法是（　　）。

A. 简单股票价格算术平均法　　B. 修正的简单股票价格算术平均法

C. 几何平均法　　D. 加权股票价格平均法

【参考答案】D

【答案解析】在我国境内常用的股票指数有沪深 300 指数、上证综合指数、深证综合指数、上证 180 指数、深证成分指数等。在这些世界最著名的股票指数中，道琼斯工业平均指数与日经 225 股价指数的编制采用算术平均法，而其他指数都采用加权平均法编制。

41. 1982 年，美国堪萨斯期货交易所推出（ ）期货合约。

A. 标准普尔 500 指数　　B. 价值线综合指数

C. 道琼斯综合平均指数　　D. 纳斯达克指数

【参考答案】B

【答案解析】自 1982 年 2 月美国堪萨斯期货交易所上市价值线综合平均指数期货交易以来，股指期货日益受到各类投资者的重视，交易规模迅速扩大，交易品种不断增加。

42. 股票指数期货最基本的功能是（ ）。

A. 提高市场流动性　　B. 降低投资组合风险

C. 所有权转移和节约成本　　D. 规避风险和价格发现

【参考答案】D

【答案解析】期货的基本功能。

43. 利用股指期货可以回避的风险是（ ）。

A. 系统性风险　　B. 非系统性风险

C. 生产性风险　　D. 非生产性风险

【参考答案】A

【答案解析】股指期货可用于套期保值，以降低投资组合的系统性风险。它不仅可以对现货指数进行套期保值，而且可以对单只股票或特定的股票组合进行套期保值。

44. 关于股指期货与商品期货的区别描述正确的是（ ）。

A. 股指期货交割更困难

B. 股指期货逼仓较易发生

C. 股指期货的持仓成本不包括储存费用

D. 股指期货的风险高于商品期货的风险

【参考答案】C

【答案解析】股指期货，即股票价格指数期货，也可称为股价指数期货，是指以股价指数为标的资产的标准化期货合约。双方约定在未来某个特定的时间，可以按照事先确定的股价指数的大小，进行标的指数的买卖。股指期货交易的标的物是股票价格指数。

45. 若 IF1701 合约在最后交易日的涨跌停板价格分别为 2700 点和 3300 点，则无效的申报指令是（ ）。

A. 以 2700 点限价指令买入开仓 1 手 IF1701 合约

B. 以 3000 点限价指令买入开仓 1 手 IF1701 合约

C. 以 3301 点限价指令卖出开仓 1 手 IF1701 合约

D. 以 2700 点限价指令卖出开仓 1 手 IF1701 合约

【参考答案】C

【答案解析】申报价超出最高或最低限价的限价指令无效。

46. 用来表示股指期货合约价值的是相关标的指数的点数与某一既定货币金额之（　　）。

A. 和　　B. 商

C. 积　　D. 差

【参考答案】C

【答案解析】一张股指期货合约的合约价值用股指期货指数点乘以某一既定的货币金额表示，这一既定的货币金额称为合约乘数。

47. 当沪深 300 指数期货合约 1 手的价值为 120 万元时，该合约的成交价为（　　）点。

A. 3000　　B. 4000

C. 5000　　D. 6000

【参考答案】B

【答案解析】1200000 ÷ 300 ÷ 1 = 4000（点）。

48. 沪深 300 指数期货合约的最后交易日为合约到期月份的（　　），遇法定节假日顺延。

A. 第十个交易日　　B. 第七个交易日

C. 第三个周五　　D. 最后一个交易日

【参考答案】C

【答案解析】沪深 300 指数期货合约的规定。

49. 根据投资者适当性制度，一般法人投资者申请开立股指期货交易编码时，保证金账户可用资金余额不低于人民币（　　）万元。

A. 50　　B. 100

C. 150　　D. 200

【参考答案】A

【答案解析】股指期货投资者适当性制度主要包含以下要点：（1）自然人申请开户时保证金账户可用资金余额不低于人民币 50 万元；（2）具备股指期货基础知识，开户测试不低于 80 分；（3）具有累计 10 个交易日、20 笔以上的股指期货仿真交易成交记录，或者最近三年内具有 10 笔以上的商品期货交易成交记录。对于一般法人及特殊法人投资者申请开户除具有以上三点要求外，还应该具备：（1）一般法人投资者申请开户，净资产不低于人民币 100 万元；（2）一般法人申请开户，还应当具备相应的决策机制和操作流程；决策机制主要包括决策的主体与决策程序，操作流程应当明确业务环节、岗位职责以及相应的制衡机制；（3）特殊法人投资者申请开户，还应当提供相关监管机构、主管机构的批准文件或者证明文件。

50. 若 IF1712 合约的挂盘基准价为 4000 点，则该合约在上市首日的涨停板价格为（　　）点。

A. 4800　　B. 4600

C. 4400　　D. 4000

【参考答案】A

【答案解析】沪深 300 指数期货的每日价格波动限制为上一交易日结算价的 ±10%。季月合约上市首日涨跌停板幅度为挂盘基准价的 ±20%。

51. 沪深 300 指数期货合约到期时，只能进行（　　）。

A. 现金交割　　B. 实物交割

C. 现金或实物交割　　D. 强行减仓

【参考答案】A

【答案解析】股指期货合约的交割采用现金交割方式，即按照交割结算价，计算持仓者的盈亏，按此进行资金的划拨，了结所有未平仓合约。

52. 沪深 300 股指货的交割结算价是依据（　　）确定的。

A. 最后交易日沪深 300 指数最后两个小时的算术平均价

B. 最后交易日最后 5 分钟期货交易价格的加权平均价

C. 从上市至最后交易日的所有期货价格的加权平均价

D. 最后交易日的收盘价

【参考答案】A

【答案解析】沪深 300 股指期货的交割结算价为最后交易日标的指数最后两小时的算术平均价。计算结果保留至小数点后两位。

53. 股指期货交割是促使（　　）的制度保证，使股指期货市场真正发挥价格晴雨表的作用。

A. 股指期货价格和股指现货价格趋向一致

B. 股指期货价格和现货价格有所区别

C. 股指期货交易正常进行

D. 股指期货价格合理化

【参考答案】A

【答案解析】期货的功能。

54. 假设某投资者的期货账户资金有 105 万元，股指期货合约的保证金为 15%，该投资者目前无任何持仓，如果计划以 2270 点买入 IF1703 合约，且资金占用不超过现有资金的三成，则最多可以购买（　　）手 IF1703。

A. 1　　B. 2

C. 3　　D. 4

【参考答案】C

【答案解析】$1050000 \times 0.3 = 315000$（元），$2270 \times 300 = 681000$（元），$681000 \times 0.15 = 102150$（元），$315000 \div 102150 \approx 3.0837$（手）。

55. 若沪深 300 指数期货合约 IF1703 的价格是 2100 点，期货公司收取的保证金是 15%，则投资者至少需要（　　）万元的保证金。

A. 7　　B. 8

C. 9　　D. 10

【参考答案】D

【答案解析】$2100 \times 300 \times 0.15 = 94500$（元）$\approx 10$（万元）。

56. 关于股指期货投机交易描述正确的是（　　）。

A. 股指期货投机以获取价差收益为目的

B. 股指期货投机是价格风险转移者

C. 股指期货投机交易等同于股指期货套利交易

D. 股指期货投机交易在股指期货与股指现货市场之间进行

【参考答案】A

【答案解析】股指期货与股票指数之间以及不同的股指期货之间存在密切的价格联系。当市场价格与它们之间合理的价格关系暂时发生背离时，投资者就可以抓住时机，买进价格被低估的资产，卖出价格被高估的资产，待市场理性回归时，做相反的操作，实现盈利。

57. 买进股票组合的同时卖出相同金额数量的股指期货合约是（　　）。

A. 买入套期保值　　B. 跨期套利

C. 反向套利　　D. 正向套利

【参考答案】A

【答案解析】股指期货可用于套期保值，以降低投资组合的系统性风险。它不仅可以对现货指数进行套期保值，而且可以对单只股票或特定的股票组合进行套期保值。由于灵活的开平仓交易制度，这种套期保值操作简单，调整及时。

58. 日本、新加坡和美国市场均上市了日经 225 指数期货，交易者可利用两个相同合约之间的价差进行（　　）。

A. 跨月套利　　B. 跨市场套利

C. 跨品种套利　　D. 投机

【参考答案】B

【答案解析】这是三个市场的同一种指数期货的交易。

59. 属于跨品种套利交易的是（　　）。

A. 上证 50 指数期货与沪深 300 指数期货间的套利交易

B. IF1703 与 IF1706 间的套利交易

C. 新加坡日经 225 指数期货与日本日经 225 指数期货间的套利交易

D. 嘉实沪深 300ETF 与华泰柏瑞 300ETF 间的套利交易

【参考答案】A

【答案解析】B 是同一品种，C 是不同市场。

60. 我国境内股指期货合约的最小变动价位为（　　）。

A. 0.01　　B. 0.1

C. 0.02　　D. 0.2

【参考答案】D

【答案解析】见股指期货合约。

61. （　　）股指期货合约乘数为 200。

A. 沪深 300　　B. 中证 500

C. 上证 50　　D. 上证 100

【参考答案】B

【答案解析】见股指期货合约。

62. 一般情况下，对股指期货价格利多的是（　　）。

A. 实体经济增速不断下滑

B. 央行对于货币政策态度变得谨慎，市场利率提高

C. 市场预期印花税要调高

D. 国资委推动金融国企改革大浪潮

【参考答案】D

【答案解析】市场利率提高收紧资金流动性。

63. 若 IC1912 合约的挂盘基准价为 4000 点，则该合约在上市首日的涨停板价格为（　　）点。

A. 4800　　B. 4600

C. 4400　　D. 4000

【参考答案】A

【答案解析】股指期货季月合约上市首日涨跌停板幅度为挂盘基准价的 ±20%。

64. 假设某投资者的期货账户资金为 105 万元，某中证 500 股指期货合约的保证金为 15%，该投资者目前无任何持仓，如果计划以 2270 点买入该中证

500股指期货合约，且资金占用不超过现有资金的三成，则最多可以购买（　　）手。

A. 1　　B. 2

C. 3　　D. 4

【参考答案】D

【答案解析】1050000×30%÷(2270×200×15%)=4.626（手）。

65.（　　）不是影响股指期货价格的主要因素。

A. 宏观经济数据　　B. 期货公司手续费

C. 国际金融市场走势　　D. 国内外货币政策

【参考答案】B

【答案解析】市场因素才是影响股指期货价格的主要因素。

66. 若上证50指数期货合约IH1503的价格是2149.6，期货公司收取的保证金是15%，则投资者至少需要（　　）万元的保证金。

A. 7.7　　B. 8.7

C. 9.7　　D. 10.7

【参考答案】C

【答案解析】2149.6×300×15%=9.67（万元）≈9.7（万元）。

67. 某投资者持有1手股指期货合约多单，若要了结此头寸，对应的操作是（　　）1手该合约。

A. 买入开仓　　B. 卖出开仓

C. 买入平仓　　D. 卖出平仓

【参考答案】D

【答案解析】卖出平仓对冲买入开仓。

68. 如果投资者预测股票指数后市将上涨而买进股指期货合约，这种操作属于（　　）。

A. 正向套利　　B. 反向套利

C. 多头投机　　D. 空头投机

【参考答案】C

【答案解析】“买”为多头，“卖”为空头。

69. 关于股指期货投机交易描述正确的是（　　）。

A. 股指期货投机交易等同于股指期货套利交易

B. 股指期货投机交易在股指期货与股指现货市场之间进行

C. 股指期货投机不利于市场的发展

D. 股指期货投机者是价格风险接受者

【参考答案】D

【答案解析】股指期货投机者接受套期保值者转移的价格风险。

70. 影响股指期货无套利区间宽度的主要因素是（　　）。

A. 股票指数　　B. 合约存续期

C. 市场冲击成本和交易费用　　D. 交易规模

【参考答案】C

【答案解析】交易费用和市场冲击成本与持有期的长短无关，即使到交割日，它也不会减少。因而，无套利区间的上下界幅宽主要是由交易费用和市场冲击成本这两项所决定的。

71. 买进股票组合的同时卖出相同数量的股指期货合约是（　　）。

A. 买入套期保值　　B. 跨期套利

C. 反向套利　　D. 正向套利

【参考答案】D

【答案解析】通过卖出股指期货同时买入对应的现货股票进行套利交易，这种操作称为“正向套利”。

72. 当股指期货价格低于无套利区间的下界时，能够获利的交易策略是(　　)。

A. 买入股票组合的同时卖出股指期货合约

B. 卖出股票组合的同时买入股指期货合约

C. 同时买进股票组合和股指期货合约

D. 同时卖出股票组合和股指期货合约

【参考答案】B

【答案解析】当存在期价低估时，交易者可通过买入股指期货的同时卖出对应的现货股票进行套利交易，这种操作称为“反向套利”。

73. ETF 与普通的封闭式基金的最大区别在于（　　）。

A. 基金投资标的物不同　　B. 基金投资风格不同

C. 基金投资规模不同　　D. 二级市场买卖与申购赎回结合

【参考答案】D

【答案解析】ETF 可以在交易所像买卖股票那样进行交易，也可以作为开放型基金，随时申购与赎回。

74. 关于交易型开放式指数基金（ETF）申购、赎回和场内交易，正确的说法是（　　）。

A. ETF 的申购、赎回通过交易所进行

B. ETF 只能通过现金申购

C. 只有具有一定资金规模的投资者才能参与 ETF 的申购、赎回交易

D. ETF 通常采用完全被动式管理方法，以拟合某一指数为目标

【参考答案】D

【答案解析】ETF 是一种将跟踪指数证券化，通过复制标的指数来构建跟踪指数变化的组合证券，使投资者可以通过买卖基金份额实现一篮子证券的交易。ETF 的申购、赎回通过银行进行。

75. 某投资者半年后具有股份增持计划，希望将股份增持价格锁定在现价水平。为实现这一目标，该投资者与证券公司订立了股票收益互换协议，互换交易名义本金额为 1 亿元，互换期限为半年。半年后，若实际股价高于现价，则证券公司向投资者支付差价收益；若实际股价低于现价，则投资者必须向证券公司支付差价补偿。该操作属于（　　）。

A. 固定收益交换为浮动收益　　B. 浮动收益交换为固定收益

C. 浮动收益交换为浮动收益　　D. 固定收益交换为固定收益

【参考答案】A

【答案解析】以上操作属于固定收益交换为浮动收益，通过股票收益互换可以帮助投资者锁定买入成本，对冲买入期间价格波动的风险。

76. 某投资者与证券公司订立股票收益互换协议，互换交易的名义本金为 1000 万元，互换期限为一年。一年后，投资者将 1000 万元本金产生的资金利息支付给证券公司，证券公司向投资者支付与沪深 300 指数挂钩的上涨收益，投资者最多损失掉利息，能够保障本金安全。该操作属于（　　）。

A. 固定收益交换为浮动收益　　B. 浮动收益交换为固定收益

C. 浮动收益交换为浮动收益　　D. 固定收益交换为固定收益

【参考答案】A

【答案解析】以上操作属于固定收益交换为浮动收益，通过收益互换满足客户的保本投资需求。

77. 某持股投资者账面已经积累了盈利，由于政策限制或其他原因不能及时卖出股票兑现收益，希望锁定目前的盈利，同时将股票头寸转换为固定收益头寸。为了实现这一目标，该投资者与证券公司订立股票收益互换协议，互换交易的名义本金额为 1 亿元，互换期限为半年。半年后，实际股价涨跌收益均由证券公司享有（若股价上涨，投资者向证券公司支付收益；若股价下跌，证券公司向投资者支付补偿），投资者收取固定的利息收入。该操作属于（　　）。

A. 固定收益交换为浮动收益　　B. 浮动收益交换为固定收益

C. 浮动收益交换为浮动收益　　D. 固定收益交换为固定收益

【参考答案】B

【答案解析】以上操作属于浮动收益交换为固定收益，通过收益互换锁定盈利，转换为固定收益投资。

78. 某投资者希望持有的股票资产能够产生增值收入，愿意让渡一部分未来不确定的上涨收益，以换取当下确定的固定收益。为了实现这一目标，该投资者与证券公司订立股票收益互换协议，互换交易的名义本金额为 1 亿元，互换期限为半年。证券公司期初即向投资者支付确定的固定收益。半年后，若实际股价涨幅超过约定范围，则超出部分由投资者支付给证券公司，否则，双方无须向对方支付费用。该操作属于（　　）。

A. 固定收益交换为浮动收益　　B. 浮动收益交换为固定收益

C. 浮动收益交换为浮动收益　　D. 固定收益交换为固定收益

【参考答案】B

【答案解析】以上操作属于浮动收益交换为固定收益，通过收益互换获得持股增值收益。

二、多项选择题（在以下各小题所给出的四个选项中，至少有两个选项符合题目要求，请将正确选项的代码填入括号中）

1. 世界最著名的股票指数有（　　）。

A. 道琼斯工业平均指数　　B. 标准普尔 500 指数

C. 纽约证交所综合股票指数　　D. 深证成分指数

【参考答案】ABC

【答案解析】世界最著名的股票指数包括道琼斯工业平均指数、标准普尔 500 指数、纽约证交所综合股票指数、道琼斯欧洲 STOXX50 指数、英国的金融时报指数、日本的日经 225 股价指数、中国香港的恒生指数等。在我国境内常用的股票指数有沪深 300 指数、上证综合指数、深证综合指数、上证 180 指数、深证成分指数等。

2. 在世界最著名的股票指数中，（　　）的编制采用算术平均法，而其他指数都采用加权平均法编制。

A. 道琼斯工业平均指数　　B. 标准普尔 500 指数

C. 纽约证交所综合股票指数　　D. 日经 225 股价指数

【参考答案】AD

【答案解析】世界最著名的股票指数中，道琼斯工业平均指数与日经 225 股价指数的编制采用算术平均法，而其他指数都采用加权平均法编制。

3. 股指期货的特殊性有（　　）。

A. 股指期货与其他期货在产品定价、交易规则等方面有区别

B. 股指期货以指数点数报出，期货合约的价值由所报点数与每个指数点所代表的金额相乘得到

C. 指数期货没有实际交割的资产，指数是由多种股票组成的组合；合约到期时，不可能将所有标的股票拿来交割，故只能采用现金交割

D. 由于股价指数波动大于债券，期货价格与标的资产价格紧密相关，则股指期货价格波动要大于利率期货

【参考答案】BCD

【答案解析】股指期货也有一定的特殊性。第一，像股票指数现货交易一样，股指期货以指数点数报出，期货合约的价值由所报点数与每个指数点所代表的金额相乘得到。每一股指期货合约都有预先确定的每点所代表的固定金额，这一金额称为合约乘数。因此，股指期货合约的规模是不确定的，它会随着股指期货市场点数的变化而变化。第二，指数期货没有实际交割的资产，指数是由多种股票组成的组合；合约到期时，不可能将所有标的股票拿来交割，故只能采用现金交割。第三，与利率期货相比，由于股价指数波动大于债券，而期货价格与标的资产价格紧密相关，股指期货价格波动要大于利率期货。

4. 相对于现货市场，股指期货具有（　　）特点。

A. 流动性好　　　　B. 交易成本低

C. 对市场冲击小　　　　D. 交易成本大

【参考答案】ABC

【答案解析】相对于现货市场，股指期货具有流动性好、交易成本低、对市场冲击小等特点。

5. 权益类资产一般指（　　）等金融工具。

A. 股票　　　　B. 股票指数

C. 股权　　　　D. 股指期货

【参考答案】ABCD

【答案解析】权益类衍生品是以权益类资产为标的资产的衍生品。其中，权益类资产一般指股票、股票指数，也可以是股权、股指期货等其他金融工具。

6. 与股票现货市场上的投机相比，在股指期货市场投机的好处有（　　）。

A. 所需资金量少　　　　B. 操作便利

C. 成倍放大收益　　　　D. 增发股票

【参考答案】ABC

【答案解析】与股票现货市场上的投机相比，在股指期货市场投机所需资金量少，操作便利，而且由于期货投资的杠杆效应，这种投机具有成倍放大收益的作用。

7. 沪深300股指期货的交易指令分为（　　）等。

A. 市价指令　　B. 限价指令

C. 最小指令　　D. 最大指令

【参考答案】AB

【答案解析】沪深300股指期货的交易指令分为市价指令、限价指令及交易所规定的其他指令。

8. 沪深300指数期货合约的合约月份为（　　）。

A. 当月　　B. 下月

C. 随后两个季月　　D. 3月

【参考答案】ABC

【答案解析】沪深300指数期货合约的合约月份为当月、下月及随后两个季月，共4个月份合约。

9. 权益类衍生品主要包括权益类（　　）及其他权益类衍生产品。

A. 远期　　B. 期货

C. 期权　　D. 互换

【参考答案】ABCD

【答案解析】作为一类重要的资产工具，权益类衍生品在投资理财、融资服务和风险管理等方面都发挥着重要的作用。

10. 假如当前时间是2017年1月13日，那么期货市场上同时有（　　）合约在交易。

A. IF1701　　B. IF1702

C. IF1703　　D. IF1704

【参考答案】ABC

【答案解析】应该挂牌交易4个合约：IF1701、IF1702当月和下月合约；IF1703、IF1706随后两个季月合约。

11. 某股票组合的β系数为1.37，意味着（　　）。

A. 股票组合比市场整体波动性高

B. 股票组合市场风险高于平均市场风险

C. 指数上涨1%，股票组合上涨1.37%

D. 指数下跌1%，股票组合上涨1.37%

【参考答案】ABC

【答案解析】股票的β系数可以用线性回归的方法来得到。β系数显示股票的价值相对于市场价值变化的相对大小，也称为股票的相对波动率。β系数大于1，说明股票比市场整体波动性高，因而其市场风险高于平均市场风险；β系数小于1，说明股票比市场整体波动性低，因而其市场风险低于平均市场风险。

12. 某股票投资组合中，五只股票的β系数分别为1.2、0.9、1.02、0.70、1.10，所占权益分别为100万元、200万元、300万元、350万元、350万元。该股票组合的β系数不正确的有（ ）。

A. 0.799　　B. 0.856

C. 0.951　　D. 1.011

【参考答案】ABD

【答案解析】股票组合的 $\beta=(1.2\times100+0.9\times200+1.02\times300+0.70\times350+1.10\times350)\div1300=0.951$。

13. 某基金经理持有价值6000万元的沪深股票组合，其组合相对于沪深300指数的β系数为1.5。因担心股市下跌，该基金经理利用沪深300股指期货进行风险对冲，若期货指数为3000点，不正确的操作有（ ）。

A. 买入100手　　B. 卖出100手

C. 买入150手　　D. 卖出150手

【参考答案】ACD

【答案解析】买卖期货合约数量 = β×现货总价值/期货指数点×每点乘数，即 $1.5\times60000000/(3000\times300)=100$（手）。

14. 9月份，某投资者卖出12月到期的中证500指数期货合约，期指为8400点，到了12月份，股市大涨，公司买入100张12月份到期的中证500指数期货合约进行平仓，期指点为8570点。中证500指数的乘数为200元，则该投资者不可能有的净收益为（ ）元。

A. 34000　　B. −34000

C. 3400000　　D. −3400000

【参考答案】ABC

【答案解析】$(8400-8570)\times200\times100=-3400000$（元）。

15. 沪深300股指期权交易合约的合约类型可以分为（ ）。

A. 看涨期权　　B. 美式期权

C. 欧式期权　　D. 看跌期权

【参考答案】AD

【答案解析】在美国，股指期权有美式期权，也有欧式期权。目前，我国设计的期权都是欧式期权。

16. 以下设有每日价格波动限制的有（ ）。

A. 中国香港的恒指期货交易

B. 英国的FTSE100指数期货交易

C. 中国的沪深300股指期货交易

D. 新加坡交易的日经225指数期货交易

【参考答案】CD

【答案解析】为了防止价格大幅波动所引发的风险，国际上通常对股指期货交易规定每日价格最大波动限制。比如，新加坡交易的日经225指数期货规定当天的涨跌幅度不超过前一交易日结算价±2000点。但并非所有交易所都采取每日价格波动限制，例如我国香港地区的香港恒生指数期货、英国的FTSE100指数期货交易就没有此限制。

17. 期现套利在（　　）时可以实施（　　）。

A. 实际的期指高于上界；正向套利

B. 实际的期指低于上界；正向套利

C. 实际的期指高于下界；反向套利

D. 实际的期指低于下界；反向套利

【参考答案】AD

【答案解析】期现套利要考虑无套利区间。

18. 由股票衍生出来的金融衍生品有（　　）。

A. 股票期货　　B. 股票指数期货

C. 股票期权　　D. 股票指数期权

【参考答案】ABCD

【答案解析】由股票为母体衍生出来。

19. 投资者进行股票投资组合风险管理，可以（　　）。

A. 通过投资组合方式，降低系统性风险

B. 通过股指期货套期保值，规避系统性风险

C. 通过投资组合方式，降低非系统性风险

D. 通过股指期货套期保值，规避非系统性风险

【参考答案】BC

【答案解析】风险管理就是应用套期保值工具。

20. 在编制股票指数时，通常的计算方法有（　　）。

A. 算术平均法　　B. 加权平均法

C. 几何平均法　　D. 最小二乘法

【参考答案】ABC

【答案解析】在编制股票指数时，首先需要从所有上市股票中选取一定数量的样本股票。在确定了样本股票之后，还要选择一种计算简便、易于修正并能保持统计口径一致和连续的计算公式作为编制工具。通常的计算方法有三种：算术

平均法、加权平均法和几何平均法。在此基础上，确定一个基期日，并将某一既定的整数（如 10、100、1000 等）定为该基期的股票指数。然后，根据各时期的股票价格和基期股票价格的对比，计算出升降百分比，得出该时点的股票指数。

21. 关于沪深 300 指数期货的结算价，以下说法正确的有（　　）。

A. 当日结算价为合约最后一小时成交价格按照成交量的加权平均价

B. 交割结算价为最后交易日沪深 300 指数最后两小时的算术平均价

C. 交割结算价作为最后交易日进行现金交割时计算实际盈亏的价格

D. 当日结算价作为计算当日浮动盈亏的价格

【参考答案】ABCD

【答案解析】沪深 300 指数期货合约。

22. 股指期货市场的避险功能之所以能够实现，是因为（　　）。

A. 股指期货可以消除单只股票特有的风险

B. 股指期货价格与股票指数价格一般呈同方向变动关系

C. 股指期货采取现金结算交割方式

D. 通过股指期货与股票组合的对冲交易可降低所持有的股票组合的系统性风险

【参考答案】BD

【答案解析】股指期货套期保值原理。

23. 股指期货理论定价与现实交易价格存在差异，其原因在于（　　）。

A. 在现实交易中想构造一个完全与股票指数结构一致的投资组合几乎是不可能的

B. 不同期货交易者使用的理论定价模型及参数可能不同

C. 由于各国市场交易机制存在差异，在一定程度上会影响到指数期货交易的效率

D. 股息收益率在实际市场上是很难得到的，因为不同的公司，不同的市场在股息政策上（如发放股息的时机、方式等）都会不同，并且股票指数中的每只股票发放股利的数量和时间也是不确定的，这必然影响到正确判定指数期货合约的价格

【参考答案】ACD

【答案解析】股指期货理论定价模型有许多假设条件。

24. 影响股指期货市场价格的因素有（　　）。

A. 市场资金状况　　B. 指数成分股的变动

C. 投资者的心理因素　　D. 通货膨胀

【参考答案】ABCD

【答案解析】宏观经济对股指期货价格有较大影响。

25. β反映的是某一投资对象相对于大盘指数的表现情况，关于β正确的说法有（　　）。

A. 当β=1时，股票或者股票组合与指数涨跌幅完全相同

B. 当β>1时，股票或者股票组合的涨跌幅度将小于指数涨跌幅

C. 当β<0时，股票或者股票组合的涨跌变化方向与指数涨跌幅变化方向相反

D. 通过计算某股票组合与指数之间的β系数，就能够揭示两者之间的趋势相关程度

【参考答案】ACD

【答案解析】β系数是测度股票市场风险的传统指标。β系数的定义是股票的收益率与整个市场组合的收益率的协方差和市场组合收益率的方差的比值。β系数显示股票的价值相对于市场价值变化的相对大小，也称为股票的相对波动率。β系数大于1，说明股票比市场整体波动性高，因而其市场风险高于平均市场风险；β系数小于1，说明股票比市场整体波动性低，因而其市场风险低于平均市场风险。

26. 关于股指期货期现套利，正确的说法有（　　）。

A. 期价高估时，适合卖出股指期货同时买入对应的现货股票

B. 期价高估时，适合买入股指期货同时卖出对应的现货股票

C. 期价低估时，适合买入股指期货同时卖出对应的现货股票

D. 期价低估时，适合卖出股指期货同时买入对应的现货股票

【参考答案】AC

【答案解析】期现套利要考虑套利成本区间。

27. 下列有关中金所股指期货说法正确的有（　　）。

A. 沪深300股指期货与上证50股指期货有相同的套保效果

B. 中证500股指期货对小盘股有更好的套保效果

C. 上证50股指期货对小盘股有更好的套保效果

D. 多种股指期货混合使用可以对头寸进行更精确的套保

【参考答案】BD

【答案解析】不同股指期货品种都有各种适合的应用范围。

28. 投资者将固定收益交换为浮动收益的目的，是通过收益互换（　　）。

A. 满足投资者的保本投资需求　　B. 对冲风险

C. 锁定盈利　　D. 获得持股增值收益

【参考答案】AB

【答案解析】锁定盈利以及获得持股增值收益是将浮动收益交换为固定收益的目的。

29. 当（　　）已定下来后，投资者所需买卖的期货合约数与股票组合的β系数的大小有关。

A. 股票组合总市值　　B. 股票组合的手续费

C. 股指期货的手续费　　D. 股指期货合约的价值

【参考答案】AD

【答案解析】买卖期货合约数量 = β × 现货总价值/（期货指数点 × 每点乘数）；公式中的“期货指数点 × 每点乘数”实际上就是一张期货合约的价值。从公式中不难看出：当现货总价值和期货合约的价值已定下来后，所需买卖的期货合约数就与β系数的大小有关，β系数越大，所需的期货合约数就越多；反之，则越少。

30. 在中金所三大股指期货品种中，合约条款相同的有（　　）。

A. 合约乘数　　B. 最小变动价位

C. 最后交易日　　D. 合约月份

【参考答案】BCD

【答案解析】只有合约乘数不同。

31. 在股指期货期现套利交易中，对指数的模拟误差来自（　　）等方面。

A. 通过构造一个取样较小的股票投资组合来代替组成指数的成分股

B. 严格按比例构建股票组合来复制指数难以实现

C. 手续费

D. 冲击成本

【参考答案】ABD

【答案解析】模拟误差来自两方面。一方面，因为组成指数的成分股太多，短时期内同时买进或卖出这么多的股票难度较大，且准确模拟会增加交易成本，因此对一些成交不活跃的股票来说，买卖的冲击成本非常大，所以，交易者会通过构造一个取样较小的股票投资组合来代替指数，这会产生模拟误差。另一方面，即使组成指数的成分股并不太多，如道琼斯工业指数仅由30只股票所组成，但由于指数大多以市值为比例构造，以及交易最小单位的限制，严格按比例复制很难实现。例如，如果按比例构建组合出现某些股票应买卖100股以下的结果，也就是股市交易规定的最小单位1手以下，就没办法实现。这也会产生模拟误差。

32. 以下说法正确的有（　　）。

A. 当远期合约价格大于近期合约价格时，称为正常市场或正向市场

B. 当近期合约价格大于远期合约价格时，称为逆转市场或反向市场

C. 当近期合约价格大于远期合约价格时，称为正常市场或正向市场

D. 当远期合约价格大于近期合约价格时，称为逆转市场或反向市场

【参考答案】AB

【答案解析】在正常市场中，远期合约与近期合约之间的价差主要受到持有成本的影响，会导致远期合约价格高于近期合约价格。

33. 投资者参与股票收益互换交易可以分为（　　）。

A. 将固定收益交换为与股价表现挂钩的浮动收益

B. 将持股收益交换为固定收益

C. 将与股价表现挂钩的浮动收益交换为另一种与股价表现挂钩的浮动收益

D. 当远期收益交换为近期收益

【参考答案】AB

【答案解析】投资者参与股票收益互换交易可以分为两大类：一类是投资者将固定收益交换为与股价表现挂钩的浮动收益；另一类是投资者将持股收益交换为固定收益。

三、判断题（请判断以下各小题的正误，正确的填写 A，错误的填写 B）

1. 一般而言，上证 50 股指期货和沪深 300 股指期货走势的相关性要高于上证 50 股指期货和中证 500 股指期货走势的相关性。（　　）

【参考答案】A

【答案解析】这是由它们各自的样本所决定的。

2. ETF 最大的特点是实物申购、赎回机制，即它的申购是用一篮子股票换取 ETF 份额，赎回时是以基金份额换回一篮子股票而不是现金。（　　）

【参考答案】A

【答案解析】ETF 最大的特点是实物申购、赎回机制。

3. 在世界最著名的股票指数中，道琼斯工业平均指数与日经 225 股价指数的编制采用加权平均法编制。（　　）

【参考答案】B

【答案解析】在世界最著名的股票指数中，道琼斯工业平均指数与日经 225 股价指数的编制采用算术平均法，而其他指数都采用加权平均法编制。

4. 股指期货与股票指数之间以及不同的股指期货之间不存在密切的价格联系。（　　）

【参考答案】B

【答案解析】股指期货与股票指数之间以及不同的股指期货之间存在密切的价格联系。

5. 芝加哥商业交易所的S&P500指数期货的合约采用季月模式。 ( )

【参考答案】A

【答案解析】在境外期货市场上，股指期货合约月份的设置主要有两种方式：一种是季月模式（季月是指3月、6月、9月和12月)。欧美市场采用的就是这种设置方式，如芝加哥商业交易所的S&P500指数期货的合约月份以3月、6月、9月、12月为循环月份。

6. 为了防止价格大幅波动所引发的风险，国际上通常对股指期货交易规定每日价格最大波动限制。 ( )

【参考答案】A

【答案解析】为了防止价格大幅波动所引发的风险，国际上通常对股指期货交易规定每日价格最大波动限制。

7. 沪深300股指期货交割结算价是某一期货合约最后两小时成交量的算术平均价。计算结果保留至小数点后三位。 ( )

【参考答案】B

【答案解析】沪深300股指期货的交割结算价为最后交易日标的指数最后两小时的算术平均价。计算结果保留至小数点后两位。

8. 股指看跌期权合约卖方无须交纳交易保证金。 ( )

【参考答案】B

【答案解析】期权卖方需要履约。

9. 沪深300股指期权合约标的是沪深300股指期货。 ( )

【参考答案】B

【答案解析】见沪深300股指期权交易合约表的规定。

10. 沪深300股指期货合约的最小变动价位为0.01点。 ( )

【参考答案】B

【答案解析】沪深300股指期货合约的最小变动价位为0.1点。

11. 沪深300指数是成分指数，尽管成分股会有调整，但股票的数目不会变化。 ( )

【参考答案】A

【答案解析】沪深300指数的股票数目固定为300只。

12. 股指期货的最后结算价都是依据现货指数确定的，这样做的目的是防止被人操纵。 ( )

【参考答案】A

【答案解析】防止交割价被人操纵。

13. 股票指数期货和股票期货的合约标的物是相同的。 (　　)

【参考答案】B

【答案解析】不同，一个是指数标的，另一个是个股标的。

14. 股票组合的β系数与该组合中单个股票的β系数无关。 (　　)

【参考答案】B

【答案解析】β系数的定义是股票的收益率与整个市场组合的收益率的协方差和市场组合收益率的方差的比值。

15. 通过股指期货的套期保值交易，可以规避股票市场系统性风险的影响。 (　　)

【参考答案】A

【答案解析】套保目的就是规避系统性风险。

16. 股票组合的β系数表示指数涨跌是该组合的β倍。 (　　)

【参考答案】B

【答案解析】β系数显示股票的价值相对于市场价值变化的相对大小，也称为股票的相对波动率。

17. 股指期货合约的实际交易价格高于股指期货合约的理论价格时，称为期价高估。 (　　)

【参考答案】A

【答案解析】股指期货合约实际价格恰好等于股指期货理论价格的情况比较少，多数情况下股指期货合约实际价格与股指期货理论价格总是存在偏离。当前者高于后者时，称为期价高估，当前者低于后者时称为期价低估。

18. 在期价高估的情况下，可通过买进指数期货，同时卖出对应现货股票进行套利交易。 (　　)

【参考答案】B

【答案解析】当存在期价高估时，交易者可通过卖出股指期货同时买入对应的现货股票进行套利交易，这种操作称为“正向套利”。

19. 在无套利区间中进行的套利交易得不到利润，但不会出现亏损。 (　　)

【参考答案】B

【答案解析】不够覆盖交易成本。

20. 一般情况下，模拟指数选用的成分股越少，节约的交易成本越多，带来的模拟误差越小。 (　　)

【参考答案】B

【答案解析】模拟误差越大。

21. 沪深300指数的编制采用自由流通股本而非总股本加权，样本股权重分布较为均衡，具有较强的抗操纵性。（　）

【参考答案】A

【答案解析】如果采用总股本加权，将有利于大股东。

22. 我国目前已经上市的股指期货合约的标的物有上证综合指数、上证50指数、中证500指数。（　）

【参考答案】B

【答案解析】目前，我国上证50ETF期权已在上海证券交易所正式挂牌交易。上证50ETF期权属于窄基股票组合，因而其期权可看做股票期权。

23. 投资者对交易型开放式指数基金（ETF）的需求主要体现在对股票价格指数产品的需求上。（　）

【参考答案】A

【答案解析】投资者借助ETF可以非常方便地实现指数化投资，可以像投资于单个股票一样，投资于某个行业指数、某些特定板块，甚至某些分散化的一篮子股票。

24. 股指期货合约与股票一样没有到期日，可以长期持有。（　）

【参考答案】B

【答案解析】略。

25. 一手股指期货合约价值为股指期货指数点乘以合约乘数。（　）

【参考答案】A

【答案解析】一张股指期货合约的合约价值用股指期货指数点乘以某一既定的货币金额表示，这一既定的货币金额称为合约乘数。

26. 沪深300指数期货合约的最后交易日为合约到期月份的第三个周五，最后交易日即为交割日，遇国家法定假日顺延。（　）

【参考答案】A

【答案解析】沪深300指数期货合约。

27. 沪深300指数期货的每日结算价为当日标的指数最后一小时的算术平均价。（　）

【参考答案】B

【答案解析】沪深300指数期货合约的规定。

28. 沪深300指数期货的交割结算价为该合约最后两小时成交价格按照成交量的算术平均价。（　）

【参考答案】B

【答案解析】沪深300指数期货合约的规定。

29. 股指期货合约到期时，交易所将按照交割结算价将投资者持有的未平仓合约进行现金交割，投资者将无法继续持有到期合约。（　　）

【参考答案】A

【答案解析】合约到期摘牌。

30. 在股指期货投资中，投资者的最大损失为其初始投入的保证金。（　　）

【参考答案】B

【答案解析】有时需要追加保证金。

31. 和投机交易相比，股指期货的套利交易具有高风险、高收益、高成本的特点。（　　）

【参考答案】B

【答案解析】套利风险相对较低，收益较低。

32. 股指期货跨期套利既可以根据期货定价理论，推算出不同月份股指期货之间的理论价差来进行，也可以完全根据价差/价比分析法进行分析和操作。（　　）

【参考答案】A

【答案解析】这两种方法都可以。

33. 上证 50ETF 期权是欧式期权。（　　）

【参考答案】A

【答案解析】目前，我国设计的股票期权都是欧式期权。

34. 沪深 300 指数期权是欧式期权。（　　）

【参考答案】A

【答案解析】目前，我国设计的股指期权也都是欧式期权。

四、综合题（在以下各小题所给出的四个选项中，至少有一项符合题目要求，请将正确选项的代码填入括号中）

阅读材料，回答以下 1 ~ 2 题。

9 月 2 日，国内某证券投资基金收益率已达到 26%，鉴于后市不太明朗，下跌的可能性很大，为了防止股市出现快速下跌而来不及卖出股票，基金经理决定利用沪深 300 指数期货实行保值。假定其股票组合的现值为 2.24 亿元，并且其股票组合与沪深 300 指数的 β 系数为 0.9。9 月 2 日股指盘中的现货指数为 3400 点，而 12 月到期的期货合约为 3650 点。

1. 该基金需要卖出（　　）手期货合约才能使手中的股票组合得到有效保护。

A. 160　　　　B. 172

C. 184　　D. 196

【参考答案】C

【答案解析】0.9 ×224000000/(3650 ×300) ≈184（手）。

2. 12月2日，现货指数跌到2200点，跌幅为35.29%；而期货指数跌到2290点，这时该基金将全部期货合约进行平仓，则该基金的损益情况为（　　）。

A. 略有亏损　　B. 略有盈利

C. 盈亏正好相等　　D. 亏损较大

【参考答案】B

【答案解析】股票组合市值缩水35.29% ×0.9 =31.76%，市值减少2.24亿元 ×31.76% =0.7114亿元；期货合约上盈利：184 ×(3650 -2290) ×300 ÷100000000 =0.75072亿元。不仅实现避险目的，而且还多盈利0.75072亿元 -0.7114亿元 =393.2万元。

阅读材料，回答以下3~5题。

某机构4月15日预计6月10日会有300万元资金到账。该机构看中A、B、C三只股票，当天价格分别为20元、25元、50元，如果当时就有资金，每个股票投入100万元就可以分别买进5万股、4万股和2万股。由于当时股市处于行情看涨期，该机构担心2个月后资金到账时股价已上涨，就买不到这么多数量股票了。于是，该机构打算采取买进中证500股指期货合约的方法套期保值，以锁定购股成本。

3. 假定相应的6月到期的中证500期指为2500点，每点乘数为200元。三只股票的β系数分别为1.5、1.3和0.8，则应该买进（　　）手期指合约。

A. 6　　B. 7

C. 8　　D. 9

【参考答案】B

【答案解析】三只股票组合的β系数 =1.5 ×(100/300) +1.3 ×(100/300) +0.8 ×(100/300) =1.2；应该买进期指合约数 =1.2 ×3000000/(2500 ×200) =7.2≈7（手）。

4. 6月10日，该机构如期收到300万元，这时现指与期指均已涨了10%，即期指已涨至2750点，而三只股票分别上涨至23元（上涨15%）、28.25元（上涨13%）、54元（上涨8%）。如果仍旧分别买进5万股、4万股和2万股，则还需要额外增加资金（　　）万元。

A. 28　　B. 36

C. 48　　D. 56

【参考答案】B

【答案解析】$23\times5+28.25\times4+54\times2=336$（万元），显然资金缺口为36万元。

5. 该机构在6月10日买入原计划要买的三种股票的同时，将期指合约卖出平仓，最终（　　）。

A. 还需要额外增加一些资金　　B. 不需要再额外增加任何资金

C. 还有结余资金　　D. 大赚一笔

【参考答案】A

【答案解析】$(2750-2500)\times200\times7=35$（万元），尚缺资金缺口1万元。

阅读材料，回答以下6~7题。

某一篮子股票组合与上证50指数构成完全对应，其当前市场价值为75万元，且预计一个月后可收到5000元现金红利。此时，市场利率为6%，上涨50指数为1500点，3个月后交割的上证50指数期货为2600点。

6. 如果交易者认为存在期现套利机会，应该（　　）1手股指期货合约。

A. 在卖出相应的股票组合的同时，买进

B. 在卖出相应的股票组合的同时，卖出

C. 在买进相应的股票组合的同时，卖出

D. 在买进相应的股票组合的同时，买进

【参考答案】C

【答案解析】资金占用75万元，相应的利息为$750000\times6\%\times3\div12=11250$元。一个月后收到红利5000元，再计剩余两个月的利息为$5000\times6\%\times2\div12=50$元，本利和共计为5050元。净持有成本$=11250-5050=6200$元；该期货合约的合理价格应为$750000+6200=756200$元。如果将上述金额用指数点表示，则该期货合约的合理价格应为$756200\div300=2521$点。而三个月后交割的恒指期货为2600点>2521点，所以存在期现套利机会，应该在买进相应的股票组合的同时，卖出1手。

7. 交易者采用上述期现套利策略，三个月后，该交易者将恒指期货头寸平仓，并将一篮子股票组合在2600点对冲，则该笔交易（　　）元（不考虑交易费用）。

A. 损失23700　　B. 盈利23700

C. 损失11850　　D. 盈利11850

【参考答案】B

【答案解析】套利收益：$(2600-2521)\times300$元/点$=237000$（元）。

阅读各题，回答以下8～10题。

8. 假定年利率为8%，年指数股息率为1.5%，6月30日是6月指数期货合约的交割日。4月1日的现货指数为1600点。又假定买卖期货合约的手续费为0.2个指数点，市场冲击成本为0.2个指数点；买卖股票的手续费为成交金额的0.5%，买卖股票的市场冲击成本为成交金额的0.6%；投资者是贷款购买，借贷利率差为成交金额的0.5%，则4月1日的无套利区间是（　　）。

A. [1600，1640]　　B. [1606，1646]

C. [1616，1656]　　D. [1620，1660]

【参考答案】B

【答案解析】$F=1600\times[1+(8\%-1.5\%)\times90/365]=1626$；$TC=0.2+0.2+1600\times0.5\%+1600\times0.6\%+1600\times0.5\%\times(3/12)=20$；无套利区间为：$[1626-20,1626+20]=[1606,1646]$。

9. 某组股票现值为100万元，预计两个月后可收到红利1万元，当时市场年利率为12%，如买卖双方就该组股票签订三个月后的转让合约，则净持有成本和合理价格分别为（　　）元和（　　）元。

A. 19900　1019900　　B. 20000　1020000

C. 25000　1025000　　D. 30000　1030000

【参考答案】A

【答案解析】资金占用100万元，三个月的利息为$1000000\times12\%\times3/12=30000$元；两个月后收到红利1万元，剩余一个月的利息为$10000\times12\%\times1/12=100$元，利息和红利合计10100元，净持有成本$=30000-10100=19900$（元），该远期合约的合理价格应为$1000000+19900=1019900$（元）。

10. 假设沪深300股指期货价格是2300点，其理论价格是2150点，年利率为5%。若三个月后期货交割价为2500点，那么利用股指期货套利的交易者从一份股指期货的套利中获得的净利润是（　　）元。

A. 45000　　B. 50000

C. 82725　　D. 150000

【参考答案】A

【答案解析】不论三个月后期货交割价为多少，套利交易的利润都等于实际期价与理论期价之差：$(2300-2150)\times300=45000$（元）。

阅读材料，回答以下11～12题。

设$r=6\%$，$d=2\%$，6月30日为6月份期货合约的交割日。4月1日、5月1日、6月1日及6月30日的现货指数分别为4100点、4200点、4280点及4220点。

11. 若不考虑交易成本，下列说法不正确的是（　　）。

A. 4 月 1 日的期货理论价格是 4140 点

B. 5 月 1 日的期货理论价格是 4248 点

C. 6 月 1 日的期货理论价格是 4294 点

D. 6 月 30 日的期货理论价格是 4220 点

【参考答案】B

【答案解析】股指期货理论价格的计算公式：$F_{(t,T)} = S_t[1 + (r - d) \cdot (T - t)/365]$。

12. 假设借贷利率差为 1%。期货合约买卖手续费双边为 0.5 个指数点，市场冲击成本为 0.6 个指数点，股票买卖的双边手续费和市场冲击成本各为交易金额的 0.5%，则下列关于 4 月 1 日对应的无套利区间的说法，正确的是（　　）。

A. 借贷利率差成本是 10.25 点

B. 期货合约买卖双边手续费及市场冲击成本是 1.6 点

C. 股票买卖的双边手续费及市场冲击成本是 32 点

D. 无套利区间上界是 4152.35 点

【参考答案】A

【答案解析】借贷利率差成本为 4100 × 1% × （3/12） = 10.25（点），期货合约买卖双边手续费及市场冲击成本为 0.5 + 0.6 = 1.1（点），股票买卖的双边手续费及市场冲击成本为 4100 × 1% = 41（点），无套利区间上界为 4140 + 10.25 + 1.1 + 41 = 4192.35（点）。

阅读材料，回答以下 13 ~ 14 题。

3 月 31 日，甲股票价格是 14 元，某投资者认为该股票近期会有小幅上涨。如果涨到 15 元，他就会卖出。于是，他决定进行备兑开仓，即以 14 元的价格买入 5000 股甲股票，同时以 0.81 元的价格卖出一份 4 月到期、行权价为 15 元（这一行权价等于该投资者对这只股票的心理卖出价位）的认购期权（假设合约单位为 5000）。

13. 该投资者获得权利金为（　　）元。

A. 4000　　　　B. 4050

C. 4100　　　　D. 4150

【参考答案】B

【答案解析】0.81 × 5000 = 4050（元）。

14. 该投资者之所以卖出一份认购期权，是因为（　　）。

A. 只能备兑开仓一份期权合约　　B. 没有那么多的钱缴纳保证金

C. 不想卖出太多期权合约　　D. 怕担风险

【参考答案】A

【答案解析】因为该投资者手中只有5000股甲股票，所以只能备兑开仓卖出一份认购期权。

第十章

期货价格分析通关练习

一、单项选择题（在以下各小题所给出的四个选项中，只有一个选项符合题目要求，请将正确选项的代码填入括号中）

1. 我国期货合约的开盘价是在开市前（　　）分钟内经集合竞价产生的成交价格，集合竞价未产生成交价格的，以集合竞价后第一笔成交价为开盘价。

A. 30　　　　B. 10

C. 5　　　　D. 1

【参考答案】C

【答案解析】开盘价是当日某一期货合约交易开始前5分钟集合竞价产生的成交价。如集合竞价未产生成交价，则以集合竞价后的第一笔成交价为开盘价。

2. 已知今日苯乙烯某期货合约收盘价为5560元/吨，今日MACD指标中，EMA（12）的值为6230，EMA（26）的值为5930，则今日DIF的值为（　　）。

A. 200　　　　B. 300

C. 400　　　　D. 500

【参考答案】B

【答案解析】DIF = EMA（12） - EMA（26）

= 6230 - 5930 = 300。

3. 下面技术分析指标中属于期货市场独有的指标是（　　）。

A. 持仓量　　　　B. 价格

C. 交易量　　　　D. 涨跌停板

【参考答案】A

【答案解析】持仓量，也称空盘量或未平仓合约量，是指期货交易者所持有的未平仓合约的双边累计数量。

4. 在图中按时间等分，将每分钟的最新价格标出的图示方法为（　　）。

A. 闪电图　　B. K 线图

C. 分时图　　D. 竹线图

【参考答案】C

【答案解析】分时图是指在某一交易日内，按照时间顺序将对应的期货成交价格进行连线所构成的行情图。

5. 某一期货合约当日成交价格按照成交量的加权平均价形成（　　）。

A. 开盘价　　B. 收盘价

C. 均价　　D. 结算价

【参考答案】D

【答案解析】结算价，是指某一期货合约当日成交价格按成交量的加权平均价。当日无成交的，用上一交易日的结算价作为当日结算价。结算价是当日未平仓合约盈亏结算和确定下一交易日涨跌停板幅度的依据。

6. 当买卖双方均为原交易者，交易双方均平仓时，持仓量（　　），交易量增加。

A. 上升　　B. 下降

C. 不变　　D. 其他

【参考答案】B

【答案解析】持仓量的概念。持仓量，也称空盘量或未平仓合约量，是指期货交易者所持有的未平仓合约的双边累计数量。

7. 经济周期中的高峰阶段是（　　）。

A. 复苏阶段　　B. 繁荣阶段

C. 衰退阶段　　D. 萧条阶段

【参考答案】B

【答案解析】一般，复苏阶段开始时是前一周期的最低点，产出和价格均处于最低水平，随着经济的复苏，生产的恢复和需求的增长，价格也开始逐步回升。繁荣阶段是经济周期的高峰阶段，由于投资需求和消费需求的不断扩张超过了产出的增长，刺激价格迅速上涨到较高水平。

8. 经济周期是指（　　）。

A. 国民收入上升和下降的交替过程

B. 人均国民收入上升与下降的交替过程

C. 国民收入增长率上升和下降的交替过程

D. 以上都正确

【参考答案】D

【答案解析】周期就是上升与下降的交替过程。

9. 在经济周期的某个时期，产出、价格、利率、就业不断上升，直至某个高峰，说明经济变动处于（　　）。

A. 繁荣阶段　　B. 衰退阶段

C. 萧条阶段　　D. 复苏阶段

【参考答案】A

【答案解析】繁荣阶段是经济周期的高峰阶段，由于投资需求和消费需求的不断扩张超过了产出的增长，刺激价格迅速上涨到较高水平。

10. 一国在一段时期内 GDP 的增长率在不断降低，但是总量却在不断提高，从经济周期的角度看，该国处于（　　）阶段。

A. 复苏　　B. 繁荣

C. 衰退　　D. 萧条

【参考答案】C

【答案解析】衰退阶段出现在经济周期高峰过去后，经济开始滑坡，由于需求的萎缩，供给大大超过需求，价格迅速下跌。萧条阶段是经济周期的谷底，供给和需求均处于较低水平，价格停止下跌，处于低水平上。

11. 股票价格指数与经济周期变动的关系是（　　）。

A. 股票价格指数先于经济周期的变动而变动

B. 股票价格指数与经济周期同步变动

C. 股票价格指数落后于经济周期的变动

D. 股票价格指数与经济周期变动无关

【参考答案】A

【答案解析】在经济周期性波动的不同阶段，大宗商品的供求和价格具有不同的特征，进而影响期货价格。

12.下列选项中，属于国家运用财政政策的是（　　）。

①降低银行利率，减轻企业负担

②积极拓展信贷消费，实行消费补贴

③恢复开征利息税，调节个人所得

④国家加大对基础设施的投入，拉动经济增长

A. ①②　　B. ②③

C. ③④　　D. ②④

【参考答案】C

【答案解析】一国政府还采用财政政策对宏观经济进行调控。财政政策的重

要手段是增加或减少税收，直接影响生产供给和市场需求状况。

13. 财政政策是指（　　）。

A. 控制政府支出和税收以稳定国内产出、就业和价格水平

B. 操纵政府支出和税收以便收入分配更公平

C. 改变利息率以改变总需求

D. 政府支出和税收的等额增加会引起经济紧缩

【参考答案】A

【答案解析】财政政策是一国政府对宏观经济进行调控的重要手段。财政政策主要是调节税收收入与政府支出，直接影响生产供给和市场需求状况。

14. 在期货交易中，根据商品的供求关系及其影响因素预测商品价格走势的分析方法为（　　）。

A. 基本面分析法　　B. 技术分析法

C. 道氏理论分析法　　D. 江恩理论分析法

【参考答案】A

【答案解析】期货市场基本面分析更关注影响期货价格变化的宏观因素、产业因素和行业因素等。

15. 对于技术分析理解有误的是（　　）。

A. 技术分析提供的量化指标可以警示行情转折

B. 技术分析可以帮助投资者判断市场趋势

C. 技术分析方法是对价格变动的根本原因的判断

D. 技术分析方法的特点是比较直观

【参考答案】C

【答案解析】技术分析方法是通过对市场行为本身的分析来预测价格的变动方向，即主要是对期货市场的日常交易状况，包括价格、交易量与持仓量等数据，按照时间顺序绘制成图形、图表，或者形成指标系统，然后针对这些图形、图表或指标系统进行分析，预测期货价格未来走势。

16.（　　）不是技术分析法的理论依据。

A. 市场行为反映一切　　B. 价格呈趋势变动

C. 历史会重演　　D. 不要把所有的鸡蛋放在一个篮子里

【参考答案】D

【答案解析】市场的三大假设。

17. 目前，货币政策是世界各国普遍使用的宏观经济政策之一，其核心是对（　　）的管理。

A. 利率　　B. 汇率

C. 价格指数　　　　　　　　　　D. 货币供应量

【参考答案】D

【答案解析】货币政策是世界各国普遍采用的经济政策，核心是对货币供应量的管理。

18. 2001 年"9·11"恐怖袭击事件在美国发生，投资者纷纷抛售美元，购入黄金保值，使世界黄金期货价格暴涨。同时，铜、铝等有色金属期货价格和石油期货价格也暴涨，而美元则大幅下跌。这属于（　　）对期货价格的影响。

A. 经济波动周期因素　　　　　　B. 金融货币因素

C. 经济因素　　　　　　　　　　D. 政治因素

【参考答案】D

【答案解析】期货市场对国家（地区）及世界政治局势变化的反应非常敏感。罢工、大选、政变、内战、国际冲突等，都会导致供求状况发生变化进而影响期货价格。

19. 当巴西灾害性天气出现时，国际市场上可可的期货价格会（　　）。

A. 上涨　　　　　　　　　　　　B. 下跌

C. 不变　　　　　　　　　　　　D. 不确定上涨或下跌

【参考答案】A

【答案解析】自然因素主要是气候条件、地理变化和自然灾害等。具体来讲，包括地震、洪涝、干旱、严寒、虫灾、台风等因素。期货交易所上市的粮食、金属、能源等商品，其生产和消费与自然条件密切相关。

20. 技术分析中，波浪理论是由（　　）提出的。

A. 索罗斯　　　　　　　　　　　B. 菲波纳奇

C. 艾略特　　　　　　　　　　　D. 道·琼斯

【参考答案】C

【答案解析】波浪理论的全称是艾略特波浪理论，是以其创始人 R. N. Elliott 的名字命名的。

21. 属于持续整理形态的价格曲线形态是（　　）。

A. 圆弧形态　　　　　　　　　　B. 双重顶形态

C. 旗形　　　　　　　　　　　　D. V 形

【参考答案】C

【答案解析】比较典型的反转形态有头肩形、双重顶（M 头）、双重底（W 底）、三重顶、三重底、圆弧顶、圆弧底、V 形形态等，比较典型的持续形态有三角形态、矩形形态、旗形形态和楔形形态等。

22. 道氏理论中市场波动的三种趋势不包括（　　）。

A. 主要趋势　　B. 次要趋势
C. 长期趋势　　D. 短暂趋势

【参考答案】C

【答案解析】道氏理论认为价格波动尽管表现形式不同，但最终可将它们分为三种趋势，即主要趋势、次要趋势和短暂趋势。趋势的反转点是确定投资的关键。

23. 波浪理论是以（　　）为基础的。

A. K 线理论　　B. 指标
C. 切线　　D. 周期

【参考答案】D

【答案解析】波浪理论认为，价格上涨、下跌现象是不断重复的，而且价格涨跌规律具有周期性特征，像水的波浪一样，循环往复。

24. 下面（　　）不属于波浪理论的主要考虑因素。

A. 成交量　　B. 时间
C. 高点、低点的相对位置　　D. 形态

【参考答案】A

【答案解析】波浪理论在应用中主要考虑三个方面：价格运行所形成的形态、价格形态中高点和低点所处的相对位置、完成价格形态所经历的时间，即所谓的“形态、比例和时间”。其中，价格形态是最重要的，是波浪理论赖以生存的基础。

25. 艾略特波浪理论最大的不足是（　　）。

A. 面对同一个形态，不同的人会有不同的数法
B. 对浪的级别难以判断
C. 不能通过计算出各个波浪之间的相互关系
D. 一个完整周期的规模太长

【参考答案】B

【答案解析】波浪理论从理论上讲是 8 浪结构完成一个完整的过程，但是，主浪的变形和调整浪的变形会产生复杂多变的形态，波浪所处的层次又会产生大浪套小浪，浪中有浪的多层次形态，这些都会使应用者在具体数浪时发生偏差。

26. 下列关于江恩理论的说法，正确的是（　　）。

A. 构造圆形图预测价格的具体点位
B. 用方形图预测价格的短期周期
C. 用角度线预测价格的长期周期
D. 用轮中轮将时间和价位结合进行预测

【参考答案】D

【答案解析】江恩理论包括江恩时间法则、江恩价格法则和江恩线等诸多内容。投资者可通过构造圆形图预测价格运行的时间周期，用方形图预测具体的价格点位，用角度线预测价格的支撑位和阻挡位，而江恩轮中轮则将时间和价位相结合进行预测。

27.（　　）认为，无论什么样的价格波动，其波动过程必然产生局部的高点和低点，且这些高点和低点在出现的时间上有规律。

A. 波浪理论　　B. 江恩理论

C. 循环周期理论　　D. 相反理论

【参考答案】C

【答案解析】循环周期理论认为，无论什么样的价格波动，都不会向一个方向永远走下去。价格的波动过程必然产生局部的高点和低点，这些高点和低点的出现，在时间上有一定的规律。因而投资者利用价格波动的周期性，选择低点做多和高点做空获利。

28. 循环周期理论中的季节性周期长度为（　　）。

A. 2 年　　B. 1 年

C. 10 个月　　D. 8 周

【参考答案】B

【答案解析】略。

29. 趋势线可以衡量价格的（　　）。

A. 持续震荡区　　B. 反转突破点

C. 波动方向　　D. 调整方向

【参考答案】B

【答案解析】价格趋势是指价格运行的方向，但价格运行轨迹一般不会朝任何方向直来直去，而是曲折的，具有明显的峰和谷。价格运行的方向，正是由这些波峰和波谷依次上升、下降或者横向延伸形成的，即上升趋势、下降趋势和水平趋势。

30. 技术分析的假设中，最根本、最核心的条件是（　　）。

A. 市场行为涵盖一切信息　　B. 价格沿趋势移动

C. 历史会重演　　D. 投资者都是理性的

【参考答案】B

【答案解析】价格呈趋势变动，这是技术分析最根本、最核心观点。“趋势”概念是技术分析的核心，趋势的运行将会继续，直到有反转的现象产生为止。事实上，价格虽上下波动，但终究是朝一定的方向演进，技术分析法借助利用图形或指标分析，以期确定当前价格趋势及发现反转的信号，掌握时机进行交易并获利。

31.（　　）认为收盘价是最重要的价格。

A. 道氏理论　　B. 切线理论

C. 形态理论　　D. 波浪理论

【参考答案】A

【答案解析】道氏理论认为所有价格中，收盘价最重要，甚至认为只需用收盘价，不用别的价格。

32. 两根K线的组合中，第二天多空双方争斗的区域越高，表示（　　）。

A. 越有利于上涨　　B. 越有利于下跌

C. 不涨不跌　　D. 无法判断

【参考答案】A

【答案解析】略。

33. 一组趋势向下的8浪结构结束之后，继续向下调整，这一调整可能会以（　　）结构进行调整才算完成再次的探底，从而获得一次较大的反弹。

A. 调整3浪　　B. 调整5浪

C. 调整8浪　　D. 以上都不对

【参考答案】B

【答案解析】一个完整的价格周期要经过8个过程，上升周期由5个上升过程（上升浪）和3个下降调整过程（调整浪）组成，下跌周期有5个下跌过程（下跌浪）和3个上升调整过程（调整浪）组成，一个周期结束之后，才会进入下一个周期。

34. 如果我们发现了一个上升5浪结构，而且目前处在这个5浪结构的第5浪，这一个5浪结构同时又是上升5浪的第5浪，则我们应该采取的策略是（　）。

A. 加仓买入　　B. 减仓卖出

C. 不操作　　D. 以上都不对

【参考答案】B

【答案解析】一个完整的价格周期要经过8个过程，上升周期由5个上升过程（上升浪）和3个下降调整过程（调整浪）组成，下跌周期有5个下跌过程（下跌浪）和3个上升调整过程（调整浪）组成，一个周期结束之后，才会进入下一个周期。

35. 一般说来，可以根据下列（　　）因素判断趋势线的有效性。

A. 趋势线的斜率越大，有效性越强

B. 趋势线的斜率越小，有效性越强

C. 趋势线被触及的次数越少，有效性越被得到确认

D. 趋势线被触及的次数越多，有效性越被得到确认

【参考答案】D

【答案解析】略。

36.（　　）是最著名和最可靠的反转突破形态。

A. 头肩形态　　B. 双重顶（底）

C. 圆弧形态　　D. 喇叭形

【参考答案】A

【答案解析】比较典型的反转形态有头肩形、双重顶（M 头）、双重底（W 底）、三重顶、三重底、圆弧顶、圆弧底、V 形形态等，比较典型的持续形态有三角形态、矩形形态、旗形形态和楔形形态等。

37. 支撑线和压力线之所以能起支撑和压力作用，很大程度是（　　）。

A. 机构主力斗争的结果　　B. 支撑线和压力线的内在抵抗作用

C. 投资者心理因素的原因　　D. 以上都不对

【参考答案】C

【答案解析】心理因素是指投机者对市场的预期。当人们对市场信心十足时，即使没有利好消息，价格也可能上涨；反之，当人们对市场失去信心时，即使没有利空因素，价格也会下跌。

38. 根据股价未来变化的方向，股价运行的形态划分为（　　）。

A. 持续整理形态和反转突破形态　　B. 多重顶形和圆弧顶形

C. 三角形和矩形　　D. 旗形和楔形

【参考答案】A

【答案解析】价格运动主要有保持平衡的持续情形和打破平衡的突破或反转情形两大类，因而在价格分析中常常把价格形态分成持续形态和反转形态两大类型。

39. 假设某早籼稻期货合约价格上升至 4320 元/吨处遇到阻力回落，至 4170 元/吨重新获得支撑，反弹至 4320 元/吨，此后一路下行，跌破 4100 元/吨，那么根据反转突破形态的特征，可以判断该合约可能在（　　）元/吨的价位获得较强支撑。

A. 4120　　B. 4020

C. 3920　　D. 3820

【参考答案】B

【答案解析】可以判断出是 M 头形态。4320 − 4170 = 150 元/吨；4170 − 150 = 4020 元/吨。此处应有较强支撑。

40. 旗形和楔形是两个最为著名的持续整理形态，休整之后的走势往往是（　　）。

A. 与原有趋势相反　　B. 保持原有趋势

C. 寻找突破方向　　D. 不能判断

【参考答案】B

【答案解析】比较典型的反转形态有头肩形、双重顶（M 头）、双重底（W 底）、三重顶、三重底、圆弧顶、圆弧底、V 形形态等，比较典型的持续形态有三角形态、矩形形态、旗形形态和楔形形态等。

二、多项选择题（在以下各小题所给出的四个选项中，至少有两个选项符合题目要求，请将正确选项的代码填入括号中）

1. 技术分析的要素包括（　　）。

A. 价格　　B. 交易量

C. 时间　　D. 持仓量

【参考答案】ABCD

【答案解析】期货市场技术分析方法是通过对市场行为本身的分析来预测价格的变动方向，即主要是对期货市场的日常交易状况，包括价格、交易量与持仓量等数据，按照时间顺序绘制成图形、图表，或者形成指标系统，然后针对这些图形、图表或指标系统进行分析，预测期货价格未来走势。

2. 技术分析理论包括（　　）。

A. 波浪理论　　B. 江恩理论

C. 相反理论　　D. 道氏理论

【参考答案】ABCD

【答案解析】这些都是技术分析中较为常用的分析理论。

3. 道氏理论的主要原理有（　　）。

A. 市场价格平均指数可以解释和反映市场的大部分行为

B. 市场波动具有某种趋势

C. 趋势必须得到交易量的确认

D. 一个趋势形成后将持续，直到趋势出现明显的反转信号

【参考答案】ABCD

【答案解析】道氏理论认为：（1）市场价格指数可解释和反映市场的大部分行为。（2）市场波动的三种趋势。道氏理论认为价格波动尽管表现形式不同，但最终可将它们分为三种趋势，即主要趋势、次要趋势和短暂趋势。趋势的反转点是确定投资的关键。（3）交易量在确定趋势中的作用。交易量提供的信息有

助于解决一些令人困惑的市场行为。（4）收盘价是最重要的价格。道氏理论认为所有价格中，收盘价最重要，甚至认为只需用收盘价，不用别的价格。

4. 按道氏理论的分类，趋势分为（　　）等类型。

A. 主要趋势　　B. 长期趋势

C. 次要趋势　　D. 短暂趋势

【参考答案】ACD

【答案解析】道氏理论认为价格波动尽管表现形式不同，但最终可将它们分为三种趋势，即主要趋势、次要趋势和短暂趋势。趋势的反转点是确定投资的关键。

5. 关于基本分析与技术分析，下列说法正确的有（　　）。

A. 技术分析法和基本分析法分析价格趋势的基本观点不同

B. 基本分析法劣于技术分析法

C. 技术分析法在很大程度上依赖于经验判断

D. 技术分析法的基点是事后分析

【参考答案】ACD

【答案解析】先有价格后有分析结论属于技术分析特点。

6. 在使用道氏理论时，下述做法或说法正确的有（　　）。

A. 使用道氏理论对大趋势进行判断有较大的作用

B. 道氏理论对每日波动没有意义

C. 道氏理论对次要趋势的判断作用不大

D. 道氏理论的不足在于它的可操作性较差

【参考答案】ABCD

【答案解析】道氏理论认为：（1）市场价格指数可解释和反映市场的大部分行为。（2）市场波动的三种趋势。道氏理论认为价格波动尽管表现形式不同，但最终可将它们分为三种趋势，即主要趋势、次要趋势和短暂趋势。趋势的反转点是确定投资的关键。（3）交易量在确定趋势中的作用。交易量提供的信息有助于解决一些令人困惑的市场行为。（4）收盘价是最重要的价格。道氏理论认为所有价格中，收盘价最重要，甚至认为只需用收盘价，不用别的价格。

7. 在对K线的组合进行研判时，下列做法或者结论正确的有（　　）。

A. 最后一根K线最重要

B. 总是由最后一根K线相对于前面K线的位置来判断多空双方的实力大小

C. 三根K线组合得出的结论比两根K线组合要准确些，可信度更大些

D. 无论是一根K线，还是两根、三根K线以至多根K线，由它们的组合得到的结论都是相对的，不是绝对的

【参考答案】ABCD

【答案解析】无论是一根、两根、三根还是多根K线的组合，都是对多空双方交易博弈的描述，由它们的组合得到的结论都是相对的。对具体进行期货交易的投资者而言，其结论只是起一种建议作用。在应用时，有时候会发现运用不同种类的组合得到不同的结论。一般说来，多根K线组合得到的结果的预测价值和可靠性会较高。有时应用一根K线组合分析得到下一交易日会下跌的结论，但实际价格并没有下跌，而是出现与事实相反的结果。此时建议使用根数更多的K线组合进行分析。

8. 对于两根K线组合来说，下列说法正确的有（　　）。

A. 第二天多空双方争斗的区域越高，越有利于上涨

B. 连续两阴线的情况，说明空头获胜

C. 连续两阳线的情况，第二根K线实体越长，超出前一根K线越多，则多头优势越大

D. 无论K线的组合多复杂，都是由最后一根K线相对前面K线的位置来判断多空双方的实力大小

【参考答案】ABCD

【答案解析】K线是价格的反映。

9. 波浪理论考虑的因素主要有（　　）。

A. 价格走势所形成的形态

B. 价格走势图中各个高点和低点所处的相对位置

C. 价格移动的趋势

D. 波浪移动的级别

【参考答案】AB

【答案解析】波浪理论研究价格趋势。

10. 下列关于波浪理论的描述正确的有（　　）。

A. 一个完整的周期通常由8个子浪形成

B. 第4浪的浪底一定比第1浪的浪尖高

C. 第5浪是上升的最后一浪，所以第5浪的浪尖是整个周期的最高点

D. 波浪理论中的任何一浪，其要么是主浪，要么是调整浪

【参考答案】ABD

【答案解析】一个完整的价格周期要经过8浪过程，上升周期由5个上升过程（上升浪）和3个下降调整过程（调整浪）组成，下跌周期有5个下跌过程（下跌浪）和3个上升调整过程（调整浪）组成，一个周期结束之后，才会进入下一个周期。

11. 波浪理论应用中容易出现错误的地方包括（　　）。

A. 浪的变形并不一定严格遵守简单 8 浪结构

B. 每一个浪所处的层次的确定具有较大难度

C. 每一个层次的浪的起始点的确认具有较大难度

D. 每一个浪的高度具有不确定性

【参考答案】ABC

【答案解析】一个完整的价格周期要经过 8 浪过程，上升周期由 5 个上升过程（上升浪）和 3 个下跌调整过程（调整浪）组成，下跌周期有 5 个浪下跌过程（下跌浪）和 3 个上升调整过程（调整浪）组成，一个周期结束之后，才会进入下一个周期。

12. 波浪理论考虑的因素主要有（　　）。

A. 股价走势所形成的形态

B. 股价走势图中各个高点和低点所处的相对位置

C. 波浪的大小

D. 完成某个形态所经历的时间长短

【参考答案】ABD

【答案解析】波浪理论在应用中主要考虑三个方面：价格运行所形成的形态、价格形态中高点和低点所处的相对位置、完成价格形态所经历的时间，即所谓的“形态、比例和时间”。其中，价格形态是最重要的，是波浪理论赖以生存的基础。

13. 下列关于波浪理论的说法正确的有（　　）。

A. 较高的一个浪又可以细分成几个层次较低的小浪

B. 处于层次较低的几个浪可以合并成一个较高层次的大浪

C. 波浪理论学习和掌握上很容易，最大的不足是应用上的困难

D. 形态、比例和时间三个方面是波浪理论首先应考虑的

【参考答案】ABD

【答案解析】波浪理论在应用中主要考虑三个方面：价格运行所形成的形态、价格形态中高点和低点所处的相对位置、完成价格形态所经历的时间，即所谓的“形态、比例和时间”。其中，价格形态是最重要的，是波浪理论赖以生存的基础。

14. 江恩理论是一种通过对数学、几何学、（　　）的综合运用建立的独特分析方法和测市理论。

A. 易经　　　　B. 宗教

C. 心理学　　　　D. 天文学

【参考答案】BD

【答案解析】江恩通过对数学、几何学、宗教、天文学的综合运用建立了一套独特分析方法和预测市场的理论，称为江恩理论。

15. 在某一价位附近之所以形成对期货价格运行的支撑或压力，主要是由（　　）所决定的。

A. 投资者的持仓分布　　B. 持有成本

C. 投资者的心理因素　　D. 机构主力的斗争

【参考答案】ABC

【答案解析】支撑位和压力位的主观性较强。

16.（　　）形态的突破具有高度测算功能。

A. 头肩顶（底）　　B. 矩形

C. 旗形　　D. 三角形

【参考答案】ABCD

【答案解析】比较典型的反转形态有头肩形、双重顶（M头）、双重底（W底）、三重顶、三重底、圆弧顶、圆弧底、V形形态等，比较典型的持续形态有三角形态、矩形形态、旗形形态和楔形形态等。

17. 按照相反理论，下列操作和说法正确的有（　　）。

A. 相反理论在市场中被广泛应用

B. 大多数人的判断是错误的

C. 不可能是多数人获利

D. 要获得大的利益，一定要同大多数人的行动不一致

【参考答案】CD

【答案解析】相反理论认为，当绝大多数投资者看法一致时，他们通常是错误的。那么，投资者的正确选择应当是，首先确定大多数投资者的交易行为，然后反其道而行之。投资者若想获得较大的投资收益，一定要同大多数人的交易行为不一致。相反理论在操作上的具体体现是，在投资者爆满的时候出场，在投资者稀落的时候入场。

18. 以下属于反转突破形态的有（　　）。

A. 楔形　　B. 头肩形

C. 喇叭形　　D. 三重顶（底）形

【参考答案】BCD

【答案解析】比较典型的反转形态有头肩形、双重顶（M头）、双重底（W底）、三重顶、三重底、圆弧顶、圆弧底、V形形态等，比较典型的持续形态有三角形态、矩形形态、旗形形态和楔形形态等。

19. 一般来说，买卖双方对价格的认同程度通过成交量的大小来确认，具体为（ ）。

A. 认同程度小，分歧大，成交量小

B. 认同程度小，分歧大，成交量大

C. 价升量增，价跌量减

D. 价升量减，价跌量增

【参考答案】AC

【答案解析】一般来说，买卖双方对价格的认同程度通过成交量的大小来确认，这样就表现出一种规律：价升量增，价跌量减。根据这一趋势规律，当价格上升时，成交量不再增加，意味着价格得不到买方确认，价格的上升趋势就将会改变；反之，当价格下跌时，成交量萎缩到一定程度就不再萎缩，意味着卖方不再认同价格继续往下降了，价格下降的趋势就将会改变。

20. 下列关于期货价格的图示法中，正确的说法有（ ）。

A. 分时图是指将每一笔成交价都在坐标图中标出的图示方式

B. 日 K 线图是根据日开盘价、收盘价、最高价、最低价 4 个价格画出的

C. 在 K 线图中，上影线是最低价与矩形相连的一段

D. 观察日 K 线图，可看出该日市况是“低开高收”还是“高开低收”

【参考答案】BD

【答案解析】分时图是指在某一交易日内，按照时间顺序将对应的期货成交价格进行连线所构成的行情图。K 线图中的每一根 K 线标示了某一交易时间段中的开盘价、收盘价、最高价和最低价。根据单根 K 线所代表的时间长短不同，可以画出不同周期的 K 线图，如 5 分钟 K 线、15 分钟 K 线、30 分钟 K 线、60 分钟 K 线、日 K 线、周 K 线、月 K 线等。上影线的长度表示最高价和收盘价之间的价差，实体的长短代表收盘价与开盘价之间的价差，下影线的长度则代表开盘价和最低价之间的差距。

21. 下列对成交量和持仓量的说法，正确的有（ ）。

A. 成交量水平可以反映市场价格运动的强烈程度

B. 一般可以通过分析价格变化与成交量变化的关系来验证价格运动的方向

C. 从期货合约上市至到期，成交量先逐渐减少然后逐渐增加

D. 成交量和持仓量的变化可以反映合约交易的活跃程度和投资者的预期

【参考答案】ABD

【答案解析】略。

22. 在我国，关于期货价格的说法正确的有（ ）。

A. 集合竞价未产生成交价格的，以集合竞价后第一笔成交价为开盘价

B. 收盘价是某一期货合约当日交易后最后一笔成交价格

C. 最新价是某一期货合约在当日交易期间的即时成交价格

D. 当日结算价的计算无须考虑成交量

【参考答案】ABC

【答案解析】开盘价是当日某一期货合约交易开始前5分钟集合竞价产生的成交价。如集合竞价未产生成交价，则以集合竞价后的第一笔成交价为开盘价。高价是指一定时间内某一期货合约成交价中的最高价格。最低价是指一定时间内某一期货合约成交价中的最低价格。最新价是指某交易日某一期货合约交易期间的即时成交价格。

23.（　）适用于描述较长时间段内的期货价格走势。

A. 分时图　　B. K线图

C. 闪电图　　D. 竹线图

【参考答案】BD

【答案解析】根据单根K线所代表的时间长短不同，可以画出不同周期的K线图，如5分钟K线、15分钟K线、30分钟K线、60分钟K线、日K线、周K线、月K线等。按时间不同，竹线图可分为日竹线图、周竹线图、月竹线图等。

24. 下列情况中，（　）表明市场处于技术性强市。

A. 价格下跌时交易量上升　　B. 价格上升时交易量下降

C. 价格下跌时交易量下跌　　D. 价格上升时交易量上升

【参考答案】CD

【答案解析】略。

25. 下列关于持仓量的描述，正确的有（　）。

A. 当买卖双方均为开仓时，持仓量不变

B. 当买卖双方有一方为开仓另一方为平仓时，持仓量不变

C. 当买卖双方均为开仓时，持仓量增加

D. 当买卖双方均为开仓时，持仓量减少

【参考答案】BC

【答案解析】持仓量，也称空盘量或未平仓合约量，是指期货交易者所持有的未平仓合约的双边累计数量。

26. 一般可以通过分析价格变化与成交量变化的关系来验证价格运动的方向，下列说法正确的有（　）。

A. 如果价格上升时成交量上升，说明大量交易者跟市卖出

B. 如果成交量下降时价格也下跌，说明跟市卖出者很少

C. 如果价格上升时成交量也下降，说明市场交易者不愿意跟市买入

D. 如果价格下跌时成交量上升，说明跟市买入者较多

【参考答案】BC

【答案解析】略。

27. 基本面分析法的特点是（　　）。

A. 主要分析影响供求的因素　　B. 分析价格变动的根本原因

C. 分析价格变动的中长期趋势　　D. 分析价格变动的短期趋势

【参考答案】ABC

【答案解析】对于商品期货而言，基本面分析是指从宏观分析出发，对期货品种对应现货市场供求及其影响因素进行分析，从而分析和预测期货价格和走势的方法。基本面分析方法以供求分析为基础，研究价格变动的内在因素和根本原因，侧重于分析和预测价格变动的中长期趋势。

28. 基本面分析法是交易者根据商品的（　　）等因素来预测商品价格走势的分析方法。

A. 产量　　B. 消费量

C. 库存量　　D. 交易量

【参考答案】ABC

【答案解析】基本面分析主要包括宏观经济分析、供求分析和影响因素分析等相关内容，侧重于分析宏观性因素。供给是指在一定时间和地点，在不同价格水平下卖方愿意并能够提供的产品数量。本期供给量由期初存量、本期产量和本期进口量构成。

29. 影响国内消费量变化的因素有（　　）等。

A. 国内人口增长及消费结构的变化

B. 政府收入分配与就业政策

C. 国内消费者购买力的变化

D. 生产者的生产技术水平

【参考答案】ABC

【答案解析】国内消费量包括居民消费量和政府消费量，主要受消费者人数、消费者的收入水平或购买能力、消费结构、相关产品价格等因素影响。

30. 关于影响期货价格因素的说法，正确的有（　　）。

A. 经济周期因素是影响期货市场价格走势的重要因素

B. 主要国际流通货币的汇率波动会影响期货市场价格走势

C. 股票及债券市场、黄金市场和外汇市场的运行，会影响期货市场价格

D. 期货价格与气候灾害等自然因素的关系不大

【参考答案】ABC

【答案解析】天灾对期货价格，特别是农产品价格影响很大。

31. 商品市场的供给量由（　　）组成。

A. 前期库存量　　B. 当期出口量

C. 当期生产量　　D. 当期进口量

【参考答案】ACD

【答案解析】出口量是指本国生产的产品销往国外市场的数量。出口量主要受国际市场供求状况、内销和外销价格比、关税和非关税壁垒、汇率等因素影响。

32. 决定一种商品供给的主要因素有（　　）。

A. 生产技术水平　　B. 生产成本

C. 相关商品的价格　　D. 商品自身的价格

【参考答案】ABCD

【答案解析】影响供给的因素有商品自身的价格、生产成本（要素价格）、生产的技术水平、相关商品的价格、生产者对未来的预期、政府的政策以及其他相关因素等。

33. 关于经济周期对价格波动的影响，以下描述正确的有（　　）。

A. 在复苏阶段，生产的恢复和需求的增加促使价格逐渐回升

B. 在高涨阶段，供给满足不了日益增长的需求，从而刺激价格快速上涨

C. 在萧条阶段，社会购买力仍然很低，商品销售仍然困难，但价格处在较高的水平上

D. 在衰退阶段，需求萎缩，供给大大超过需求，库存增加导致了价格的猛烈下降

【参考答案】AB

【答案解析】经济周期一般由复苏、繁荣、衰退和萧条四个阶段构成。在经济周期性波动的不同阶段，大宗商品的供求和价格具有不同的特征，进而影响期货价格。一般的，复苏阶段开始时是前一周期的最低点，产出和价格均处于最低水平，随着经济的复苏，生产的恢复和需求的增长，价格也开始逐步回升。繁荣阶段是经济周期的高峰阶段，投资需求和消费需求的不断扩张超过了产出的增长，刺激价格迅速上涨到较高水平。衰退阶段出现在经济周期高峰过去后，经济开始滑坡，需求的萎缩，使得供给大大超过需求，造成价格迅速下跌。萧条阶段是经济周期的谷底，供给和需求均处于较低水平，价格停止下跌。

34. 关于影响需求的因素的说法，正确的有（　　）。

A. 对多数商品来说，当预期某种商品的价格会上升时，会增加对该商品的现期需求量

B. 当一种商品本身价格不变时，其替代品价格上升会引起对该商品的需求

量减少

C. 对多数商品来说，消费者收入提高会减少对其的需求量

D. 当一种商品本身价格不变时，其互补品价格上升会引起对该商品的需求量减少

【参考答案】AD

【答案解析】本期需求量由国内消费量、出口量和期末结存量构成。影响某种商品需求的因素主要包括商品自身的价格、替代品和互补品的价格、消费者对商品价格的预期、消费者的收入水平、消费者的偏好、政府的消费政策等。

35. 下列因素中（　　）能够影响一种商品的需求量。

A. 该商品的价格　　B. 消费者的收入

C. 消费者的偏好　　D. 相关商品价格的变化

【参考答案】ABCD

【答案解析】需求受多种因素影响。

36. 对期货市场价格产生影响的因素包括（　　）。

A. 经济周期因素　　B. 货币因素

C. 投机和心理因素　　D. 自然因素

【参考答案】ABCD

【答案解析】宏观经济分析。

37. 当某商品当年年底商品存货量增加时，表示（　　）。

A. 当年商品的供应量大于需求量

B. 当年商品的供应量小于需求量

C. 下年的商品期货价格很可能会下跌

D. 下年的商品期货价格很可能会上升

【参考答案】AC

【答案解析】库存是分析期货价格的重要因素之一。

38. 在期货市场中，货币因素对期货价格的影响主要表现在（　　）方面。

A. 利率　　B. 汇率

C. 通货膨胀率　　D. 货币供给量

【参考答案】ABD

【答案解析】货币政策是世界各国普遍采用的经济政策，核心是对货币供应量的管理。为了刺激经济增长、增加就业，中央银行实行宽松的货币政策，降低利率，增加流通中的货币量，一般商品物价水平随之上升。为了抑制通货膨胀，中央银行实行紧缩的货币政策，提高利率，减少流通中的货币量，一般商品物价水平随之下降。随着金融深化和虚拟经济的发展，利率在现代市场经济中的地位和作用日

益重要。利率的高低不仅影响一般商品价格水平，而且直接影响资产的价格。资产价格取决于资产的未来收益与利率之比。理论上，利率上升，资产价格下降；利率下降，资产价格提高。随着经济全球化的发展，国际贸易和国际投资的范围和规模不断扩大。汇率对于国际贸易和国际投资有着直接影响。当本币升值时，本币的国际购买力增强，有利于对外投资。同时，以外币表示的本国商品的价格上升，以本币表示的外国商品的价格下降，这将有利于进口而不利于出口。当本币贬值时，外币的国际购买力增强，有利于吸引外商直接投资。同时，以外币表示的本国商品的价格下降，以本币表示的外国商品的价格上升，这将有利于出口而不利于进口。特别是世界主要货币汇率的变化，对期货市场有着显著的影响。

39. 道氏理论的缺点有（　　）。

A. 对价格的微小波动或次要趋势的判断作用不大

B. 其结论落后于价格的变化，信号太迟

C. 理论本身的缺陷，信号不明确

D. 对大趋势判断作用小

【参考答案】ABC

【答案解析】道氏理论用于判断大的趋势。

40. 循环周期理论中周期一般分为（　　）。

A. 长期周期　　B. 季节性周期

C. 基本周期　　D. 交易周期

【参考答案】ABCD

【答案解析】循环周期理论认为，无论什么样的价格波动，都不会向一个方向永远走下去。价格的波动过程必然产生局部的高点和低点，这些高点和低点的出现，在时间上有一定的规律。因而投资者利用价格波动的周期性，选择低点做多和高点做空获利。

三、判断题（请判断以下各小题的正误，正确的填写 A，错误的填写 B）

1. 在K线理论中，如果开盘价高于收盘价，则实体为阳线。（　　）

【参考答案】B

【答案解析】当收盘价高于开盘价，K线为阳线。

2. 开盘价是指某一期货合约开市前4分钟内经集合竞价产生的成交价格。（　　）

【参考答案】B

【答案解析】开盘价是当日某一期货合约交易开始前5分钟集合竞价产生的成交价。

3. 集合竞价未产生成交价格的，以上一日收盘价作为开盘价。（　　）

【参考答案】B

【答案解析】如集合竞价未产生成交价，则以集合竞价后的第一笔成交价为开盘价。

4. 期货市场技术分析中，价格分析和持仓量是核心分析，交易量是辅助分析。 ( )

【参考答案】B

【答案解析】价格形态分析是以原始数据（价格、成交量、持仓量和时间）构成的形态为对象来分析和预测市场价格变化的方向和趋势。

5. 闪电图是在图中按时间等分，将每分钟的最新价格标出的图示方法，它随着时间延续就会出现一条弯弯曲曲的曲线。 ( )

【参考答案】B

【答案解析】Tick 图，也称闪电图，理论上是按照时间顺序将期货合约的每一笔成交价格依次标注出来并连线形成。

6. 就持仓量的数量来说，当多头开仓同时多头平仓时，持仓量减少。 ( )

【参考答案】B

【答案解析】多头开仓同时多头平仓时，持仓量不变。

7. 空头开仓交易，多头平仓交易，持仓量减少。 ( )

【参考答案】B

【答案解析】持仓量，也称空盘量或未平仓合约量，是指期货交易者所持有的未平仓合约的双边累计数量。

8. 一般认为，如果成交量和持仓量都减少，则当前价格趋势很可能按照现有方向继续发展。 ( )

【参考答案】B

【答案解析】略。

9. 期货基本分析法主要分析的是期货价格的日常波动趋势。 ( )

【参考答案】B

【答案解析】基本面分析方法以供求分析为基础，研究价格变动的内在因素和根本原因，侧重于分析和预测价格变动的中长期趋势。

10. 基本分析法主要分析的是期货合约价格的短期走势。 ( )

【参考答案】B

【答案解析】基本面分析方法以供求分析为基础，研究价格变动的内在因素和根本原因，侧重于分析和预测价格变动的中长期趋势。

11. 基本分析法研究的是价格变动的根本原因。 ( )

【参考答案】A

【答案解析】基本面分析方法以供求分析为基础，研究价格变动的内在因素和根本原因，侧重于分析和预测价格变动的中长期趋势。

12. 技术分析法是对市场以外影响市场价格的因素进行研究来预测市场价格变动方向的方法。（ ）

【参考答案】B

【答案解析】期货市场技术分析方法是通过对市场行为本身的分析来预测价格的变动方向，即主要是对期货市场的日常交易状况，包括价格、交易量与持仓量等数据，按照时间顺序绘制成图形、图表，或者形成指标系统，然后针对这些图形、图表或指标系统进行分析，预测期货价格未来走势。

13. 技术分析法比基础分析法具有优势，因此可以取代基本分析法。（ ）

【参考答案】B

【答案解析】两种分析方法应该互补。

14. 在经济周期的高涨阶段，由于商品需求不断增加，而供应量满足不了日益增长的需求，从而刺激价格迅速上涨至较高水平。（ ）

【参考答案】A

【答案解析】繁荣阶段是经济周期的高峰阶段，由于投资需求和消费需求的不断扩张超过了产出的增长，刺激价格迅速上涨到较高水平。

15. 需求法则是指在其他条件不变的情况下，价格和需求量之间呈相反方向变动的关系。（ ）

【参考答案】A

【答案解析】价格高，则需求降低；反之亦然。

16. 在替代商品中，一种商品价格的上升会引起另一种商品需求量的减少。（ ）

【参考答案】B

【答案解析】一种商品价格上升会引起替代品需求上升。

17. 供给是指在一定时期内，在各种可能的价格下，生产者愿意提供的某种商品或劳务的数量。（ ）

【参考答案】B

【答案解析】供给是指在一定时间和地点，在不同价格水平下卖方愿意并能够提供的产品数量。本期供给量由期初存量、本期产量和本期进口量构成。

18. 生产技术水平和消费者的偏好均是影响商品供给量的因素之一。（ ）

【参考答案】B

【答案解析】影响供给的因素有商品自身的价格、生产成本（要素价格）、生产的技术水平、相关商品的价格、生产者对未来的预期、政府的政策以及其他相关因素等。

19. 一般可以通过国民生产总值、货币供给量等指标判断经济的繁荣与萧条。（　）

【参考答案】B

【答案解析】在整个经济周期演化过程中，价格波动略滞后于经济波动。

20. 当经济发展缓慢时，中央银行通常会提高利率以刺激经济增长。（　）

【参考答案】B

【答案解析】为了刺激经济增长、增加就业，中央银行实行宽松的货币政策，降低利率，增加流通中的货币量，一般商品物价水平随之上升。

21. 投机者的心理变化与投机行为在期货交易中形成了相互依赖、相互制约的关系。（　）

【参考答案】A

【答案解析】在期货交易中，市场心理变化往往与投机行为交织在一起，相互依赖，相互制约，产生综合效应。

22. 期货市场对政治气候变化非常敏感，政治局势的波动常常对期货价格造成不同程度的影响。（　）

【参考答案】A

【答案解析】期货市场对国家（地区）及世界政治局势变化的反应非常敏感。罢工、大选、政变、内战、国际冲突等，都会导致供求状况发生变化进而影响期货价格。

23. 在上升趋势中，将两个高点连成一条直线，就得到上升趋势线。（　）

【参考答案】B

【答案解析】由一系列相继上升的波峰和波谷形成的价格走势，称为上升趋势；由一系列相继下降的波峰和波谷形成的价格走势，称为下降趋势。

24. 短暂趋势是在形成主要趋势的过程中进行的调整。（　）

【参考答案】B

【答案解析】道氏理论认为价格波动最终可分为三种趋势：主要趋势、次要趋势和短暂趋势。短暂趋势不属于主要趋势过程中的调整，而是独立存在的。

25. 道氏理论不仅对大形势的判断有较大作用，对于每日每时都在发生的小波动也能做出比较有效的判断。（　）

【参考答案】B

【答案解析】道氏理论认为：（1）市场价格指数可解释和反映市场的大部分行为。（2）市场波动的三种趋势。道氏理论认为价格波动尽管表现形式不同，但最终可将它们分为三种趋势，即主要趋势、次要趋势和短暂趋势。趋势的反转点是确定投资的关键。(3) 交易量在确定趋势中的作用。交易量提供的信息有助于解决一些令人困惑的市场行为。(4) 收盘价是最重要的价格。道氏理论认为所有价格中，收盘价最重要，甚至认为只需用收盘价，不用别的价格。

26. 相反理论认为期货市场中不可能多数人获利，所以应该同大多数人的投资方向不一致。 ( )

【参考答案】A

【答案解析】相反理论认为，当绝大多数投资者看法一致时，他们通常是错误的。那么，投资者的正确选择应当是，首先确定大多数投资者的交易行为，然后反其道而行之。投资者若想获得较大的投资收益，一定要同大多数人的交易行为不一致。相反理论在操作上的具体体现是，在投资者爆满的时候出场，在投资者稀落的时候入场。

27. 除三角形外，旗形和圆弧形是两个有代表性的持续整理形态。 ( )

【参考答案】B

【答案解析】比较典型的反转形态有头肩形、双重顶（M头）、双重底（W底）、三重顶、三重底、圆弧顶、圆弧底、V形形态等，比较典型的持续形态有三角形态、矩形形态、旗形形态和楔形形态等。

28. 技术分析方法的本质其实是一种经验模式，因此技术分析的任务就是从价格波动中提炼出这类波动的经验模型。 ( )

【参考答案】A

【答案解析】期货市场技术分析方法是通过对市场行为本身的分析来预测价格的变动方向，即主要是对期货市场的日常交易状况，包括价格、交易量与持仓量等数据，按照时间顺序绘制成图形、图表，或者形成指标系统，然后针对这些图形、图表或指标系统进行分析，预测期货价格未来走势。

29. 技术分析假说认为，即使没有外部因素影响，期货价格也可以改变原来的运动方向。 ( )

【参考答案】B

【答案解析】市场行为反映一切信息，这是技术分析的基础。价格呈趋势变动，这是技术分析最根本、最核心观点。“趋势”概念是技术分析的核心，趋势的运行将会继续，直到有反转的现象产生为止。事实上价格虽上下波动，但终究是朝一定的方向演进，技术分析法借助利用图形或指标分析，以期确定当前价格趋势及发现反转的信号，以掌握时机进行交易并获利。

30. 历史不会简单重复。 ( )

【参考答案】A

【答案解析】期货投资的目的是博弈和追求利润，不论是昨天、今天或明天，这个动机都不会改变。因此，在这种心理状态下，投资者的交易行为将趋于一定的模式，从而导致历史重演，但不会简单重复。

31. 长期实践表明，长期性预测只能由基本面分析完成，技术分析不太适合长期性预测。 （ ）

【参考答案】B

【答案解析】基本面分析方法以供求分析为基础，研究价格变动的内在因素和根本原因，侧重于分析和预测价格变动的中长期趋势。

32. 道氏理论将价格的波动分为超级趋势、主要趋势、次要趋势、短暂趋势四种。 （ ）

【参考答案】B

【答案解析】没有“超级趋势”的说法。

33. 在期货价格上升或下降趋势中，持仓量增加是看涨信号，持仓量减少则是看跌信号。 （ ）

【参考答案】B

【答案解析】在上升趋势中是如此，但在下降趋势中则要区别对待。

34. 技术分析的主要特征是以价值分析理论为基础，以统计方法和现值计算方法为主要分析手段。 （ ）

【参考答案】B

【答案解析】期货市场技术分析方法是通过对市场行为本身的分析来预测价格的变动方向，即主要是对期货市场的日常交易状况，包括价格、交易量与持仓量等数据，按照时间顺序绘制成图形、图表，或者形成指标系统，然后针对这些图形、图表或指标系统进行分析，预测期货价格未来走势。

35. 波浪理论中的大浪小浪可以无限延伸。 （ ）

【参考答案】A

【答案解析】波浪理论认为，价格上涨、下跌现象是不断重复的，而且价格涨跌规律具有周期性特征，像水的波浪一样，循环往复。价格运行的大的周期可以细分出小的周期，小的周期又可以再细分成更小的周期；价格周期无论时间长短，都是以一种运动模式进行。

36. 根据波浪理论，完整的波动周期上升是 8 浪，下跌是 3 浪。 （ ）

【参考答案】B

【答案解析】一个完整的价格周期要经过 8 个过程，上升周期由 5 个上升过程（上升浪）和 3 个下跌调整过程（调整浪）组成，下跌周期有 5 个下跌过程（下跌浪）和 3 个上升调整过程（调整浪）组成，一个周期结束之后，才会进入下一个周期。

37. 在关注 CFTC 报告时，对商业头寸而言，更应关注净头寸的变化而不是关注持有多头还是空头。（　　）

【参考答案】A

【答案解析】以美国为例，美国商品期货交易委员会（CFTC）每周五公布截至本周二的上一周的持仓结构报告，主要分为非商业持仓、商业持仓和非报告持仓三部分。非商业持仓主要指基金等大机构的投机仓位，商业持仓主要指套期保值的商业仓位，而非报告持仓为散户投机持仓。一般认为，基金是市场价格行情的推动力量，其净多、净空的变化对价格波动都有很大影响。

四、综合题（以下各小题给出的四个选项中，至少有一项符合题目要求，请将符合题目要求的选项代码填入括号内）

阅读材料，回答以下 1 ~4 题。

下图是沪铜期价连续走势图。

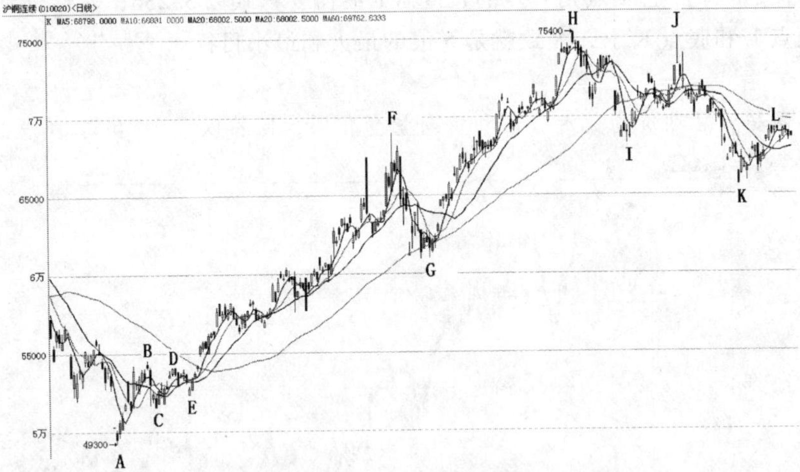

1. 根据波浪理论，第三浪最有可能是（　　）。

A. C 点到 F 点　　B. E 点到 F 点

C. B 点到 F 点　　D. C 点到 D 点

【参考答案】B

【答案解析】E 点是第三浪起点，不是 C 点，因为第四浪 F 点到 G 点为简单浪。

2. 根据波浪理论，第二浪最有可能是（　　）。

A. B 点到 C 点　　B. B 点到 E 点

C. D 点到 E 点　　D. B 点到 D 点

【参考答案】B

【答案解析】因为第四浪 F 点到 G 点为简单浪。

3. 根据波浪理论，如果 K 点到 L 点为新的上涨第一浪，K 点价位在 65500，L 点价位在 68500，则本次回调目标可能在（　　）点。

A. 67736　　B. 67636

C. 67500　　D. 67264

【参考答案】ACD

【答案解析】K 点到 L 点为 3000 点，按黄金分割率 0.382、0.5、0.618 计算，回调价位应分别在 67354 点、67000 点和 66646 点。

4. 根据波浪理论，如果 K 点到 L 点为新的上涨第一浪，则本轮最终最小上涨目标可能在（　　）。

A. 86443　　B. 75208

C. 96443　　D. 78208

【参考答案】B

【答案解析】把 K 点到 L 点的长度（1 浪长度）乘以 3.236，然后分别加到 1 浪的顶点 L 和底点 K 上，大致就是 5 浪的最大和最小目标。

下图是大豆期价指数走势图和持仓量变化图，回答以下 5～6 题。

5. 从持仓量变化推测，未来行情（　　）可能性大。

A. 反转上涨　　B. 继续下跌

C. 继续横盘　　D. 都有可能

【参考答案】A

【答案解析】底部增仓而价格不跌，预示买家开始吸纳。

6. 从持仓量变化推测，目前（　　）。

A. 多头已经进场建仓　　B. 空头继续增仓打压

C. 多空双方互不相让　　D. 交易所在干预不让下跌

【参考答案】ABC

【答案解析】因为在底部横盘，多空拉锯。

下图是动力煤期货日线价格走势图，回答以下 7~9 题。

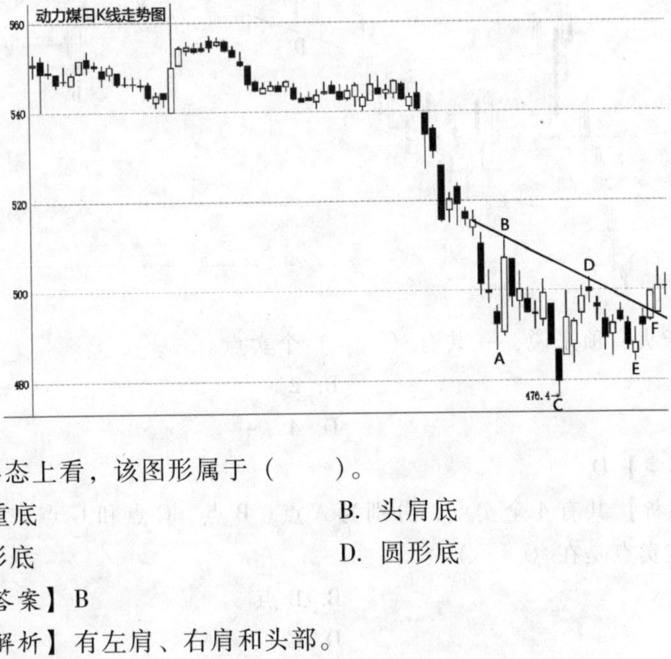

7. 从形态上看，该图形属于（　　）。

A. 三重底　　B. 头肩底

C. V 形底　　D. 圆形底

【参考答案】B

【答案解析】有左肩、右肩和头部。

8. 此时应该（　　）。

A. 追涨　　B. 做空

C. 观望　　D. 等跌回到 E 点附近后再做空

【参考答案】A

【答案解析】追涨的理由：一是突破了 BD 直线（颈线），二是涨幅应为 F 点开始向上从 C 点到 BD 直线的垂直距离，所以还有较大的上涨空间。

9. 初步预测上涨空间（　　）。

A. 有限　　B. 还有差不多 C 到 D 的距离

C. 还有差不多 E 到 D 的距离　　D. 没法预测跌幅

【参考答案】B

【答案解析】上涨幅度与C点到BD直线的垂直距离差不多。

下图是白糖期货日线价格走势图，回答以下10~12题。

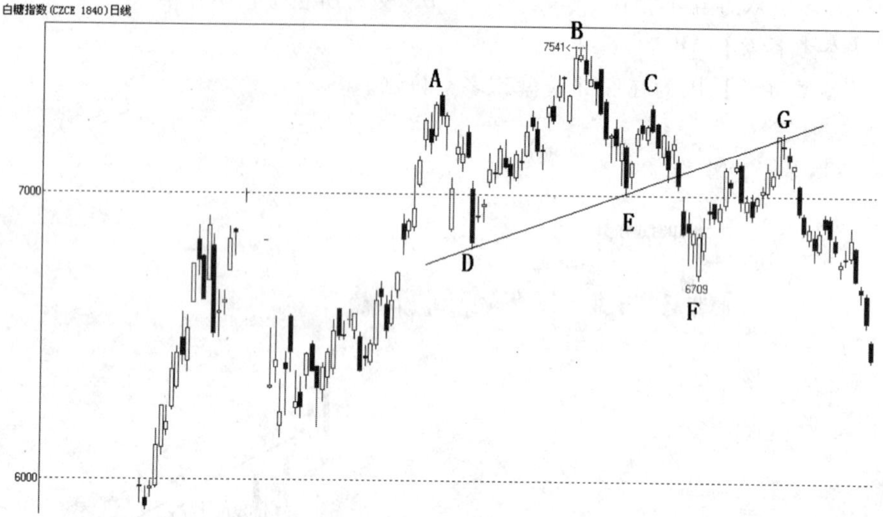

10. 对于头肩顶来说，一共有（　　）个卖点。

A. 1　　B. 2

C. 3　　D. 4

【参考答案】D

【答案解析】共有4个卖点，分别为A点、B点、C点和G点。

11. 最佳卖点是在（　　）。

A. A点　　B. B点

C. C点　　D. G点

【参考答案】C

【答案解析】C点为右肩位置。

12. 在头肩顶图形中，（　　）卖点有时可能不会出现。

A. A点　　B. B点

C. C点　　D. G点

【参考答案】B

【答案解析】如果C点高于了B点，则就会演变成W底了，B就不应是卖点了。

下表为大豆的供需平衡表。回答以下13~17题。

时间	2003/2004年度	2004/2005年度	2005/2006年度	2006/2007年度	2007/2008年度	2008/2009年度	2009/2010年度
年初库存（千吨）	4435	2326	3808	3206	3392	4220	9010
产量（千吨）	15394	17404	16350	15500	13330	15500	14500
进口量（千吨）	16986	25800	28310	28726	37815	41100	38500
总供给（千吨）	36815	45530	48468	47432	54537	60820	62010
食用消费（千吨）	9400	10300	10800	10530	10700	11000	11000
榨油消费（千吨）	23965	30262	33080	32070	38042	40400	44800
国内消费（千吨）	34170	41422	44905	43608	49870	51400	55800
出口量（千吨）	319	300	357	432	447	410	450
总消费（千吨）	34489	41722	45262	44040	50317	51810	56250
年末库存（千吨）	2326	3808	3206	3392	4220	9010	5760
库存/消费比（%）	6.74	9.13	7.08	7.70	8.39	17.39	10.24

13. 由大豆的供需平衡表可以看出，2009/2010年度，受种植收益降低和恶劣天气的影响，大豆的供给量将会减少（　　）。

A. 100万吚　　B. 260万吨

C. 325万吨　　D. 7.15%

【参考答案】A

【答案解析】2008/2009年度的产量是1550万吨，而2009/2010年度的产量是1450万吨。

14. 进口方面，由于国外进口大豆的成本出现快速上涨，使得国内大豆逐渐出现比价优势，抑制进口大豆的数量是（　　）。

A. 100万吨　　B. 260万吨

C. 325万吨　　D. 7.15%

【参考答案】B

【答案解析】从表中数据算出：4110－3850＝260（万吨）。

15. 从需求方面看，由于金融危机逐步退却，经济逐步复苏，国内大豆的饲用需求和食用需求将逐步好转。相比较来说，国内大豆有饲料用途的需求量将增加大豆的压榨量达到（　　）的水平。

A. 32.3%　　B. 27.2%

C. 24.6%　　D. 10.9%

【参考答案】D

【答案解析】$(44800-40400) \div 40400 \times 100\% = 10.9\%$。

16. 国内大豆压榨量由上一年的（　　）万吨提高到今年的（　　）万吨。

A. 40400；40800　　B. 4040；4480

C. 51400；55800　　D. 5140；5580

【参考答案】B

【答案解析】查表中数据。

17. 单从供需表上看，2009/2010 年度，我国大豆的供给量出现下降而需求量保持增长，使国内大豆庞大的库存得到一定消化。预计国内大豆市场在 2009/2010 年度将是一个供需较为（　　）的市场。

A. 宽松　　B. 紧张

C. 平衡　　D. 偏紧

【参考答案】A

【答案解析】国内大豆库存消费比由上年度的 17.39% 下降到 10.24%。与前面各年度相比，这样的一个库存消费比处于上游水平，因此，国内大豆市场在 2009/2010 年度将是一个供需较为宽松的市场。